Jardiniere pour parterre. Eine Blumen Gärtnerin.
1. Chapeau de paille orné de fleurs. 1. Strohut mit Blumen geziert. 2. un bouquet de fleurs. 2. ein Blumen Strauß. 3. Roses blanches et rouges. 3. Rothe u. weiße Rosen. 4. Tulipe. 4. Tulipan. 5. Pione. 5. Beonien Rosen. 6. Jacinte. 6. Merzen becher. 7. marjolaine. 7. Majoran. 8. Soucis. 8. Ringelblumen. 9. rose musquée. 9. Muscat Rösel. 10. tourne sol. 10. Soñen blumen. 11. renoncule. 11. Ranuncule. 12. fleurs attachées ensemble. 12. ein Blumen gehäng. 13. Aloe. 13. Aloe. 14. un Jucca. 14. Jucca. 15. Panier. 15. der Korb.

»Eine Blumen Gärtnerin«; Kupferstich von Martin Engelbrecht (Augsburg, um 1730)

Freizeit-Erlebnis Natur

Pflanzen
in Haus und Garten

Blumen, Sträucher, Kräuter, Gemüse

FK+F

Freizeit-Erlebnis Natur

Pflanzen
in Haus und Garten
Blumen, Sträucher, Kräuter, Gemüse

Norbert Mehler

Fink-Kümmerly+Frey

ISBN 3-7718-0375-6
© 1980. J. Fink - Kümmerly + Frey Verlag GmbH,
7000 Stuttgart 1

Konzeption, Redaktion und Lektorat
Rabe Verlagsgesellschaft mbH, Königstraße 18,
7000 Stuttgart 1

Layout: Ulrich Kolb

Satz: data comp fotosatz Kranzbühler,
7022 Leinfelden-Echterdingen 2

Druck: J. Fink, 7302 Ostfildern 4 (Kemnat)
Buchbinderei: Hollmann KG, 6100 Darmstadt

Alle Rechte, auch die der fotomechanischen
Wiedergabe und Übersetzung, vorbehalten.
Printed in Germany

Inhalt

Spaziergang durch die Gärten der Geschichte	7
Fernost – nah besehen: Chinas Haus-Hof-Garten – Zên-Garten – Bonsai – Ikebana	34
Blumenfenster – Frühbeet – Treibhaus	59
Freiland: Bewässerung, Düngung und Schädlingsbekämpfung	66
Ein- und Zweijahresblumen, Stauden und Zwiebelpflanzen	71
Ziergehölze – Steingarten und Gartenteich – Gräser und Farne	83
Obst-, Gemüse- und Kräutergarten	90
Der biologisch-dynamische Anbau	95
Gartengeräte und Hilfsmittel	105
Jahreskalender der Gartenarbeiten	106
Handlexikon der Blumen, Büsche, Bäume	113
Register	244

Der Schmaussen-Garten in Nürnberg, dargestellt in einem Stich von Johann Ludwig Stahl aus dem Jahr 1789 – dem Jahr der Französischen Revolution, die nicht zuletzt die herrschaftlichen Gärten dem Volk geöffnet hat.

Spaziergang durch die Gärten der Geschichte

Von Napoleon ist überliefert, daß er mittels Landkarte, Lineal und Schreibstift schnurgerade Straßenbauten – jeweils kürzest-mögliche Verbindungen zwischen zwei Orten – diktierte, ohne Rücksicht auf Verluste: in Landschaften, die er nie gesehen, nie erlebt hatte. Ganz anders sein 19 Jahre älterer Zeitgenosse Friedrich Ludwig von Sckell (1750–1823), der auf seinem Feld kein schlechterer Stratege war als der Kaiser aus Korsika. Der Gartenbauarchitekt aus Weilburg an der Lahn freilich hatte andere Ziele im Auge und erreichte sie auf krummen Wegen.

Es war kein Schabernack und auch nicht etwa eine Demonstration um mehr Lohn, als Sckell sich – just in Napoleons Kaiserkrönungsjahr 1804 – von hinten eine Harke an den Gürtel binden ließ und damit losspazierte, als sei es guter alter Gärtnersbrauch, sein Handwerkszeug an einer Schnur hinter sich herzuziehen. „Hier, wo ihr wallet, war Wald nur und Sumpf." So bezeugte später die in Stein gemeißelte Inschrift einer aus Stein gehauenen Parkbank auf dem Terrain, das Sckell seinerzeit durchwanderte: jungfräuliches, weitgehend noch unwegsames Land der Isar-Auen im Nordosten Münchens, heute als Englischer Garten mit rund 360 Hektar Fläche die größte und im wahren Sinn des Wortes eigen-artigste von insgesamt annähernd 800 Grünanlagen der bayerischen Metropole.

Friedrich Ludwig von Sckell folgte mal diesem, mal jenem Bachlauf, ließ sich von Geländelinien leiten, mal auf Anhöhen mit schönem Rundblick, dann wieder hinunter in lauschige Senken, er durchquerte Schilfgrasdickicht – teilweise auf schmalen Stegen festen Bodens zwischen später erst trockenzulegenden Sumpfflächen –, steuerte auf malerische Baumgruppen zu, ganz der Eingebung des Augenblicks folgend. Hinter ihm drein trotteten Gesellen, die mit der Hacke hantierten, hier und da Holzpflöcke in den Boden schlugen und Steine zurechtrückten, um die Spur, die ihr Meister durch die Landschaft harkte, verläßlich zu markieren.

Sckell hatte bereits 1777 als Hofgärtner in Schwetzingen den dortigen Schloßpark ein wenig von der Starre streng geometrischer Formen erlöst. Nun galt in Münchens Parkanlagen ein – nur scheinbar willkürlicher – Schnörkel Sckells bald ebensoviel wie in Frankreich ein schnurgerader Strich Napoleons. Beides wurde bedingungslos verwirklicht. Aber im Gegensatz zum Kaiser der Franzosen arbeitete Sckell ohne Verluste: mit sicherem Instinkt für alles, was dem Auge wohltut, ohne der Landschaft wehzutun, nutzte er die natürlichen Gegebenheiten optimal. Der Englische Garten wurde zum wohl ersten derart weiträumigen, nicht für hochherrschaftliche Jagden erschlossenen, sondern von vornherein als Volksgarten konzipierten Freizeitpark Europas.

Hofgärten und Schloßparks – heute museal gehegte und gepflegte Zeugnisse einstiger Macht- und Prachtentfaltung glorreicher oder doch zumindest glorienscheinreicher Residenzstädte – sind auch in München älter, traditionsreicher und zugleich ärmer an Bezügen zum täglichen Leben. Denn das „gemeine Volk" war zu Zeiten der noblen Schloßherren von deren Gärten, Waldparks und Lustwiesen ausgesperrt, konnte allenfalls gelegentlich fürstlicher Feuerwerke einen Abglanz der hinter Mauern stattfindenden Lustbarkeiten abbekommen. Diese freilich mochten gar so lustig auch nicht sein, da ihnen höfisches Zeremoniell vielfach einen noch engeren Rahmen setzte als die Mauern. Alles eckig, kantig zugeschnitten und gestutzt wie die Hecken, akkurat geometrisch wie die Blumenrabatten, linear wie die Gartenwege, die Napoleon gezogen haben könnte.

Die Zeit war reif für Umwälzungen, auch in Deutschland, als 1789 in Paris der Sturm auf die Bastille die Französische Revolution einleitete. Im gleichen Jahr fand Sir Benjamin Thompson, Graf von Rumford, bei Kurfürst Karl Theodor von Bayern Gehör für seinen Vorschlag, die von Bächen durchflossenen Isar-Auen „im Geiste eines neuen Zeitalters, dem Wohle der Gesamtheit dienend", in eine jedermann zugängliche Parklandschaft zu verwandeln. Angesichts der Entwicklung, die sich im Nachbarland Frankreich anbahnte, erschien es zweckmäßig, mit einer großzügigen Geste der Möglichkeit vorzubauen, daß ein Volk ohne Park am Ende Parkmauern – und nicht nur diese – einreißen könnte...

Rumford (1753–1814), in den USA (Woburn/Massachusetts) geboren und in England für wissenschaftliche Verdienste auf den Gebieten der Chemie und der Physik geadelt, hatte sich dort auch ausgiebig mit den Prinzipien englischer Parklandschaftsgärtnerei befaßt. Nach München berufen, um als Kriegsminister das kurfürstliche Heer zu reorganisieren, tat der Universalgeist dies mit soviel Geschick und Weitblick, daß er seinen Dienstherrn alsbald auch für friedfertige Vorhaben gewinnen konnte. So war auch er es, der in Bayern die Kartoffel als Grundnahrungsmittel einführte. Daran erinnert heute noch die Rumfordsuppe, eine Art herzhaft-kräftiger Schwabinger Borschtsch.

Für sein Bemühen um einen Freizeitgarten für die Bürger fand Rumford in Sckell, dem Traditionsbrecher von Schwetzingen, den kongenialen Partner. Dessen Querfeldeinweg-Park fand so einhellige Anerkennung, daß Sckell die Oberaufsicht über alle kurfürstlichen Grünanlagen übertragen wurde. So radierte er schließlich sogar die penetrante Rechtwinkligkeit aus dem Schloßparkplan von Nymphenburg. Wieder einmal zog er seine krummen Wege durchs Gelände, wo zuvor alles – nach dem Muster von Versailles – streng linear-symmetrisch konstruiert und zentralistisch ausgerichtet war. Nicht wie der sprichwörtliche Elefant im Porzellanladen, sondern mit der ihm eigenen Sensibilität brach er widernatürlich starre Linienführungen, ließ Park-Skulpturen, die ihm nicht als Blickfang dienen konnten, rigoros beseitigen, allzu verspielte Wasserspiele abstellen und dafür einige Fontänen – nunmehr wie aus gewachsenem Boden aufspringende Geysire – bis zu 24 Meter Höhe trimmen. Er achtete auf die Erhaltung des Erhaltenswerten, bewahrte Kunst, verbannte das Gekünstelte, und er belebte zuvor tafelglatt geebnetes Gelände durch Höhen und Tiefen. Er schuf – so eine dichterische Würdigung – Szenerien, „wo sich die Natur in ihrem ernsten, feierlichen Charakter zeigt, wo Einsamkeit und schauerliche Stille wohnen, wo die unsichtbare Äolsharfe tönt, wo Gebüsch in ungetrennten Massen fast sämtliche Zugänge unmöglich macht, wo der alte Ahorn, die bejahrte Eiche zwischen bemoosten Mauern stolz emporsteigen und ihr Altertum beurkunden".

Die Schmuckgartengestaltung unserer Zeit spielt noch immer zwischen diesen beiden Polen: Hie ungekünstelt-phantasievolle Naturnähe, abwechslungsreich auf bewußt nicht pflegeleicht planiertem Terrain arrangiert; da intentionslos geometrisch Angelegtes, im besten Fall ornamental strukturiert, im ungünstigsten Extremfall eines betonierten Weggevierts um ein zentrales Rasenstück (mit Rosenecken und einsamem Stamm-Baum in der Mitten) nachgerade an den Rundlauf im Gefängnishof gemahnend. Das formale Gestaltungsprinzip freilich – dessen Quellen sich meist irgendwo zwischen München-Schwabing (Englischer Garten) und Versailles (Französischer Garten) orten lassen –

ist nur ein Aspekt von vielen, die zusammenwirken müssen, wenn ein Garten das halten soll, was seine Unterhalter sich von ihm versprechen.

Zu besserer Verdaulichkeit der „dicken Luft" in Ballungsräumen trägt zweifellos – neben Verbotsschilderwäldern geschützter Parkareale – jeder Quadratmeter gärtnerisch genutzten Bodens bei. Und hier ist das stilistische Gestaltungsmoment oft von durchaus untergeordneter Bedeutung, sind andere Aspekte wichtiger, die sich mit dem in Deutschland tradierten Begriff des „Schrebergartens" zutreffend umreißen lassen.

Das Kleingärtnertum ist heute leider vielenorts an die Peripherie der Städte, in die Graugrünzone zwischen Mülldeponie und Autobahn verbannt: wo sich die Parzellierung spärlicher Freilandreste auf dem Flächennutzungsplan so augenscheinlich „kleinkariert" ausnimmt. Wer darüber zum Spötter wird, hat selbst mutmaßlich keinen Garten – oder, noch schlimmer, ihm fehlt der Sinn dafür. Diese Spötter sind nicht zu beneiden...

Den ersten „Schreberverein für Freizeitgärtnerei" gründete bereits 1864 der Leipziger Schuldirektor E.J. Hauschild zwecks postumer Verwirklichung der Intentionen seines Schwiegervaters, des Arztes, Pädagogen und „Trimmdich"-Pioniers Daniel Gottlob Moritz Schreber (1808–1861). Dieser hatte – vom Dozenten zum Direktor eines orthopädischen Instituts in Leipzig avanciert – die gymnastische Erziehung in den Vordergrund seiner Bemühungen um den heilen Bürger einer heilen Welt von morgen gestellt. Das fand seinen Niederschlag zunächst in Buchform („Ärztliche Zimmergymnastik", „Das Buch der Erziehung an Leib und Seele" u.a.), später in praktischen Initiativen zur Errichtung von Kinderspielplätzen mit angegliederten Erholungsgärten für Erwachsene. Dieser Erholungszweck – durch Körperübung und Entspannung, Spiel und Spaß an der frischen Luft – gab den Ausschlag zur Gründung der ersten Laubenkolonie. Und das war – genau betrachtet – schon damals, ganz am Anfang der systematischen Denaturierung des menschlichen Lebensraumes, allenfalls eine Notlösung.

Nun nimmt zu Notlösungen seine Zuflucht nur, wer sich dazu genötigt sieht. Und je mehr Menschen sich in Ermangelung des Hausgartens von einst genötigt sehen, sich ihr kleines, eingezäuntes Fleckchen offener Erde für die Kinder, für den sommerlichen Feierabend und fürs Wochenende, für die Selbsterfahrung unter freiem Himmel, für Schneemann, Schnittblumen, Sonnenbad und Schummernächte, dazu für Obst und Gemüse „ohne Chemie" etc. im aus den bürgerlichen Wohngegenden ausgebürgerten Schreber-Terrain einzurichten – desto höher sollten eigentlich die Aktien der zahllosen Kleingärtner-Vereine steigen. Das aber tun sie nicht, da weiterer Landgewinn kaum mehr möglich erscheint. Denn Grund und Boden werden immer teurer, zu teuer für Kleingärtner. Noch-Gärtner harren aus, Neu-Gärtner finden keinen Platz mehr. Oder allenfalls arg „jwd" (berlinerisch für *ganz weit draußen*). Zwischen Haus und Garten – die einmal eine Einheit bildeten – klaffen so weite und sich weiter weitende Distanzen, daß der Schrebergarten letztlich zum nur noch gelegentlich und unter Einsatz einiger Entschlußkraft ansteuerbaren Urlaubsziel wird.

Derart divergierende Erscheinungen legen es nahe, dem Begriff „Garten" schlechthin einmal ein wenig auf den Grund zu gehen, Ursprung und historische Entwicklung all dessen, was wir heute darunter verstehen, etwas näher zu beleuchten. Das soll hier in gebotener Raffung geschehen.

Vom Paradies zum Pferch

Wir wissen nicht, wann der erste Mensch zum Gärtner wurde. Als gewiß darf aber gelten, daß die ersten Menschen die Zeit ihrer „Unschuld" nicht in einem „Garten" Eden zubrachten. Die biblischen Geschichten, die sich so blumenreich um Adam und Eva ranken, sind keine Tatsachenberichte, keine Reportagen, sondern eher symbolträchtig verschlüsselte Botschaften höherer Erkenntnisse und tieferer Einsichten. Der Schlüssel liegt in der Begriffswelt der Erzähler und Nacherzähler; die Bilder entstammen der Lebenserfahrung der Überlieferer und Übersetzer. Und für sie sah das schon so aus: Hie der Friede im Umfriedeten – und draußen vor dem Gartentürchen die garstige Welt!

Etymologisch ist das Wort Garten (franz. *jardin;* ähnlich engl. *yard,* Hof) eng verwandt mit Garde (Wache; von franz. *garder,* behüten), Horde (1. überblickbare Schar, Meute; 2. Flechtwerk, Lattenrost), Hürde (Gatter!), Hort (Gehortetes), Horst (Nest), und sogar die griech.-lat. Bildung Horizont (Sichtgrenze) mag letztlich auf dieselben indogermanischen Wortstämme zurückzuführen sein: *gher-* (umhegen, eingrenzen), *ghorto-s, ghordho-s* (Geflecht, Gehege, Zaun). Haben wir dieses Sprachsymbol eines überblickbar eingegrenzten Raumes (und seiner Umgrenzung selbst) erst einmal in seinem ursprünglichen Sinn erfaßt, können wir Sprachwissenschaft als Denksport pflegen, um uns die weitere Sinnverwandtschaft zu erschließen: etwa von griech. *choros* (Tanzplatz, Chor) über kirchenlatein. *cortina* (Gardine!), latein. *hortus* (Garten) und *co-hors* (1. Kohorte, Korps; 2. Viehpferch) bis zu russ. *górod* (Stadt, umfriedete Gemarkung) etc.

Deuten wir den Gartenbegriff (Eden) hiernach einmal philosophisch als Symbol für (geistige) Geborgenheit in/durch Beschränkung (oder auch Beschränktheit, im Sinn verantwortungsfreier Instinktgebundenheit der Kreatur), so erscheint die Bewußtwerdung des Menschen, das Einsetzen der Eigenwillen und Eigenverantwortung mit sich bringenden Erkenntnis, als notwendigerweise grenzüberschreitender Akt der Evolution. Der flügge gewordene Vogel ist aus dem Nest gefallen. Ein traumatisches Erlebnis – das sich immer wiederholt.

Es war einmal die namenlose Nacht. Dann kam die Morgenröte, wohlig warm, ringsum ein sanftes Leuchten. Dann ein Stoß, ein Engpaß, Urerfahrung der Austreibung, des Zutagekommens. Kälte, laute Laute – und das Licht der Welt, das harte Schatten wirft. Hell und Dunkel teilen sich. Zwischen Sein und Bewußtsein wächst ein Spalt. Man muß leben lernen. Vorher war das Sein gegeben.

Die Vertreibung aus dem Paradies steht gleichnishaft für jedwedes Erwachen. Für den Mutationssprung vom traumhaft sicher geleiteten Hominiden zum in die Unsicherheit eigenen Erwägens geworfenen *Homo sapiens.* Für jede Geburt, die – eigentlich schon von der Zeugung an – jene kollektive Entwicklungsgeschichte des Menschen als individuelle Entwicklungsgeschichte der Person im Zeitrafferverfahren wiederholt. Die Vertreibung aus dem Paradies steht auch für das Erwachsenwerden: für den Verlust des Wohlbehütetseins im elterlichen (altväterlich „väterlich" genannten) Garten, den folgenschweren Schritt „hinaus ins feindliche Leben" (Schiller): aus dem infrarötlich Warmen nach langem Verweilen „up, up, and away" – zum lebenslänglichen Spießrutenlauf zwischen Licht und Schatten...

Die Märchenbuch-Vorstellung von einer Ur-Umwelt als Garten, in dem Ruhe und Ordnung herrschten, ist – materialistisch „beim Wort genommen" – zweifellos ein Trugbild. In ideell-geistiger Sicht erweist sie sich als treffendes Symbol für den willkürfreien Geltungsbereich der Naturgesetze, für den Grund, in welchem – jenseits von Zeit und Raum – die Märchen aller Völker wurzeln. Eden ist, wo keine Hacke hinreicht und kein Spaten greift. Eden ist der Garten Gottes und der Götter aller Zeiten, für uns, die wir in die Zeit gesperrt sind, das Terrain der Ewigkeit...

So wurden mit hoher Wahrscheinlichkeit die frühesten Gärten auf Erden als „Gärten des Himmels" angelegt, als geheiligte Bezirke, Inseln wohltuend gebändigter Natur inmitten ungebärdiger Wildnis. In der Wildnis freilich war alles Mögliche geboten: Erwünschtes und Unerwünschtes. Erst Selektion und gezielte Züchtung des besonders Wertvollen – weil besondere Begehrlichkeit Erregenden – unter Ausschluß diesem schädlicher Einflüsse des naturgegebenen Umfeldes machten den von Menschenhand manipulierten Ausschnitt aus dem Wildgewachsenen zum Garten.

Gärten schienen Gott und Göttern wohlgefällig. Doch sie waren Menschenwerk, von Anfang an: Schöpfung aus dem Vorhandenen. So wie ein Komponist aus dem latenten Fundus aller dem menschlichen Ohr zugänglichen Töne die ihm beliebenden herausgreift und sie zu einer Melodie neu ordnet, so griff sich der Mensch aus der wilden Natur das ihm Gefällige und arrangierte es nach eigenem Gutdünken zum Lobpreis ihn gut dünkender Götter. Da deren Segen unverkennbar schien, entstand so das von Menschen geschaffene Paradies mit Gartenzaun, der die jenseits von Eden lauernden Fährnisse aussperren soll.

Gott schuf die große, weite Welt, das All und die ewige Seligkeit. Der Mensch nahm sich ein Beispiel. Er schuf heilige Haine und das kleine Glück des Überschaubaren.

Die Historie des Gartenbaus ist nicht Natur-, sondern Kulturgeschichte. Ein Garten, dem menschliche Hege und Pflege versagt werden, verwildert binnen kurzer Zeit. Das geschieht, zumal in wärmeren Klimazonen, so rasch und gründlich, daß über Jahr und Tag Adam und Eva wiederkommen könnten. Und die Schlange. Die Bibel gibt auch Kunde von Kulturgärten. Um hier nur ein Beispiel anzuführen: den Garten Gethsemane am – damaligen – Stadtrand von Jerusalem. Dieses Privatgrundstück am Fuß des Ölbergs, wo Jesus zu jeder Tages- und Nachtzeit freien Zutritt hatte, war ursprünglich mit an Sicherheit grenzender Wahrscheinlichkeit ein Nutzgarten, eine Plantage. Der Name des antiken Landgutes – *Gath-Schemanin* – bedeutete schlicht „Ölkelter". Zum heiligen Hain wurde der Garten Gethsemane erst in christlicher Zeit. Mariengrabkirche und Grotte der Apostel markieren den Wallfahrtsort, der heute einer der schönsten Ölbaumgärten des Vorderen Orients ist.

„Hängende Gärten" zwischen Afrika und Asien

Die ältesten bisher bekannten Zeugnisse einer hochentwickelten Gartenkultur stammen aus Ägypten. Dort beschränkten sich Hege und Pflege des der Natur Entnommenen sehr früh schon nicht mehr auf Tempelhaine und Palastgärten der Pharaonen. An den Nilufern und in Oasen umgaben prachtvolle Gartenanlagen die Behausungen von Priestern, Fürsten und Grundbesitzern (nicht freilich die Hütten der Fellachen, die Gärtner ohne Garten waren). Was da – oft sehr weiträumig – praktiziert wurde, war eher schon Landschaftspflege im modernen Sinn: Gärtnerisches Wirken verschmolz Wohn- und Kultgebäude mit den Feldern, Quellteichen, natürlichen und künstlich angelegten Wasserläufen zu einer landschaftsarchitektonischen Einheit. Das Haus selbst war und blieb nicht nur Haus, sondern wurde spätestens um die Mitte des 2. Jahrtausends v. Chr. zur architektonischen Umfassung pittoresker Innengartenhöfe (Urbild des römischen Atriums). Die Haustür wurde zum Gartentor.

Dabei verband man sehr geschickt das Angenehme mit dem Nützlichen: Man kultivierte fruchttragende Rebengewächse, Dattelpalmen, Feigenbäume usw., aber auch ausgesprochene Bienenweiden wie die blütenreichen Tamarisken und Akazien. Fischreiche Teiche dekorierte man mit wohlduftenden Lotosblumen, deren Blütenblattkrone zu einem auf Fresken und Flachreliefs oder in Form von Säulenkapitellen immer wiederkehrenden Motiv der ägyptischen Kunst wurde, ähnlich wie der an den Nilufern dichte Dickichte bildende Papyrus, aus dessen Mark die Ägypter ihr „Papier" zusammenquetschten. Auch im Reich der Toten sollte es an Blütenschmuck nicht fehlen: In Grabkammern fand man - abgesehen von Wandmalereien ganzer Gartenpanoramen - Überreste großer Sträuße von Iris, Jasmin, Malven, Margeriten und Ranunkeln.

Bildliche Darstellungen der Ägypter zeigen da und dort auch terrassierte Gartenanlagen, die uns wie Illustrationen jener „Hängenden Gärten der Semiramis" anmuten, welche Antipatros von Sidon im 2. Jahrhundert v. Chr. zu den sieben Weltwundern zählte. Eine solche Darstellung findet sich beispielsweise im Hatschepsut-Tempel von Deir-el-Bahri am Westufer des Nils, in einer Szenenfolge vom Einbringen der duftenden Fracht aus dem Weihrauchland Punt (Somalia). Und hier bietet sich assoziativ der Gedanke an, daß die Ägypter auf ihren Expeditionen nach Schwarzafrika unweigerlich auch mit Eingeborenenstämmen Bekanntschaft machten, welche Pfahl- und Baumhäuser errichteten, die moderne Statiker nicht zuverlässiger berechnen könnten. Und solche Stämme hielten sich - das wissen wir aus jüngeren völkerkundliche Forschungen - bisweilen auch einen gewissen Grüngemüse-Vorrat, vor wilden Tieren und möglichen Belagerern geschützt, in luftiger Höhe: auf kleinen, aus Ästen und Zweigen geflochtenen, mit Blättern belegten, mit Erde beschichteten Plattformen.

„Hängende Gärten" gab es zweifelsfrei nicht allein in Babylon, dort aber vielleicht in prächtigster Ausführung und höchster technischer Perfektion. Um sie vor den Überschwemmungen des Euphrat zu bewahren, legten die Babylonier ihre Gärten wohl stets hoch über dem Flußlauf so an, daß sie an den Hängen zu hängen schienen. Semiramis freilich, jene sagenhafte Gründerin von Babylon, hat das ihr zugeschriebene, über mehrere Terrassenstufen reichende und etwa eine Grundfläche von 110-120 Meter im Quadrat bedeckende Weltwunder mit Sicherheit nie zu Gesicht bekommen. Denn erst im frühen 6. Jahrhundert v. Chr., mehr als 200 Jahre nach dem Tod der assyrischen Königin Samuramat (die der legendären Semiramis mutmaßlich den Namen gab), ließ Nebukadnezar II. die Dach- und Terrassengärten des Kasr, der Königsburg im Südosten Babylons, zur Freude seiner Frau anlegen.

Der aus Sizilien stammende Grieche Diodoros schrieb im 1. vorchristlichen Jahrhundert Genaueres über die Architektur der Gärten: Von ihren hochgelegenen Gemächern aus habe die Königin ebenerdig in einen blühenden Garten hinaustreten können, der sich in mehreren Stufen zu Tal fortsetzte. Die einzelnen Stockwerke hatten wohl teils Fels-, teils Haustein- oder Ziegelgrund, darüber Bleiplatten, mit Pech abgedichtet und so hoch mit Pflanzerde beschüttet, daß selbst ansehnliche Bäume darin wurzeln konnten. „Ein Hohlgang aber war da, der nach der obersten Plattform Schächte hatte und Vorrichtungen zum Schöpfen des Wassers, so daß eine Menge Wasser aus dem Fluß emporgehoben wurde, ohne daß von außen jemand sehen konnte, was da vorging."

Ein leistungsfähiges Bewässerungssystem also gestattete beliebige Bepflanzung der diversen Gartenebenen. Man schwelgte – so läßt sich aus allen Quellen zusammenreimen – im Schönsten, was die Natur zwischen Watt und Wüste zu bieten hatte. Wasserspiele dienten dem Ergötzen, und mit einbrennlackierten Fayence-Platten verkleidete Mauern bewirkten reizvolle optische Täuschungseffekte. Gewaltige Freitreppen verbanden die Terrassen mit ihren gepflasterten Gartenwegen, überbrückten beträchtliche Höhenunterschiede.

539 v. Chr. wurde Babylon von Truppen des persischen Eroberers Cyrus des Großen eingenommen, und dieser war von den Palastgärten des Kasr so sehr angetan, daß er sie in der Folge an vielen Orten seines westasiatischen Großreiches kopieren ließ, zum Schmuck der Karawansereien am dichten Straßennetz seines Imperiums und in schönem Wechsel mit wohlgepflegten Parklandschaften, wie sie Persien schon um 1500 v. Chr. kannte.

Alkinoos pflanzte keinen Lorbeer

Griechenlands frühe Gartenkultur war bodenständig, fast profan, an Nützlichkeitserwägungen orientiert, privater Anbau nach privatem Bedarf. Der so naheliegende Blick selbst in ferner Nachbarn Gärten inspirierte das antike Hellas nicht zu sonderlich bemerkenswert neuen Gestaltungsformen. So schildert uns Homer in seiner Odyssee den Garten des Alkinoos als Musterbeispiel des gewöhnlich Obst, Gemüse und nicht zuletzt Wein hervorbringenden griechischen Hausgartens. Das könnte jedermanns Garten gewesen sein, mehr Küchen- als Göttergarten, mit mehr Sinn für Grüngemüse als für Musen angelegt. (Man verkenne freilich nicht die kultische Bedeutung des Weines für Dionysos, dem späteren Bacchus der Römer.)

Erst ganz allmählich fand man Gefallen daran, Villen und Portiken, Stadien und Tempel mit gärtnerischen Arrangements von Zypressen, Pappeln und Platanen sowie Blumenbeeten zu umrahmen. Da und dort entstanden parkähnliche Grünanlagen, in welchen Plastiken aufgestellt, seltener künstliche Grotten geschaffen und sogar Wasserspiele eingerichtet wurden. Bei den Tempeln ließ man wachsen, was den Göttern geweiht war: Rebe und Efeu des Dionysos, den Ölbaum der Athene, die Myrte der Aphrodite und die Anemone des Adonis, den Mohn der Persephone, den Lorbeer des Apoll, usw.

Die meistgeliebte Blume Griechenlands jedoch war die Rose, die in prächtigen Hagen mehr oder weniger künstliche Teiche umflorte. Das Akanthusblatt wurde zum Urbild korinthischer Säulenkapitelle. Lyrische Dichtungen rankten sich um Krokus, Hyazinthe und Narzisse. Palmen und Lilien schmückten, von Künstlerhand dem Peristyl (Innenhof) entnommen, schon die Wände des alten Palastes von Knossos auf Kreta.

Vom Blühen und vom Welken Roms

In Griechenland flocht man Schnittblumen den Teilnehmern an Symposien zum ehrenden Kranz. In Rom gedieh die Gartenkultur bis zum späten 2. Jahrhundert v. Chr. kaum wesentlich über den Garten des Alkinoos hinaus, und man kappte Blüten fast ausschließlich zum Schmuck der Gräber und Altäre – bis in der dekadenten

Das „Haus des Faun" (benannt nach der im Wasserbecken, dem „impluvium", aufgestellten Statuette eines tanzenden Faun) in Pompeji, erbaut im 2. Jahrhundert v. Chr. und konserviert durch den Ausbruch des Vesuv im Jahr 79 n. Chr.; im Hintergrund ist die Säulenhalle („peristylum") rings um den Garten („hortus") zu erkennen. Es handelt sich hierbei um den hinteren Teil der an einer Längsachse orientierten Hausanlage.

Spätzeit zum Gelingen einer Gastorgie à la Caligula offenbar zentnerweise Rosenblätter unentbehrlich erschienen, die freilich nicht in Rom gewachsen, sondern Importware aus Ägypten waren und mit schierem Gold bezahlt wurden.

Marcus Terentius Varro (116–27 v. Chr.), nach seinem Geburtsort Reate (heute Rieti) auch *Reatinus* genannt, empfahl in seinem Buch *„De res rusticae"* („Von ländlichen Dingen") für jeden Agrarbetrieb auch die Einplanung einer der Blumenzucht vorbehaltenen Fläche. Denn zu seiner Zeit unterschieden sich Stadtvilla und Landhaus der Besitzenden besonders deutlich: Zum ländlichen Gehöft gehörte die relativ bescheidene Wohnung des Herrn, die ihm stets nur vorübergehend als Herberge diente, wenn er sich über den Stand der Feldarbeiten informierte. Ziergärten waren da eher unerwünscht. Um so üppiger gediehen sie bei den herrschaftlichen Stadt-, Vorstadt- und Modestrand-Villen, wo, wer etwas auf sich hielt, gesellschaftliche Lustbarkeiten nicht zu Seltenheiten werden lassen konnte.

In dieser Zeit nahm die eigentliche Kreation des römischen Gartens allmählich Gestalt an. Ihre Grundstruktur glich der römischer Stadtgründungen: Zwei breite Alleen kreuzten sich rechtwinklig auf einer Esplanade, in deren Mitte nicht selten ein Springbrunnen plätscherte. Ein Gitter parallellaufender und sich ebenso rechtwinklig kreuzender, schmalerer Alleen musterte die kultivierte Flur wie ein Schachbrett. Niedrigwachsende Rosmarin- und Myrtensträucher faßten die geometrischen Grünflächen ein. Auf ihnen arrangierte man unter schattenspendenden Baumgruppen Ruhelager, stellte Statuen und dekorative Vasen auf. Einfallsreiche Gärtner schnitten aus Baumkronen und Gebüschen (Eiche, Buchs, Zypresse und andere Sempervirens-Arten) kubische Formen oder fantastische Figuren, von Kegel und Prisma bis hin zu ganzen Jagdszenen oder Episoden aus dem Trojanischen Krieg und den Irrfahrten des Odysseus. In den Gärten des Tivoli ließ Kaiser Hadrian Kopien baulicher und bildhauerischer Wunderwerke aufstellen, die ihn auf seinen Reisen besonders beeindruckt hatten: Statuen, Tempel und sogar eine Cheops-Pyramide in maßstabgerechter Verkleinerung.

Die Gärten drangen schließlich in die Innenhöfe vor und in die Räumlichkeiten selbst – zumindest in Gestalt eindrucksvoller Wandmalereien. Pompejanische Fresken bezeugen, daß die Gartengestaltung architektonische Elemente einbezog. Die moderne Archäologie ortete sogar Grundstrukturen an Semiramis erinnernder römischer Terrassengärten.

Aber ach: als der Stern von Byzanz (früher Konstantinopel, heute Istanbul) am Himmel der Levante aufging, war Roms Niedergang schon nicht mehr aufzuhalten. Dekadenz griff Platz, wo Platz zu greifen war, auch in den Gärten, die sich nach Neros Bruch mit allem Bodenständigen, Gewachsenen vielfach in krampfhaft orientalisierte Lustwiesen verwandelten. In aufwendigen Räucherpfannen gingen die letzten Heil- und Heilskräuter der abdankenden Gartengötter des klassischen Altertums schwelend in blauen Dunst auf.

Wüstensöhne schufen Wundergärten

Mohammed einte mit der Verkündung des Islam (610–632) die bis dahin hemmungslos zersplitterten und zerstrittenen Volksstämme Arabiens. Die grüne Fahne des Propheten mit dem zur Mondsichel stilisierten Schwert des Glaubens, das ein Damaszener Krummsäbel war, mobilisierte alsbald missionarischen Expansionssturm und -drang. Araber, Osmanen, Sarazenen, Mauren bedrängten und durchdrangen einen Großteil der damals bekannten Welt. Von Ägypten aus stürmten sie quer durch Nordafrika bis nach Spanien (713) und von Mesopotamien über Anatolien und Konstantinopel (1453) durch die Schluchten des Balkans bis zur schönen blauen Donau bei Wien (1529). Allerorten sammelten und hinterließen sie Eindrücke, die sich nachdrücklich auswirken sollten. Es waren äußerst fruchtbare Jahrhunderte, auch in den Gärten rund ums Mittelmeer.

Mit der glühenden Liebe der Wüstennomaden zu üppiger Vegetation putzten die vereinten Muslimin antikes Erbe mit den schönsten Wegwarten und Mauerblümchen auf, derer sie habhaft werden konnten. Das Ergebnis war eine Gartenbauart und -weise, die Europa nie zuvor gekannt hatte.

Die Gärten der Exoten, mit viel Marmor, Fayence-Objekten oder Stuck bestückt, von mannshohen Mauern oder noch höheren Arkaden eingeschlossen, sehr weiträumig oder auf einen engen Innenhof beschränkt, beherbergten Brunnen und Wasserspiele (deren Wasser man mit Vorliebe stark aromatisch duftende Essenzen beimengte), Stufenbecken, künstliche Teiche mit Zierfischen und Wasserpflanzen, Volieren für Sing- und Ziervögel, dazu Orangen-, Zitronen-, Granatapfel-, Palmen- und Zypressenhaine, bunte Beete und bizarre Rosenhecken. Verstreut in alledem Pavillons, Treppen, Kioske und Phantasiebauten. Mit Künstlerischem kokettierte Künstliches, mit Naturgemäßem nur mehr mäßig Natürliches. Aber – tausendundeine Nacht lang schien die Sonne der Mondsichel zugetan... Das ging soweit, daß man Wasserbecken mit Zinn oder Quecksilber füllte, um Mondscheineffekte auf Wasser am hellen Tag zu imitieren.

Es regnete Freude am Leben in maurischen Gärten wie Schleier von Tau aus versteckten

Zisternen. Alles, was in früheren Epochen heilig oder nützlich oder urig-weltlich war, verschmolz zu greifbar Märchenhaftem. Auch der Hang der Semiramis fand neue Anhänger: Mogul-Miniaturen zeigen prächtige Terrassengärten, als sollten sie die biblische Kunde vom babylonischen Weltwunder-Garten illustrieren.

Nachgerade bescheiden, da auf geometrische Grundformen – nach römischem Vorbild – reduziert und sparsam in der Wahl natürlicher und künstlerischer Mittel, nehmen sich dagegen die maurischen Gärten aus, deren architektonischer Rahmen in Spanien da und dort heute noch erhalten ist. Bekanntestes Beispiel: die Innenhofgärten der Alhambra in Granada (13./14. Jahrhundert). Wasserbrunnen (Löwenhof) und -becken (Myrtenhof) spielten dort eine besondere Rolle; einstige Blatt- und Blütengärtnerei läßt sich da heute nur mehr vage erahnen. Denn hier wurde quasi so manches Naturkind mit dem Blutbad ausgeschüttet, mit dem die Jahrhunderte vorherrschende Besatzungsmacht schließlich ins Meer zurückgetrieben wurde, über das sie einst ins iberische Land gekommen war...

Natur in der Klausur des Mittelalters

Im frühen Mittelalter sackten Kultur- und Lebensbedingungen im Bereich des christlichen Abendlandes (des alten Weströmischen Reiches) auf ein nur mehr als bescheiden zu bezeichnendes Niveau ab. Urchristentum hatte sich zum Kirchenchristentum gewandelt, dessen leibfeindliche Lehre die Gläubigen geißelte – durchaus etwa in der Weise, wie heute sogenannte Ayatollahs die islamische Lehre Mohammeds vertreten. Wer sich seines Lebens freute, war verdächtig. Folgerichtig verfielen und verwilderten die Gärten.

Nur wo die gläubigsten der Gläubigen sich von der Welt abwandten, erhielten sich mit der gebotenen Bescheidenheit Reste einstiger Freuden am Naturgegebenen: im Kreuzgang-Karree der befestigten Klöster. Aber das war eher als ein Hof mit Blumenkästen anzusprechen denn als Garten. Nur die umfassenden Arkaden weckten die Erinnerung an das griechisch-römische *Peristyl,* den üppig begrünten und von Blütenduft erfüllten Säulenhof *(Atrium).* Selten nur erleichterte ein verschämt plätschernder Springbrunnen im Klosterhof den Vergleich.

Gotischer Geschmack erst gab dem Garten viel vom alten Glanz zurück. Meist handelte es sich dabei um Anlagen hinter hohen, auf der Gartenseite mit Efeu bewachsenen Mauern, an die sich oft eine ebenfalls efeuumrankte Laube anlehnte. Der Brunnen war als belebender Mittelpunkt wiederentdeckt, und vielfach durchzogen von ihm ausgehende Rinnsale den mit Blumen übersäten Rasen. Hinter diesen abgrenzenden Ziergehölzen, abseits an der Mauer, hatten wohlgehegte Gewürz- und Medizinalpflanzen ihr als ,,Geheimgarten" vertuschtes Plätzchen.

Zu herrschaftlicher Haus- und Hofhaltung gehörte oft auch ein *viridarium* genanntes Lustwäldchen mit zahmen Rehen und Pfauen, Exoten in einer Voliere, Goldfischen im Seerosenteich. Nahebei mochten Obstbaumkulturen, streng auf optimale Nutzung zugeschnitten, einen arg stilbrüchigen Eindruck machen. Das scheint niemanden gestört zu haben. Gartenanlagen dieser Zeit waren nie und nirgendwo organisch durchgeplant, sondern willkürlich zusammengestellt und -gestoppelt; sie verhielten sich zu den Gebäuden etwa ,,wie der Hühnerstall zum Radio", nämlich ohne innere oder auch nur oberflächlich angedeutete Beziehung. – Die Gartenkultur gedieh über Labyrinthe wohlgestutzter Hecken nicht hinaus. Um so blumenreicher freilich war der Minnesang.

Das Leben der Seligen im Paradiesesgarten, geschildert auf einem Gemälde, das den Übergang vom Mittelalter zur Renaissance vor Augen führt, insbesondere durch die bei aller Stilisierung doch realistische, auf Naturbeobachtung gegründete Darstellung der Blumen (Lilien, Nelken, Veilchen), Pflanzen (Erdbeeren) und Bäume. Die in einem Ausschnitt wiedergegebene Tafel stammt von Giovanni di Paolo (1399–1482) und befindet sich in Siena.

Zu den Ländern mit einer hochentwickelten Kultur der Blumenpflege und Gartenanlagen gehört Spanien. Die Abbildung unten zeigt ein um die Jahrhundertwende gestaltetes Interieur in einer Villa in Sevilla; rechte Seite: ein rustikales Motiv auf dem Gelände eines Gutshofes bei Jerez dela Frontera in der Nähe von Sevilla.

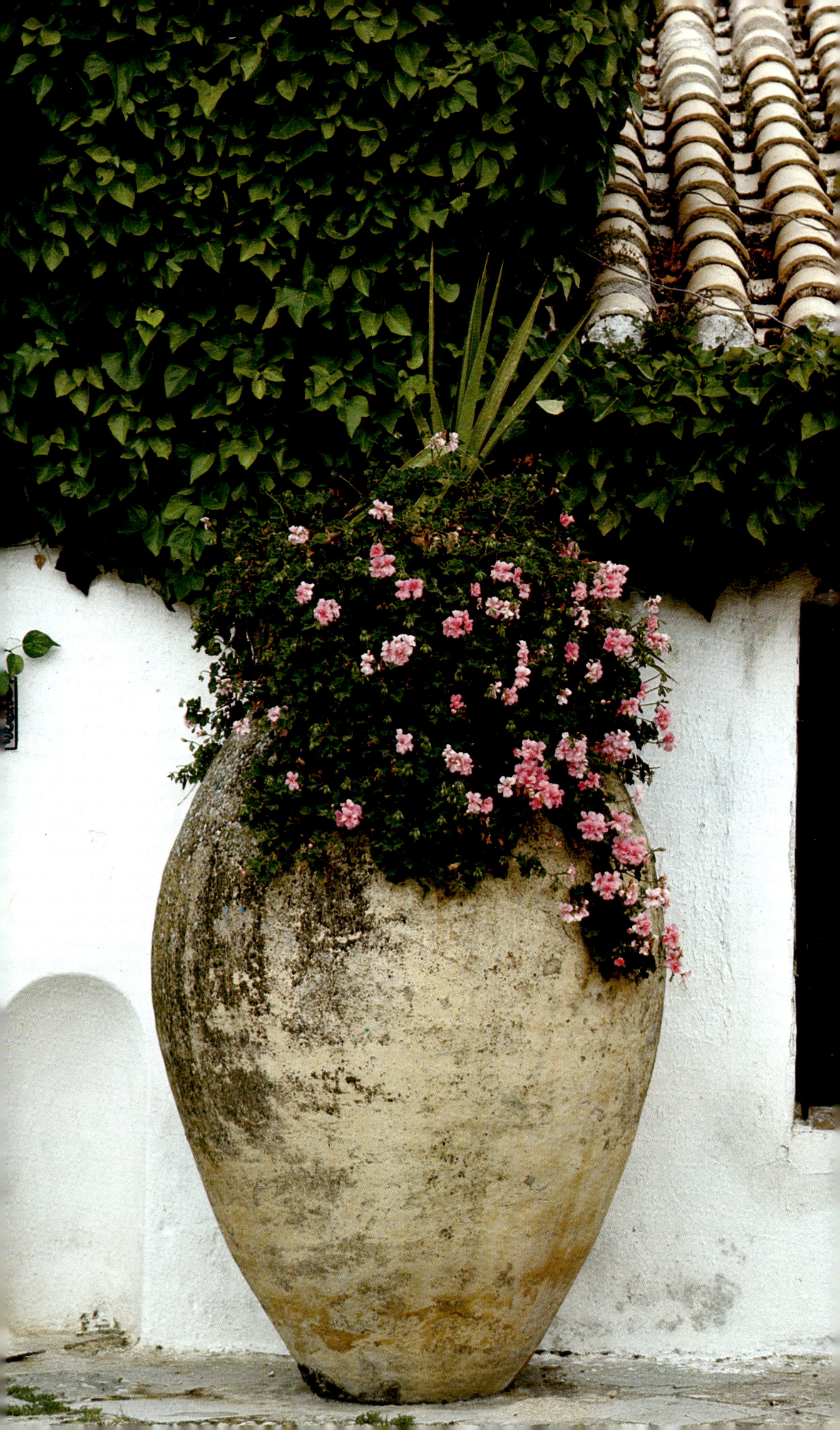

Die aus tropischen und subtropischen Gebieten stammenden, zunächst in den Gewächshäusern der botanischen Gärten heimisch gewordenen Pflanzen haben auch im privaten Wohnbereich ihren Einzug gehalten. Voraussetzungen für den Palmengarten im Wohnzimmer oder der Wohnhalle sind freilich genügend Raum und Licht sowie insbesondere ausreichende Luftfeuchtigkeit; Zentralheizungen und die von ihnen bedingte Trockenheit der Luft können, wenn nicht für den notwendigen Ausgleich gesorgt wird, das Pflanzenparadies zunichte machen.

Die Gestaltung des Wohnbereichs durch Pflanzen und Pflanzenarrangements muß sich nicht auf das Fensterbrett oder einen Winkel beschränken, sondern kann als ein wesentliches innenarchitektonisches Element zur Gliederung eines Raumes dienen. Hier kann die Pflanze den Charakter einer nach allen Seiten sich entfaltenden, ringsum „interessanten" Freiplastik gewinnen.

Rechte Seite: Form und Festigkeit gewinnt die Torfwand durch ein kastenförmiges Drahtgitter, das mit gut durchfeuchtetem Torf gefüllt wird. Die Blumentöpfen herangezogenen Pflanzen werden an der senkrechten Wand waagrecht in den Torf eingesenkt.

Die Abbildung unten zeigt das zweckmäßige Befeuchten einer Topfpflanze.

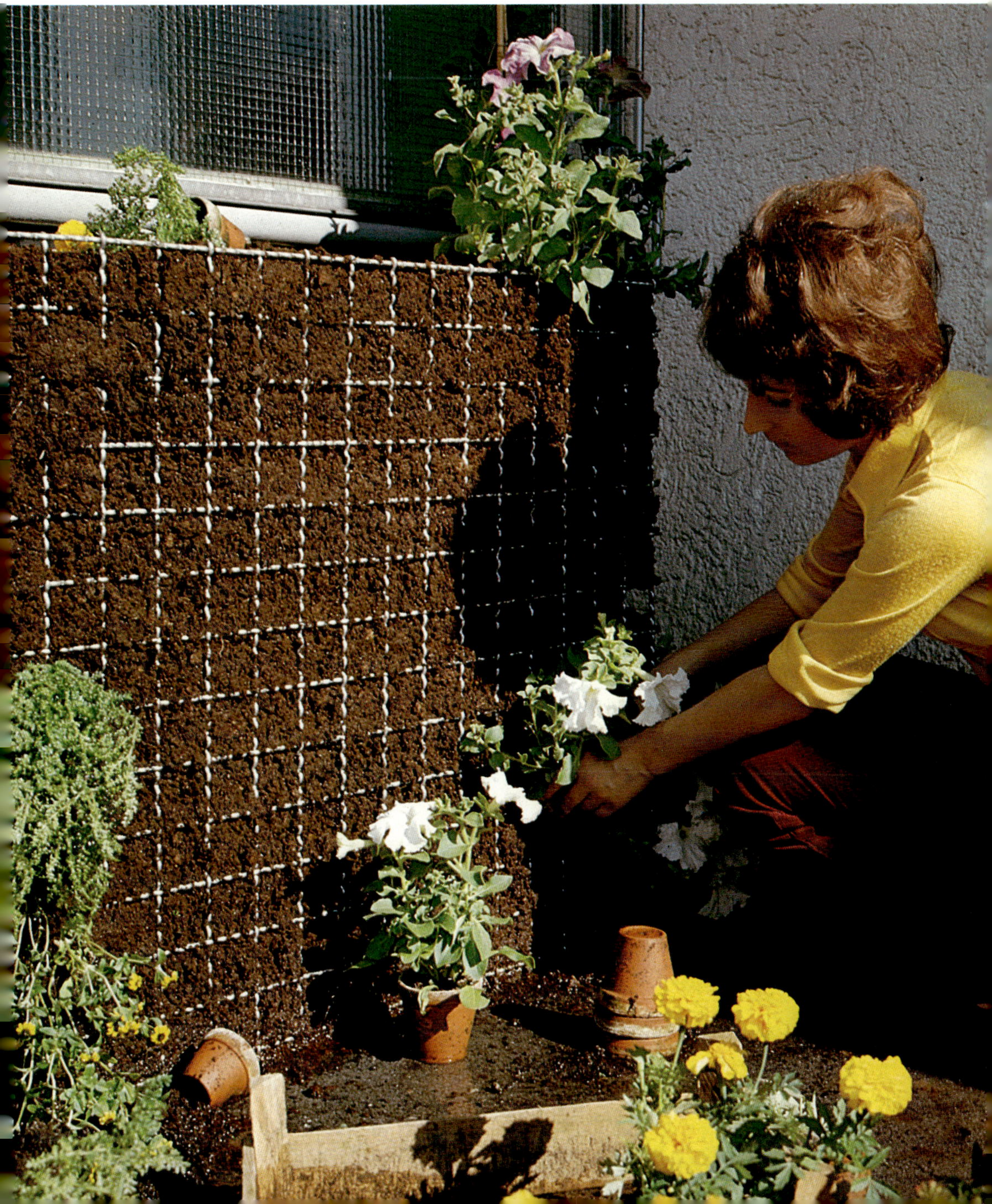

Der Hausgärtner in seinem bunten, duftenden, summenden Reich, dessen Bewohner jeweils für sich beachtet sein wollen und doch zu einem Ganzen verwoben sind.

Italienische Architektur in Grün

Erst die Renaissance reaktivierte mit Macht das latente Bestreben des Menschen, die Natur „in den Griff zu bekommen". Gleichzeitig brach sich der Wunsch nach einem angenehmen Leben wieder freie Bahn.

Die Medici in Florenz ließen ihren Besitz Cafaggiolo als ersten Feudalsitz – zumindest teilweise – durch das harmonisierende Genie eines Michelozzo in einen Landsitz umgestalten. Leon Battista Alberti ergründete die wechselseitigen Beziehungen zwischen Garten, umgebender Landschaft und häuslichem Milieu. Darauf wandten sich Bramante und Raffael der planvollen Gestaltung von Haus und Garten als architektonischer Einheit zu. Sie gliederten den Garten vertikal in mehrere Ebenen auf, welche mit den Etagen des Gebäudes korrespondierten und diese gleichsam unter freiem Himmel fortsetzten, so daß sich Haus und Garten mit Treppen, schattige Arkaden und blühenden Loggien gegenseitig durchdrangen, ergänzten, erweiterten und einander wohlplazierte Kontrapunkte setzten.

Den italienischen Garten kennzeichnet ursprünglich vor allem diese harmonische Geschlossenheit von offener Architektur und konstruktiv gebändigter Natur. Später erst, als der Geschmack mehr zum römischen Prunk hin tendierte, entstanden die berühmtesten Gärten Italiens: In den Anlagen von Vignola, beim Sitz der Medici in Florenz und insbesondere der unvergleichlichen Villa d'Este, dem Juwel von Tivoli, erreichte die Gestaltungskunst ihre höchste Fülle – und letztlich die Überfülle, die Pracht zur Protzerei herabwürdigt. Der feine Sinn für das Exquisite, nicht jedoch Exaltierte, der für die Kreation der italienischen Gartenbaukunst bestimmend und charakteristisch war, ging verloren. Was blieb, befreite nicht die Seele, sondern bewirkte eher eine neue Form der Befangenheit. Dichte, meist immergrüne Baumgruppen und wahre Wälder krönten, durchdrangen und gliederten die zahlreichen Baulichkeiten: Satellitengebäude der Villen, Nischen, Grotten, Höfe, Fischteiche, Wasserspiele und antikisierende Amphitheater im Kleinformat, alles mit Statuen bestückt. Eichen, Pinien, Zypressen, Lorbeerbäume und gepflegte Rasenflächen verbannten Obst-, Blumen- und Kräutergarten. Farbtupfer gaben nur mehr die Menschen ab mit ihren Roben aus funkelnden, glänzenden, schimmernden, mit Gold und Silber durchwirkten Stoffen. Vogelgezwitscher ging in den Darbietungen von Orchestern unter, die das wohltemperierte Klavier noch nicht kannten. Wohl aber ließen bereits Wasserorgeln die Fontänen tanzen. In kunstvoll geschnittenen Heckenkulissen feierte die Commedia dell'arte Triumphe.

Dieser späte „italienische Stil" hat konsequenter als alle seine Vorläufer die Eigengesetzlichkeit des Pflanzenwuchses ignoriert und die kunstkniffreiche Vergewaltigung der Natur systematisiert. Und just das wurde exemplarisch für höfischen Gartenbau in ganz Europa, bis im 18. Jahrhundert französische Geometrie und englische Geosophie in edlen Wettstreit traten.

Absolutismus contra Naturalismus

Schon in der zweiten Hälfte des 17. Jahrhunderts fanden die Höflinge und Mätressen des „Sonnenkönigs" Ludwig XIV. von Frankreich Gefallen an einer Art Reißbrettspiel der Gartenarchitekten. Mit Zirkel und Lineal wurde die Natur verplant. Symmetrie war Trumpf. Inkarnation des Zeitgeschmacks war Versailles! Die

IL SONTVOSISS. ET AMENISS. PALAZZO ET GIARDINI DI TIVOLI

*Der links oben abgebildete Stich zeigt Palast (vollendet 1605) und Gartenanlage der Villa d'Este in Tivoli östlich von Rom. Die an einem Abhang gelegene Gartenarchitektur ist einerseits durch Längs- und Querachsen gekennzeichnet, die aber im Geschmack des Manierismus in ihrem Verlauf mehrfach unterbrochen werden, etwa durch die „Rotunde der Zypressen" (Bildvordergrund), die Fischteiche oder die „Fontäne der Drachen".
Unten links: Die Gartenseite des unter Ludwig XIV. ausgebauten Schlosses in Versailles (unterhalb der Rampe das „Bassin de Latone") vor Errichtung der beiden Seitenflügel (vollendet 1689).*

Herrschaftsform des Absolutismus bestimmte auch die Gartenkultur.

Absolutismus – was ist das? Schlicht gesagt: das „Sonnenkönigtum" Ludwigs XIV. (und seiner Epigonen), nach dem Motto: Alles dreht sich um den Herrscher („Der Staat bin ich!"). – Nirgendwo im deutschen Sprachraum wurde diese Idee so konsequent architektonisch umgesetzt wie in Nymphenburg, das heute zu München gehört.

Typische Schloßbauten der Renaissance hatten einen quadratischen Grundriß, dessen vier Ecken Turmquerschnitte bildeten. Im Zeitalter des Barock ging man von dieser Blockbauweise nur bedingt ab: Entweder man öffnete die kubische Figur an einer Seite, so daß sich ein eckighufeisenförmiger Grundriß ergab. Oder man „bog" dieses „Hufeisen" noch auf, so daß die drei Längsfassaden eine Front bildeten, in der nun die vier ursprünglichen Ecktürme so zu stehen kamen, daß sie den Gesamtbau in einen mittleren und zwei seitliche Pavillons unterteilten. Für alle weiteren (symmetrisch flankierenden) An- und Zusatzbauten blieb im Zeichen des Absolutismus stets der mathematisch-geometrische Bezug zum Schloßzentrum maßgebend. Dasselbe galt auch für die Garten- und Parkanlagen.

Den französischen Barockgarten durchschnitten schurgerade, rechtwinklig gekreuzte und – auf die vom Schloßzentrum ausgehende Mittelachse der Anlage bezogen – deckungsgleiche Alleen und künstliche Wasserläufe. Entsprechend diszipliniert „wuchsen" die Hecken: da und dort Hunderte von Metern in der – rechtwinklig geknickten – Länge und quadratisch oder rechteckig im Quer-Schnitt.

Aus sogenannten Bosketts (franz. *bosquet*, Lustwäldern), d. h. geometrisch eingesetztem und kantig beschnittenem Park-Buschwerk, entstanden auch im Park von Nymphenburg so typische Barockgarten-Spezialitäten wie etwa ein Labyrinth (Irrgarten aus nachgerade kleinkariert akkurat verschachtelten Buschwänden) und ein zu Freilichtspielen französischer Komödien bestimmtes Heckentheater – letztlich Übernahmen aus dem „überzüchtigten" italienischen Garten.

Die Bosketts wurden von Broderien unterbrochen. Das französische Wort *broderie* steht eigentlich für „Stickerei". Gemeint sind hier die aus vielerlei Blumen und farbigem Sand gestalteten Ornamental-Rabatten, die wie gestickte Teppiche die Wege zwischen buchstäblich „versteinerten" Kunstwerken (oder -werkeleien) säumten.

Die penetrante Akkuratesse strenger Geometrie im Großen wurde etwas belebt durch die Finesse im Kleinen, im Detail, in Gartenplastiken, Kleinbauwerken, sogar künstlichen Ruinen. Diese wiederum hatten einerseits direkten optischen bezug auf den Zentralbau und standen andererseits selbst im Mittelpunkt auf sie bezogener Reviere. Der Barock-Garten war im Grund ein realisiertes Gleichnis der absolutistischen Herrschaftsform, die es quasi gebot, daß die Sonne nicht morgens hier aufgeht, den Tag überwandert und abends dort untergeht, sondern während 24 Stunden pro Tag im Zentrum der Macht stationär glüht. – Freilich, organische Potenzierung, Über-, Unter- und allemal Einordnung der Garten-Sphären nahmen den Kanten viel von ihrer Schärfe. Den Rest rundeten Wasserspiele – vom leise plätschernden Springbrunnen bis zur recht vernehmlich rauschenden Kaskade – ab. Die Starre war nie monoton. Aber natürlich wirkte sie natürlich auch nicht.

Nymphenburg und Schleißheim-Lustheim bei München erinnern heute noch ebenso unverkennbar an den Stil von Versailles, Chantilly oder Vaux-le-Vicompte (wo Ludwigs XIV.

Gartenarchitekt Le Nôtre den Schloßpark für des Sonnenkönigs Finanzminister Fouquet gestaltete) wie der Park von Herrenhausen bei Hannover oder, partiell, die Schloßgärten von Ludwigsburg und Schwetzingen, Veitshöchheim und Würzburg sowie auf der Kasseler Wilhelmshöhe. Die Potsdamer Gartenanlagen van Sanssouci (bei Berlin/DDR), in welchen sich Friedrich der Große und Voltaire ergingen, konkurrieren in ihrem barocken Design mit den Wiener Schloßgärten von Belvedere und Schönbrunn.

Vom Barock zum Rokoko

Nach dem Tod Ludwigs XIV. (1715) belebten der Übergangsstil der Régence und das verspielte Rokoko (Louis-Quinze) – obwohl sie ihre stilistische Reaktion auf die gedrungene Schwere des Barock vor allem in der Innenarchitektur entfalteten – auch die Gärten. Zwar blieb deren Grundstruktur weitgehend unverändert, aber in liebevoll um- oder neugestalteten Details zeigten sich die neuen Meister. Aus den großzügig dimensionierten Wasserbecken mit Kaskaden und Fontänen wurden eher kleine Teiche. Der Sonne weiträumiger Esplanaden zog man den lauschigen Halbschatten der Haine vor. Laubengitter wurden so beliebt, daß sie sogar in der Innenraumgestaltung imitiert wurden. Hirten- und Schäferinnenmode veränderten selbst Versailles, das Nonplusultra französischer Gartenbau-Geometrie, als Marie-Antoinette ihre bändchen-geschmückten Schäfchen ins Petit-Trianon einziehen ließ.

Zurück zur Natur – auf Englisch

In die barocke Anlage von Nymphenburg bei München ließ Kurfürst Maximilian III. Joseph Zierelemente des späteten Rokoko einfügen, ehe ein mit außerordentlichen Kompetenzen ausgestatteter Mann gründlich mit den Traditionen brach: Friedrich Ludwig von Sckell, ab 1799 Gartenbaudirektor Bayerns und der Pfalz, ab 1804 Hofgartenintendant in München. Der Mann mit der Harke, von dem eingangs die Rede war, der „krumme Napoleon" von kurfürstlichen Gnaden.

Sckell hatte durchaus eigene Ideen einer offeneren, naturnäheren Gartengestaltung bereits in Schwetzingen verwirklicht und war darum auf Betreiben des Grafen Rumford nach München berufen worden. Denn Sckells eigene Intentionen deckten sich im Grundsätzlichen weitgehend mit Rumfords Bestreben, überkommene Prunksucht der italienischen und naturwidrige Starre der französischen Gartenbau-Schulen durch Anlehnung an Englands Parklandschaftsgärtnerei aufzulockern, zu entkrampfen, natur- und zugleich volksnäher zu gestalten, wie es der Zeitgeist nach 1789 nachgerade zwingend gebot. Bei Rumford mag die Vorstellung des weiten Landes seiner Herkunft – Amerikas – die Ideale der englischen Landschaftsgärtnerei noch überhöht haben. In Sckell fand er, der praxisnahe Theoretiker, den auch theoretisch wohlbewanderten, für jede Horizonterweiterung offenen Praktiker, der es meisterlich verstand, aus dem jeweils Gegebenen das jeweils Bestmögliche zu machen. Sckell war ein integrierender Geist, der nicht etwa opportune Kompromisse machte, sondern wirklich gutes Altes mit z. T. revolutionär Neuem harmonisch zu verschmelzen wußte.

Was war nun das gänzlich Neue, die „englische Revolution in Grün"? – England hatte sich dem wechselnden Zeitgeschmack des Kontinents nie angeschlossen. Obwohl Heinrich VIII. Sympathien für den kühl glitzernden bis schwül glimmernden Stil der Italiener hegte und Karl II. sich Gartenbau-Rat suchend an

*Achsiale Gesamtgliederung und lockere
Wegführung im Stil des Landschaftsparks
verbindet der unten abgebildete „Verschönerungs-
Entwurf des Königlichen Thiergartens bei Berlin"
von Joseph Lenné (1789–1866).*

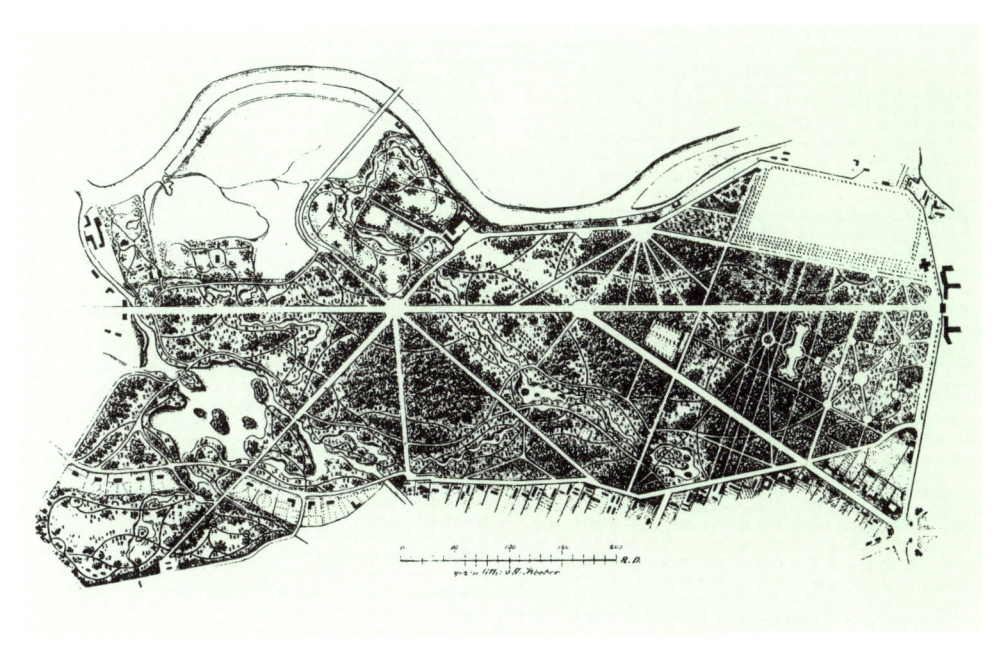

André Le Nôtre – Ludwigs XIV. Hofgartenarchitekten von Versailles – wandte, blieb es auf den britischen Inseln letztlich doch bei überaus gepflegten Naturgärten.

Sie waren gekennzeichnet durch malerische Baumgruppen in Weiten des heute noch beispielgebenden englischen Rasens, naturgewundene Gewässer mit Weidenbeständen, Picknickplätze mit besonders schöner Aussicht und das totale Fehlen jeglicher Symmetrie sowie Heckensaum- und Blumenbeet-Planimetrie. – Es lag nahe, daß dergleichen mit der Morgenröte der deutschen Romantik Schule machen würde.

Der englische Garten – im Grunde mehr Park als Garten – brachte eine Art „veredelter Natur" zustande, in der es beispielsweise einer Pflanze oder Pflanzung unmöglich war, durch Wildwuchs eine andere in deren Entfaltung zu behindern. Man arrangierte krisenfreie Nachbarschaften. Dabei siegte dennoch die Spontaneität im Ausdruck über alles Gekünstelte – und dies so konsequent, daß die fischreichen Gewässer fischreich blieben, daß Weiden sich weidlich ausbreiten und Eichenbestände Ausmaße annehmen konnten, die weiland dem nordischen Donar alle Ehre gemacht hätten, und daß Rot- und Hochwild in den Parks keine Anpassungsschwierigkeiten hatten.

Aber es waren keine Umweltschutzgedanken, die den englischen Garten in Kontinentaleuropa letztlich populärer machten, als italienische oder französische Spielarten je gewesen waren. Es war der Griff zurück in die Natur, die ihre Reize nicht erst ab einer feudalen Größenordnung zu entfalten vermag. Der englische Garten mußte gar nicht wirklich groß sein, er mußte nur groß erscheinen. Seine Anlage bedurfte nicht der Spontaneität – sie mußte nur spontan erscheinen. Der englische Garten befriedigte bestens die von einem immer zahlreicher und mächtiger werdenden Bürgertum entwickelte Neigung zur Romantik.

Bis zur 19. Jahrhundertwende und auch später noch simulierte man „gut und gern" landschaftliche Weite auf einem halben Hektar Land und weniger. Eine Einfassung mit einem hohen Schirm von Bäumen (scheinbarer Waldrand), eine Rasenfläche (scheinbare Lichtung) mit amorphen Inselchen von Phlox, Primeln, Tulpen, Nelken, Vergißmeinnicht oder Stiefmütterchen und ein bißchen Gebüsch genügen, um die Illusion eines englischen Gartens zu schaffen. Und sogar der bekannte „Gefängnishofgarten" – gepflegter Karreeweg um ein kinderspielfeindliches Rasenzentrum mit Prachttanne oder -zeder und Rosen in den Eckrabatten – läßt sich nach englischem Muster leicht freundlicher gestalten. So man will.

Vielfalt und Einfalt im 20. Jahrhundert

Was man will, ist heute kaum mehr allgemeingültig zu definieren – es sei denn mit Blick durch die Brille von Sozialpsychologen und Psychoanalytikern (Berufstätigen in Sparten, die sich in früheren Zeiten nicht hinreichend problemträchtig abgezeichnet haben, um detailwissenschaftliche Forschungs-Fakultäten zu erfordern, neue Berufe zu berufen). Der Umgang des Menschen mit (seiner) Natur war nie zuvor so kompliziert wie heute. Nie zuvor in der Menschheitsgeschichte hat eine Kultur soviel Vereinfachung, Erleichterung und Sicherung des Lebens verheißen wie unsere großtechnische Zivilisation – die das Leben des aus dem Urgarten der Natur hervorgegangenen Entwicklungsländlers Mensch in nie zuvor gekanntem Ausmaß kompliziert, erschwert und verunsichert hat.

Der charakteristische Garten des 20. Jahrhunderts, der Maschinenzivilisation, der pluralistischen Gesellschaft wäre eigentlich ein Irrgarten ohne klare Ein- und Abgrenzung. Ein Unlust kompensierender Lustgarten transzendentaler Qualität. – Realisierbar ist da in der Regel nur die Öko-Nische im verbauten Raum, auf ringsum asphalt- und beton-versiegelter Erde. Und da macht, wer Macht über ein bißchen Boden hat, daraus – nach eigenem Bedarfs-, Bedürfnis- und Erkenntnisstand – gemeinhin ein Erlebnisspielfeld mit teils rückbesinnlich und teils fortschrittlich bestimmten und bestimmenden Akzenten. Zwischen diesen wuchert – im wahren Wortsinn frag-würdige – Gegenwart.

Was sollten wir da für repräsentativ erachten? Den Garten der tönernen Zwerge – oder den Schrebergarten mit der ausrangierten Badewanne? Schweizer Rütli-Schwur-Gärten mit hehrem Fels und holdem Gehölz? Biergärten mit deutscher Eiche, Wienerwald-Gärten mit Holz-Geflügel – oder Stadtgärten mit „Warnung vor dem Hunde" („Betreten verboten!"), Vorgärten? Hinterhofgärten? Wirtschaftswundergärten mit tosenden Rasensprengern, aufjaulenden Rasenmähern und stummem Lichtschranken-Objektschutz? Schach-, Dach- oder Wintergärten?

Wo immer wir mehr oder weniger Grün mit mehr oder weniger Berechtigung als „typisch" einstufen, da meinen wir doch in Wahrheit, zumeist abfällig: „Typisch Nachbar Hinz!" oder „Typisch Umweltminister Kunz!", „Typisch Mäusezüchter-Verein!" oder „Typisch Stadtrattendirektor Grünegrün!", et cetera. Und nur ganz selten honorieren wir mit neidloser Bewunderung und einem anerkennenden Lächeln zum Beispiel: „Typisch Adam – hat der's doch geschafft..." oder: „Typisch Eva – aus klein Mein mach' mein Fein..." – Solche Typisierungen lassen sich schwerlich objektivieren.

Was also ist heute zeitgemäß? Sind es die von großen Architekten beschrittenen Garten-Wege? Ist es etwa der auf faszinierende Weise verschroben komponierte Park der Villa Güell (heute Stadtgarten von Barcelona), brillant heterogenes Werk (1900 bis 1914 entstanden) des Bizarristen Antoni Gaudi, dem die katalanische Kapitale auch die unvollendete Kathedrale der *Sagrada Familia* verdankt? – Oder etwa das wie kristallin mit der umgebenden Natur verschmolzene „Haus überm Wasserfall" (1937-1939), das Frank Lloyd Wright für Edgar J. Kaufmann in Bear Run (Pennsylvania/USA) zum organischen Bestandteil eines Wald- und Wassergartens machte – wobei nicht so ganz sicher erscheint, ob Wald und Wasser nicht eigentlich Bestandteile des Hauses sind –?

Beide Beispiele deuten nur an, welche bisher beispiellosen Perspektiven sich der Gartenbaukunst unseres Jahrhunderts bieten. Als repräsentativ für Erstrebenswertes oder auch nur Erstrebbares können die Gärten von Güell und Bear Run nicht gelten; sie sind das, was man „einsame Spitze" nennt. – Ein durchaus typisches Kennzeichen unserer Epoche ist freilich ein unaufhaltsamer Trend zu vertikaler Annäherung von Spitze und Basis der gesellschaftlichen Pyramide. Das müßte sich in einem Gartenbild des 20. Jahrhunderts abzeichnen.

Im Gegensatz zur eher exklusiven „Gaudi" von Gaudi setzte Frank Lloyd Wright in der Tat Zeichen von übertragbarer Bedeutung, indem er die über den bloßen Hausbau hinausgreifende kultur-, sozial- und gesundheitspolitische Verantwortung des Architekten voll bejahte. Jenseits jeder Gebundenheit an konventionelle Klischees orientierte sich sein Werk mit Vorrang an der biologischen Folgerichtigkeit, der inneren Logik des Lebens im Lebensraum.

Den Anstoß hierzu, so darf man mutmaßen, gab Frank Lloyd Wright die 100-Jahrfeier der Unabhängigkeitserklärung 1876. Der erst Siebenjährige besuchte mit seinen Eltern die große Ausstellung im Fairmount-Park in Philadelphia. Dort gab es einen „Kindergarten", Demonstration der revolutionären Ideen des deutschen Erziehers Friedrich Fröbel. Das wurde zum Erlebnis nicht allein der Wrights, sondern der Nation, die für das Phänomen keinen eigenen Namen fand, sondern die Bezeichnung *„kindergarten"* übernahm. – Zehn Jahre später baute Frank Lloyd Wright, noch keine 18 Jahre alt, sein erstes Haus mit kinderfreundlichem Garten...

Gärten für Kindheit und Freizeit

Welch eine Aufgabe! In einer Zeit, in der Kinder der Grundstufe in Schulumfragen schon darangehen, die Spielplatz-Quadratmeter einer Stadt von den Parkplatz-Quadratmetern derselben Stadt abzuziehen und die Differenz amtsaktenkundig zu machen (wie in Mannheim am Rhein geschehen). Weil Kindergärten vielfach nur mehr Kinderhäuser sind. Weil in öffentlichen Garten- oder Parkanlagen Kinder und Hunde praktisch an der Leine zu führen sind, damit sie sich nicht, vom Pfad der Spaziergänger-Tugend abweichend, zum Herumtollen ins Grüne trollen. Und weil, wer privat noch einen Rasen hat, keine Spielwiese haben will... Kinderfreundlichkeit könnte (sollte!) ein typisches Merkmal des modernen Gartens sein. Ist es aber keineswegs. Dabei darf es getrost als totale Fehleinschätzung jedes Gartens gelten, ihn als statisch fixierbares Schaufenster zu sehen, in dem Leben nur Unordnung stiftet. Adam und Eva wurden nicht fürs Herumtollen im Paradies bestraft...

Fast lyrisch sagte, was immer gesagt werden muß, ein anderer der großen Architekten unseres Jahrhunderts, der Schweizer Le Corbusier: „Was von den Schöpfungen des Menschen bleibt, ist nicht das Nützliche, sondern das (ans Gemüt) Rührende und Erregende." Die Sterilität der metrischen Maße habe die Architektur allgemein verrenkt, im besonderen „verrenkt hinsichtlich ihrer Aufgabe, Menschen zu bergen". Und Le Corbusier forderte auch: „Mehr Arbeitsfreude durch eine Architektur des Glücks!"

Haus- oder Gartenarchitektur? Das ist hier nicht die Frage. Gemeint ist die vom Menschen für den Menschen ein- oder hergerichtete, die auf ihn zugeschnittene und abgestimmte Umwelt. Der neue Garten Eden als Bezirk der wohligen Geborgenheit, jenseits dessen das feindliche Leben seinen Lauf nimmt. Ein Eden der offenen Tür für die tägliche Heimkehr.

Omas und Opas Garten war wohl noch primär ein Anschauungsobjekt und gütigst aus dem Blickwinkel der Laube zu belobigen. Inzwischen aber hat sich einiges geändert, an Neigungen und Notwendigkeiten. Dazu gehört auch die Erfahrung, daß weitaus mehr öffentliche Sandkästen und Spielwiesen, Kletterbäume und -plastiken, Lehrbeete und Schulgärten gefordert als gefördert werden. Der Garten war zu keiner Zeit so lebenswichtig für die Menschen, wurde nie so sehr begehrt – weil entbehrt. Von Kindern und Alten und „in der Blüte ihres Lebens" berufsmäßig allzu einseitig Belasteten, Gestreßten. Denn ihnen fehlt heute, was früher gegeben war: das natürliche Umfeld, für muntere Geländespiele ebenso offen wie für besinnliche Spaziergänge, mit allen Zwischenstufen des Sich-Auslebens (Sich-Erlebens).

Das Umfeld ist erstarrt. Die verschiedensten, einander wechselseitig bedingenden Entwicklungen führten einerseits zu widernatürlicher Zersplitterung von Grund und Boden, andererseits zu nicht minder unorganischen Gebietsballungen. Der enorme Preisanstieg für Grundbesitz in Stadtgebieten machte Gartenland als Bauland zur begehrten Handelsware – aber eben als Bauland (nicht zuletzt für als Bauherren fungierende Finanz-Konsortien), und deshalb als Gartenland (für Menschen) mehr und mehr unbezahlbar.

Da bleibt oft nur der kleine Trost des grünen Teppichs, der – vor allem nach vorn, der Straße zu – unter Hoch-, Reihen- und Mehrfamilienhäusern hervorzulugen scheint. Solche Vor- und vielfach auch „Zwischengärten" (anzusiedeln, wo kein Haus mehr hinpaßt) unterliegen freilich nicht selten gärtnerischer Gesamtgestaltung, die individuellen Wünschen wenig Raum läßt. Auf solchen variationsarmen Dekorationsflächen überwiegt zumeist zweckdienlich „pflegeleichte" Bepflanzung (als Kostenfaktor auf alle Mietpartien „umgelegt"). Wahre Schatzkästlein erlesener Klein-Gartenkunst finden sich da allenfalls noch in Gestalt von Dachgärten vor den „*penthouses*", womöglich unter schöner Einbeziehung des unschönen Liftmaschinenturms überm obersten Stockwerk.

Der elementare Wunsch nach Saat und Ernte auf eigenverantwortlich zu bewirtschaftendem Grund, die Sehnsucht nach dem Ur-Erfolgserlebnis, „es wachsen zu sehen", bleiben für die weitaus meisten „Städter unerfüllt. Es sei denn, das Naturerlebnis wird mit viel Liebe und großem Geschick auf Kleinformat – zwischen Balkonkasten- und Zimmertopfkultur – getrimmt. Was dem totalen Verzicht auf Naturnähe zweifelsfrei vorzuziehen ist.

Der – eigentlich nur früher einmal Selbstverständliches reaktualisierende – Trend zum Eigenheim ist untrennbar verbunden mit dem Trend zum eigenen Garten: zum eigenschöpferischen Dialog mit der Natur, wenn man so will. Zum höhere Befriedigung Bietenden – gemessen an öffentlichen Trimm-dich-Pfaden oder Tennisplätzen oder „Bürger-schützt-eure"-Anlagen. Bezüglich dieser bleiben viele Wünsche unerfüllt. Im eigenen Garten aber – da herrscht Intimität, ob mit oder ohne Swimming-Pool und Hollywood-Schaukel. Es wäre tumb-überheblich, jenes Wohlgefühl als unzeitgemäß-verkitscht zu verleumden, das Goethe in die schlichten Worte kleidete: „Hier bin ich Mensch, hier darf ich's sein. . ."

Freizeitgestaltung und gesundheitliche Rücksichten, vor allem hinsichtlich körperlichen Ausgleichs für den vielfach extrem bewegungsarmen Arbeitsalltag, bieten weitere Motivationen für die Liebhabergärtnerei moderner Prägung. Und seit das bloße Vorhandensein eines eigenen Gartens nachgerade schon Wohlstand signalisiert, zeugt auch das Gemüsebeet nicht mehr von (ebenfalls tumb-überheblich beschielter) Armut, sondern von Vernunftverhalten angesichts inflationärer Preisentwicklung und denaturierter Großanbaumethoden.

Ein Zeitstil konnte sich im privaten Gartenbau einer echte Kultureinheit entbehrenden Gesellschaft nicht entwickeln. So lassen sich nur gewisse Grundzüge erkennen, die allen Abwandlungen offen sind. Am auffälligsten vielleicht: Der englische Garten-Rest scheinbar spontaner Form- und Farbgestaltung von Schmuckbeeten – am gelungensten vielleicht im Steingarten realisiert – kontrastiert nur selten in wirklich gekonnter Raffinesse mit französisch-akkuratem Heckenschnitt. Im übrigen wachsen, blühen und gedeihen auch wieder Obstbäume im Garten, oder es rankt sich üppig fruchtendes Zwergobst an Spalieren. Und es gehört zum guten Ton, ein Beet für Würzkräuter zu reservieren.

Das zur umfangreichen Industrie gewordene Gärtnereigewerbe beschickt den Markt – auch den Einzelkunden bereits frei Haus per Versandhaus-Katalog – mit immer neuen Pflanzenhybriden, die noch schöner, noch widerstandsfähiger, noch fruchtträchtiger werden. Und wissenschaftlich ausgeklügelte Kultivierungstechniken erlauben es vielfach, ungünstigen Bodenverhältnissen und widrigen Klimabedingungen Blüten und Früchte abzutrotzen, die geographisch „ganz woanders hingehören". Das gilt auch für Zimmerpflanzen und Schnittblumen, deren in gemäßigten Zonen mit Erfolgsgarantie praktikable Palette niemals farbenfroher war. Blütenpracht, die einst in solcher Fülle nur der geistig-weltlichen, dann der geistlichen wie auch der weltlichen Oberschicht zugedacht schien, ist heute jedermann zugänglich und weitgehend auch für jedermann erschwinglich.

Das ist mit Sicherheit ebenso typisch für unsere Zeit wie die von zahlreichen Psychologen und Pädagogen – leider noch zu leise – geäußerte Erkenntnis, daß ein Garten auch für die psychische, die charakterliche sowie intellektuelle Entwicklung eines Kindes bedeutsamer sein kann als ein Museum. Das sagt nichts gegen Museen, und seien sie noch so arm; es spricht nur für den Garten, und sei dieser noch so ärmlich. Freilich, das Kind muß Bezugspunkte für das ihm Wesentliche finden. Nur dann hilft ihm die Erfahrung, das ihm Weseneigene wachsen zu lassen, zum Blühen zu bringen – und Unkraut verdorren zu lassen, anstatt es zu nähren. . .

Dies und ein allenthalben wenigstens in Andeutungen zu erkennendes Bemühen, Haus und Hausgarten aufeinander abzustimmen, wären gute Ansätze. Denkanstöße – um es mit einem Modewort zu sagen. Garten-Haus als Eden-Sphäre für Kinder und Eltern – das wäre nicht mehr nur Freizeitvertreib, Dekoration und Küchenhilfe, sondern Schule des Miteinander-Lebens. . .

Fernost – nah besehen: Chinas Haus-Hof-Garten Zên-Garten – Bonsai – Ikebana

„Schule des Miteinander-Lebens" – so könnten zwei Bild-und-Text-Dokumentationen überschrieben sein, die 1979 unabhängig voneinander in der Schweiz und Österreich veröffentlicht wurden. Beide gelten einer uns aus dem Mittelmeerraum wohlbekannten, garten- und damit menschenfreundlichen Architekturform – bzw. deren Bedeutung in einem ganz anderen Land. Der Schweizer Architekt Werner Blaser nannte im Titel einer Ausstellung (Kunstgewerbemuseum Zürich, Sommer 1979) und eines deren wichtigsten Exponate zusammenfassenden Bildbandes (Basel und Boston 1979) das Objekt seiner Erkundungen vor Ort schlicht beim Namen: „Hofhaus in China". Roland Rainer, Professor für Architektur an der Wiener Akademie der Bildenden Künste und ehemaliger Stadtplaner der Donau-Metropole, gab seinem Buch (Graz 1979) den – wie wir noch sehen werden, durchaus programmatisch zu verstehenden – Titel: „Die Welt als Garten – China".

Eine beiden Werke sinngemäß gemeinsame Schlußfolgerung sei hier mit den Worten Roland Rainers zitiert: Er schreibt, daß ja nun allmählich doch „der noch vor wenigen Jahren kolportierte Trugschluß, eine geschützte Privatsphäre im Einfamilienhaus verhindere Kontakt und Kommunikation zwischen den Bürgern, durch Biologen, Verhaltensforscher und Wohnpsychologen widerlegt ist, die festgestellt haben, daß Mangel an Distanz (gleichbedeutend mit Einengung des persönlichen Bereichs) zu Aggressionen und sozialem Fehlverhalten führt". Und: „Seit wir wissen, daß Nachbarschaft und persönliche Kontakte besser bei mäßiger als bei zu großer Dichte, besser über den Gartenzaun als im Aufzug gedeihen, könnten wir uns vielleicht vorstellen, daß die bekannte, immer wieder beobachtete Geselligkeit der Chinesen unter anderem auch damit zusammenhängen kann, daß diese sich seit je des Schutzes eines unantastbaren, geräumigen, privaten Lebensraumes erfreuen." Das ist nachgerade „tierisch ernstzunehmen" – und Werner Blaser widerspricht dem in keiner Weise.

Das grüne Herz des Hauses

Chinas Hauptstadt Peking zählt annähernd 8 Millionen Einwohner. Wie stapelt man so viele Menschen in Betonsilos, ohne jeden Weg von Mensch zu Mensch zum Horrortrip zu machen? Diese Frage stellt sich auch an den fortschrittlichen Architekten eines der ältesten Kulturvölker der Welt bis heute nicht. Die weitaus meisten der fast 8 Millionen Bürger Pekings z. B. leben (und hier ist wirklich Leben, nicht nur Wohnen gemeint) in ebenerdigen Häusern mit sichtgeschütztem Innenhof. Im Eigenheim mit Garten! Im Atrium!

Da kommen einem spontan – Schlag auf Schlag – Schlagworte in den Sinn wie: Platzverschwendung dort, Raumnot hier, und überhaupt die Bodenpreise...! – In der Tat: Bodenspekulanten bekämen in Pekings Wohnbezirken keinen goldenen Boden unter die Füße, sondern – sinngemäß – Treibsand. Mit ausschließlich ebenerdiger Bebauung für jedermann – nicht etwa für Multimillionäre – bietet kein Quadratmeter Grund zur Hoffnung auf Spekulationsgewinne. Den Gewinn haben die Menschen, die da – quasi mit dem Garten im Haus – leben. Und das ist kein Verdienst des Maoismus, sondern des Traditionalismus der Chinesen.

Es kann nicht Aufgabe dieses Buches sein, alternative Stadtplanungs-Ideen durchzuspielen. Da aber bei jedem Neubau heute (gottlob wieder) Grünflächen- und Hochbauplanung eng miteinander verknüpft, ineinander verzahnt sind, seien einige wenige, für jeden einzelnen bedenkenswerte Marginalien erlaubt, die sowohl Garten- als auch Haus- und Straßenbau betreffen – und das Flachbau-Phänomen (nicht nur) Pekings leichter begreiflich machen können:

1. Sehen wir von der heute kaum mehr statthaften, hybriden Hochbauweise ab, die nur mehr düstere Straßenschluchten zwischen einförmigen Betonkolossen aussparte, so macht jede Satelliten-Stadt jüngerer Planungs-Patterns deutlich, wie ungemein viel Raum zwischen sehr hohen Blockbauten freigestellt werden muß, damit das neben dem Flächenbedarf für fließenden und ruhenden Verkehr (Straßen und Parkplätze) tröstlich hinzugeplante bißchen Allerweltsgrün auch noch ein bißchen Tagessonne abbekommt. Allerweltsgrün, auf dessen Gestaltung die ringsum hochgestapelten Menschen kaum mehr Einfluß nehmen können: der Garten vorm Haus als Fremdland, ja als Feindesland („Betreten verboten!").

2. Bei minder hoher – und gar nur eingeschossig-ebenerdiger – Um- und Überbauung hat auch ein relativ kleines Felckchen Erde offenen Mutterbodens bessere bis beste Chancen auf optimalen Lichteinfall. Anders ausgedrückt: Je niedriger die Häuser, desto enger können sie zusammenrücken, ohne Grünwuchs – d. h. eine Gartenanlage – in unmittelbarer Hausnähe durch Beschattung zu be- oder zu verhindern.

3. Baugesetze unserer Zeit gebieten gemeinhin die Einhaltung eines hohen Mindestabstands der Bebauung von den Grundstücksgrenzen und zwingen so vielfach zu kompakt-mehrstöckigem Hochbau auch von Eigenheimen auf kleinen Parzellen. So entsteht Freiland für Gartenanlagen vielfach nur in Streifen um das Haus herum – abzüglich Vorhofterrain, Garagenzufahrt, notwendigerweise rings ums Haus laufender Gartenwegführung sowie, infolge ungünstiger Himmelsrichtung und/oder Beschattung als Gartenland nicht oder nur beschränkt nutzbarer Flächen. Solche Streifen bieten kaum noch Möglichkeiten für die Gestaltung „eines" Nutz- und Schmuckgartens, der auch noch Lebensraum sein könnte. Eines freilich ist durch eine solche Bauplanung sichergestellt: der Lichteinfall von außen in allen Etagen des umbauten Lebensraumes (Haus), dessen Mitte dunkel ist – was man durchaus symbolträchtig verstehen darf.

4. Anders – nicht nur – in China: Da baut man das Haus um den Hof-Garten herum, mit Blick nach (und Haupt-Lichteinfall von) innen. Der Garten inmitten des häuslichen Lebens wird bei einstöckiger Bauweise geringstmöglich beschattet, ist ganztägig nutzbar (übrigens auch rationeller zu bewässern als jene Streifen rings ums Haus), läßt sich als ökologisch-ökonomische Ganzheit zugleich schöner und zweckmäßiger einrichten und auslegen, mit mehr Effekt bei geringerem Aufwand (auch an Bodenfläche). Die Sonne wandert im Innenrund (bzw. -karree) solcher Intimsphäre, bleibt im Ganzen des Gartens ganztägig gegenwärtig; und auch etwa an der Nordseite des Gevierts gelegene Gemächer haben Fenster zur Sonnenseite (und dafür womöglich eine – energiesparend – völlig geschlossene Außenfront zur kalten Winterseite des Gebäudes).

5. Die Verkehrswege! Bei der Atriumbauweise – durch Versatz und Detailausbildung auch in scheinbar geschlossener Front niemals so öde wie eine nur scheinbar offener gestaltete Reihenhaus-Siedlungszeile – sind Verkehrstraßenführungen weniger problembelastet insofern, als die Hauptöffnungen des Hau-

ses sich eben nicht zur Straße, sondern zum Garten richten. Das schafft nicht zuletzt auch Schallschutz. Und die Häuser müssen keineswegs schematisch mauergleich in Einheitsfront aneinandergebaut werden wie bei Wohnblockzeilen, sondern jede Einheit kann für sich allein stehen, von benachbarten Einheiten durch schmale Gäßchen getrennt. Sind diese Gassen schmal genug, sind sie im Sommer kühler und im Winter wärmer als die Luft über den Dächern. Das schafft Nachbarschaft ohne Reibungsflächen. Kein Unkraut (oder was der Nachbar dafür hält) wuchert in Nachbars Garten hinüber; jeder kann buchstäblich zwischen seinen eigenen vier Wänden hegen und pflegen, was ihm gefällt: da es den – möglicherweise anderen Ambitionen zugetanen – Nachbarn nicht berührt, macht es ihn nicht zum sprichwörtlichen „bösen Nachbarn". – In den engen Gassen zwischen den Hof-Garten-Häusern Chinas kommt man einander näher – nicht obwohl, sondern gerade weil Hausmauern verläßlichere Abschlüsse der Intimsphäre sind als Gartenzäune.

Wer da nun noch konstruktiv in mögliche Praxis weiterdenken möchte, der stelle sich die Bedachung weithin nur ebenerdig gehaltener Bebauung dieser Art mit Sonnenkollektoren vor – und das daraus resultierende Energiepotential für die Bewohner eines solchen Lebensraumes...

Fortschritt – wovon?

Kultureller Fortschritt erwuchs seit jeher aus den Wechselwirkungen zwischen menschlich-allzumenschliche Schwächen kultivierendem menschlichem Geist und den ihm Grenzen setzenden Naturgesetzen, deren – erkenntnistheoretisch nicht faßbare – Gesamtheit man als eben nicht nur menschlichen, sondern allumfassenden Geist definierte. Als Gott. Der unbeschreiblicher Freiheiten teilhaftige Menschengeist entfernt sich vom Ursprünglichen – und dieses zieht ihn letztlich doch magnetisch wieder an, motiviert ihn zu Kehrtwendungen, auf die der materialistisch definierte Begriff „Rückschritt" keineswegs zwingend anwendbar ist. Daß Rückbesinnung auf naturgegebene Lebensbedingungen auch der höchstentwickelten Säugetiergattung *Homo sapiens* eher Schübe geistigen Fortschritts markiert, läßt sich aus der Kulturgeschichte des Gartenbaus – im weiteren Sinn am Umgang des Menschen mit Pflanzen und Tieren – unschwer ablesen. (Humanpsychologisch mag man den Umgang des Menschen mit dem Menschen ins Auge fassen. Esoterisch aufschlußreich ist der Umgang des Menschen mit den klassischen Elementen – Erde, Wasser, Luft und Feuer –, die seiner eigenen Existenz zugrundeliegen...)

Bleiben wir im Natur-Ausschnitt des Gartens, der weiland auch im alten China arg verschnitten wurde. Obwohl das – inmitten weiten naturbelassenen Umfeldes – keinen Öko-Streß erzeugen konnte, erfolgte vor just etwa zwei Jahrtausenden ein deutlicher Umbruch, ja Umsprung: vom sterilen Kunstgarten zurück zum Naturgarten. Man hatte wohl die Grenzen des Naturwidrigen ausgelotet. Wo immer das nun möglich war, bezog man wieder natürliche Gegebenheiten – etwa ein Rinnsal, einen kleinen Teich, einen Baumstumpf, einen verwitterten, moosüberwucherten Findling – in die Gartengestaltung ein. Und dies in einer Weise, die die ordnende Hand des Menschen hernach weder erkennen noch vermissen ließ. Gesteinsbrocken lagen am Ende da, als lägen sie da – und just so – von Anbeginn. Wildwuchs der Pflanzen erschien wildwüchsig, geriet aber nie ins Wuchern, uferte nie aus ins Unermeßlich-

Unberechenbare. (Eine im 18. Jahrhundert von dem britischen Gartengestalter W. Chambers aus Fernost nach England importierte Gartenbaukunst-Maxime, die Graf Rumford adaptierte und Friedrich Ludwig von Sckell praktizierte, als beide den Englischen Garten von München-Schwabing konzipierten.) Der Garten war geplant – aber nicht der Plan war sichtbar, nur der Garten...

Das Leben in Symbolen

Den größten und den kleinsten Gärten Chinas war die Symbolik gemeinsam (die erst mit *Ikebana* und *Bonsai* in unseren Häusern Platz greift, ohne daß wir uns dessen so recht bewußt werden). Für die Fülle des irdischen Lebens z. B. stand die Bananenstaude: ein rasch aufstrebendes, als Schein-Baum prächtig aufblühendes und üppig fruchttragendes, danach jedoch ebenso rasch absterbendes und verrottendes Gewächs... Bambus stand für Langlebigkeit, der Goldfisch im Becken für Unsterblichkeit. Aber das waren keine Zentren spezieller heiliger Bezirke. Der ganze Garten war, wie in allen frühen Hochkulturen, heilig: als ein den Menschen und dessen Werke einbeziehendes Paradies. Die Welt als Garten – wie es Roland Rainer sagt –, und dies im Hausgeviert, im Innenhof: die Welt im Haus!

Die Gärten der feudalen Provinzmandarine und Großkaufleute – wie sie das *„Kin-ping mei"*, Chinas Sittenroman des 16. Jahrhunderts, beschreibt – unterschieden sich nur wenig von jenen der Würdenträger im alten Japan, deren Erinnerung uns die Gazetten der Hofdamen bewahrt haben. In Nippon jedoch, dem „Land des Lächelns", führte vor allem die Lehre des Zên-Buddhismus zu einer stilistischen Vertiefung und Verfeinerung, die weltweit und zu allen Zeiten ohne Beispiel ist.

Bonseki, die Zên-Gartenkunst Japans, ließe sich – und das ist nur ein Beispiel von vielen möglichen, im Grund aber identischen Deutungen – mit „Wachsen der Steine" übersetzen. Im Zên-Garten nämlich ist die Pflanzenwelt minimiert, etwa auf einen Zwergstrauch, ein mit wissenschaftlich-künstlerischer Akribie auf Kleinstwuchs gezüchtetes Bäumchen, ein Moospolster auf einem Stein reduziert und in den Blütenfarben mit äußerster Zurückhaltung komponiert.

Haushohe Baumarten werden im Zên-Garten vielfach nur knie- oder hüfthoch. Und das ist keine gestutzte Form im negativen, naturfremden Sinn des bloßen Anschauungsobjekt-Designs. Der Bonseki-Meister arbeitet nicht gegen die Natur, sondern mit ihr zusammen. Er schafft keine Kunstform, aus der die Natur beständig wieder auszubrechen trachtet wie aus einer scharfkantig kastenförmig oder gar figürlich-detailliert beschnittenen Hecke, sondern er zügelt hier und fördert dort das natürliche Wachstum vor allem durch Steuerung der äußeren Wachstumsbedingungen.

Auch das Moospolster auf dem Stein ist keineswegs ein auf den Stein gesetztes Moospolster. Bonseki, das „Wachsen des Steines", beginnt, wo der Stein „gewachsen" ist: in Felsenriffgelände beispielsweise, irgendwo am Strand. Bonseki-Gartenkünstler suchen sich aus der Natur die von der Natur am einzigartigsten geprägten Stücke aus, an die kein Bildhauer mehr Hand anlegen darf. Und wünscht man sie begrünt, so bringt man sie zunächst an einen Ort, an dem sie von Natur aus ins bemooste Umland integriert werden. Erst wenn die Bemoosung den gewünschten Grad erreicht hat, wird der einzelne Stein zu seinem Bestimmungsort transportiert und dort so in die Gartenlandschaft eingebettet, als wäre er da „gewachsen".

Die Welt als Garten

Eine Fälschung? Ein von tosender Brandung gezeichneter Fels auf dem Trockenen? O nein! Da eben wird die alles harmonisierende Kraft des Zên neuerlich wirksam und – wie in den Sand- und Felsengärten der Tempelstadt Kyoto – auf bezwingende Weise erlebbar: Auf ebenem Gartengelände inkarnieren sich gleichsam Berg und Wasser. Der einen über Brandungswasserhöhe bewachsenen Fels symbolisierende, naturbemooste Stein ragt fortan aus einer von kunstvoll geharkten, lebendiges Wasser symbolisierenden Kreis- und Wellenformen geprägten Seesandfläche...

Nicht anders verhält es sich mit den übrigen möglichen Requisiten des japanischen Zên-Gartens, ausgetrockneten Wurzelstrünken beispielsweise, entrindeten oder von Fäulnis gezeichneten Baumstämmen: Immer schwingt Menschen nicht so ganz Faßbares mit; immer tritt die Dimension der Zeit – und damit auch die des Raumes – aus dem Rund der Uhr heraus. Ins Freie. Der Prozeß der Fäulnis kann – ebenso wie der Prozeß der Bemoosung und des Grünbewuchses schlechthin – in ein sich im Wechsel der Jahreszeiten wandelndes Gartenbild einbezogen werden. Stets ist die Gesamtkomposition von unvergleichlicher Raffinesse – die sich als solche selbst verleugnet. Kein Mensch kann die Trennungslinie zwischen natürlicher Evolution und menschlich-revolutionären Steuerungsmanövern exakt wahrnehmen.

Der Garten repräsentiert die Natur, das Universum. Der Bonseki-Gärtner ist begnadeter Handlanger des in und über allem Waltenden. Der Architekt, der in solchen Gärten – wenn sie weiträumig angelegt sind – die reisstrohgedeckten Shoji-(Papier)-Häuschen genau richtig plaziert und dimensioniert, steht in einem nicht minderen geistigen Rang. Und wer sich in diesen Tempelchen des Lebens schlechthin der *Cha-no-yu* genannten Teezeremonie hinzugeben vermag, dessen Bewußtsein erhebt sich über die gewellte Sandwüste von Ebbe und Flut, erlangt Zugang zum Belebenden selbst. Oder zum belebenden Selbst. Das ist der Sinn der Zên-Gärten.

Der Chinese Hung Tzu-ch'eng sagte es in seinem Buch „*T'saiken T'an*" so: „Ist der Geist nicht von Wind und Wellen überdeckt, wirst du immer zwischen blauen Bergen und grünen Bäumen leben. Hat deine wahre Natur die schöpferische Kraft der Natur selbst, wirst du allerwege hochschnellende Fische und fliegende Gänse sehen."

Das bekannteste Beispiel solcher Magie der Imagination ist wohl der Garten von Ryoanji in Kyoto: Fünf Gesteinsgruppen in feinstem, von Bonseki-Kundigen peinlichst gehegtem und geharktem Sand; darum ein niedriges Mäuerchen und hinter diesen Bäume in wohlabgestimmter Höhe: ein Kunst-Werk, gewiß – aber es gehört kaum Phantasie dazu, den Eindruck einer wild tosenden See um Felseninseln vor den Küsten Nippons zu empfinden! Brandungsgeräusche fehlen nicht – sie „liegen in der Luft"...

Der Baum im Topf

Japans Zên-Gärten bedürfen nicht der sicht-, fühl- und jagdbaren Tierwelt, um des ganzen Lebens Fülle zu vermitteln. Vor diesem Hintergrund erschließt sich uns denn auch der Zauber des Bonsai, der dem Sensiblen unschwer den Eindruck zu vermitteln vermag, als zwitscherten aus dem lebendigen Grün seiner Miniaturäste und -zweige Miniaturvögelchen ihre winzigen Weisen.

„*Bon*" steht für *Topf* und „*sai*" für *Baum*. Diese in ihren naturgemäßen Proportionen, jedoch zwergenhaft gewachsenen Zierbäumchen gehören in der westlichen Welt mittlerweile zweifellos zum kunstvollsten und kostbarsten aus der Natur entlehnten Raumschmuck überhaupt. Dekoration freilich war nicht der Sinn der Entwicklung dieser Topfbäume. In der japanischen Tradition ist der Bonsai Sinnbild des Unteilbaren, ein Kunst-Stück Natur im *Tokonoma,* der heiligen Nische des Hauses, als „Geist des Baumes" etwas vom Geist der Erde und des Alls vermittelnd, in Zên-Klöstern als „Leiter zum Himmel" verehrt, als Meditationshilfe gebraucht.

Ist es also entzaubert, dieses Meisterwerk gärtnerischer Kleinkunst? Gewiß, bei und durch uns, die wir es nicht als religiöses Objekt anzusprechen verstehen. Dennoch bleibt es zauberhaft im wahren Sinn des Wortes: Zauber haftet ihm an.

Wer könnte sich dem ganz besonderen Reiz dieser nur etwa 20 bis 60 cm hohen – in der japanischen *„mame"* genannten Kleinstform sogar nur handhohen – und dabei 10 bis über 100 Jahre alten Topfbäume entziehen, die in Japan heute noch als kostbares Familiengut über Generationen vererbt werden? Da prangen Uralt-Buchen und -Eichen im reichen Schmuck winziger Blätter, der Rote Fächerahorn färbt sein Feuerlaub, Zedern und Zypressen duften, Kirschbäumchen gedeihen zu voller Miniaturblüte, und Orangenbäumchen tragen erbsengroße Früchte.

Wie ihre Artgenossen, die in „Originalgröße" im Freiland wachsen, spiegeln auch die „Miniaturausgaben" den Wechsel der Jahreszeiten mit Knospen, Blühen, Fruchttracht, gegebenenfalls Herbstlaubfärbung und Entlaubung, Ruhezeit und neuem „Ausschlagen". Hinzukommt der irritierende Eindruck, daß es sich bei dem Bonsai in seinem pittoresken Topf-Arrangement – oder auf einem Naturstein wie auf einem Felsen angesiedelt – um einen „echten" Landschaftsausschnitt handelt, wie beiläufig auf einer Wanderung von fern entdeckt und in der dort gegebenen perspektivischen Verkleinerung belassen – zum Mit-Nachhausenehmen und damit der Landschaftsausschnitt dann gegebenenfalls in einen Fensterausschnitt, eine Nische oder auf eine Konsole paßt. Da nimmt sich etwa eine 30 Jahre alte und kaum 30 cm hohe Mädchenkiefer *(Pinus pentaphylla)* bei nur einem Meter Sichtabstand aus wie ein seit Jahrzehnten Wind und Wetter trotzendes, knorrig-sparriges Prachtexemplar derselben botanischen Art, aus 100 Meter Entfernung im Freien besehen.

Der Baum mit Stammbaum

Diese kleinen Naturwunder, die eigentlich Kulturwunder sind, waren bei uns vor nur etwa einem Dutzend Jahren noch weitgehend unbekannt, allenfalls einmal in einer Ausstellung zu sehen, privat zu erwerben praktisch nur über sehr gute persönliche/geschäftliche Direktbeziehungen nach Japan oder, als seltene Gelegenheit, per Geheimtip zu horrenden Preisen – wie piekfeine (lebende) Antiquitäten, die weiter wachsen, blühen und gedeihen.

Die alten Handelspreise – mehrere – zigtausend Deutsche Mark oder Schweizer Franken im Gegenwert je Bonsai-Exemplar – gelten auch heute noch für besonders alte und dabei besonders schön geratene Pflanzen. Aber das Hauptgeschäft spielt sich mittlerweile bereits in Preisklassen unter DM/SF 1000,– und besonders zwischen 100 und 500 Mark/Franken je Bäumchen ab. Und ein Geschäft ist es in der Tat geworden.

Deutschlands und zugleich Europas bislang beziehungs- und erfolgreichster Bonsai-Importeur verkaufte 1978 bereits runde 15 000 Bonsai-Einheiten; 1973 noch waren es kaum 1000 gewesen. Großgärtnereien, Gartencenters, kleine Exklusivitäten- und große Allerwelts-Versandhandelshäuser bemächtigen sich des am Markt neuen Artikels. (Denn alles Wunderbare wird zur Handelsware, wenn man den geistigen Hintergrund abhängt, verdrängt, vergißt oder zumindest nicht vermißt: Wo niemand fragt und niemand eine Antwort anbietet, da schrumpft solch schönes Bäumchen arg zusammen.) Regelrechte Bonsai-Fan-Clubs haben sich konstituiert, und sie veranstalten außer Bonsai-Hege- und -Pflege-Kursen auch schon Studienreisen ins Heimatland der importierten Zwergriesen: ein Sesam-Schlüssel zum geheimen Sein des entmystifizierten Daseins der kleinen Kultur-Naturwunder!

Solcher Erfolg hat neuerdings auch die Chinesen auf den Plan gerufen: 1979 ließ Hua Guo-feng anläßlich seines Staatsbesuchs in Bonn als Staatsgeschenk zehn *Penjing*-Bäumchen überreichen. Als bloßes Anschauungsobjekt vorgezeigt wurde der wohl teuerste unter allen bisher wert-geschätzten Bäumen der Welt: eine 300 Jahre alte, pittoresk-bizarr und dabei nur rund 1,30 Meter hoch gewachsene Penjing-Ulme. Der Sinn der Präsentation war klar, der Bonsai-Importeur zur Stelle. Prompt gibt es nun auch jüngere Penjing-Bäumchen der erschwinglicheren Bonsai-Preisklasse zu kaufen.

Hierzu ein notwendiger Rat: Man kaufe *Bonsais* oder *Penjing* grundsätzlich nur mit (heute fast weltweit patentgleich geschütztem) Ursprungspaß und Qualitätsplombe! Wo diese fehlen, kann es sich um einen gewiß nicht allzu alten, möglicherweise aber durchaus respektablen „Bonsai" aus den Niederlanden handeln (deren beste freilich wiederum den niederländischen Herkunfts-Ausweis nicht zu scheuen brauchen); aber es sind im Handel auch schon „echte Fälschungen" aufgetaucht, und gegenüber nicht beurkundeten *Bonsai* bzw. *Penjings* ist ein gesundes Maß an Skepsis durchaus angebracht. Denn auch ein Pseudo-Bonsai – der eben nicht mit aller ihm gebührenden Sorgfalt und Sensibilität „erzogen" wurde – kann durchaus vorübergehend wie ein Bonsai aussehen, dessen mutmaßlicher Lebenserwartung (die allein, im Verbund mit der langen Anwuchszeit von durchschnittlich 10 Jahren, den hohen Preis rechtfertigt) aber bei weitem nicht gerecht werden.

Winterhartes im Warmen?

Es kommt allerdings bisweilen vor, daß auch ein durch und durch solider Bonsai – vor allem ein (mit 10 oder wenig mehr Jahren) noch recht junger – binnen Wochen oder Monaten sichtlich abstirbt, als hätte man ihn mit Salzsäure gegossen. In solchen Fällen liegt der Fehler in der Regel nicht beim Züchter (der sich die Haare raufen würde...), noch beim Händler (der mit allen Klima-Tricks des Plastik-Zeitalters arbeitet), sondern beim theoretisch unkundigen und praktisch noch unerfahrenen Bonsai-Besitzer selbst: Ein Klima-Schock kann einen Bonsai töten!

Ein Klimaschock ist es beispielsweise für eine alpine Konifere im „Westentaschenformat", wenn man sie – soeben aus dem Kalthaus-Areal des Gärtners herausgenommen – im Wohnzimmer auf die Heizung stellt, dieweil das vermeintlich „arme kleine Ding" gar so wärmebedürftig ausschaut. Da passiert etwa dasselbe, was passieren würde, wenn man z. B. eine Krüppelkiefer aus Alpen-Baumgrenzlagen plötzlich – durchaus im arteigenen Erdreich belassen – in die Sahelzone Mittel-/Nordafrikas verbringen würde: Klimaschock und alsbaldiger Exitus!

Eines der schönsten Beispiele der japanischen Gartenkunst ist der kaiserliche Garten „Katsura Rikyu" in Kyoto. Die Grundform einer idealisierten, modellhaften Landschaftsdarstellung gliedert sich auf in den „Teegarten" zur Vorbereitung auf die Teezeremonie im Teehaus, den „Palastteich-Garten" und einen von den Meditationsgärten des Zen beeinflußten Bereich im Bildvordergrund, wobei vor allem die Steinarrangements das Zen-Vorbild erkennen lassen.

Bonsai – die Bezeichnung setzt sich aus ,,bon": Topf und ,,sai": Baum zusammen –, seit kurzem ein Blickfang in den Schaufenstern der Fachhandlungen und in der Gefahr stehend, bei uns zur Modeerscheinung zu degenerieren, ist tief in der fernöstlichen Naturauffassung verwurzelt. Die Abbildung rechts zeigt das Beschneiden eines Bonsai.

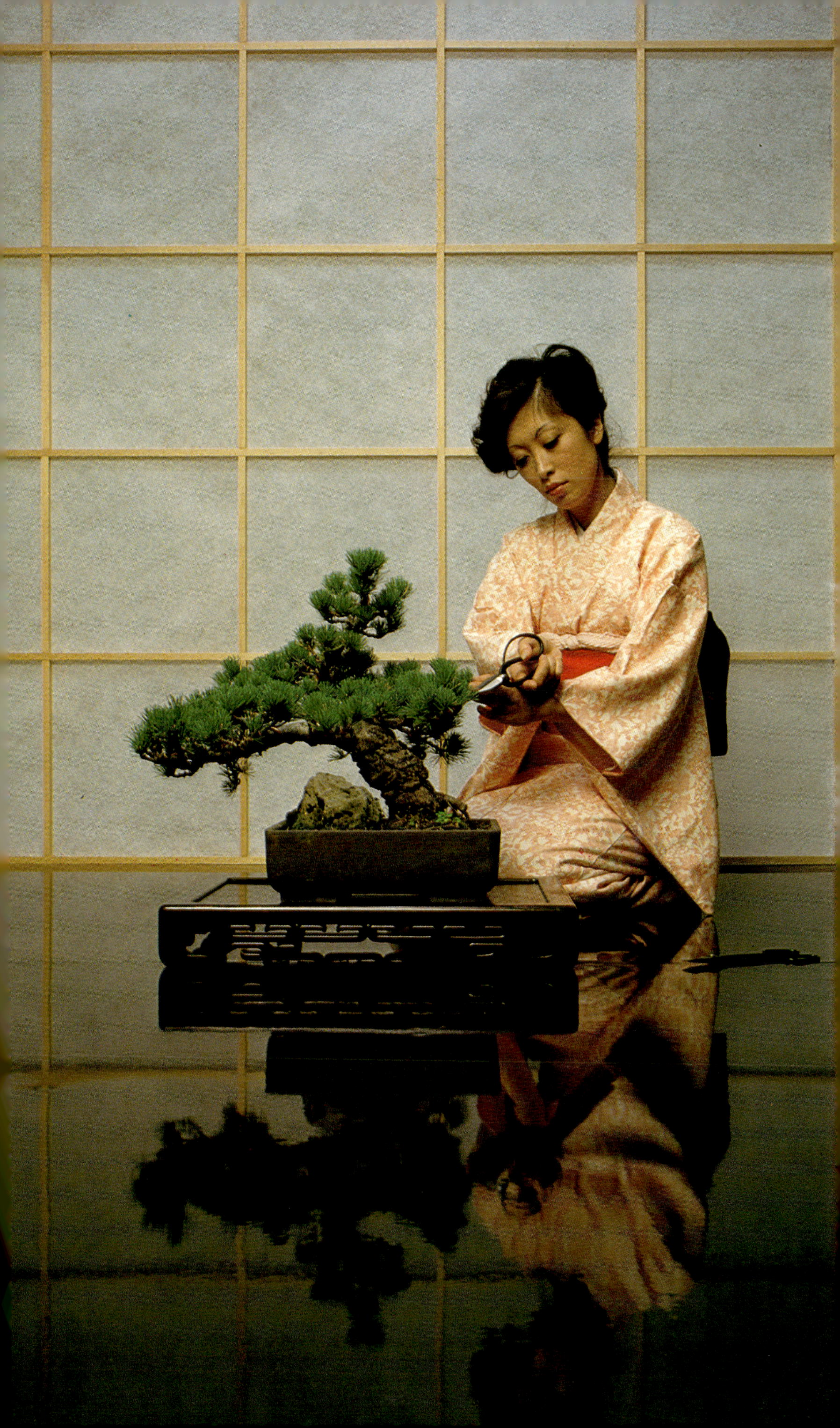

Chinesische Gartendarstellungen auf einem im 18. Jahrhundert hergestellten Schrank (Victoria and Albert Museum in London). Neben der Bemalung mit schwarzem und farbigem Lack ist das Möbelstück mit Einlegearbeiten aus Perlmutt und Halbedelsteinen geschmückt.

Der Sprung zurück von Fernost in unsere Breiten: ein Dachgarten als eine mögliche Rückzugsstation angesichts der Tatsache, daß die Stadt kaum mehr privat nutzbares Freiland zur Verfügung stellen kann.

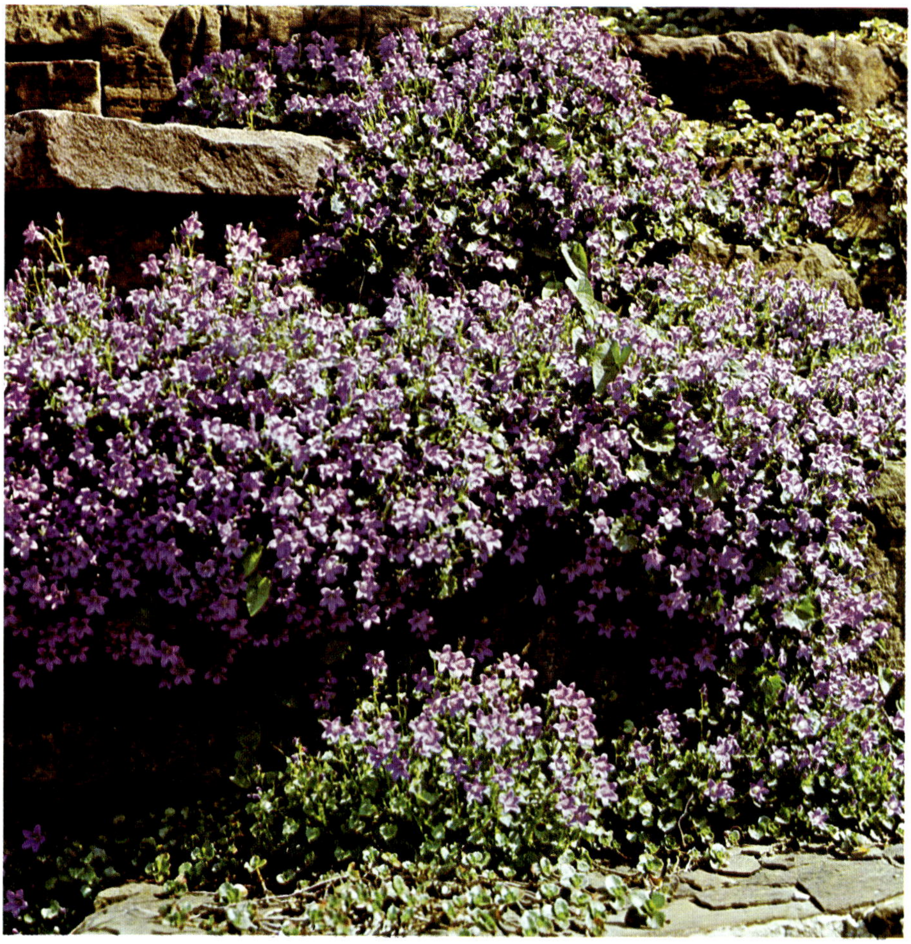

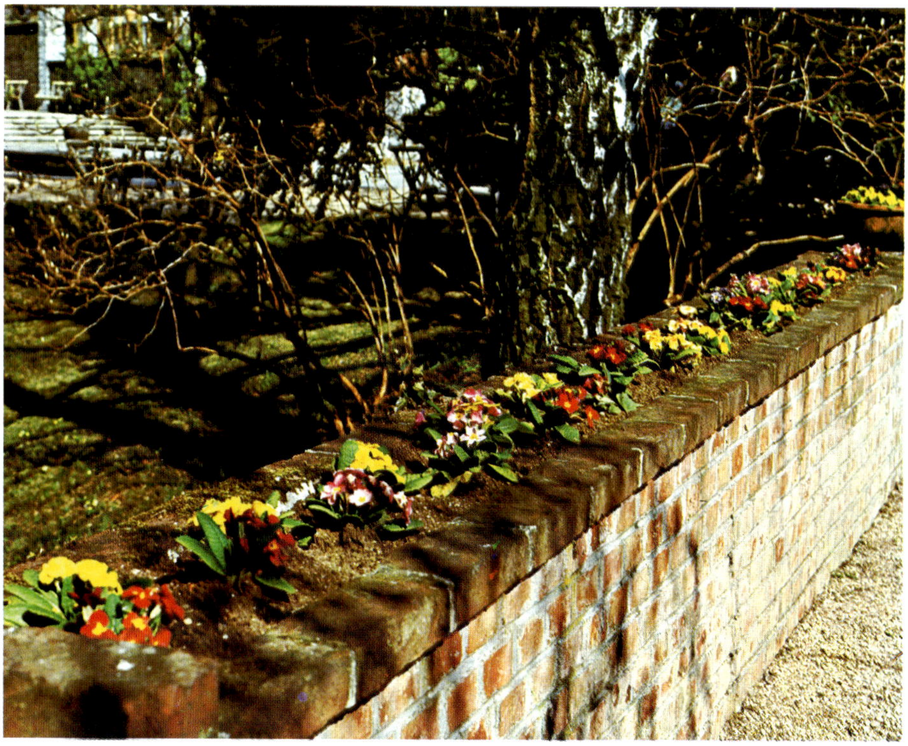

Zu den ebenso wichtigen wie reizvollen Aufgaben des „Hausgärtners" gehört es, die ihm verfügbaren Möglichkeiten gärtnerischer Gestaltung zu erkunden und auszubauen, sei dies ein Steingarten, eine Umfassungsmauer, ein kleines, durch Kübelpflanzung zu schmückendes Rasenstück oder der Drahtzaun, an dem sich die Trichterwinde emporrankt.

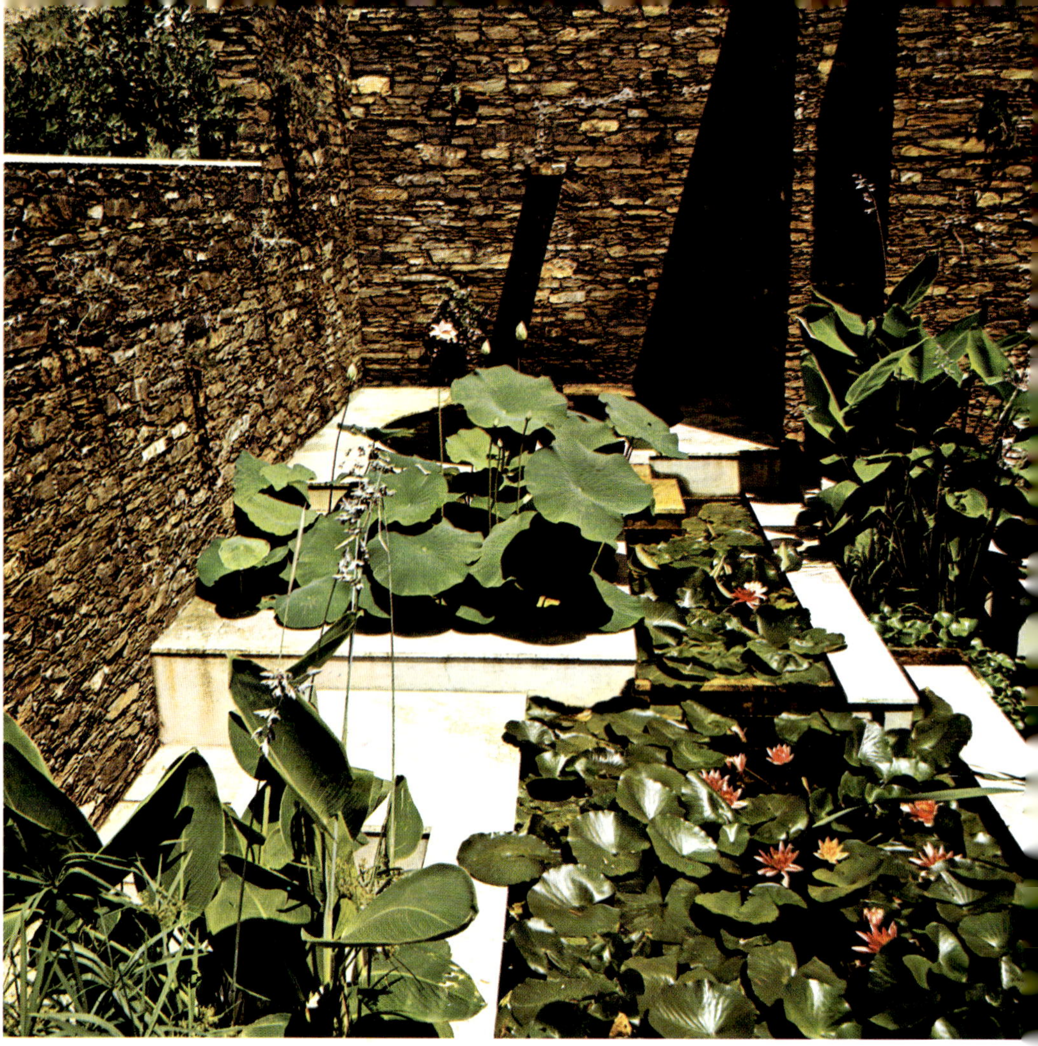

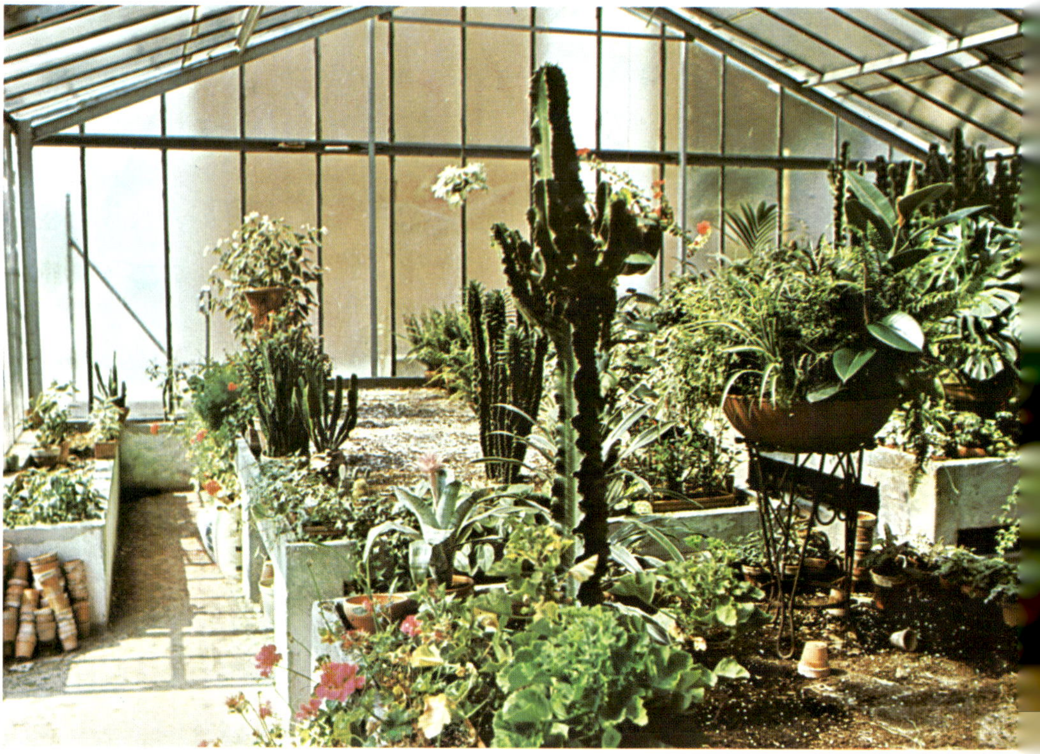

Links oben: etagenförmige Anlage einer Seerosenbepflanzung; ihr praktischer Vorteil liegt in der unterschiedlichen Pflanztiefe und damit in der Haltung verschiedener Seerosenarten. Voraussetzung für ein Überwintern der Pflanzen in den Becken ist, daß diese nicht bis zum Grund zufrieren.

Links unten: Treibhaus mit z. T. exotischen Pflanzen; zu beachten ist, daß die Ansprüche der Pflanzen an Luftfeuchtigkeit und Temperatur übereinstimmen.

Grundsätzlich sollte man stets bedenken, daß diese Topfpflanzen in Wahrheit echte Bäume sind, Freiluftpflanzen mithin, die man nicht schadlos gänzlich naturwidrigen Umweltbedingungen aussetzen kann.

Ist der Klimawechsel nicht allzu kraß und überdies nur kurzfristig, so wird das jeder gesunde Bonsai tolerieren, der gemeinhin freilich allemal lieber an einem zwar recht hellen, aber kühlen bis kalten Platz als auf dem warmen Fensterbrett steht. Ein Platz auf Balkon oder Terrasse bekommt ihm besser. Theoretisch könnte man den Topf sogar im Freiland einsenken; praktisch sprechen dagegen zwei Hauptargumente:

1. Ein Bonsai wäre wohl das teuerste unter allen leicht transportablen Gewächsen des Gartens und infolge der Topfgebundenheit auch noch besonders problemlos zu entwenden, also extrem diebstahlgefährdet.
2. Ein Bonsai ist maßstabgerecht kleingehalten. Platzregen und winterliche Schneedecke etc. lassen sich nicht maßstabgerecht minimieren. Wurzelauswaschung oder totale Schneeüberdeckung aber würden jeden Baum empfindlich schädigen.

Die chinesischen *Penjing-Züchtungen* sind vielfach auf etwas mehr Wuchshöhe und -umfang angelegt (60-100 cm und mehr), zugleich aber offenbar besser raumklimaverträglich als traditionelle japanische *Bonsai*. Es gibt jedoch auch schon als *Bonsai* ausgewiesene Gewächse, die auch über Winter viel Wärme (und Luftfeuchtigkeit bzw. Übersprühen mit lauwarmem Wasser!) brauchen.

Bei orthodoxer Auslegung ist die Bezeichnung *Bonsai* hier nicht ganz korrekt: Erstens handelt es sich dabei um Bäume und Sträucher tropischer – also nicht eigentlich japanischer – Herkunft; zweitens können sie dem an den traditionellen Bonsai gerichteten Anspruch extremer Langlebigkeit über Jahrzehnte und sogar Jahrhunderte nicht mehr gerecht werden.

Bonsai der vier Winde

An sich kann jeder Strauch oder Baum, dessen natürliches Wachstum man bestimmten Beschränkungen unterwirft, zum *Bonsai* werden (wenn wir diese japanische Bezeichnung nun einmal für alle nach Bonsai-Manier zu Klein- und Kleinstwuchs veranlaßten Gehölze gelten lassen). Am leichtesten zu „dressieren" – dieser Ausdruck trifft die unerbittliche und zugleich sensible Ausdauer, mit der das zum Bonsai bestimmte Gewächs gezogen werden muß – sind Birke, Buche, Lärche, Pappel und Ulme (Rüster).

Die besonders reizvollen Zwergformen lassen sich in vier Gruppen – analog zu den vier Himmelsrichtungen – einteilen (in Klammern die botanischen Bezeichnungen, die für im Freiland ungemein hochwachsenden und im Bonsai-Topf kleingehaltenen Arten dieselben sind, da es sich bei Bonsai ja nicht um genetisch manipulierte Hybriden handelt):

1. Immergrüne des Nordens:
   Hierbei handelt es sich teils um Nadel-, teils um hartblättrige Laubgehölze. Im Handel führend sind die Kiefernartigen, vor allem *Pinus pentaphylla* (Mädchenkiefer) und *Pinus mugo* (auch *Pinus montana*, Bergkiefer) in diversen Arten, darunter die besonders bizarre *Pinus mugo var. pumilio* (Latschenkiefer, Legföhre). Atlaszeder (*Cedrus atlantica*) und Scheinzypressen (*Chamaecyparis*) in mehreren Arten vermitteln uns einen Hauch von mediterraner Sommerfrische auch im winterlichen (ausgebauten, frostfreien, aber nicht tropisch klimatisierten) Blumenfenster. Hinzu kommen Miniaturformen vielfach auch bei uns im Freiland

gedeihender Gewächse wie Buchsbaum *(Buxus sempervirens, B. s. var. suffruticosa, B. microphylla japonica)*, Efeu *(Hedera helix)*, Feuerdorn *(Pyracantha coccinea)*, Lorbeerrose *(Kalmia angustifolia)*, Wacholder *(Juniperus chinensis)* in mehreren Arten, Fächer-Zwergmispel *(Cotoneaster horizontalis)* oder die Stechpalme *(Ilex aquifolium, I. bernyi)* mit ihren dornig gezähnten Blättern.

2. Laubabwerfende des Westens:

Hier dominiert der pittoreske Fächerahorn *(Acer palmatum)* in Sorten von intensiver Herbstlaubfärbung. Es folgen die Feld- oder Goldulme *(Ulmus minor,* auch *U. carpinifolia* genannt), der anatolische bzw. amerikanische Amberbaum *(Lipquidambar orientalis* bzw. *L. styraciflua)* und der exotisch fächerblättrige *Ginkgo biloba,* letztes, in China wild erhaltenes, in Japan als Tempelbaum kultiviertes Relikt einer botanischen Ordnung und Familie, deren früheste Arten schon vor 300 Millionen Jahren (sog. Unterperm) existierten und die in der Jura- und Kreidezeit mindestens 17 Gattungen umfaßte.

3. Blühende des Ostens:

Besonders reiz- und durchaus auch entsprechend anspruchsvoll sind Bonsai-Gehölze, die ihren Blütenzauber „en miniature" voll entfalten. Dazu gehören neben der Kleinblättrigen Zwergmispel *(Cotoneaster microphylla)* vor allem die prachtvolle Magnolie *(Magnolia denudata, M. grandiflora, M. stellata* u. a. Arten/Sorten), der Judasbaum *(Cercis canadensis),* die strauchige *Lagerstroemia indica* und die eher als Baum anzusprechende *Lagerstroemia speciosa,* sowie die fernöstlichen Zierobstbäume *Chaenomeles japonica* (Zierquitte), *Malus floribunda* (Zierapfel) und *Prunus serrulata* (Zierkirsche).

4. Tropische des Südens:

Dieses sind die eigentlichen Zimmerbäumchen und -sträucher, die auch über Winter Wärme nicht nur tolerieren, sondern brauchen – wobei gelegentliches, feines Übersprühen mit lau temperiertem Wasser mangelnde Luftfeuchtigkeit ersetzen kann. Die Bezeichnung Bonsai ist hier insofern umstritten, als die traditionelle japanische Schule just diese Gewächse nicht nach Bonsai-Art kultiviert, teils aus klimatischen, teils aus schon angesprochenen, prinzipiellen Gründen, dieweil die Lebenserwartung dieser tropischen Gewächse meist schon von Natur aus nicht auf viele Jahre und Jahrzehnte angelegt ist. Das mindert freilich nicht den Reiz einer Pflanze, die man nicht unbedingt vererben will... Hier sind das immergrüne Zitronenbäumchen *(Citrus mitis),* der verkleinerte Feigenbaum *(Ficus diversifolia),* der Zwerg-Granatapfelbaum *(Punica granatum var. nana)* und der Peruanische oder der Brasilianische Pfefferbaum *(Schinus molle* bzw. *Sch. ferebinthifolius)* zu nennen, aber auch die prächtige *Bougainvillea* und die Myrte *(Myrtus communis), Carissa grandiflora* (Wachsbaum), *Cuphea hyssopifolia* (Köcherblümchen, Höckerkelch-Strauch), die kamelienblütige Gardenie *(Gardenia jasminoides, G. thunbergia)* und die blaublütige, farnkrautig belaubte *Jacaranda acutifolia.*

Alle Gehölze, vom Fliederstrauch *(Syringa)* bis zum Riesenmammutbaum *(Sequoia gigantea),* entwickeln sich aus einem Samen, werden als Stecklinge kultiviert und später gegebenenfalls durch Aufpfropfen von Trieben veredelter Pflanzen auf robusteren Stammwuchs derselben Gattung gezielt in ihrer Entwicklung beeinflußt. Das geschieht freilich auch bei vielen Freiland-Gehölzen. Beim Bonsai kommt noch eine ganze Reihe weiterer Maßnahmen hinzu, um das Große im Kleinen zu verwirklichen. Das beginnt mit wohlausgeklügelter Dosierung von Wasser und Bodennährstoffen.

Nutzanwendung von Naturgesetzen

Eine Pflanze kann Bodensubstanzen gemeinhin nicht unmittelbar nutzen, sondern muß aus diesen erst ihre spezifischen Aufbaustoffe gewinnen. Auf der ersten Stufe der hierzu notwendigen physiologischen Umwandlungsprozesse fallen als Zwischenprodukte Kohlendioxyd und Wasser an. Der zweite Schritt ist die Photolyse, d. h. die Aufspaltung des Wassers in Wasserstoff und Sauerstoff. Der Sauerstoff wird als Abfallprodukt an die Umwelt abgegeben (daher die Funktion der Flora als „grüne Lungen"). Das Blattgrün (Chlorophyll) vollendet schließlich unter dem Einfluß des Sonnenlichts die Photosynthese, auch Kohlenstoff-Assimilation genannt, bei der aus Kohlendioxyd und Wasserstoff von der Pflanze direkt nutzbare Kohlenhydrate (Zucker-Stärke) gebildet werden, unter neuerlicher Abgabe von Sauerstoff an die Umgebungsluft.

Diese stark vereinfachte Darstellung der pflanzlichen „Verdauungsvorgänge" läßt doch unschwer schon erkennen, daß sich das Pflanzenwachstum, wenn man Wasser- und Nährstoffmenge reduziert, zwangsläufig verlangsamen muß – bis hin zum Exitus beim totalen Entzug. Nichts anderes geschieht in der Natur unter ungünstigen Umweltbedingungen. Die erste Reaktion der Flora auf Trockenheit ist eine Verlangsamung des Wachstums, schließlich dessen Einstellung, und nach und nach erst werden – wenn die Trockenheit zu lange anhält – eine Lebensfunktion nach der anderen „abgeschaltet".

Das Gedeihen der Pflanzen hält sich stets in den Grenzen des naturgemäß Möglichen, nicht zuletzt auch des zur Verfügung stehenden Lebensraumes. Da ist einmal der Luftraum, der der Pflanze nicht nur beschnitten wird, wenn ihre Blätter, ihr Gezweig, ihre Krone an Lattenzaun, Mauerstein oder Fensterglas anstoßen, sondern auch dann, wenn anhaltend scharfer Wind aus einunddersselben Richtung bläst, so daß die Elastizität der Pflanze, die sie bei wechselnden Luftbewegungen stets wieder in ihren aufrechten Stand zurückschwingen läßt, auf Dauer versagen muß. Sie wird permanent in einer Richtung überbeansprucht, dieweil z. B. die Krone eines Baumes unablässig buchstäblich an eine Wand aus Luft stößt. Der Baum biegt sich, beugt sich nieder, krümmt sich, verringert sein Höhenwachstum, gibt die Information, daß das vonnöten ist, schließlich in seinen Samen weiter, und wenn zum scharfen Wind gar noch karge Bodenverhältnisse hinzukommen – wie etwa im hohen Bergland –, dazu Kälte etc., dann entsteht im Wege der Evolution über viele Generationen eine ganz andere Gestalt. So wurden auch in freier Natur aus himmelstrebenden Koniferen deren kleinwüchsige Verwandte, deren bekannteste wohl die niederliegende Latschenkiefer *(Pinus mugo var. pumilio)* ist.

Wie stark der Bodenraum an sich – nicht zuletzt als Wassereinzugsgebiet – direkten Einfluß auf das Pflanzenwachstum nimmt, ohne dessen Gestalt zu verändern, kann jedermann leicht beobachten: Viele aus der freien Natur – und sei's aus dem Urlaub im sonnigen Süden – als sehr hochwüchsig oder auch rundum raumgreifend bekannte Gewächse kann man als Stecklinge auch in Kübel oder Topf retten. Bei sachgemäßer Hege und Pflege wird man vielfach auch lange Freude daran haben. Aber keine Agave z. B., die man – als Ableger eines mediterranen Originals, das seinen Blütenschaft allein bis 8 Meter Höhe treiben kann – aus dem Urlaub mitgebracht und eingetopft hat, wird jemals auch nur annähernd die Ausmaße ihrer Mutterpflanze erreichen. Allein durch das Eintopfen wird aus der weit ausladenden Agave eine Zwergagave, ohne daß sich durch die Verkleinerung das formale Erscheinungsbild der Pflanze verändert.

Alle diese Umstände werden bei der Bonsai-Zucht berücksichtigt und genutzt:

Bonsai-taugliches Erdgemisch ist hierzulande im Handel noch kaum erhältlich. Man kann es selbst herstellen: aus etwa je einem Drittel wasserbindendem Lehm, wasserdurchlässigem Sand und nährendem Humus. Wichtig ist vor allem, daß diese Erdmischung keine Düngemittel mit Langzeitwirkung enthält, da der Bonsai sonst zu rasch wachsen würde. Bei gekauften Pflanzen gibt der Züchter – wenn es sich nicht um einen Scharlatan handelt – genaue Anweisungen bezüglich Wasser- und Düngegaben. Hier ist Präzision bei der Dosierung wichtig, da ein Zuviel zuviel Wachstum, ein Zuwenig – bei dem ohnedies schon reduzierten Wachstum – recht rasches Absterben bewirken kann.

Von Natur aus schon in ihrem Wachstum reduzierte Pflanzen eignen sich besonders gut für Bonsai-Züchtungen. Die Latschenkiefer – als Beispiel – ist mithin prädestiniert, jede extrem hochwüchsige Nutzholz-Konifere dagegen problematisch.

Der Bonsai-Topf ist wichtig. Dabei handelt es sich meist um eine Schale von geringer Tiefe (Höhe), weil ein tief gründendes Gewächs in der Regel auch hoch hinauswächst. Dem widerspricht nicht die Tatsache, daß man „kaskadenförmig" niederwüchsigen Gehölzen einen hohen Bonsai-Topf gibt: Diese niederhängenden Pflanzen entfalten ihren Formzauber erst so richtig, wenn sie die Möglichkeit erhalten, ihr Grün letztlich selbst unter Wurzelniveau noch weiterzutreiben. Und das ist nur möglich, weil es sich hierbei um ohnehin niederliegende, „auf Abwärtswuchs programmierte" Pflanzen handelt. Musterbeispiel: die immergrüne, niederhängende Scheinzypresse *Chameacyparis obtusa*, die schon von ihrer Art-Anlage her den tiefen Topf gar nicht auswurzeln kann. Er dient lediglich der attraktiveren Gesamtdarstellung: um Äste und Zweige eben nicht aufliegen, sondern außerhalb des Topfes niederhängen zu lassen, wie das ihrer naturgegebenen Wuchstendenz entspricht. Solche Gewächse stehen hübsch auf kleinen Konsolen oder in Hängeampeln.

Maßregeln mit dem Messer

Hiernach erfordern nur noch drei Gesichtspunkte den – sehr sensiblen – Umgang mit Schere oder Messer:

1. Wie bei jedem Kunst-Werk spielen selbstredend auch beim Bonsai ästhetische Gesichtspunkte eine wichtige Rolle. Folglich werden unschöne Kreuz- und Querwüchse (nicht aber alles Altholz) rigoros weggeschnitten.
2. Luftströmungen ließen sich „en miniature" adäquat nur mit hohem technischem Aufwand im Windkanal simulieren. Dergleichen kannte man nicht, als Bonsai „erfunden" wurde, und man würde es wohl auch ebenso verworfen haben, wie es heute abzulehnen ist. Heute mag der technisch-energetische Aufwand den Ausschlag geben; früher erschien es undenkbar, soviel Maschine zwischen Gottgewolltem und Menschenwillen einzubauen. Ein windzerzauster Bonsai wird darum heute wie ehedem mit der Schere zerzaust. Und durch Ver-

drahtung – auf die wir noch näher einzugehen haben – getrimmt.
3. Wo der Bodenraum begrenzt ist, suchen sich die Wurzeln neue Wege. Just dies ist beim Bonsai unerwünscht, da neue Wurzelwege neue Wachstumsschübe begründen. Es genügt also nicht, einem Baum nur einen Topf als Wurzelraum zu geben, sondern man muß die Wurzeln selbst im Zaum halten, muß sie gegebenenfalls kappen, wo sie äußere Begrenzung in innere Entfaltung ummünzen.

Um Zweige und Wurzeln des Bonsai sachgerecht zu beschneiden, vermeide man untaugliches und stumpfes Werkzeug, das die Rinde einreißen oder statt einer glatten Schnittstelle eine Quetschung hinterlassen könnte. Ein scharfes Messer oder eine kleine Baumschere sollte man stets zur Hand haben. Und man bedenke, daß jede Schnittstelle eine Verwundung, jedes Umtopfen ein Schock für die Pflanze ist. Deshalb sollte man den Zwerggehölzen nie zuviel auf einmal zumuten, sondern ihnen stets zwischen zwei verschiedenartigen Eingriffen – Umtopfen, Beschneiden der oberirdischen oder der unterirdischen Teile, Verdrahten von Zweigen – wenigstens zwei bis drei Wochen Zeit lassen, um sich zu erholen.

Speziell der Bonsai muß nicht nur immer neue Verwundungen ausheilen können, sondern er braucht zum anderen auch noch einen gehörigen Überschuß an Saft und Kraft zur Anlage in dem ihm belassenen Holz: So werden Stamm und Hauptwurzeln, deren Längenwachstum unterbunden wird, gezwungen, sich zu verdicken. Auf diese Weise lassen sich die Proportionen von Wurzelwerk, Stamm und Geäst so steuern, daß das Endergebnis ein Gehölz ist, das nach Alter und Gestalt den Höhepunkt seiner Entwicklung erreicht hat, sich eben „nur" maßstabgerecht verkleinert, wie verzaubert ausnimmt. So ist es z. B. möglich, eine mediterrane Pinie *(Pinus pinae)* zu ziehen, die im Alter von 25 Jahren nur etwa 20 cm – statt 20 Meter bei freiem Wuchs – hoch ist, ansonsten aber ganz „naturgetreu" aussieht.

Abfall als Glücksfall

Ein Bonsai kann in seiner Anlage zu Klein- und Krüppelwuchs auch in der Tat „natürlich" sein, nämlich naturgemäß infolge besonderer äußerer Bedingungen. Musterbeispiel hierfür ist eben die Latschen- oder Krüppelkiefer *(Pinus mugo var. pumilio)* der Hochgebirgsregionen, in welchen sich beispielsweise auch der Zwergwacholder *(Juniperus communis var. nana)* finden läßt, der sich für ein erstes Herantasten an die Bonsai-Praxis hervorragend eignet.

Wer Urlaub im Hochgebirge macht, hat stets gut Chancen, auf der Suche nach einem für Bonsai-Zwecke geeigneten Gehölzchen fündig zu werden: sei es ein auf spärlicher Bodenkrume nur kärglich gedeihendes, ein von scharfem Wind niedergehaltenes oder ein durch Wildfraß (auf Wiesen auch durch mehrfaches Übermähen) verkrüppeltes Bäumchen. Auch in Baumschulen und Gärtnereien kann man gelegentlich ein zu kurz gekommenes, unverkäufliches Kümmer-Exemplar bekommen. Solcher Abfall kann zum Glücksfall werden für den Liebhaber, der es versteht, etwa die Raumnot, die das Pflänzchen zum Kümmerling gemacht hat, zur Bonsai-Tugend umzufunktionieren. Solche Exemplare sollten grundsätzlich allenfalls 20 bis 25 cm hoch sein und mit allen Wurzeln ausgegraben werden.

Es kommt auch vor, daß ein Samenkorn etwa in eine Felsspalte gefallen ist, dort in ganz wenig Flugerde gekeimt und ein Pflänzchen von Stecklings-Qualität getrieben hat. Wenn man es fertigbringt, ein solches, schon auf Sparwuchs programmiertes Pflänzchen aus dem Spalt zu ziehen, ohne seine Wurzel-Kümmerlinge zu beschädigen, kann man es in einen Bonsaitopf verpflanzen, oder es bietet sich sogar in idealer Weise für die besondere Form eines Bonsai auf Stein an.

Hierfür sucht man sich einen in Form, Farbe und Struktur mit dem betreffenden Zwerggehölz harmonierenden Naturstein oder auch deren mehrere: einen Trägerstein, der eine natürliche Mulde oder Spalte – zur Aufnahme der Wurzeln nebst einiger Erde – aufweisen sollte, sowie gegebenenfalls einige kleinere, jedoch gleichartige Steine, um ein attraktives Arrangement zu bilden. Solche Lösungen können ganz besonders reizvoll sein, sind freilich auch ganz besonders kritisch insofern, als die geringe Erdmenge, die sich in einer – als Topf-Ersatz dienenden – Gesteinsmulde unterbringen läßt, gemeinhin sehr rasch austrocknet, auch dann, wenn man sie, ebenso aus praktischen wie auch aus gestalterischen Gründen, mit einem feinen Moospolster abdeckt. Der Bonsai auf Stein muß also besonders oft und zugleich sparsam „gegossen" werden, um seinen Wurzeln immer ausreichend Feuchtigkeit, jedoch ohne stauende Nässe zu bieten. Außerdem wird das bißchen Erdreich durch überlaufendes Wasser oder zu scharfen Strahl leicht ausgewaschen. Man sollte also nicht mit vollem Strahl gießen, sondern ein Miniatur-Gießkännchen mit Brausevorsatz verwenden oder, besser noch, eine Gummispritze, aus der man das Wasser mit nur leichtem Druck abtropfen oder -fließen lassen kann, bis sich das Moospolster gut vollgesogen hat. Und das mehrmals am Tag.

Um ein kleines Ziergehölz überhaupt „im Stein" wurzeln zu lassen, zieht man wenigstens zwei (nicht rostende) Drahtschlingen um den Stein, die sich in der gewünschten Position des Wurzelballens kreuzen sollen. Nun kleidet man die als Standort vorgesehene Höhlung mit einer dünnen Schicht gut angefeuchteter Erde (idealerweise Originalboden vom Fundort der Pflanze, mit etwas Orangendünger angereichert) aus. Der Wurzelballen wird zunächst aufgelöst, d. h. man löst mittels Holzstäbchen (Zahnstocher, Streichholz, Fidibus) alle den Wurzeln anhaftende Krumen, drückt dann die völlig nackten Wurzelfasern in der neuen Erdschicht fest und bindet den Wurzelkomplex anschließend so lose wie möglich, aber so fest wie erforderlich mit den um den Stein geschlungenen Drähten in der gewünschten Position an. Dabei muß man bedenken, daß diese Drähte wieder entfernt werden sollen, sobald das Gehölz sich selbst im Stein festgekrallt hat. Ist der Stand nun gesichert, bedeckt man die Wurzeln weiter mit Erde (bzw. einer organisch angereicherten Erdmischung) und legt darüber schließlich eine verschönernde und wasserspeichernde Decke von samtig weichem (nicht grob strukturiertem!) Waldmoos. – Bei älteren Gehölzen ist es hübsch, wenn man die stämmigen Wurzelansätze ein wenig über das Moospolster herausschauen läßt.

Jeder Schritt kostet Kraft

Recht kleine, aus Felsspalten gezogene Triebe kann man auf diese Weise direkt verpflanzen. Sind die Wurzeln schon zu lang, verfährt man hier wie bei jedem zur Topfpflanze bestimmten Gehölz, sei es nun ein durchaus balkontaugliches Bergwaldbäumchen oder ein „Kümmerling" aus der Zucht, etwa ein im Wachstum zurückgebliebenes Granatapfelbäumchen *(Punica granatum var. nana)*, das sich bestens zur reinen Zimmerkultur eignet: Da der Standortwechsel an sich schon eine schockartige Belastung für den Organismus der Pflanze darstellt, beläßt man es zunächst hierbei, indem man den Trieb lediglich in einen Blumentopf einpflanzt, der groß genug sein muß, um die originale Wurzelfülle zu befriedigen.

Es können nun – bei optimaler Erdmischung und stets ausreichender Feuchtigkeit (Topf mit Abzugsloch auf Untersatz, in dem nie Wasser „stehenbleiben" darf!) – Tage, Wochen oder sogar Monate vergehen, bis das Gehölz sich akklimatisiert hat. (Das Risiko des Absterbens ist in dieser Umstellungsphase am größten!) Erst wenn diese Anpassung – durch deutliches Weitertreiben des Wachstums – sichtlich gelungen ist, darf der nächste Schritt vollzogen werden: der erste Wurzel-Rückschnitt zur Einpassung in eine Steinspalte oder zur „Dressur" in Bonsai-Schale oder -Topf.

Am Stein wird gemeinhin nichts zu ändern sein. Ein perfektes Bonsai-auf-Stein-Arrangement läßt sich freilich seinerseits wiederum in einer weiten Schale arrangieren, für die gewöhnlicher Sand als Bodensatz genügt. Vorteilhaft ist es, wenn man von der Pflanzkuhle im Stein zu dessen Boden mit dem Steinbohrer ein Abzugsloch durchbohrt (oder bohren läßt), so daß Überschußwasser abfließen kann. Ein solcher Schacht wird sich freilich nach und nach mit Erdreich füllen und Wurzeln nachziehen, so daß bei Oberflächen-Trockenheit auch Wasser vom Untergrund her hochgezogen werden kann. Solche Bonsai-auf-Stein-Arrangements in einer Schale sind mithin auf Dauer etwas pflegeleichter als reine „bewachsene Steine".

Angebunden wird der Wurzelstock auch in speziellen Bonsai-Gefäßen. In flachen Schalen, die meist mit zwei Drainage-Löchern versehen sind, bedeckt man diese zunächst mit die Erde zurückhaltendem Maschendraht (mit Kunststoff-Klebestreifen anzuheften) und zieht dadurch die erforderliche Drahtschlinge. Bei Töpfen mit nur einem Abzugsloch legt man als Drahtanker ein gerades Stück dickeren Kupferdrahtes o. ä. quer unter das Loch, so daß sich darum die in zwei Enden ins Topfinnere ragende Bindeschlinge legen läßt. (Besonders empfehlenswert: nichtrostende Aluminium- bzw. mit Kunststoff überzogene Verdrahtung.)

Im Bonsai-Gefäß bedeckt man den Boden mit 2–3 cm Mischerde, drückt die bloßen Wurzeln darin an, bindet das jeweilige Gewächs in der gewünschten Position fest und schüttet dann mit angefeuchteter Erde (an den Wurzeln recht dicht, aber mit Feingefühl andrücken!) auf, ehe man schließlich das (nicht unabdingbare, aber sehr sinnvolle) Moospolster aufbringt. – Soviel Moos, wie hier gebraucht, kann man sich getrost überall im Wald ausstechen und in einem Plastikbeutel mit Wasser geschwängert, nach Hause tragen.

Das aufgelegte Moos säubert man mit der Pinzette von allen Verunreinigungen. Damit hat die Pflanze dann ihre organisch und ästhetisch funktionelle Grundlage und braucht fortan, wie schon gesagt, erst einmal eine zur Erholung notwendige Ruhepause, ehe man den nächsten Schritt tut. Das ist in der Regel die Beschneidung des oberirdischen Teils eines Gewächses.

Finessen der Formgestaltung

In Japan entscheidet der Bonsai-Gestalter – der sein Gewächs freilich aus dem Samen gezogen hat – so frühzeitig wie eben möglich, welche Aussage-Tendenz der Pflanze innewohnt, mithin beibehalten und verstärkt werden soll: sei es die Kaskadenform des Niederhängenden, quasi Niederplätschernden, sei es an Stolz, an Erhabenheit gemahnende, aufrechte Haltung, „leicht geneigt" in Demut oder „windgepeitscht" in zerzauster Wildheit.

Dementsprechend wird man bei der Beschneidung recht sensibel zu beurteilen haben, was dem kraft Anlage erwünscht erscheinenden Gesamtbild guttut und was nicht, was stört oder begünstigt. So kann es sehr wohl sinnvoll sein, einen – etwa infolge einseitigen Lichteinfalls – ungemein vitalen Ast stark einzukürzen oder total zu kappen, dagegen aber einen bereits „toten", d. h. nicht mehr triebfähigen Ast stehenzulassen. Wer Alter und Verwitterung des Gehölzes unterstreichen möchte, der kratze von abgestorbenen Auswüchsen – teilweise – die Borke ab. Das kann man gegebenenfalls sogar bei wirklich alten Bonsai-Pflanzen tun, wo das Wuchern der Borke zu vital erscheint und darum den Gesamteindruck des Alters stört. Freilich: auch das partielle Abkratzen der Stammrinde ist ein gravierender Eingriff für den pflanzlichen Organismus, erfordert mithin bestmögliche Ausgangs-Konstitution (vorausgehende Ruhezeit ohne Verletzung) und nachfolgende Schonung.

Nun kommt es des öfteren vor, daß die Äste und Zweige eines Bonsai oder Pseudo-Bonsai nicht ganz so wachsen, wie es dem Gesamtbild eigentlich gemäß wäre. In diesem Fall kann man Äste und Zweige dauerhaft biegen: durch die nur beim Bonsai übliche Verdrahtung.

Man gebrauche dafür einen nicht oxydierenden (also möglichst mit Kunststoff überzogenen) Draht, dessen Stärke gut etwa ein Viertel des in seiner Wuchsform zu beeinflussenden Gezweigs betragen sollte. Man schlinge den Draht spiralig so um den Ast oder Zweig, daß das Gewächs der durch Biegung der Drahtspirale vorgegebenen Richtung unausweichlich folgen muß. Die Wuchsform wird von der Pflanze gewissermaßen programmiert, und noch ehe die wachsende Ast- oder Zweigstärke die Drahtspirale zu sprengen trachtet, sollte man diese wieder problemlos abnehmen können: Dann wächst das Wachsende in der gewünschten Form weiter, ohne durch die Umwickelung Schaden genommen zu haben.

Beim Assimilieren eines nicht fachmännisch aus dem Samen gezogenen Pseudo-Bonsai sind Glück oder Erfahrung und sehr viel Geduld zum Gelingen erforderlich. Wer da auf das eine nicht vertrauen und das andere nicht einbringen kann oder aufbringen mag, der braucht auf die erwünschte Zwerglandschaft aber durchaus nicht zu verzichten. Denn es gibt schon viele Fachgeschäfte, die dergleichen führen, und sogar Liebhaber-Vereinigungen, die „fertige" Pflanzen dieser Art abgeben.

Erhält man einen Bonsai freilich in einem nur provisorischen Gefäß, so ist sofortiges Umpflanzen in einen geeigneten Topf oder eine Schale anzuraten, worin das künstlich kleingehaltene Gehölz von nun an bleiben kann. Form und Größe des Behältnisses sollten dem Bonsai zwar auch rein optisch-dekorativ gerecht werden, vor allem aber den Wurzeln nur wenig Freiraum geben, um sie nicht auf Kosten der sichtbaren, oberirdischen Pflanzenteile auswuchern zu lassen.

Was die Erde angeht, so wird der Züchter darüber Aufschluß geben welche Qualität dem jeweiligen Gewächs am besten zusagt. Be- und Entwässerung müssen besonders sorgfältig beobachtet werden, denn hierbei handelt es sich ja um die Rekonstruktion makroklimatischer Bedingungen im mikroklimatischen Bereich. Die Bäume bleiben schließlich Bäume, auch in der Verkleinerung. Besonderheiten der Hege und Pflege sind allerdings die ebenso wichtigen wie heiklen Arbeiten der Reinigung und des Zurückschneidens nicht nur der Zweige, sondern auch der Wurzeln. Der Züchter gibt hierfür Empfehlungen. Und wer diese beachtet, der kann seinen Bonsai oder Penjing eines Tages in sein Testament aufnehmen...

Die chinesische Botschaft

Man kann Japans Zên-Gärten und Bonsai-Schöpfungen unschwer als Groß- bzw. Kleinplastiken deuten: Plastiken, die sich verändern. Skulpturen mit Happening (in Zeitlupe) als Wesensmerkmal. Skulpturen, die blühen, wachsen, sich entfalten und gedeihen – und schließlich altern, vergreisen, austrocknen, verschrumpfen und vermodern können und dabei allezeit Skulpturen bleiben.

Eine winzige Birke etwa, daneben ein flacher Flußgeröllstein, knapp bemoost, auf feinem Kieselgrund in einer Tonschale – was ist dies anderes als die optimale Minimierung eines Zên-Gartens, der selbst nur Gleichnis der Natur ist? Mit Bäumen und Bäumchen, die nicht in den Himmel, aber für den Himmel wachsen: für den Himmel der Menschen, die das Gleichnis als Schlüssel zu höherer Erkenntnis und tieferer Einsicht begreifen.

Von nicht geringer zu bewertender plastischer Poesie ist auch Ikebana, die japanische Kunst des Blumensteckens. Oder sollten wir korrekter sagen: die uns aus Japan übermittelte Kunst? Denn wie viele – wie die meisten – Elemente der japanischen Kultur hat auch das Blumen-Arrangement (symbolträchtig geplanter Anschein des willkürlich Gewachsenen) in Steckvasen und -schalen seine Wurzeln im chinesisch-koreanischen Raum. *Bonsai* ist die seit etwa 1000 Jahren – typisch japanisch – verfeinerte Form des sehr viel älteren *Penjing*, wurde nur – wiederum typisch japanisch–früher als Handelsobjekt erkannt (oder dazu gemacht) als die in China eher exklusiv erhaltene, insgeheim auch über die ,,Große Proletarische Kulturrevolution" hinweggerettete Ausgangsform. Kaum anders verhält es sich mit dem – auf dem fernöstlichen Festland entwickelten, in Japan zur Höchstform sublimierten – Blumenstecken.

Die japanische Bezeichnung Ikebana ist zusammengesetzt aus *ike* von *ikeri* (stecken) und *ikeru* (lebendig) sowie *bana* oder auch *hana* (Blume). Es bedeutet mithin sowohl *gesteckte* als auch *lebendige Blume*. Tatsächlich waren es ursprünglich stets nur eine Blume oder ein einzelner Blütenzweig, die man Buddha zur Huldigung schnitt und an wohlgewähltem Platz als Blickfang und Meditationsobjekt aufstellte.

Der japanische Diplomat Ono no Imoko soll diese Übung vor einem Jahrtausend in chinesischen Klöstern studiert und in seine Inselheimat importiert haben, wo man die ,,stehende Blume" *rikka* nannte. Nun war dies eindeutig ein von der Natur losgetrenntes, nachgerade abstrahiertes und die Betrachtung abstrahierendes Meditationsobjekt, mehr vergeistigter Körper als verkörperter Geist, das Rechte wohl für mönchische Versenkung, nicht aber unbedingt für laienhaftes Aufstreben aus dem rauhen Alltag. Wer Verbindung sucht – und gesucht war die Verbindung mit Buddha –, der braucht den unmittelbar an seinem Ufer, nicht erst in der Flußmitte beginnenden Steg...

Blumen für Himmel und Erde

Dem Laien ist das Konkrete stets näher als das Abstrakte, die Naturerfahrung näher als jede höhere Erkenntnis. So gesellten sich alsbald zu den ,,stehenden Blumen" *(rikka)* der Mönche die ,,hinausgeworfenen Blumen" *(nage-ire)* der Laien, d. h. der auf dem geistigen Pfad hinaus aus dem karmischen Zwang des Immer-wieder-zurückgeworfen-Werdens auf die Erde noch nicht zu mönchischer Loslösung vom existentiell bestimmten Alltag Gediehenen. Direkter Vorläufer des quasi mit Schnittblumen natürlichen Pflanzenwuchs nachvollziehenden *nage-ire* war das ebenfalls mehrere Blumen,

Blätter und/oder Blütenzweige in streng festgelegten Bindemustern vereinende, ebenfalls nur von Mönchen bzw. Tempelpriestern beherrschte *tatebana*. Im späten 17. Jahrhundert entstand die vollends zu Zeitvertreib und durchaus weltlicher Erbauung japanischer Fürsten *(Shogune)* und ihrer Waffenträger *(Samurai)* degenerierte Dekorationskunst, „lebende Blumen" *(shoka)* zauberhaft schön – aber mit nicht mehr über die reine Ästhetik hinausgreifendem geistigem Anspruch – zu arrangieren.

Unterdessen entwickelten die Bonseki-Meister der zên-buddhistischen Tempelgärten die angesichts ihrer Vorformen integral zu nennende Kunst des *shin no hana* (Blumen für den Himmel) mit bis zu mannshohen Gestecken.

Die Hauptlinie *shin* (Himmel) erhielt sich als Dominante in allen für deren stilistischen Abwandlungen, bis hin zu den heute meistgepflegten *Ikebana*-Varianten *Moribana* und – neue Form der alten *nage-ire*-Schule – *Nageire*. In dieser Dominanten gipfelt die – für den Laien nicht immer leicht erkennbare – Grundstruktur aus *shin,* (Himmel, Gottwelt, Geist), *hikae* (Erde) oder *tai* (Materie) und *soe* (Mensch), wobei dieser in der Höhe (symbolisch für seinen geistigen Entwicklungsstand) zwischen Himmel und Erde angesiedelt ist.

Zu diesen drei Hauptzweigen des regelrechten Ikebana-Arrangements kommen heute noch gut sechs bis acht ihnen untergeordnete, ergänzende Linien *(Ashirai)* hinzu, als gewissermaßen kontrapunktische Harmonisierungsstützen des Ganzen. Und außerdem im Steckigel *(Kenzan)* gehaltenen Pflanzen und Pflanzenteilen spielen allerlei Rohr- und Fasermaterial, Steine und Steinchen, Wurzeln, Moos, Muscheln und andere Zutaten speziell im *Moribana* eine große Rolle.

Moribana ist die Kunst der Landschafts-Ausschnitt-Gestaltung im Kleinen, deren Einfallsreichtum kaum Grenzen gesetzt sind. Da gibt es aufrechte, himmelstrebende Gestecke ebenso wie hängende, kaskadenhaft fallende und gleitende Stimmungsbilder, die niemals von symmetrischen Grundkonzeptionen bestimmt sind, sondern eben die Spontaneität des – gekonnt simulierten – Zufalls vermitteln. (Wie im Zên-Garten, wie beim Bonsai.)

Nageire beschränkt sich dagegen im wesentlichen auf die lockere Anordnung von Blumen, Blütenzweigen, Halmen – ebenfalls mit Hilfe des *Kenzans* – in mit Bedacht gewählten Vasen. Dies tut man in einer Weise, die den uns gewohnten Eindruck eines Blumenstraußes konsequent vermeidet und statt dessen jede einzelne Blume für sich zur Geltung kommen läßt.

Das ist auch beim *Moribana* der Fall; dort jedoch stehen die Einzelteile des Gestecks symbolisch für abstrakt-geistige Inhalte, und ihre Gesamtheit bietet demjenigen, der die Zeichen zu lesen versteht, eine komplexe Aussage.

Beim *Nageire* steht die Blume für sich selbst als individuelle Ausdrucksform der Natur und Medium zu deren tieferer Erkenntnis. Die höchst dekorative Wirkung ist also auch hier nicht oberflächlich-plakativer Selbstzweck, sondern Ansprache des sich der Blumen Erfreuenden durch die Natur.

Es erscheint unmöglich, von Ikebana nicht fasziniert zu sein, schon nach dem ersten Augen-Blick. Es ist freilich auch unmöglich, im Rahmen dieses Buches detaillierter auf die Gestaltungsregeln des Ikebana einzugehen: das ergäbe ein Buch, ja fast schon eine kleine Bibliothek für sich. Diese gibt es bereits – für den exakt-wissenschaftlich Interessierten. Intuition jedoch prägte und prägt auch heute noch der Bonseki- und Ikebana-Künstler Umgangsformen mit Blütenzweigen und Blätterreigen, Winden und Wurzeln – sowie den Gestecken gemäßen Gefäßen.

Blumenfenster Frühbeet-Treibhaus

„Jede Blume, jede Blüte ist der vollkommenste Ausdruck von Schönheit und Frieden." So schrieb Rabindranath Tagore. Ikebana macht diese Vollkommenheit gewissermaßen transparent, macht die Bedingungen der Schönheit und des Friedens offenbar, die Gesetzmäßigkeiten im Zusammenklang von Farben, im Zusammenspiel von Formen, im Zusammenstehen und -gehen von Proportionen, im Zusammenwirken räumlicher, zeitlicher und - ja, transzendentaler Spannungen zu einer Harmonie, die von Monotonie soweit entfernt ist wie ein symphonisches Werk von kakophonischem Getriebe. Vergessen wir darüber aber nicht, daß es sich bei den zu einem Ikebana-Gesteck arrangierten Blumen - ebenso wie bei dem Strauß genannten Bündel - schlicht um Schnittblumen handelt, die mit sehr sterblichen Mitteln einen Hauch von Unsterblichkeit vermitteln.

Schnittblumen können länger halten

Die Lebensdauer von Schnittblumen und Schnittgrün ist zunächst von der botanischen Art der- und desselben abhängig und nicht zuletzt von der Raumatmosphäre (Temperatur, Luftfeuchtigkeit u. a. m.). Daran wird man - um der bloßen Wohlfahrt von Schnittblumen wegen - schwerlich etwas ändern können oder wollen. Aber die Zeit des Blühens in der Vase o. ä. läßt sich optimal verlängern, wenn man sich einiger sachdienlicher Tips und Tricks bedient, zumal hinsichtlich Blumen, die man sich aus dem eigenen Garten ins Haus holen kann.

Wie schon der Name sagt, sollten Schnittblumen mit der Gartenschere oder einem scharfen Messer geschnitten, nicht etwa gebrochen, abgedreht, abgequetscht oder abgerissen werden (wobei man leicht Wurzeln mit ausreißt). Selbst bei im Fachgeschäft gekauften Gebinden empfiehlt es sich, die Stengel, ehe man sie in die Vase stellt oder auf den *Kenzan* (Blumenigel) steckt, nochmals mit einem scharfen Messer nachzuschneiden. Wer es ganz genau nimmt, tut das sogar unter Wasser (etwa in einem Eimer). Denn unter Lufteinfluß bildet sich an der Schnittstelle rasch ein die Poren verstopfendes Sauerstoffpolster: Beginn des Heilungsvorganges an jeder offenen Wunde. Diese Schutzmembran hindert die Blume dann daran, das nötige Wasser aufzunehmen; damit wird der Wundheilungsprozeß zum Auszehrungsprozeß.

Ehe man Bukett oder Gesteck zusammenstellt, legt man die Blumen am besten in einen Eimer Wasser von Zimmertemperatur. Die Stengel schneidet man recht schräg an, schlitzt sie in Wuchsrichtung auf und/oder löst gegebenenfalls die Rinde am Stengelende los (ohne Rundumschnitt!), um die Wasseraufnahme zu verbessern. Nur sehr starke und holzige Stengel zerklopft man auf 1-2 cm Länge von der Schnittstelle leicht (!) mit dem Hammer, um das Gewebe etwas aufzufasern. Im übrigen entblättert man gegebenenfalls den unteren Teil der Stengel oder Zweige, um die Nachteile faulenden Blattwerks in der Vase zu vermeiden.

Spätestens angesichts der ersten Anzeichen des Welkens sollte man dazu übergehen, das Wasser morgens und abends zu erneuern sowie wenigstens einmal am Tag am Stielende etwas nachzuschneiden. Die Wasseraufnahmefähigkeit besonders langstieliger Schnittblumen läßt sich noch zusätzlich steigern, indem man die Stielenden wenige Zentimeter tief etwa 10-15 Sekunden (nicht länger!) in kochendes Wasser taucht, um die Gefäßenden zu weiten.

Solcherart durstig erhaltende Schnittblumen danken es besonders, wenn man sie nun auch noch nicht einfach mit Wasser abspeist, sondern ihnen gewissermaßen eine Limonade zugesteht, die ihrem „Geschmack" - d. h. ihren blütenerhaltenden Bedürfnissen – entspricht. Dafür gibt es Nährsalzmischungen im Handel; aber es gibt auch altbewährte Hausmittel, die den gleichen Zweck erfüllen.

Schonkost für Schnittblumen

Blumen	Blütenerhaltender Zusatz je etwa 1 Liter Wasser in der Vase
Astern, Dahlien	1/2 *Aspirin*-Tablette
Flieder	1 Messerspitze Kochsalz
Narzissen	1/2 *Aspirin*-Tablette
Rosen, hellfarbig	1 Teelöffel Kochsalz
Rosen, dunkelfarbig	1 Messerspitze Zucker
Tulpen	1/4 Tablette *Pyramidon*
Veilchen	1 gehäufte Messerspitze Staubzucker

Selbstredend bekommt auch Schnittblumen abgestandenes Wasser von Zimmertemperatur besser als Kaltwasser aus der Leitung, enthärtetes besser als allzu kalkhaltiges. (Es gibt Ausnahmen von dieser Regel; sie sind im Lexikonteil dieses Buches bei den entsprechenden Pflanzen vermerkt.) Bei in Innenräumen gehaltenen Topf-, Ampel- und Kübelpflanzen sollte einem zumindest das leichte Vortemperieren des Gieß- und Sprühwassers nicht „zuviel sein", zumal es ja doch keinen Unterschied an Arbeitsaufwand macht, ob man das Gießkännchen sofort nach oder erst unmittelbar vor Gebrauch neu auffüllt.

Balkonpflanzen

Auch wenn man für Balkon, Terrasse oder Freiland bestimmte Pflänzchen noch während der kalten Jahreszeit auf der Fensterbank aus dem Samen heranzieht, ist vortemperiertes Wasser dem Gedeihen der Setzlinge zuträglich. – Die in unserer Tabelle der dankbarsten Balkonpflanzen angegebenen Vermehrungszeiten gelten für die entsprechenden Arbeiten unter Freiluftbedingungen also z. B. unmittelbar auf dem offenen Balkon. In Innenräumen kann die Einsaat getrost vier und mehr Wochen früher geschehen, sofern man dem Keimtopf oder -kasten einen recht hellen Standort bieten kann und, eben, das Auskeimen nicht mit „kalten Duschen" bremst, so daß der Zeitvorteil der Anzucht im Warmen letztlich wieder verloren gehen kann.

Die jahreszeitlich vorgezogene Anzucht von Setzlingen aus dem Samen ist heute so problemlos wie nie zuvor in der Geschichte des Gärtners. Dafür gibt es regelrechte Zimmertreibhäuser, deren denkbar simple Konstruktion vollauf genügt, um allen Erfordernissen gerecht zu werden – sofern man nur richtig damit umgeht. Da ist ein Erdkasten gegeben, schmal genug für jedes Fensterbrett und so lang wie gewünscht. Dazu, quasi als Negativform, der aufstülpbare Luftkasten aus glashell lichtdurchlässigem Kunststoff. Damit sind Pflanzboden und Lichteinfall gesichert. Sachgerechtes Gießen (nicht zuviel, nicht zuwenig Wasser) vorausgesetzt, schafft der Überkasten nicht nur eine Wärmeglocke, sondern (das sich an ihm in Tröpfchen anschlagende Kondenswasser macht es deutlich) zugleich eine Sphäre höherer bis sehr hoher Luftfeuchtigkeit – auch in einem ansonsten extrem lufttrockenen, zentralbeheizten Raum. Es bedarf nun nur noch der regulierenden Hand, um – je nach Besatz des Kastens – das optimale Mikroklima zu gewährleisten. Mal mag dauerhafte Be- und Entlüftung wünschenswert sein: dann kann es im einen Fall genügen, durch ein paar eingeschobene Streich-

Die dankbarsten Balkonpflanzen

Botanische Bezeichnung	Deutscher Name	Höhe in cm	Standort	Vermehrungsart/ Kalendermonat
Amaranthus	Gartenfuchsschwanz	40	sonnig	Samen/März
Begonia	Knollenbegonie	30	sonnig	Knolle/Februar
Calceolaria	Pantoffelblume	25	sonnig	Stecklinge/Januar
Convolvulvus	Winde	40	sonnig	Samen/April
Impatiens	Fleißiges Lieschen	25	halbschattig	Samen/März
Pelargonium	Geranie, Hängegeranie	30–40	sonnig	Stecklinge/Januar
Petunia	Petunie	30	sonnig	Samen/Februar
Thunbergia	Schwarze Susanne	60	sonnig	Samen/März

hölzer einen Luftschlitz zwischen Erdkasten und hermetischer Überdeckung herzustellen; in einem anderen Fall mag mehr Luftaustausch erforderlich sein, so daß man den „Luftkasten" mehr oder minder schräg versetzt über den Erdkasten stellt. Ein andermal mag es vollauf ausreichen, durch das Aufdecken zum Gießen für Frischluft zu sorgen und den Keimkasten dann wieder dichtzuhalten.

Schutz vor greller Sonne läßt sich bei solchen Treibkästen auf dem Fensterbrett über die Fensterverdunkelung selbst (Klappläden, Rolladen, Jalousie, Jalousette) regulieren, soweit – bei Südfenstern – erforderlich. Be- und Entwässerungs-Konditionen sind anders als beim Topf im Raum, in dem sowohl ein Wasserstau als auch regelrechte Wasserauszehrung durch extrem trockene Umgebungsluft Platz greifen können. Im Keimkasten verdunstet Wasserüberschuß rasch, sättigt die Kastenluft und schlägt sich als Kondenswasser an den Plastikwänden nieder. Wird der Boden ein wenig zu trocken, holt er sich dieses Wasser hygroskopisch zurück. Das funktioniert schadlos natürlich nur innerhalb eines gewissen Toleranzbereichs, der aber größer ist als bei jedem offenen Kasten im offenen Raum. Dessen Klima ist nun einmal in der Regel auf die Menschen zugeschnitten, die den Raum bewohnen, und es bietet Pflanzen wenig Austauschmöglichkeiten. Hinzukommt, daß in von Menschen bewohnten Räumen kurzfristiger „Durchzug" oftmals erwünscht ist, während ein krasser kalter Luftzug für viele (nicht nur Jung-)Pflanzen nachgerade tödlich sein kann. – Bei Jungpflänzchen im Keimkasten „zieht" es beim Aufdecken nur sehr schwach und zimmerwarm – sofern man natürlich darauf achtet, daß der Keimkasten geschlossen ist (die Pflänzchen mithin eine ausreichende Klimapufferzone um sich herum haben), wenn man mitten im Winter „das Fenster aufreißt", um frische Luft hereinzulassen...

Die Tropen im Rahmen

Wenn der Fachmann vom „Blumenfenster" spricht, dann meint er nicht das Fensterbrett, sondern das „Winterfenster", d. h. das einem Innenraum unmittelbar angegliederte „Klimahaus" für Pflanzen. Es nimmt an der Peripherie des Raumes zwingend einen Fensterplatz ein, da sowohl die Pflanzen im „Blumenfenster" als auch die Menschen im Innenraum dahinter den Tageslichteinfall benötigen. Im Prinzip ist ein

Blumenfenster so verstanden, eine Art Doppelfenster mit weit auseinandergerückter Verglasung und „Natur dazwischen". Im Extremfall sind das buchstäblich eingerahmte Tropen, mit exotischer Blätter- und Blütenpracht, in der selbst Kolibris ihr Aus- und Unterkommen finden könnten.

Der Sinn des Ganzen ist kein anderer als der des primitivsten Keimkastens: die Schaffung einer von ihren Umgebungs-Klimaten unabhängig steuerbaren Klimazelle – beim Klimafenster in der Regel subtropischen bis tropischen Zuschnitts. Man verbreitere das Fensterbrett mittels aufgeschraubter Tischlerplatte, an den Wandseiten verankert, als Stellfläche für eine Pflanzwanne aus Metall (Zinkblech z. B.), Eternit oder einem anderen Werkstoff, die man gegebenenfalls noch zum Raum hin mit Holz- oder Metallbeinen abstützen kann. Man setze dem ein zweites Fenster vor, mit schwenk- oder verschiebbaren Teilscheiben – bei großer Fensterbreite. Dann können die in den Raum vorragenden Seiten fest verglast werden. Ist der Fensterquerschnitt (Breite) geringer, so daß man per Zugriff von den Seiten jeden Platz im Pflanzbereich problemlos erreichen kann, lohnt die Überlegung, ob man nicht die Seitenscheiben ausklapp- oder -schiebbar und dafür die Frontscheibe als ungeteiltes Schaufenster zu all dem Schönen gestaltet, das sich in einem solcherart vergrößerten Klimakasten unterhalten läßt.

Ein solches ausgebautes Klimafenster sollte naturgemäß nicht an der Nordseite eines Hauses eingerichtet werden, da man mit Isolierverglasung zwar Kälteeinwirkung abdämmen, nicht aber Sonnenlichtmangel kompensieren kann. Nach Süden, Südosten und Südwesten braucht ein Blumenfenster die Beschattung über Mittag: eine leichte Jalousette aus dünnem Kunststoff oder Leichtmetall, durch Lamellen-Verstellung regulierbar, ersetzt fabelhaft den in der Heimat der meisten blumenfenstertauglichen Zierpflanzen gegebenen Beschattungseffekt von Macchia, Buschwald oder Dschungel.

Be- und Entlüftung lassen sich – sofern man nicht teure Automatik in Anspruch nimmt – durch Fensterverstellung regulieren; selbstredend vom Innenraum aus, etwa dem Wohnzimmer, aus dem kein schneidend kalter Luftzug ins Tropenfenster wehen kann. Um die für bestmögliches Gedeihen der dort angesiedelten Pflanzen erforderliche Zellentemperatur zu gewährleisten, sollte man sich auf keinerlei Experimente einlassen. Bodenwärme von der Zentralheizung darunter dringt nur bedingt in den abgeschlossenen Luftraum eines Blumenfensters durch; Heizlüfter stiften oft – durch eng eingegrenzte Überhitzung – mehr Schaden als Nutzen; ideal ist – wo man nicht gleich die ganze Blumenfensteranlage als Klimaanlage installieren lassen kann – der Einsatz von sogenannten Heizbirnen, die zur allgemeinen, konstanten Erwärmung wie auch da und dort zu gezielter Anstrahlung besonders kühleempfindlicher Pflanzen recht unauffällig anzubringen sind.

Für die erwünschte Beleuchtung des Blumenfensters empfehlen sich warmgetönte Leuchtstoffröhren mit Blendleiste zur Seite des Beschauers. Und was schließlich die Luftfeuchtigkeit im Blumenfenster angeht, so läßt sich auch diese heute mit elektronen-technischer Präzision aussteuern. Aber eine recht flache Verdunstungsschale, mit Seesand und darüber Kieselsteinen, tut's meist auch: wenn man den kristallinen Sand stets naß hält und Wasser immer über die Steine nachgießt, um so die Verdunstungsfläche noch zu vergrößern.

Wichtig ist bei einem solchen Blumenfenster stets eine gute Außenisolierung. Zum einen darf auch durch Schiebefensterritzen kein permanenter Luftzug wehen. Zum anderen greifen Feuchtigkeit, Humussäure u. a. ungeschützte Holz- und Mauerteile an, was über längere Zeit zu ernsten Schäden nicht nur an den Oberflächen, sondern an der Bausubstanz führen kann. Auch passionierte Heimwerker tun darum gut daran, sich vor der detaillierten Planung eines Tropenfensters vertrauensvoll von der einschlägigen Industrie – gratis, versteht sich – beraten zu lassen: Prospekte sammeln, konkrete Angebote einholen, als ernstlich am Einbau eines Blumenfensters interessierter Möchtegern-Kunde mit kritischem Sachverstand bei Unklarheiten gezielt nachfragen, kurzum – Informationen sammeln und Preise vergleichen! Und die eigenen Möglichkeiten kalkulieren! Es kann dann leicht geschehen, daß man freundlich dankend auch das am Markt günstige Angebot einer automatisch zeituhrgeregelten Berieselungsanlage mit lau erwärmtem Wasser aus einem stets wieder selbsttätig vollaufenden Reservoir, also quasi das Nonplusultra der Tropenpflanzen-Bewässerung ausschlägt. Weil ein geschickter „Do-it-your-Selfmademan" das ganze technische Wunderwerk aus einem – unmittelbar hinter einem Zentralheizungskörper o. ä. zu installierenden – schmalbrüstigen Klosettspülbecken, womöglich einer noch vorhandenen, aber „toten" Rohrleitung, einer über Zeituhrstecker geregelten Minipumpe, ein bißchen Plastikschlauch und einem Brausekopf selbst zusammenbasteln kann, und zwar mutmaßlich merkbar billiger als jedes im Effekt vergleichbare industrielle Fertigprodukt...

Das Fenster zum Boden

Ein Frühbeet für den Garten in Eigenarbeit zu erstellen, ist auch sehr viel weniger technisch versierten und handwerklich geschickten Bastlern möglich: Der Boden des Frühbeets ist die Erde selbst, sein Dach – einfachste und beste Lösung – ein ausrangierter Fensterflügel mit noch intakten Glasscheiben. Für die Wände längt man irgendwelche alten Bretter mit der Säge so ab, daß sich aus ihnen ein rechteckiger Auflagerahmen für den Fensterflügel zusammennageln läßt. Hat man nur verschieden breite Bretter zur Verfügung, braucht man sie nicht zunächst mühevoll der Länge nach auf gleiche Breite zu schneiden. Man fügt den Rahmen vielmehr so zusammen, daß die Brettkanten des Auflage-Gevierts in einer Ebene liegen. Überstände auf der anderen – der dem Boden zugekehrten – Kantenseite versenkt man in den Boden, indem man mit dem Spaten entsprechende Bodenschlitze sticht und weitet. Im Endergebnis soll dieser Rahmen das ausrangierte Fenster in waagerechter Lage etwa 20 cm (mehr oder weniger) vom Gartenboden abheben und kalten Luftzug in den so geschaffenen Gewächskasten verhindern.

Handelsübliche Frühbeetkästen sind mit klapp- oder verschiebbaren Dachfenstern/Fensterdächern ausgestattet. Beim Eigenbau kann man durch Nutzung eines Fräsprofils des alten Fensterflügels als Widerlager sowie unter Zuhilfenahme einer Stützlatte auch ohne Scharnier oder andere technische Finessen denselben Effekt erzielen: Das Fenster zum Saatboden läßt sich – zur bedarfsweisen Belüftung des Frühbeets – nach Belieben aufstellen.

Man gibt dem Frühbeet sinnvollerweise einen offen sonnigen Platz im Garten, damit schon die ersten Frühlingssonnenstrahlen das in der Erde keimende Leben recht wohltuend erwärmen können. Der Wärmestau in der Klimazelle isoliert den Frühbeetbesatz – Blüten- und Gemüsepflanzen im frühesten Stadium ihrer Entwicklung – gegen die im Freiland noch einfallenden späten Nachtfröste.

Das im Frühbeet früh Sprießende erweist sich vielfach als zu dicht im Wuchs, so daß die zarten Sämlinge „verzogen" werden müssen: d. h. bei zu dichtem Bestand zupft man (bei Entwicklungs-Unterschieden stets die weniger gut entwickelten) Pflänzchen aus, um den verbleibenden mehr Entwicklungs-Spielraum zu geben. Nach diesem Auslichten gedeihen die zarten Sämlinge zu stattlichen Setzlingen, die vielfach aber noch bis nach den „Eisheiligen" im Mai den Klimaschutz des Frühbeetkastens brauchen. Unterdessen aber steht die Mittagssonne längst so hoch, daß das Frühbeet zum überhitzten Brutbeet würde, wenn man die Fenster-Bedeckung nicht über Tag abnehmen oder bequemerweise aufstellen könnte, um Überhitzung zu vermeiden, während nächtliche Überdachung möglicher Unterkühlung vorbeugt.

Gewächshaus: Alles unter einem Dach

Ein Gewächshaus kann - gegebenenfalls in verschiedenen Abteilungen - sowohl Tropenfenster als auch Frühbeet und noch mehr sein. Der Fachmann unterscheidet - nach Maßgabe der Nutzungsart und daraus resultierender, zweckbestimmter Ausrüstung und Einrichtung - drei Typen von Gewächshäusern:

1. Kalthaus: ein erweitertes Frühbeet ohne Heizungsanlage, heute vielfach auch als Plastikzeltkonstruktion gebräuchlich. Es bietet Schutz vor Nachtfrösten, erlaubt die Anzucht von Zier- und Nutzpflanzen aus dem Samen zu späterer Auspflanzung ins Freie. Im übrigen lassen sich im Kalthaus unter bestmöglichen Bedingungen schöne Erträge an Obst (z. B. Erdbeeren) und Gemüse (z. B. Feldsalat, Kresse etc.) erzielen sowie ganzjährig greifbare Bestände an Küchenwürz- und Heilkräutern unterhalten, wenn man die nötige Belüftung sicherstellt. Das reicht von sinnvoll angeordneten Luftklappen bis zum schlichten Offenlassen von Fenstern und/oder Türen, je nach Ausführung.
2. Temperiertes Haus: eine nicht zuletzt für das Überwintern während der warmen Jahreszeit freilandtauglicher jedoch frostempfindlicher Gewächse bestgeeignete Einrichtung. Außenwandisolierung und schwache Bedarfsheizung müssen hier sicherstellen, daß die Raumtemperatur auch im Januar nie unter 5 Wärmegrade absinkt; es sollten freilich auch nicht mehr als 15 Grad erreicht werden. Viele Zierpflanzen im Ganzen wie auch Knollen lassen sich unter diesen Konditionen sehr gut vom Herbst zum Frühling bringen; Frühbeetbedürftiges allerdings neigt im temperierten Glashaus zu allzu rascher Entwicklung und letztlich zum „Schießen".
3. Warmhaus: das Tropenfenster im Großformat. In diesem soliden Glashaus liegt die ideale Dauertemperatur etwa zwischen 18 und 22 Grad Celsius; sie darf im Sommer etwas ansteigen, im Winter aber nicht unter 15-14 Grad absinken. Das erfordert - eben wie im schon besprochenen Blumenfenster für besondere Ansprüche - zweckgerechte Installationen für (im Idealfall thermostatgeregelte) Heizung, womöglich auch für Belüftung und Berieselung. Darin kann man dann freilich alles zum Blühen, Wachsen und Gedeihen bringen, was sonst nur in uns fernen geographischen Regionen oder in den großen Tropenhäusern Botanischer Gärten prangt.

Die Bandbreite dessen, was man sich unter einem Gewächshaus vorstellen kann, reicht vom selbstgebastelten Folientreibhaus auf dem Balkon bis zur überdimensional langgestreckten „Tomatenfabrik" geschäftstüchtiger Großgärtnereien. Wer mit Bodenfläche und Geld nicht knausern muß, kann im eigenen Garten Warm-, temperiertes und Kalthaus in sinnvoller Aneinanderreihung mit entsprechend abgestuften Funktions-Installationen unter einem Glasdach vereinen. Da bietet sich kein mustergültiges Patentrezept an.

Auf zwei im allgemeinen wenig beachtete Umstände sei hier noch hingewiesen:
1. Glaswände sind energieverlustreich! Speziell bei größeren Gewächshäusern wächst mit der Wandfläche auch die Dominanz des naturgemäßen Lichteinfalls durch das Glasdach, zu verstärken durch sinnvolle Ausrichtung von Pult-, Sattel- oder Pyramiden-Dachkonstruktionen nach den Himmelsrichtungen. In südlicheren Zonen wildwachsende Pflanzen, die wir als Zierpflanzen kultivieren, bekommen an ihren Stammorten kaum jemals wirkungsvolles Seitenlicht, sondern sie leben vom „Oberlicht", das noch durch höheren Überwuchs gedämpft wird. – Derlei bedenkend, kann man ein Gewächshaus auch in den Boden einsenken, durch Ausheben einer Grube, Ummauerung der Seiten, platzsparenden Treppen-Leiter-Einstieg und optimal lichtheischende Glasdach-Ausführung. Effekt: Die das versenkte Pflanzterrain – auch in terrassierten Schichten – umgebende Erde wirkt im Sommer kühlend und im Winter wärmend, bezüglich Energieverbrauchs für künstliche Klimatisierung mithin kostensparend. Hinreichend Licht kommt stets durch Glasdach, dessen Basis ebenerdig liegen kann.
2. Pflanzen brauchen nicht eigentlich „Luft zum Leben", sondern den Luft-Bestandteil Kohlendioxyd, den wir als „Abfallprodukt" ausatmen. (Wir benötigen den Luft-Bestandteil Sauerstoff, den die Pflanzen als „Abfallprodukt" ausatmen...) Ebenso wie Sauerstoff-Zufuhr die Leistungsfähigkeit des menschlichen Organismus „anzukurbeln" und zu steigern vermag (sei's im Sauerstoffzelt der Intensivstation oder per „Säuglingsnahrung" aus der Sauerstofflasche beim Bergsteigen oder Tauchen), vermag auch Kohlendioxyd-Zufuhr die Leistungsfähigkeit des pflanzlichen Organismus nachweislich zu steigern. Dieser Umstand läßt sich in jeder speziell für Pflanzen bestimmten Klause nutzen, ganz besonders im Gewächshaus (und erst recht im in die Erde eingelassenen und darum quasi luftverdünnten Gewächshaus): Jeder Gärungsvorgang produziert Kohlendioxyd. Man nehme also ein geeignetes Gefäß (sehr gut geeignet: eine Korbflasche), fülle es mit Verweslichem (Rasenschnittgut, Salat-, Kraut-, Blumenabfall, Faulobst), gebe etwas Wasser, Zucker und Hefe hinzu. Ein solches Gefäß (mit lebhaft gärendem und Kohlendioxyd freisetzendem Inhalt) vermag das Pflanzenwachstum in seinem Ausströmungsbereich – der Gewächshaus-Ökozelle – deutlich zu verbessern.

Im Freiland greift dergleichen – etwa ein Fallobst-Maischebottich, für die Schnapsbrennerei bestimmt – nicht, weil sich da der Kohlendioxyd-Überschuß allzu rasch in der Umgebungs-Atmosphäre verliert. Ein offenes Gärgefäß im Gewächshaus aber wirkt auf die Pflanzen wie ein Sauerstoffgerät auf den Taucher in der Taucherglocke. Übersättigung (die den Taucher zum Taumeln bringt) ist im Gewächshaus allein schon infolge des täglichen Zugangs ohne Klimaschleuse (also mit direktem Freiluft-Anschluß) nicht zu befürchten.

Freiland: Bewässerung, Düngung und Schädlingsbekämpfung

Nur wer den Boden kennt, in dem die Pflanzen Wurzeln schlagen sollen, kann Vorsorge dafür treffen, daß sie das erfolgreich tun und nicht alsbald schon kümmerlich dahinkränkeln. Die Erde ist nun einmal nicht „aus einem Guß", die Krume keine homogene Masse. Sie besteht vielmehr in bunter Mischung aus anorganisch-mineralischen Substanzen ebenso wie aus schon zerfallener oder im Verfall (Zersetzung, Verwesung) begriffener organischer Materie, durchsetzt von Luft und Wasser, wimmelnd von Kryptogamen (Mikrofarne, Moose, Pilze, Algen), Insekten, Würmern und einer artenreichen Bakterienflora. Ein gesunder Gartenboden bedarf aller dieser Ingredienzien.

Die weitaus meisten Kulturpflanzen gedeihen am besten in einem krümelig strukturierten, lockeren Boden. Denn nur in ihm zirkulieren Wasser und Sauerstoff in ausreichendem Maß, um auch die Entwicklung der für das Pflanzenleben so wichtigen Mikroorganismen zu begünstigen. Dabei kommt der – im allgemeinen etwa 10–30 cm tiefen – Deckschicht der Naturerde besondere Bedeutung zu: Sie enthält Myriaden von Kleinlebewesen, welche den zur Pflanzennahrung dienenden Humus bevölkern. Diese oberste Erdschicht ist nicht einfach machbar, sondern sie wächst mit der Zeit. Darum tut ein Freund des Gartens und des Gärtners immer gut daran, bei Erdaushub die fruchtbare Deckschicht gesondert abzuheben und dem Pflanzterrain einzuverleiben.

Die Böden in unseren Breiten lassen sich grob in drei Kategorien einteilen:
1. Starke, schwere Erde, hell und kompakt, oft kalkhaltig mit einem hohen Anteil an wasserundurchlässigem Ton. Besonders trocken und hart in regenarmen Zeiten, hält dieser Boden die Nässe nach Niederschlägen lange. In solcher Erde gedeihen bestens Pflanzen mit tiefreichenden oder dicht verzweigten Wurzeln, z. B. Rosensträucher.
2. Leichter, dunkler, brauner oder schwarzer Boden, wenig kompakt. Er hält kaum die Feuchtigkeit und trocknet bei Sonne und Wind rasch aus. Viel Sand und Humus machen ihn leicht bearbeitbar und besonders fruchtbar. Solche Erde bevorzugen Pflanzen mit Kapillarwurzeln von nur geringem „Tiefgang", z. B. *Rhododendron* und *Erica*.
3. Gartenerde des neutralen Typus, die meist erst durch zweckdienliche Hege und Pflege die für den Gartenbau günstigste Struktur erhalten hat. (Zu diesen Maßnahmen gehören erstrangig Einarbeiten von Torfmull sowie gegebenenfalls das Einsetzen von Regenwürmern). Neutrale Erde birgt Humus, Lehm, Sand und das für den Pflanzenwuchs so wichtige Element Kalzium in ausgewogenen Relationen. Auf solchem Boden wächst – fast – alles.

Will man das zur Verfügung stehende Terrain bestmöglich nutzen, kann man sich mehr oder minder zeitraubende und kostspielige Fehlschläge ersparen, indem man Bodenproben wissenschaftlich analysieren läßt. (Der Gärtner kennt die Adresse des nächstliegenden Agrar-Labors.) Ein summarisches Ergebnis kann man zur Not auch selbst mit Hilfe eines kleinen, im Fachhandel erhältlichen Instrumentariums erzielen. Diese oder jene Untersuchung ist in jedem Fall billiger als wiederholte Wachstums-Experimente aufs Geratewohl.

Korrektur der Krume

Ob die Krume als basisch oder sauer zu bezeichnen ist, hängt im wesentlichen von ihrem Gehalt an Kalziumkarbonat (kohlensaurem Kalk) ab. Liegt der meßbare Säure- oder pH-Wert über 7, ist der Boden alkalisch; bei weniger als 7 ist er sauer. Die Meßzahl 7 besagt, daß es sich um ideale Gartenerde handelt, denn die weitaus meisten Pflanzen bevorzugen einen neutralen, im Zweifelsfall aber eher zur Säuerung neigenden Boden.

Oft bedarf die Erde dieser oder jener Korrektur, um sie der beabsichtigten Nutzung zu erschließen. So läßt sich allzu lehmig-pappiger Boden durch Untermengen von Torfmull, Kompost, Asche und Kies auflockern. Will man ihn kompakter, helfen Tonbeigaben und gewisse Humusbilder (z. B. Regenwürmer). Irrig ist in jedem Fall die Annahme, man brauche egal welchem Boden nur gehörig Dünger beizumischen, um ihn effektvoll bebaubar zu machen: Man kann ihn so auch durchaus effektvoll vergiften...

Ist die Erde kalt und klebrig, bindet sie viel Feuchtigkeit, so zeigt das einen hohen Lehmanteil an. Solcher Boden muß trockengelegt sowie im Herbst und Frühjahr mit Torf, Komposterde und Sand vermischt werden. Hat er einen hohen Sandgehalt, ist er leichter zu bearbeiten und trockenzulegen, aber weniger fruchtbar. Hier arbeitet man organische Stoffe ein, Stallmist, Komposterde und Torf. Heideerde und Torf sind schließlich besonders angezeigt für Pflanzen, die keinen Kalkboden ertragen.

Stark alkalische Beschaffenheit der Krume hindert die Pflanzen daran, in ausreichendem Maß Eisen aufzunehmen, und bewirkt so eine *Chlorose*, eine Art vegetabiler Anämie (Blutarmut), welche die Belaubung vergilben läßt. Diese Erscheinung wird von Laien vielfach fälschlich als Anzeichen von Wassermangel gewertet, während tatsächlich das Blattwerk dürstender Pflanzen nicht gilbt und „im Stand" ausdörrt, sondern erschlafft und niederhängt.

Weit weniger kritisch als Wassermangel ist für die meisten Gewächse kurzzeitig auftretender Wasserüberschuß, wie ihn in der Natur jeder heftige Platz- oder dauerhafte Landregen mit sich bringt. Gut durchlässige, lockere Krume gewährleistet jederzeit optimalen Wasserabzug, sofern die Pflanzschicht nicht zu dünn und der darunterliegende Sockelboden z. B. nicht zu tonig-lehmig ist.

Hält der Boden zuviel Wasser an der Oberfläche, bzw. in der Wurzelzone, so ist die Auswahl der auf ihm mit Erfolg anzusiedelnden Pflanzen begrenzt. Daran vermag auch sparsames Bewässern nichts zu ändern. Aber auch ein Gartenboden von solch ungünstiger Ausgangslage läßt sich durch eine Drainage sanieren.

Am einfachsten ist das bei deutlicher Flächenneigung. In einem solchen Fall zieht man möglichst etwa durch die Mitte des trockenzulegenden Geländes einen Hauptgraben vom höchsten zum niedrigsten Bodenniveau (der Graben kann also durchaus schräg oder diagonal anzulegen sein). Der Graben darf, aber muß nicht mehr als handbreit, sollte jedoch mindestens etwa 20 cm oder tiefer sein. Mit Neigung auf ihn zulaufend, hebt man schmalere fast ebenso tiefe Seitengräben aus, deren Anordnungsdichte durch den Nässegrad der Erde bestimmt wird. – Hier ist das nötige Abfluß-Gefälle schon durch die Flächenschräge vorgegeben; bei der Drainage von planebenem Terrain muß man es künstlich dadurch erzeugen, daß man die Gräben vom relativ niedrigen Anfang zum Ende hin systematisch vertieft. In jedem Fall füllt man alle diese Entwässerungsrinnen mit grobem Kies und Schlacke wenigstens bis zur Hälfte ihrer Tiefe auf.

Hat man nun nicht das Glück, den Hauptgraben in ein vorhandenes Gewässer, ein Flüßchen oder einen Abwasserkanal einmünden lassen zu können, so muß man eine Sickergrube anlegen. Bei ebenem Terrain mit künstlichem Gefälle der Grabenböden kann man den Platz dieses Auffangbeckens frei bestimmen; bei Flächenneigung muß der tiefste Punkt des

Bodenniveaus dafür herhalten; bei muldig ausgewölbtem Grund kann es geschehen, daß die Sickergrube irgendwo in der Gartenmitte anzulegen ist. Das muß kein Unglück sein. Im allgemeinen genügt der Aushub einer Grube von etwa 1,50 m im Quadrat und 1 m Tiefe. Diese füllt man randvoll zunächst mit Backsteinbruch, grober Schlacke, auch gegebenenfalls aus dem übrigen Land ausgelesenem Feldstein; ganz obenauf kommen große Kieselsteine, auf und zwischen welchen sich dauerhaft mannigfaltige Moose, Gräser und Sukkulenten (Dickblattgewächse) ansiedeln lassen.

Eine solche Drainage legt nicht nur zuvor nasses Terrain trocken, sondern ist auch hilfreich im Bemühen, etwa überschüssigen Kalk (oder Rückstände langjähriger Überdüngung sowie „Pflanzenschutz"-Vergiftung des Bodens) abzubauen und auszuspülen.

Düngung möglichst ohne Dünger?

Die Bodendüngung sollte vordringlich und so weitgehend wie möglich – alljährlich im Spätherbst oder im zeitigen Frühjahr – mit Komposterde erfolgen. Nur wenn der Kompost nicht ausreicht, mag man mineralischen Dünger verwenden; und hierbei empfiehlt sich vor allem Volldünger, der alle wichtigen Nährstoffe im richtigen Verhältnis in den Boden bringt, so daß man praktisch nichts mehr falsch machen kann.

Um in diesem Zusammenhang einem weitverbreiteten Mißverständnis vorzubeugen: Was im Fachhandel unter der Bezeichnung „Düngetorf" geführt wird, ist der eben nicht mit Dünger-Zusätzen vermischte, altgewohnt naturbelassene Torfmull, dessen Untergraben vor allem viel zu gesunder Lockerung des Pflanzbodens beitragen kann. Mit Mineraldünger angereicherter Torfmull wird als „Torfmischdünger" gehandelt.

Kernstück der Kompostbereitung aus allen nichtholzigen Garten-, sowie Frischobst- und Gemüseabfällen der Küche sind Kompostsilo oder -lege: etwa eine leicht demontierbare, luftige Rohholzkonstruktion in Blockbauweise oder ein Drahtrahmengestell. Darin sammelt man das ganze Jahr über alles Verwesliche pflanzlicher Herkunft. Das mühevolle Umsetzen im Herbst kann man sich ersparen, indem man sich die Erkenntnisse des biologisch-dynamischen Landbaus nutzbar macht.

Hervorstechendes Merkmal der biologisch-dynamischen Düngung ist – abgesehen vom unzweifelhaften Erfolg – die völlige Unbedenklichkeit der Anwendung auch und gerade im Hausgarten. So gibt es für die Kompostbereitung Verrottung und Nährstoffbildung begünstigende und zugleich üble Geruchsentwicklung hemmende Pflanzenauszüge von Baldrian, Brennessel, Eichenrinde, Kamille, Löwenzahn, Schachtelhalm und Schafgarbe. Diese Tinkturen kann man fertig kaufen oder auch – nach bei biologisch-dynamischen Arbeitskreisen erhältlichen Angaben – selbst herstellen. Ebenso ist es möglich, in Tonnen oder Bassins gesammeltes Regenwasser mit entsprechenden Zusätzen in ebenso billigen wie wirksamen Flüssigdünger zu verwandeln. Solche Naturdüngemittel können nicht nur im Ziergarten, sondern auch ohne jede Einschränkung bei Obst, Gemüse und Würzpflanzen eingesetzt werden.

Mit chemischen Mitteln sollte im Sommer wie allgemein in Zeiten der Trockenheit allenfalls gedüngt werden, wenn Rasen und Rabatten ausgiebig bewässert werden können. Andernfalls können sich z. B. feste Düngemittel nicht völlig auflösen. Ganz schlecht ist es, wenn sich Düngemittelkrusten an der Bodenoberfläche oder an den sichtbaren Teilen der Pflanzen selbst bilden. Nicht oder nicht mehr düngen darf man bei frisch eingesetzten Pflanzen (Verbrennungsgefahr an den Wurzeln!), nach der Blüte und grundsätzlich ab Ende Juli. – Alle diese Einschränkungen sind bei reinen Naturprodukten hinfällig. Abgesehen davon, daß man Düngemittel jeder Art stets bei bedecktem Himmel auf- oder einbringen sollte, um statt unerwünschter Austrocknung ihre Befeuchtung und damit ihre Assimilation im Boden zu begünstigen.

Als Rosendünger im besonderen haben sich Bananenschalen, als Gartendünger im allgemeinen – neben Hornspänen und anderen handelsüblichen Naturprodukten – schlicht Haare tierischen und menschlichen Ursprungs bewährt, so daß man Abfall vom Haareschneiden getrost statt der Mülltonne dem Kompostsilo einverleiben sollte. Im übrigen sorgen Regenwürmer nicht nur für bestmögliche Bodendurchlüftung und Wasserabzugsfähigkeit, sondern sie produzieren mit ihrem Stoffwechsel feinsten Humus unmittelbar im Boden selbst.

Nützlinge gegen Schädlinge

Ähnlicher Überlegungen wert ist auch das Feld des Pflanzenschutzes, für den der Handel heute rund 1700 chemische Präparate anbietet: *Insektizide* (gegen Insekten und andere Kleinlebewesen), *Fungizide* (gegen Pilzbefall) und *Herbizide* (gegen „Unkraut"). Längst ist jedoch bekannt, daß viele dieser Gifte eben nicht nur Schädlinge, sondern auch Nützlinge vernichten. Und genaugenommen ist jegliches Leben im Garten nützlich, soweit es nicht eindeutig als schädlich einzustufen ist; denn auch scheinbar weder schädliche noch nützliche Kleinlebewesen tragen das Ihre zum biologischen Gleichgewicht bei. Jeglicher anorganisch-chemische Eingriff dagegen bewirkt eine Störung der ökologischen Wechselbeziehungen.

Anders verhält es sich, wenn man statt Gift die natürlichen Feinde von Schädlingen einsetzt. Nach Burkhard Lüpke *(stern,* 12/80) sind heute bereits rund 2000 Pflanzen bekannt, deren Wirkstoffe einem Überhandnehmen von Schädlingen in ihrer engeren Umgebung zu steuern vermögen. Hinzu kommt die mannigfaltige Palette tierischer Nützlinge. So lassen niederländische Gemüsebauern heute in zunehmendem Maß „ihre Tomaten und Gurken von Raubmilben und Schlupfwespen gegen die weiße Fliege verteidigen". Chinas Bauern züchten Spinnen, die dann der Insektenplage auf den Reisfeldern zuleibe rücken. Schlimmster Feind der Blattlaus in unseren Breiten ist der Marienkäfer: „Wer neben einer Blattlauskolonie ein kleines Häufchen gelblicher Eier entdeckt, kann auf chemische Mittel verzichten. Sobald daraus die (Marienkäfer-)Larven geschlüpft sind, geht es den Läusen an den Kragen. Jede Larve tötet täglich 20 Schädlinge. Manche Arten vertilgen bis zu 3000 jener Pflanzenfeinde pro Saison."

Der Bestand an Nützlingen hängt erstrangig vom Futterangebot – und das heißt, vom Schädlingsbestand – ab; im übrigen wird er durch Vögel reguliert, die sich zu (im Durchschnitt) etwa 70 Prozent von Insekten ernähren. So pflückt beispielsweise ein Meisenpaar zur Brutaufzucht täglich bis 1000 Insekten von Büschen und Bäumen.

Gezielte Ansiedlung von Nützlingen im Garten ist oft mit geringer Mühe möglich. Marienkäfer z. B. zeigen sich ortstreu erkenntlich, wenn man ihnen im Herbst an windgeschützten Stellen im Garten dichte Reisighaufen anbietet, in welchen sie warm und trocken überwintern können. Für Vögel der gewünschten Art – die der Fachmann leicht anhand der vorherrschenden Schadinsekten zu bestimmen vermag – gilt es, im frühen Frühjahr das richtige Bruthäuschen (wichtige Kriterien sind Größe und Einflugloch-Durchmesser) in der artspezifisch bevorzugten Höhe und Himmelsrichtung an Bäumen anzubringen. Wer da keinen Fehler macht, wird selten enttäuscht.

Einschlägige Musterbeispiele giftfreier Schädlingsbekämpfung zeigt die folgende Tabelle (nach Burkhard Lüpke) auf:

Pflanzenschutz ohne Chemie

Pflanzen Schaden	Schädling	Natürlicher Schutz, Gegenmittel
Blütenpflanzen allgemein: kräuselnde Blätter, kümmernde Triebe	Blattläuse	Marienkäfer, Gallmücken, Schwebefliegen, Zehrwespen
Rosen: welke Blätter wie mit Mehl bestäubte Blätter	Sternrußtau Mehltau	Spritzen mit einem Sud aus Zwiebelschalen oder aus 150 g Schachtelhalm auf 10 Liter Wasser
weiße Flecken auf den Blättern	Rosenzikade	Gallmücken, Zehrwespen
Gemüsepflanzen allgemein: Blatt- und/oder Wurzelfraß	Schnecken, Engerlinge, Erdraupen, Drahtwürmer	Igel, Vögel, Kröten, Glühwürmchen, Tausendfüßler, Laufkäfer
Kohl: kümmerndes, stockendes Wachstum	Kohlweißling, Kohlfliege	Vögel, Gallmücken, Brackwespen
Karotten, Möhren: madige Wurzelfrüchte	Möhrenfliege	Zwiebeln zwischen die Reihen pflanzen
Zwiebeln: absterbende Pflanzen	Zwiebelfliege	Möhren zwischen die Reihen pflanzen
Bohnen: angefressene Keimlinge	Bohnenlaus	Ohrwürmer, Raubwanzen
Äpfel wurmige Früchte	Apfelblütenstecher, Obstmade	Meisen, Raupenfliegen, Raubwanzen
Kernobst: klebrige Blätter	Blatt-, Schild- und/oder Schmierläuse	Spritzen mit einer Brühe aus Spiritus und Schmierseife
Stachelbeeren: Kahlfraß an Blättern	Stachelbeerblattwespe	Florfliegen
Erdbeeren: verkrüppelter Blattwuchs	Erdbeermilbe	Spritzen mit Knoblauchsud

Ein und Zweijahresblumen, Stauden und Zwiebelpflanzen

Sie sprießen aus Samen, wachsen, blühen und gedeihen, bringen den zur Erhaltung ihrer Art erforderlichen Samen hervor und sterben danach ab: Einjahresblumen kann man im Keimkasten auf der Fensterbank zu Setzlingen heranziehen oder zeitig im Frühjahr gleich im Freiland aussäen, je nach Art und Sorte (auf den Samentütchen entsprechend gekennzeichnet).

Bei Auswahl und Anordnung in den Rabatten sollte man nicht zuletzt auf Wuchshöhen und Blütezeiten achten. Auch die Blütenfarben sind selbstredend von Bedeutung; diesbezüglich aber tut man selten einen Fehlgriff, da farbliche Disharmonien schwerlich zu befürchten sind. Wohl aber kann es geschehen, daß man aus Versehen eine Anordnung trifft, derzufolge dann beispielsweise höherwüchsige Blumen dahintergesäte niederwüchsige weitgehend verdecken, oder daß infolge Nichtbeachtung verschiedener Blütezeiten nicht immer etwas, sondern manchmal viel und manchmal gar nichts blüht.

Zwischen Mai und etwa Ende August liegen auch die Blütezeiten einjähriger Kletter- und Schlingpflanzen, auf die nicht verzichten sollte, wer kahle Laubengitter, Spaliere oder Blumenleitern zur Verfügung hat.

Die wichtigsten Einjahresblumen

Botanische Bezeichnung	Deutscher Name	Standort	Aussaat-monat	Aussaat im Freien	Aussaat unter Glas	Höhe cm
Blüte ab Mai:						
Begonia	Sommerbegonie	sonnig	Januar	■	■	30
Calendula	Ringelblume	sonnig	April	■		50
Dimorphotheca	Kapkörbchen	sonnig	April	■		30
Iberis	Schleifenblume	sonnig	März	■		25
Lobularia	Duftsteinrich	sonnig	April	■		10
Mimulus	Gauklerblume	sonnig	April		■	30
Petunia	Petunie	sonnig	Februar		■	25
Sanvitalia	Sanvitalie	sonnig	März	■		20
Blüte ab Juni:						
Adonis	Adonisröschen	halbschattig	März		■	15
Ageratum	Leberbalsam	sonnig	Februar		■	30
Antirrhinum	Löwenmaul	sonnig	März		■	60
Chrysanthemum	Chrysantheme	sonnig	März		■	50
Delphinium	Rittersporn	sonnig	März	■		120
Dianthus	Sommernelke	sonnig	März		■	40
Eschscholtzia	Goldmohn	sonnig	März	■		30
Gaillardia	Kokardenblume	sonnig	März		■	50
Gazania	Gazanie	sonnig	März		■	25
Impatiens	Balsamine	sonnig	März		■	40

Botanische Bezeichnung	Deutscher Name	Standort	Aussaat-monat	Aussaat im Freien	Aussaat unter Glas	Höhe cm
Impatiens	Fleißiges Lieschen	schattig	März		■	25
Limonium	Meerlavendel	sonnig	März		■	60
Lobelia	Lobelie	sonnig	März		■	10
Malope	Malope	sonnig	März		■	100
Matthiola	Levkoje	sonnig	März	■		70
Mesembryanthemum	Mittagsblume	sonnig		■		20
Papaver	Mohn	sonnig	März	■		60
Portulaca	Portulakröschen	sonnig	Mai	■		15
Salvia	Salbei	sonnig	März		■	25
Tagetes	Sammetblume	sonnig	März		■	15–70
Zinnia	Zinnie	sonnig	März		■	75
Blüte ab Juli						
Browallia	Browallie	sonnig	März		■	80
Celosia	Hahnenkamm	sonnig	März		■	50
Centaurea	Kornblume	sonnig	März	■		80
Clarkia	Clarkie	sonnig	April	■		60
Cosmos	Schmuckkörbchen	sonnig	März		■	90
Gypsophila	Schleierkraut	sonnig	März	■		40
Helianthus	Sonnenblume	sonnig	März	■		40–500
Helichrysum	Strohblume	sonnig	März		■	80
Hibiscus	Stunden-Eibisch	sonnig	März		■	60
Lavatera	Bechermalve	sonnig	April	■		120
Nicotiana	Ziertabak	sonnig	Februar		■	30
Penstemon	Bartladen	sonnig	Februar		■	75
Polygonum	Orientknöterich	halbschattig	März	■		120
Reseda	Gartenreseda	sonnig	April	■		40
Scabiosa	Skabiose	sonnig	März		■	90
Tropaeolum	Kapuzinerkresse	sonnig	Mai	■		30
Verbena	Verbene	sonnig	Februar		■	40
Blüte ab August:						
Callistephus	Sommeraster	halbschattig	März		■	70
Cineraria	Aschenblume	sonnig	März		■	20
Kochia	Sommerzypresse	sonnig	März		■	100
Phlox	Sommerphlox	sonnig	März		■	40
Ricinus	Wunderblume	sonnig	März		■	200
Rudbeckia	Sonnenhut	sonnig	März		■	100
Tithonia	Tithonia	sonnig	März	■		150

Oben links: Acer pseudoplatanus (Bergahorn), oben rechts: Aesculus hippocastanum (Roßkastanie); unten links und rechts: Acer platanoides (Spitzahorn) in herrlicher Laubfärbung. Die beiden Ahornarten sind Wildformen mit früh fallendem Laub.

Die folgende Doppelseite zeigt auf der linken Seite oben eine (Sisal-)Agave, unten Agapanthus orientalis (Afrikanische Schmucklilie); die Blütenstengel sind als Schnittblumen geeignet. Rechte Seite: oben: Akebia quinata (Akebie), unten: Aloë variegata (Liliengewächs-Gattung).

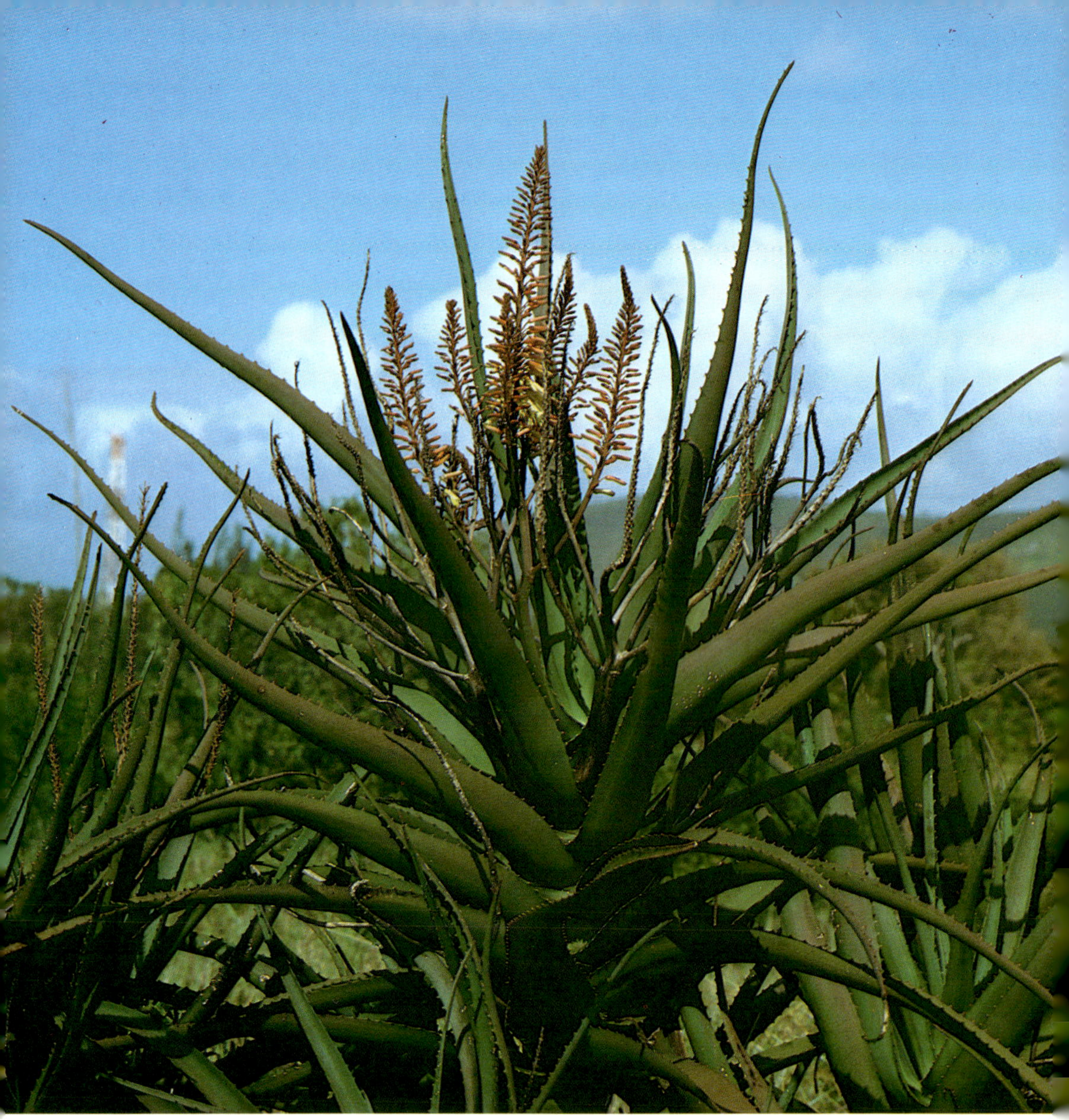

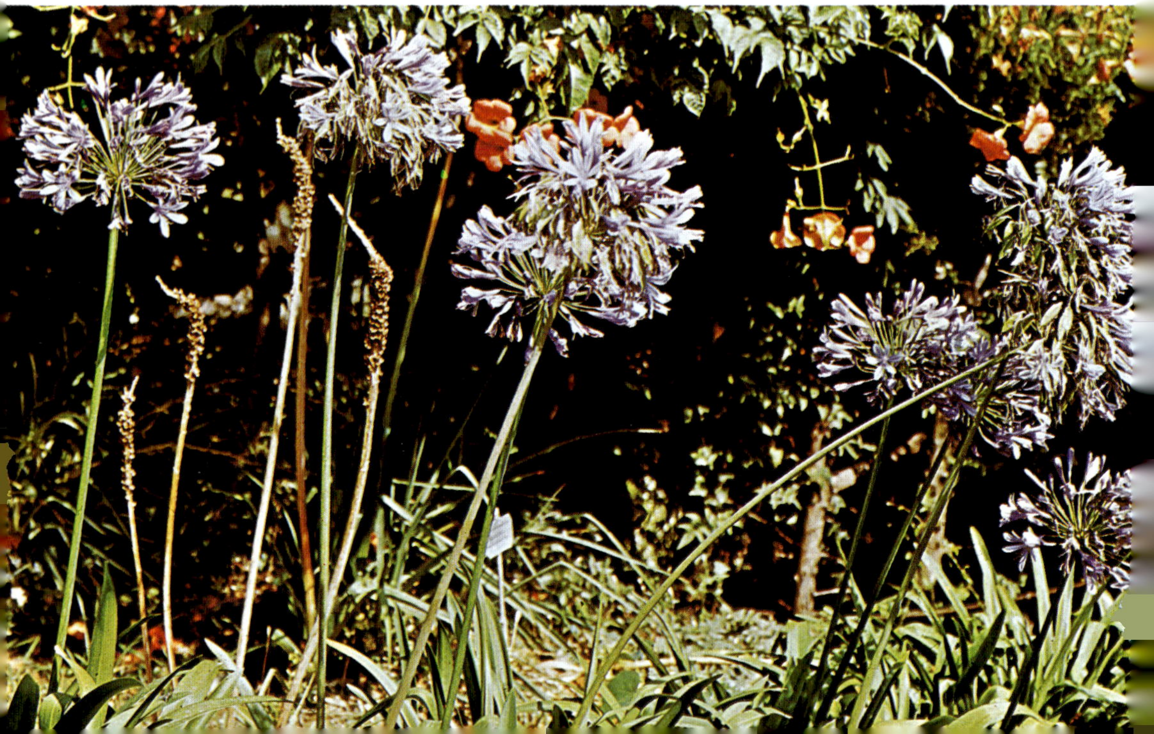

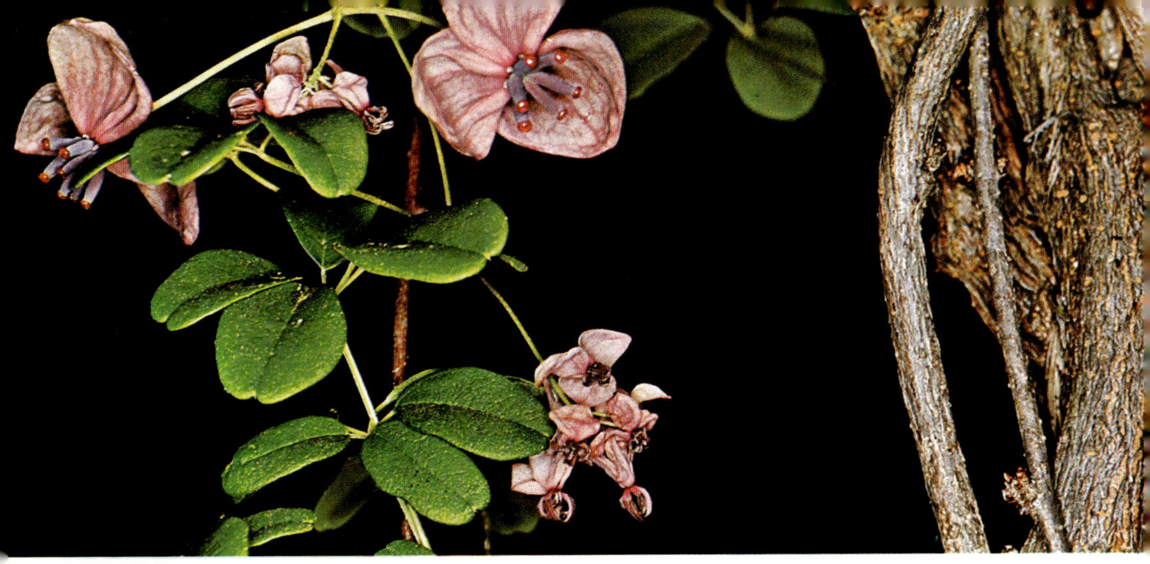

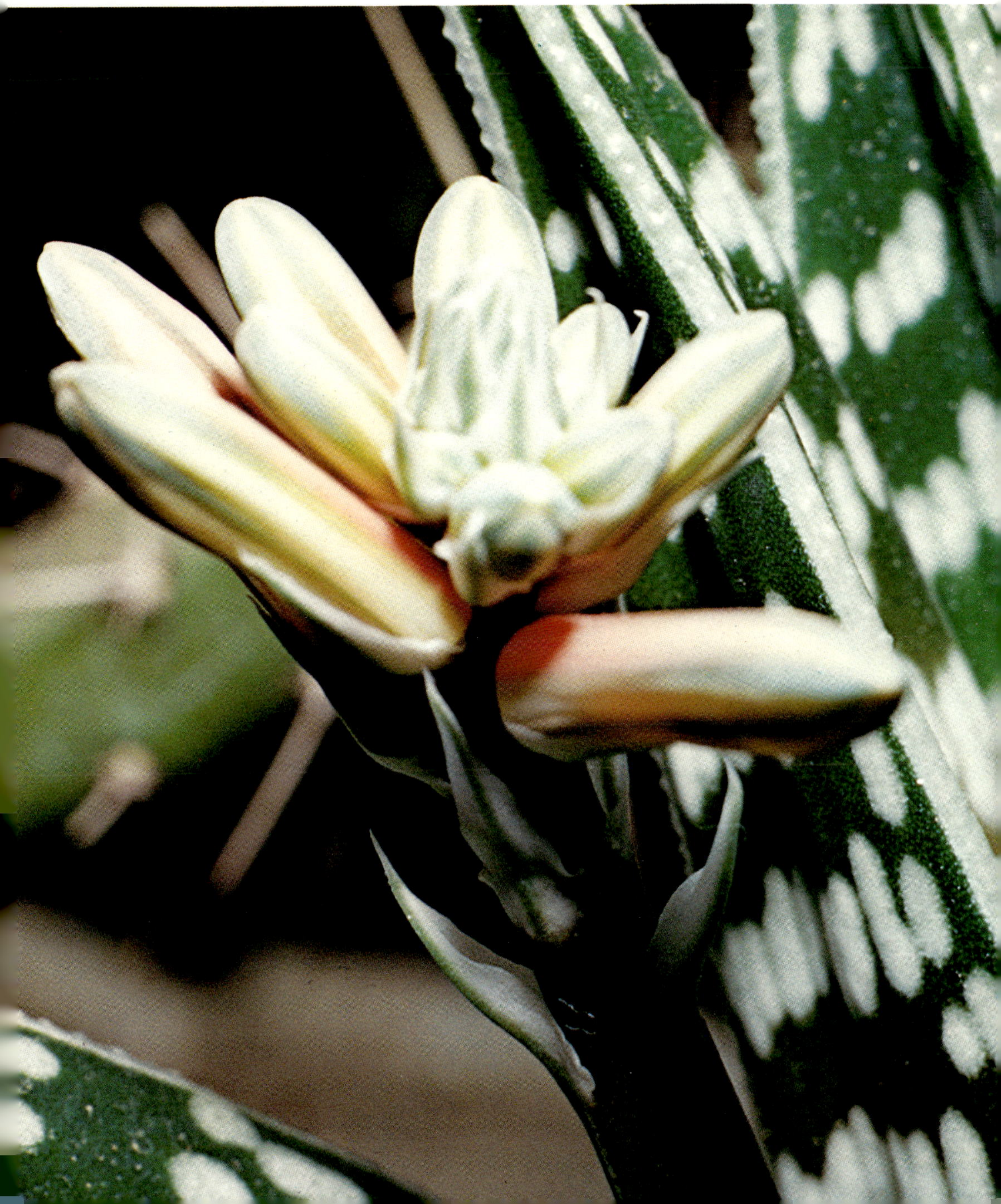

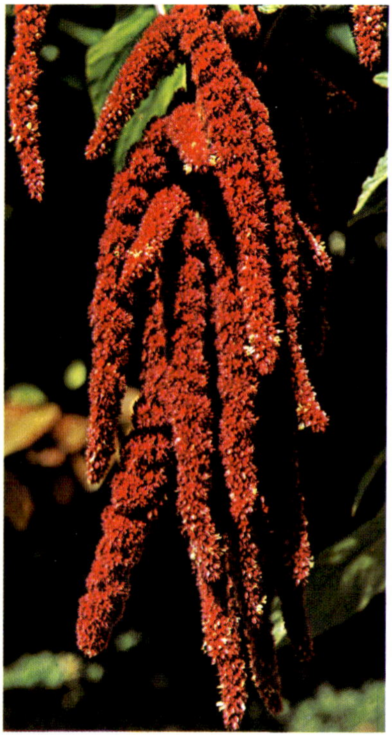
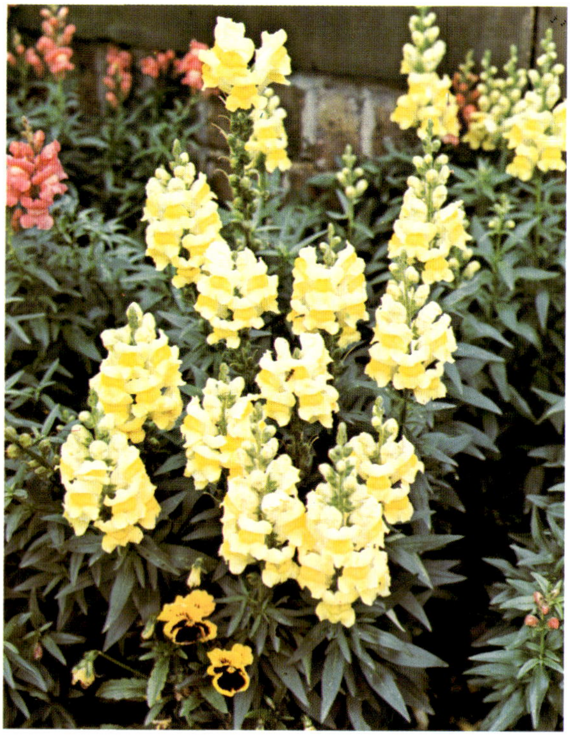
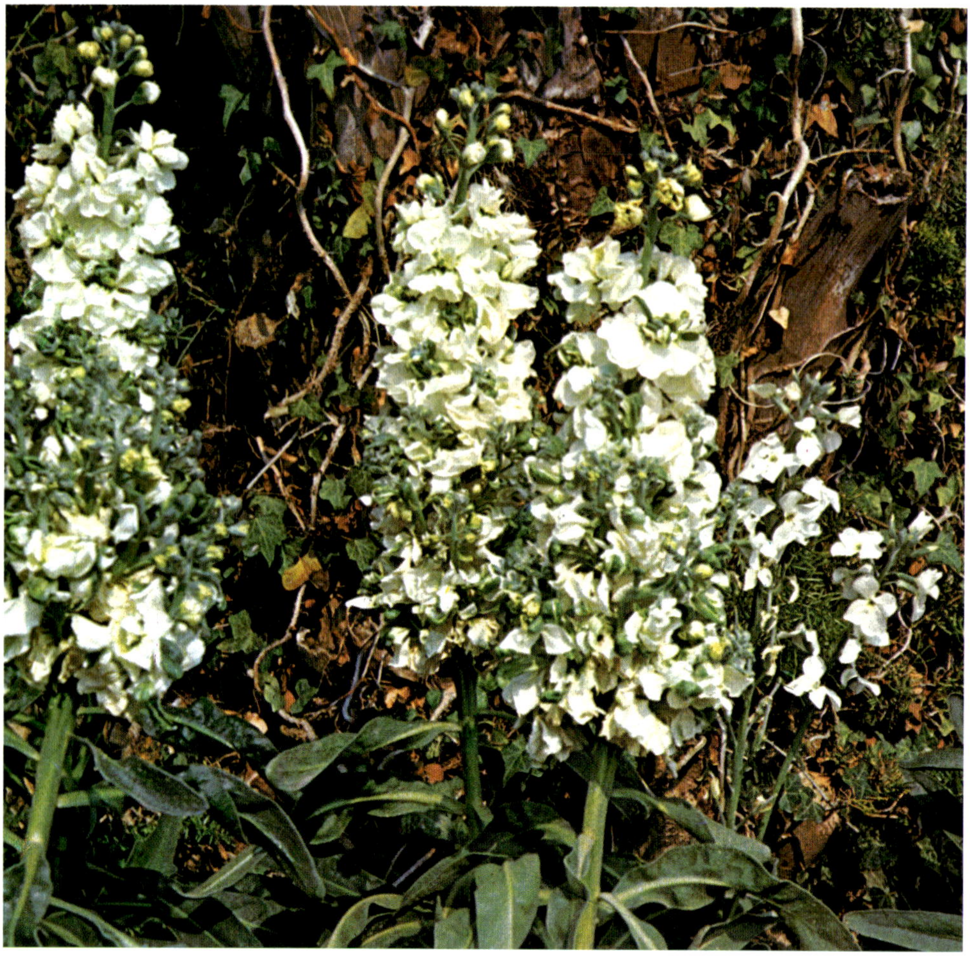

Linke Seite: oben links: Amaranthus caudatus (Fuchsschwanz), oben rechts und unten: Antirrhium majus (Löwenmäulchen, unten die Züchtung Coronette).

Rechte Seite: oben links: Anemone blanda (Anemone), oben rechts: Asparagus densiflorus (Zierspargel); unten links: Aphelandra squarosa (Glanzkölbchen), unten rechts: Anthurium scherzeranium (Kleine Flamingoblume).

78

Linke Seite: oben links und rechts: Arum maculatum (Aronstab), links der Fruchtstand; unten: Aspidistra latior (Schusterpalme).

Rechte Seite: oben links: Aster alpinus (Sommer-Aster), oben rechts: Atraga belladonna (Tollkirsche); unten links: Chrysanthenum rubellum (Winter-Aster), unten rechts: Bellis perennis (Gänseblümchen).

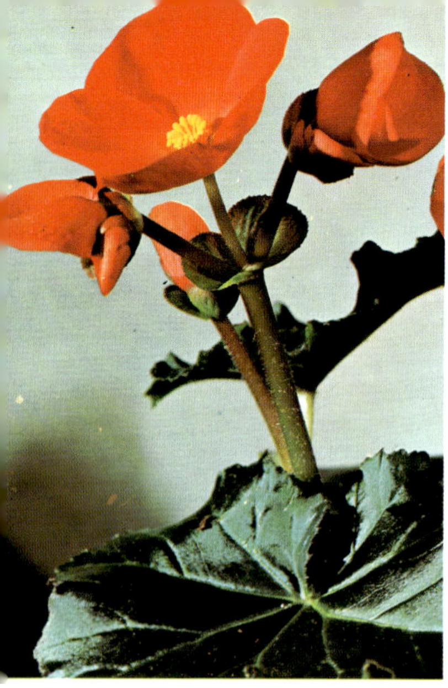
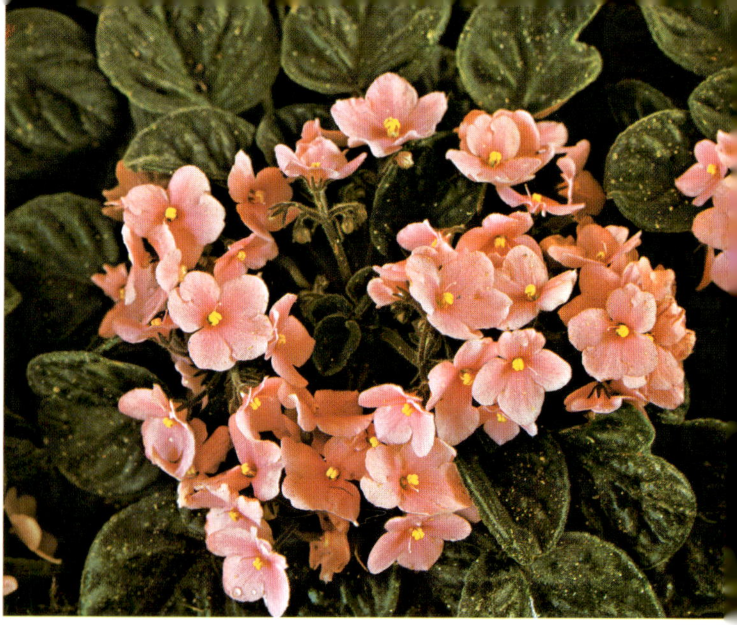
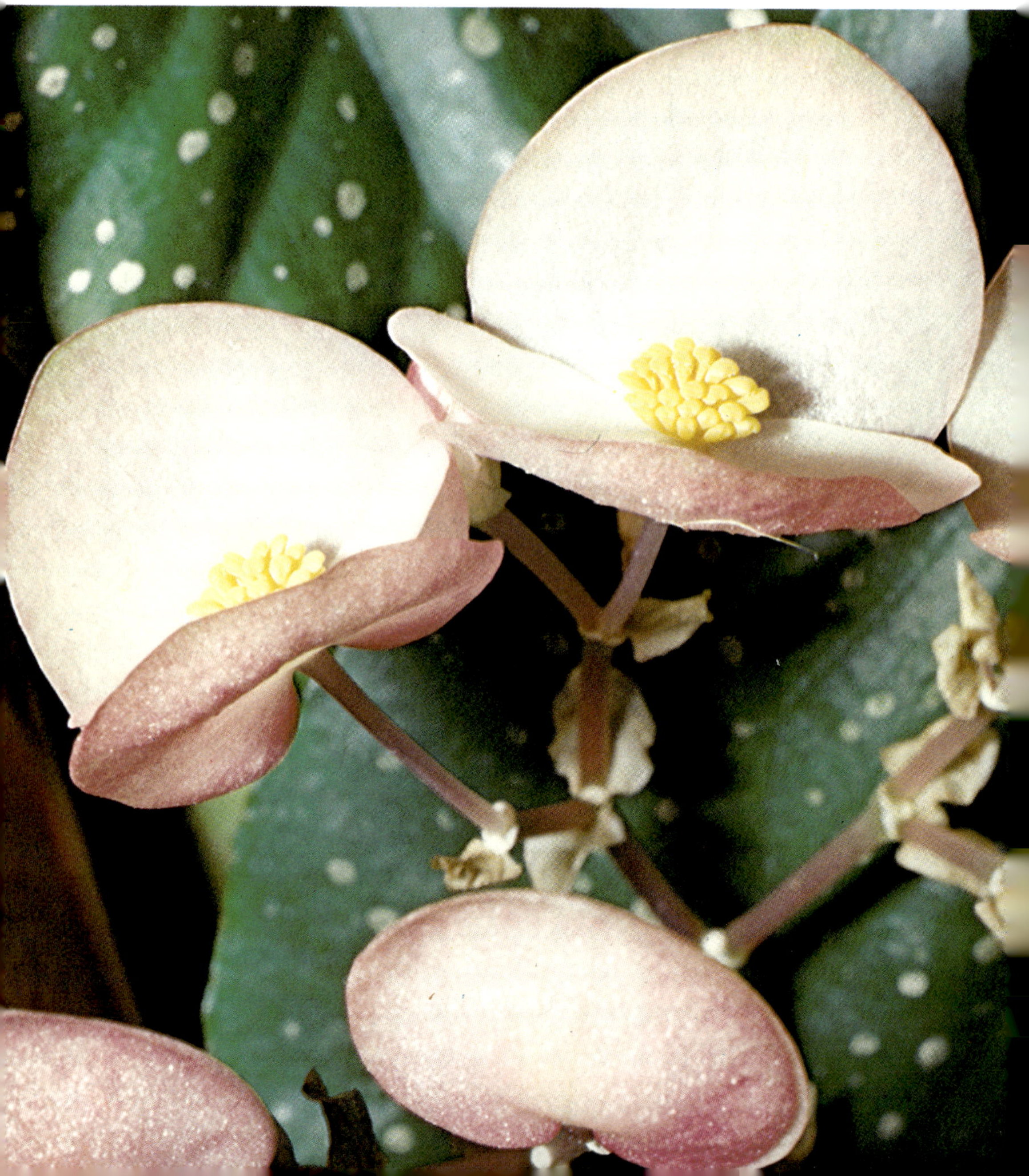

Die Gattung Begonia (Begonie, Schiefblatt) umfaßt über 1000 Arten. Sie werden als Freiland-Begonien für die Bepflanzung von Rabatten und Beeten sowie als Topfpflanzen verwendet. Oben links: Strauchbegonie, oben rechts: Blattbegonie, mit Blattzeichnung, unten: Begonia semperflorens (»Fleißiges Lieschen«).

Einjährige Kletter- und Schlingpflanzen

Botanische Bezeichnung	Deutscher Name	Aussaat-Monat	Aussaat im Freien	Aussaat unter Glas	Höhe in cm
Blüte ab Juni:					
Asarina	Maurandie	März		■	200
Cucurbita	Zierkürbis	Mai		■	100
Lathyrus	Wicke	März		■	200
Thunbergia	Schwarze Susanne	März		■	150
Blüte ab Juli:					
Cobaea	Glockenrebe	März		■	300
Convolvulus	Winde	April	■		40
Eccremocarpus	Schönranke	März		■	500
Ipomoea	Prunkwinde	April		■	300
Blüte ab August:					
Humulus	Japanischer Hopfen	März		■	400

Die wichtigsten Zweijahresblumen

Botanische Bezeichnung	Deutscher Name	Aussaat-Monat	Aussaat im Freien	Aussaat unter Glas	Höhe in cm
Blüte ab April:					
Bellis	Maßliebchen	Juni	■		15
Calceolaria	Pantoffelblume	Juli		■	20
Cheiranthus	Goldlack	Mai	■		50
Viola	Stiefmütterchen	Juli	■		15
Blüte ab Mai:					
Lunaria	Silberling	Mai	■		120
Myosotis	Vergißmeinnicht	Juli	■		20
Papaver	Islandmohn	Juli	■		50
Blüte ab Juni:					
Althaea	Stockrose	März		■	100
Campanula	Marienglockenblume	Juni	■		70
Dianthus	Bartnelke	Mai	■		40
Digitalis	Fingerhut	Mai	■		90
Oenothera	Nachtkerze	April		■	30

Zweijahresblumen blühen ebenfalls nur einmal, dies aber im zweiten Jahr. Man sät sie an sonnigen Plätzen im Garten (nur die Nachtkerze mag's halbschattig) und deckt die Pflanzen über Winter leicht mit Reisig ab; zusätzliches Anhäufeln von Laub kann nicht schaden.

Frühblühende Zwiebelstauden

Botanische Bezeichnung	Deutscher Name	Anmerkungen
Allium	Zierlauch	*Allium roseum,* bis 60 cm hoch, bringt besonders große Doldenblüten in rosa hervor
Anemone	Anemone	Windröschen (viele Farbsorten) sind giftig!
Chionodoxa	Schneestolz	kräftig blaue Blüten, innen weiß
Crocus	Krokus	viele Farben, meist Frühlings-, manche auch Herbstblüher
Eranthis	Winterling	große gelbe Blüten schon im Jan./Febr., noch vor den Blättern
Fritillaria	Kaiserkrone	schönstes Zwiebelgewächs, 1 m hoch, rote, hängende Blüten unter Blattschopf
Galanthus	Schneeglöckchen	kleine weiße Blüten im Februar und März
Hyazinthus	Hyazinthe	viele Farben, für Garten und Zimmer geeignet
Iris	Iris, Schwertlilie	verschiedene Farben, schöne Schnittpflanze
Muscari	Traubenhyazinthe	blaue, traubenartige Blüten
Narcissus	Narzisse, Osterglocke	gelbe und weißgelbe Blüten, beliebte Frühlings-Schnittpflanze
Puschkinia	Puschkinie	große, porzellanfarbig-weiße Blütenstände
Scilla	Scilla	intensiv blaue, glöckchenförmige Blüten
Tulipa	Tulpe	großer Farben- und Formenreichtum

Winterharte Wurzelstauden

Botanische Bezeichnung	Deutscher Name	Blütezeit	Standort	Höhe in cm
Achillea	Schafgarbe	Juli – Oktober	sonnig	120
Alyssum	Steinkraut	April	sonnig	30
Anemone	Anemone	August – Oktober	schattig	80
Aquilegia	Akelei	Juni	halbschattig	60–80
Arabis	Kresse	April – Mai	sonnig	30
Aster	Aster	Mai – November	sonnig	80–150
Astilbe	Prachtspiere	Juli – August	sonnig	70–150
Aubrieta	Blaukissen	April – Mai	sonnig	10–15
Campanula	Glockenblume	Juli – August	halbschattig	30
Chrysanthemum	Margerite	Mai – September	sonnig	40–100
Delphinium	Rittersporn	Juni – August	sonnig	150–200
Doronicum	Gemswurz	April – Mai	sonnig	40
Erigeron	Berufskraut	Juli – September	sonnig	50–80
Gaillardia	Kokardenblume	Mai – Oktober	sonnig	50
Gypsophila	Schleierkraut	Juni – August	sonnig	100
Helenium	Sonnenbraut	Juli – September	sonnig	80–150
Helianthemum	Sonnenröschen	Mai – Juni	sonnig	20
Heliopsis	Sonnenauge	August – September	sonnig	100
Heuchera	Purpurglöckchen	Mai – Juli	sonnig	50
Iberis	Schleifenblume	Mai – Juni	sonnig	30
Iris	Iris	Mai	sonnig	50–100
Lupinus	Lupine	Juli – August	sonnig	80
Paeonia	Pfingstrose	Juni – Juli	sonnig	80–120
Phlox	Phlox	April – September	sonnig	30–100
Primula	Schlüsselblume	April – Mai	schattig	15–20

Ziergehölze
Steingarten und Gartenteich
Gräser und Farne

Im Gesamtbild eines Gartens kommt den Ziergehölzen buchstäblich hervorragende Bedeutung zu. Für ihre Auswahl gibt es kein Patentrezept, wohl aber Kriterien, die es unbedingt zu berücksichtigen gilt, will man nicht riskieren, daß einem dieses oder jenes teure Prachtstück – in zwar vorausberechenbarer, aber eben doch nicht vorbedachter Weise – über den Kopf wächst oder in Nachbars Garten Schaden stiftet.

Neben dem grundsätzlich zu erwartenden Höhen- und Breitenwuchs an sich muß man sich überlegen, ob ein Gehölz ab Bodenniveau Raum beansprucht oder auf Dauer erst in größerer Höhe eine schattenspendend ausladende Krone bildet, ob es buschig auswuchert – und dabei auch nicht vor Zäunen haltmacht – und womöglich gar dicht unter der Erdoberfläche weitläufige Wurzeln treibt, die tunlichst nicht in Fremdterrain ausgreifen oder Rohrleitungen zum und vom Haus gefährden sollen. Es gibt schnellwüchsige Gehölze und solche, die ihre volle Pracht erst nach etlichen Jahren entfalten. Bei Unter- und Umpflanzung kann auch die Himmelsrichtung eine Rolle spielen, ebenso die örtliche „Wetterseite" – die unter Umständen infolge Verbauung (Höhe und Abstand beachten!) bestmöglich windgeschützt ist. Auch das allgemeine Ortsklima ist von Belang: Besteht z. B. erfahrungsgemäß Neigung zu Frühjahrsfrösten, empfiehlt sich die Anpflanzung von Gehölzen, die erst im ausgehenden Frühling oder im Sommer blühen.

Viele Sträucher haben nur eine verhältnismäßig kurze Blütezeit. Wem das Kummer bereitet – daß womöglich auf einmal alles und dann lange wieder nichts mehr blüht –, der sollte derartige Planungsfehler vermeiden oder korrigieren. Denn das ganze Jahr über blühende Ziergehölze im Garten zu haben, ist auch in unseren Breiten kein unerfüllbarer Wunschtraum. Die Tabelle auf Seite 84 – zusammengestellt von Gartendirektor Josef Raff (Insel Mainau/Bodensee) – gibt Auskunft über Blütezeiten und -farben.

Nun erschöpft sich der Zauber der Ziergehölze nicht in deren Blüte; sie geizen vielmehr auch nicht mit zusätzlichen Reizen. Als da sind hier der pittoreske Rindenschmuck (Musterbeispiel: die Birke), dort die Farbenpracht der Fruchttracht, beim einen die malerische Herbstlaubfärbung, beim anderen das schmucke Immergrün im Grau und Weiß des Winters. Die Tabelle auf Seite 85 gibt darum einen Überblick über die allgemein gebräuchlichsten Gartengehölze, ohne Rücksicht auf die (z. T. recht unscheinbaren) Blüten, jedoch mit Angabe der für die Gartenplanung so bedeutsamen Höhenwuchs-Erwartung.

Manche, vor allem kleinwüchsige, immergrüne Ziergehölze lassen sich bildschön in Steingärten integrieren; andere, höherwüchsige empfehlen sich zur Hintergrundgestaltung. Der Steingarten, wie wir ihn kennen, ist traditionsgemäß ein Miniatur-Alpengarten. Die Grunderfordernisse seiner Anlage lassen sich praktisch überall erfüllen.

Ideal ist ein hügeliges Fleckchen Erde mit sandigem, gut wasserdurchlässigem Boden. Wo das nicht zur Verfügung steht, da schafft man es problemlos durch Aufschütten einer Fuhre mittelgroben Kieses (wohlfeil im Baustoffhandel). Man modelliert die Oberfläche hügelig und überzieht sie dann mit einer dicken Schicht lehmig-humosen Bodens. Das Aufbringen eines Kiesgrundes empfiehlt sich auch bei an sich schon geeignet erscheinendem Terrain, sofern dessen Wasserabzugsfähigkeit auch nur das geringste zu wünschen übrigläßt, denn keine der überwiegend im Alpenraum heimischen, nur etwa 10–25 cm hohen Steingartenpflanzen verträgt stauende Nässe.

Blütenjahr der Ziergehölze

Januar:
Chimonanthus praecox (Winterblüte); Blüten wachsgelb mit purpur, köstlich duftend.
Hamamelis japonica (Zaubernuß) und Formen; Blüten gelb und rot.
Jasminum nudiflorum (Winterjasmin); Blüten gelb, Kletterpflanze.

Februar:
Corylus avellana (Haselnuß).
Daphne mezereum (Seidelbast); Blüten purpurrosa oder weiß, stark duftend.
Hamamelis mollis (Zaubernuß) und Formen; Blüten gelb und rot.
Erica carnea „Vivelli" (Erika); karminroter Blütenteppich.

März:
Abeliophyllum distichum (Mandelduft); weiße Blüten.
Cornus mas (Heimische Kornelkirsche); zartgelber Blütenschleier.
Corylopsis pauciflora und *Corylopsis spicata* (Scheinhasel); Blüten primelgelb.
Magnolia stellata (Sternmagnolie); weiße Sternblüten.

April:
Chaenomeles lagenaria (Japanische Quitte) in Sorten; Blüten rosa und rot.
Forsythia intermedia (Forsythie); beste Sorte „Lynwood Gold".
Fothergilla monticola (Federbuschstrauch); Blüten weiß.
Prunus triloba (Mandelbäumchen); rosa Blüten.
Prunus subhirtella (Japanische Bergkirsche); blaßrosa Blüten.
Kerria japonica plena (Ranunkelstrauch); gelbgefüllte Blüten.
Ribes sanguineum (Blutjohannisbeere); dunkelrote Blüten, beste Sorte „King Edward VII.".
Spiraea arguta (Schneespiere); reinweiße Blütendolden.
Viburnum carlesii (Koreanischer Schneeball); rosaweiße Blütenbälle.

Mai:
Cytisus praecox (Elfenbeinginster); elfenbeingelbe Blüten.
Berberis candidula (Berberitze); goldgelbe Blüten.
Cercis siliquastrum (Judasbaum); violettrosa Schmetterlingsblüten.
Crataegus oxyacantha paulii (Rotdorn); karminrote Blüten.
Deutzia gracilis (Maiblumenstrauch); weiße Blütenrispen.
Exochorda racemosa (Perlbusch); schneeweiße Blüten.
Kolkwitzia amabilis (Kolkwitzia); rosa Blüten.
Cytius laburnum (Goldregen); goldgelbe Blütentrauben.
Malus floribunda (Zierapfel); weiß-rosa-purpurne Blüten.
Spiraea vanhouttei (Prachtspiere); weiße Doldentrauben.
Syringa vulgaris (Gartenflieder) in vielen Sorten.
Viburnum opulus sterile (Echter Schneeball); weiße Blütenbälle.
Weigelia in vielen Sorten; weiße, rosa oder rote Blüten.
Viburnum burkwoodii (Immergrüner Schneeball); rosaweiße Blüten.

Juni:
Buddleia alternifolia (Schmetterlingsstrauch); hellviolette Blüten.
Calycanthus floridus (Gewürzstrauch); duftende, mahagonibraune Blüten.
Chionanthus virginica (Schneeflockenstrauch); weiße Blütenrispen.
Philadelphus (Pfeifenstrauch, Falscher Jasmin) in verschiedenen Arten; weiße, stark duftende Blüten.
Potentilla fruticosa (Fingerstrauch) in Sorten; gelbe Blüten.
Syringa reflexa (Bogenflieder); dunkelrosa Blüten.
Rosa: Wild- und Strauchrosen in vielen Sorten und Farben.

Juli:
Buddleia davidii (Schmetterlingsstrauch) in Sorten und vielen Farben.
Hibiscus syriacus (Straucheibisch); Malvenblüten in vielen Farben.
Hypericum patulum „Hidcote Gold" (Johanniskraut); gelbe Schalenblüten.
Koelreuteria paniculata (Lampionbaum); goldgelbe Blütensterne.

August:
Ceanothus-Hybriden (Säckelblume); himmelblaue Blütenrispe – Sorte „*Gloire de Versailles*".
Cotinus coggygria purpureus (Rhus cotinus,

Perückenstrauch); gelbe Blüten, später perückenähnliche Fruchtstände.
Hydrangea sargentiana (Chinesische Hortensie); flache Blütenrispen, weiß mit violett.
Perowskia atriplicifolia (Silberstrauch); tiefblaue Blüten.

September:
Caryopteris clandonensis (Bartblume); violettblaue Blüten.

Lespedeza thunbergii (Buschklee); purpurrosa Blütentrauben.

Oktober:
Elsholtzia stauntonii (Chinesische Kamm-Minze); hellpurpurne Lippenblüten.

November:
Viburnum fragrans (Duft-Schneeball); fleischfarbene Blüten.

Höhenwuchs der Ziergehölze

Botanische Bezeichnung	Deutscher Name	Höhe in Metern
Acer „Atropurpureum"	Roter Fächerahorn	bis 2,50
Acer callipes	Schlangenahorn	über 2,50
Acer viridis	Schlitzahorn	bis 1,50
Amelanchier	Felsenbirne	bis 3,50
Aralia	Aralie	über 2,50
Azalea japonica	Azalee	bis 1,50
Berberis	Berberitze	bis 2,50
Betula nana	Zwergbirke	bis 1,50
Buddleia	Sommerflieder	bis 2,50
Callicarpa	Schönfrucht	bis 1,50
Calluna	Besenheide	bis 0,50
Caryopteris	Bartblume	bis 1,50
Chaenomeles	Japanische Zierquitte	bis 1,50
Cornus	Hartriegel	bis 0,50
Corylopsis	Scheinhasel	bis 0,50
Corylus	Haselnuß	über 2,50
Cotinus	Perückenstrauch	bis 2,50
Cotoneaster	Mispel	alle Handelsgrößen
Crataegus coccinea	Scharlachdorn	über 2,50
Cytisus	Ginster	bis 1,50
Daphne	Seidelbast	bis 1,50
Deutzia grazilis	Deutzie, klein	bis 1,50
Deutzia magnifica	Deutzie, groß	über 2,50
Erica	Glockenheide	bis 0,50
Evonymus	Pfaffenhütchen	über 2,50
Forsythia	Forsythie, Goldglöckchen	bis 2,50
Gaultheria	Rebhuhnbeere	bis 0,50
Genista lydia	Ginster	bis 0,50
Genista sagittalis	Pfeilginster	bis 0,50
Hamamelis	Zaubernuß	bis 2,50
Hedera	Efeu	bis 2,50
Hibiscus	Hibiskus, Eibisch	bis 1,50
Hippophae	Sanddorn	bis 1,50
Hydrangea aspera	Samthortensie	bis 1,50
Hydrangea paniculata	Hortensie	bis 1,50
Hydrangea petiolaris	Kletterhortensie	bis 1,50
Hypericum	Johanniskraut	bis 0,50
Ilex	Stechpalme	alle Handelsgrößen
Kerria	Ranunkelstrauch	bis 1,50
Kolkwitzia	Kolkwitzie	bis 2,50
Laburnum alpinum	Alpengoldregen	über 2,50
Laburnum watereri	Edelgoldregen	über 2,50
Lavandula	Lavendel	bis 0,50
Ligustrum	Liguster	bis 2,50
Liquidambar	Amberbaum	über 2,50
Lonicera	Zwergheckenkirsche	bis 1,50
Magnolia	Magnolie	bis 3,00
Mahonia	Mahonie	bis 1,50
Malus	Zierapfel	bis 2,50
Nothofagus	Scheinbuche	über 2,50
Pachysandra	Dickmännchen	bis 0,50
Philadelphus	Pfeifenstrauch	bis 2,50
Pieris	Lavendelheide	bis 1,50
Potentilla	Fünffingerkraut	bis 0,50
Prunus cistena	Blutpflaume	bis 1,50
Prunus laurocerasus	Lorbeerkirsche	bis 1,50
Prunus serrulata	Säulenzierkirsche	über 2,50

Botanische Bezeichnung	Deutscher Name	Höhe in Metern	Botanische Bezeichnung	Deutscher Name	Höhe in Metern
Prunus subhirtella	Japanische Zierkirsche	über 2,50	*Rhus typhina*	Essigbaum	über 2,50
Prunus triloba	Mandelbäumchen	bis 1,50	*Robinia*	Schmuckakazie	über 2,50
Pyracantha coccinea	Feuerdorn	über 2,50	*Salix*	Weide	über 2,50
			Stranvaesia	Stranvaesie	bis 2,50
			Symphoricarpos	Schneebeere	bis 2,50
			Syringa	Flieder	alle Handelsgrößen
Ribes floridum	Wilde Johannisbeere	bis 2,50			
Rhododendron	Rhododendron	bis 2,50 u. höher	*Tamarix*	Tamariske	bis 2,50
			Viburnum	Duftschneeball	bis 2,50
Rhododendron impeditum	Zwergrhododendron	bis 0,50	*Weigelia*	Weigelie	bis 2,50

Blütenflor im Steingarten

Botanische Bezeichnung	Deutscher Name	Standort	Botanische Bezeichnung	Deutscher Name	Standort
Frühlingsblüte			*Campanula*	Glockenblume	sonnig
Achillea	Schafgarbe	sonnig	*Dianthus*	Nelke	sonnig
Alyssum	Steinkraut	sonnig	*Erigeron*	Feinstrahl	sonnig
Androsace	Mannesschild	sonnig	*Erodium*	Erodium	sonnig
Anemone	Kuhschelle	sonnig	*Geranium*	Storchschnabel	sonnig
Antennaria	Katzenpfötchen	sonnig	*Globularia*	Kugelblume	sonnig
Arenaria	Sandkraut	sonnig	*Gypsophila*	Schleierkraut	sonnig
Armeria	Grasnelke	sonnig	*Hypericum*	Johanniskraut	sonnig
Aubrieta	Blaukissen	sonnig	*Lithospermum*	Steinsame	sonnig
Draba	Hungerblümchen	sonnig	*Moltkia*	Moltkie	sonnig
Dryas	Silberwurz	sonnig	*Oenothera*	Nachtkerze	sonnig
Gentiana	F. Enzian	sonnig	*Penstemon*	Bartfaden	sonnig
Geum	Nelkenwurz	sonnig	*Potentilla*	Fingerkraut	sonnig
Helianthemum	Sonnenröschen	sonnig	*Raoulia*	Schafsteppich	sonnig
Iberis	Schleifenblume	sonnig	*Saponaria*	Seifenkraut	sonnig
Iris	Schwertlilie	sonnig	*Saxifraga*	Steinbrech	schattig
Lewisia	Bitterwurz	sonnig	*Sempervivum*	Dachwurz	sonnig
Linum	Staudenlein	sonnig	*Thymus*	Thymian	sonnig
Omphalodes	Gedenkemein	sonnig	*Veronica*	Ehrenpreis	sonnig
Oxalis	Oxalis	sonnig			
Penstemon	Bartfaden	sonnig	**Herbstblüte:**		
Phlox	Flammenblume	sonnig	*Erodium*	Erodium	sonnig
Primula	Primel	schattig	*Gentiana*	S. Enzian	sonnig
Ranunculus	Ranunkel	sonnig	*Lithospermum*	Steinsame	sonnig
Saxifraga	Steinbrech	sonnig	*Oxalis*	Oxalis	sonnig
Silene	Leinkraut	sonnig	*Platycodon*	Ballonblume	sonnig
Tiarella	Schaumblüte	schattig	*Polygonum*	Knöterich	sonnig
			Potentilla	Fingerkraut	sonnig
Sommerblüte:			*Saxifraga*	Steinbrech	schattig
Acantholimon	Igelpolster	sonnig	*Sedum*	Fetthenne	sonnig
Aethionema	Steintäschel	sonnig	*Zauschneria*	Kolibritrompete	sonnig

Überwinternde Seerosen

Handels-Sorte	Blütenfarbe	Anmerkungen
Albatros	weiß	große Blüten, 2.
Aurora	gelb-braun-rot	gesprenkelte Blätter, 3.
Colonel A.-J. Welch	gelb	sternförmige, flache Blüten, 4.
Colossea	rosa-weiß	Blütezeit Mai bis Herbst, 4.
Ellisiana	rosa-rot	schwacher Wuchs, 1.
Escarboucle	rot	Blüte bis 30 cm, üppiger Wuchs, 3.
Fire Crest	rosa-orange	duftend, wenig Blüten, 2.
Froebeli	rot	stark blühend, 1.
Gladstoniana	weiß	große Blüten, 4.
Goliath	rosa-weiß	besonders große Blütenblätter, 4.
Hermine	weiß	3.
James Brydon	rot	becherartige Blüten, 3.
Laydekeri Liliacea	rosa	1.
Leviathan	rosa	duftend, 4.
Madame Gonnère	weiß	große Blüten, Ende Mai bis Ende August, 3.
Marguerite Laplace	rosa	4.
Marliacea Albida	weiß	duftend, Blütezeit Mai bis September, 3.
Marliacea Carnea	weiß	Blütezeit Juni bis September, 4.
Marliacea Chromatella	gelb	duftend, gefleckte Blätter, 3.
Marliacea Rosea	rosa	schnellwüchsig, 4.
Mrs. Richmond	rosa-rot	Blüte bis 25 cm, 3.
Nymphea odorata	weiß	duftend, Blütezeit Mai bis Oktober, 2.
Nymphea tetragona	weiß	viele winzige Blüten, 2.
Pink Opal	rosa	hohe Blüten, 1.
René Gérard	rot	becherartige Blüten, 3.
Rosennymphe	rosa	duftend, kleine Blüten, 3.
Sunrise	gelb	leuchtende Blüten, 3.
Virginalis	weiß	3.

1. = sehr kleine Becken und Schalen = mindestens 20 cm tief
2. = kleine Becken = mindestens 3 m² Wasserfläche
3. = mittelgroße Teiche = mindestens 8 m² Wasserfläche
4. = großer Platzbedarf = mindestens 10 m² Wasserfläche

Saumpflanzen am Gartenteich

Botanische Bezeichnung	Deutscher Name	Anmerkungen
Acorus	Kalmus	braune Blüten
Alisma	Froschlöffel	rosa Blüten
Aponogeton	Wasserähre	frostfrei überwintern!
Calla	Schlangenwurz	wuchert!
Caltha	Sumpfdotterblume	gelbe oder weiße Blüten
Glyceria	Schwadengras	wuchert!
Iris	Iris	viele Blütenfarben
Lythrum	Weiderich	schöne Herbstfärbung
Menyanthes	Bitterklee	niedriges Gewächs
Myriophyllum	Tausendblatt	frostfrei überwintern!
Nuphar	Teichmummel	nicht in Seerosen-Nähe!
Orontium	Goldkolben	tiefer Boden erforderlich!
Pontederia	Hechtkraut	blaue Blüten
Typha	Rohrkolben	wuchert!

Ziergräser für Gruppenpflanzung

Arrhenatherum	Glatthafer	*Koeleria glauca*	Schillergras
Avena sempervirens	Blaustrahlhafer	*Luzula* in versch. Arten	Hainsimse,
Bouteloua oligostachya	Moskitogras		Marbel,
Briza media	Zittergras		Zierbinse
Carex in vielen Arten	Segge	*Melica*	Perlgras
Cyperus spectabilis	Winter-Zypergras	*Phalaris*	Glanzgras
		Sesleria	Kopfgras
Elymus arenarius	Blaustrandhafer	*Stipa barbata*	Reiherfedergras
Elymus giganteus „Glaucus"	Blaustrandhafer-Hybride	*Stipa capillata*	Büschelhaargras
		Stipa pennata	Mädchenhaargras
Hystrix patula	Flaschenbürstengras		

Schmuckfarne für den Garten

Adianthum	Venushaar	*Matteucia struthiopteris*	Becherfarn
Athyrium	Frauenfarn	*Onoclea sensibilis*	Perlfarn
Blechnum	Rippenfarn	*Osmunda regalis*	Königsfarn
Ceterach officinarium	Schriftfarn	*Phyllitis*	Hirschzunge
Cystopteris bulbifera	Blasenfarn	*Polypodium vulgare*	Tüpfelfarn
Dryopteis	Wurmfarn	*Polystichum lobatum*	Glanzschildfarn

Rasenbildende Gräser

Agropyron repens	Gemeine Quecke	*Cynodon dactylon*	Bermudagras
		Cynosurus cristatus	Kammras
Agrostis in versch. Arten	Straußgräser	*Deschampsia (Aira)*	Schmiele
Agrostis vulgaris stolonifera	Fioringras	*Festuca* in vielen Arten	Schwingel
Aira (Deschampsia)	Schmiele	*Holcus*	Honiggras
Anthoxanthum odoratum	Duftgras	*Lolium*	Weidelgras
Brachypodium pinnatum	Fiederzwenke	*Phleum pratense*	Lieschgras
Bromus in versch. Arten	Trespe	*Poa* in versch. Arten	Rispengras
Corynephorus canescens	Silbergras	*Sesleria coerulea*	Blaugras

Ziergräser für Solitärpflanzung

Achnatherum calamagrostis	Silberährengras	*Molinia coerulea*	Moorhexen-Pfeifengras
Arundinaria japonica	Bambus	„Moorhexe"	
Arundo donax	Pfahlrohr (ein Busch sehr starker, graugrüner Halme)	*Panicum clandestinum*	Bambushirse
		Panicum maximum	Guineagras
		Pennisetum in versch. Arten	Federborstengras
Cortaderia selloana (*Gynerium argentum*)	Pampasgras (besondere Kulturansprüche!)	*Sasa pumila*	Zwergbambus
		Sinarundinaria murielae	Chinarohrgras (dunkelgrün glänzende Halme)
Glyceria maxima „Variegata"	Süßgras (gelb-weiß-gestreift)		
Gynerium argentum (= *Cortaderia selloana*)		*Sinarundinaria nitida*	China-Bambus (purpurrot glänzende Halme)
Miscanthus in verschiedenen Arten und Sorten	Chinaschilf	*Spartina*	Goldleistengras
		Uniola	Plattährengras

Vor dem Einbringen der Frühlings-, Sommer- und Herbstblüher, die in der Tabelle auf Seite 86 aufgeführt sind, gibt man dem Steingarten die erwünschte Grundstruktur, die im besten Fall für sich bereits ein attraktives Bild darstellt: Man schmückt das Berg-und-Tal-Terrain mit größeren und kleineren Brocken Felsbruchgestein, das man just so plaziert, als habe die Natur es so gefügt. (Es ist gewiß kein Fehler, sondern kann nur zum Gewinn ausschlagen, wenn man sich hierbei durch fernöstliche Gartengestaltungskünste der Bonseki-Meister inspirieren läßt.) Hat man irgendwo im Garten einen alten Mauerrest aus Bruchstein, so reiße man diesen nur ja nicht ab, sondern mache ihn zum illustren Steingarten-Bestandteil, der sich fabelhaft mit kriechenden und klammernden Ranken sowie sukkulenten (dickblättrigen) Rosetten überwuchern läßt.

Setzt ein Mauerrest sich in die Tiefe fort, so ist zu überlegen, ob man diesen Anhalt nicht als – dann natürlich fachmännisch zu isolierenden – Uferkragen eines romantischen kleinen Gartenteiches nutzen sollte. In Hügelhöhe des Steingartens läßt sich ein Wassergeber (Rohrausfluß) installieren (unter Gestein kaschiert), und besonders reizvoll ist es, wenn man das Wasser im noch unbepflanzten Terrain erst einmal probeweise frei auslaufen läßt, so daß es sich selbst seinen Weg bzw. seine Wege in Form kleiner Rinnsale zum Talniveau sucht und markiert. Man braucht dann nur noch diese Wasserwege etwas zu vertiefen, buchstäblich zu zementieren (vor dem Abbinden, d. h. Erhärten der Oberfläche Sand an- und Kieselsteine eindrücken!) und die Mündungen in einem Gartenteich (mit Überlauf in eine Sickergrube, beispielsweise) zu vereinen. – Man weiß es kaum, man wagt es kaum zu hoffen – aber es gibt tatsächlich Seerosengewächse, die in Gartenteichen überwintern können; sie sind aus der Tabelle Seite 87 zu ersehen. Und wer für ein Stück seichten Ufersaums sorgt, der kann auch den Schmuckwert manch illustrer Sumpfpflanze in seine Alpen-See-Symphonie einkomponieren; diese Pflanzen sind in der Tabelle auf Seite 87 unten aufgelistet.

An jedem Teichufer erweist sich als Binsenweisheit, daß Gras nun einmal nicht nur für Rasen da ist (Rasengräser siehe Tabelle Seite 88). Außer den für niedrigen Flächenbewuchs bestgeeigneten Arten und Sorten kennen wir auch Gräser für bildschöne Gruppenpflanzung (Tabelle Seite 88 oben) sowie solche, die als prägnante Einzelexemplare von buschigem Wuchs prangen können (Tabelle Seite 88 unten). Und wer bereits zur Solitärpflanzung von Gräsern fortgeschritten ist, der sollte konsequenterweise auch einmal die Schmuckfarne ins Auge fassen. Unter starker Baumbeschattung beispielsweise, unter der sogar so manches Rasengras nur kümmerlich gedeiht, kann sich so mancher Schmuckfarn noch prachtvoll entfalten, auffächern und nachgerade wuchernd ausbreiten; diese sind ebenfalls auf Seite 88 tabellarisch aufgeführt.

Obst-, Gemüse- und Kräutergarten

Einerseits wird hierzulande heute kaum mehr jemand wirtschaftliche Not zur Tugend der Selbsterzeugung von Obst und Gemüse ummünzen müssen (dafür ist Gartenland an sich zu teuer). Andererseits machte es nie zuvor einen so großen Unterschied wie heute, ob man im eigenen Garten Geerntetes oder Marktware auf den Tisch des Hauses bringt, die mit allen Raffinessen technischer und chemischer Ertragssteigerung erzeugt, nachgereift und womöglich künstlich geschönt wurde, oft lange Transportwege sowie Zwischen- und Endlagerzeiten hinter sich hat. Dieser Umstand sowie die Freizeit-Ausgleich heischende Naturferne des modernen Lebens verwischen die früher so streng gezogene Grenze zwischen Nutz- und Ziergarten bis zur völligen Integration des einen Bereichs in den anderen.

Beim Einsetzen von Obstbäumen und/oder -sträuchern ist es ratsam, die Fruchtreifezeiten mit zu berücksichtigen. Denn es ist sicher reizvoller, vom frühen Sommer bis zum späten Herbst abwechslungsreich mal dies, mal das ernten zu können, als binnen kurzer Zeitspanne viel Gleichartiges abernten zu müssen (womöglich mehr, als man verbrauchen kann), davor und danach aber – mangels planvoller Pflanzung – kein Frischobst im Garten zu haben.

Obstbäume und -sträucher gedeihen gemeinhin am besten in lehmig-feuchter Erde an sonnigem Standort, bei dessen Auswahl man den zu erwartenden Raumbedarf des ausgewachsenen Gehölzes von vornherein berücksichtigen muß, will man nicht quantitative und auch qualitative Ertragsminderung vorprogrammieren. Beste Pflanzzeit ist der Herbst; nur in ungünstigen (ungewöhnlich kühlen) Witterungslagen gibt man den Setzlingen durch Frühjahrspflanzung eine längere Akklimatisierungsspanne bis zum Wintereinbruch. Grundsätzlich sollte man veredelte Nutzgehölze nur so tief in den Boden einsenken, daß die Pfropfmarke (Nahtstelle zwischen robusterem Wurzelstamm und aufgepfropftem, fruchthöffigem Edelreis) etwa handbreit über Erdniveau bleibt. Der erste Rückschnitt erfolgt nach dem ersten Winter; fortan müssen Obstgehölze regelmäßig ausgelichtet werden, da sonst zuviel Kraft „ins Geäst schießt" und der Fruchttracht verlorengeht.

Im Obstgarten geht es um Dauerbesatz, dessen Zusammensetzung im voraus weidlich überlegt sein will. Das kurzlebige Wachstum im Gemüsegarten lohnt jedoch nicht minder sinnvolle – d. h. optimal zweckmäßige – Vorausplanung. Zum einen ist es hier besonders wichtig, konsequent für Fruchtwechsel zu sorgen. (Mehrjährige Anpflanzung immer derselben Art im gleichen Beet bewirkt artspezifisch-selektiven Nährstoff-Entzug und damit fortschreitende Qualitätsminderung. Außerdem verlockt Monokultur Schädlinge zu dauerhafter Koloniebildung.) Zum zweiten kann man bei sinnvoller Planung auch in unseren Breiten auf demselben Fleckchen Erde drei Ernten pro Jahr erzeugen: indem man Frühlings-, Sommer- und Herbstgemüse nacheinander in einunddemselben Beet ansiedelt. (Die Erde wird dadurch nicht etwa extrem „ausgelaugt", sondern profitiert vom Regenerations-Effekt des Fruchtwechsels.)

Die nebenstehende Tabelle „Der kleine Obstgarten" führt die wichtigsten der in unseren Breiten züchtbaren Obststräucher und -bäume auf. Dabei wird jeweils eine Auswahl beliebter und für die Zucht in Mitteleuropa geeigneter Sorten getroffen sowie Erntezeitpunkt und Lagerfähigkeit vermerkt.

Die auf Seite 92 anschließende Tabelle „Der kleine Gemüsegarten" vermittelt eine Übersicht über die hierzulande anbaubaren Gemüsearten und -sorten unter Angabe der jeweiligen Aussaat- und Erntezeit.

Der kleine Obstgarten

Deutscher Name	Botanische Art	Sorten-Empfehlung	Erntezeit	Anmerkungen
Apfel	Malus sylvestris var. domestica	Weißer Klarapfel	Juli	früheste Sorte
		James Grieve	August	lagerfähig bis September
		Cox Orange	September	lagerfähig bis September
		Golden Delicious	Oktober	lagerfähig bis Januar
		Granny Smith	Oktober – November	lagerfähig bis Mai
		Garden Sunred	Oktober	Zwergapfel
Aprikose	Prunus armeniaca	Nancy-Aprikose	Juli – August	widerstandsfähige Sorte
Birne	Pyrus domestica	Williams-Christ-Birne	August – September	Große, saftige Früchte
		Conference	Sept.– Oktober	anspruchslose, reich tragende Sorte
Brombeere	Rubus	Ernterekord	zweimal im Jahr	dornenlose, stark rankende Sorte
		Theodor Reimers	August	anspruchslos und widerstandsfähig
Erdbeere	Fragaria ananassia	Macherauchs Frühernte	früh	anspruchslos
		Senga-Sengana	mittelfrüh	feste und haltbare Frucht
		Rügen	immertragend	kleine, feste Früchte
Himbeere	Rubus	Winklers Sämling	früh	sehr widerstandsfähig
		Herbsternte	zweimal im Jahr	große Früchte
Johannisbeere	Ribes sylvestre	Jonkheer van Teets	früh	rot; klimafest, ertragreich
		Red Lake	spät	rot; lange Trauben
		Weiße Versailler	früh	weiß; dankbare Sorte
	Ribes nigrum	Silvergieters Schwarze	früh	schwarz; gleichmäßig reifend; winterhart
Kirsche	Prunus avium	Hedelfinger Riesenkirsche	Juni	Süßkirsche; große feste Früchte
	Prunus cerasus	Schattenmorelle	Juli	Sauerkirsche; ertragreiche Sorte
Mirabelle	Prunus domestica	Nancy-Mirabelle	August	anspruchslos
Pfirsich	Prunus persica	Amsden	Juli	nicht steinlösend
		Amber Gold	Juli	winterfeste Sorte
		Red Haven	September	widerstandsfähig

Deutscher Name	Botanische Art	Sorten-Empfehlung	Erntezeit	Anmerkungen
Pflaume	*Prunus domestica*	*Ontario-Pflaume*	August	mittelgroße, gelbe Früchte
Quitte	*Cydonia oblonga*	*Berezki-Quitte, Birnquitte*	Oktober	frostempfindlich
Reneklode	*Prunus domestica*	*Große grüne Reneklode*	September	frostempfindlich
Stachelbeere	*Ribes uva-crispa*	*Hönings Früheste*	früh	gelbe Früchte
		Rote Triumph	spät	purpurrote Früchte
Zwetschge	*Prunus domestica*	*Hauszwetschge*	September	ertragreich

Der kleine Gemüsegarten

Deutscher Name	Botanische Art	Sorten-Empfehlung	Aussaat	Pflanzzeit	Erntezeit	Anmerkungen
Blumenkohl	*Brassica oleracea var. botrytis*	*Delphter Markt*	ab Januar (unter Glas)	April	Juni – August	frühe Sorte
		Sesam	April	Juni – Juli	September – November	späte Sorte
Bohnen	*Phaseolus vulgaris*	*Lintorpa früh*	Mai		ab Juli	Buschbohne, grün ohne Fäden
	var. nanus	*Wachs-Erato*	Mai – Juli		ab Juli	Buschbohne, gelb
	var. vulgaris	*Neckarkönigin*	Mai – Juni		ab Juli	Stangenbohne, grün
		Mago	Mai – Juni		ab Juli	Stangenbohne, gelb
Erbsen	*Pisum sativum*	*Allerfrüheste Mai*	März – Juli		ab Juni	Palerbse
		Linga	April – August		ab Juni	Markerbse
		frühe Heinrich	April – Juli		ab Juni	Zuckererbse
Grünkohl, (Blätterkohl, Krauskohl, Winterkohl)	*Brassica oleracea var. sabellica*	*Niedriger Grüner Krauser*	Mai – Juni	Juli – August	November – März	Wintergemüse
Gurken	*Cucumis sativus*	*Delikateß*	ab Mai		ab August	Salatgurke
		Vorgebirgstrauben	ab Mai		ab August	Einlegegurke
Kohlrabi	*Brassica oleracea var. gongylodes*	*Weißer Delikateß*	ab Februar (unter Glas)	ab April	ab Juli	frühe Sorte
		Blauer Speck	April	Juni	August	späte Sorte
Kürbis	*Cucurbita*	*Gelber Zentner*	Mai		ab August	Standardsorte
Lauch,	*Allium*	*Früher Sommer*	März	Mai	ab Juli	Sommerlauch

Deutscher Name	Botanische Art	Sorten-Empfehlung	Aussaat	Pflanzzeit	Erntezeit	Anmerkungen
Porree	porrum	Carentan	April	Juni	ab Oktober	Winterlauch
Mais	Zea mays	Merit	Mai – Juni		August – September	Zuckermais, mittelfrüh
Melone	Cucumis melo	Benarys-Zuckerkugel	Mai		August	Zuckermelone
Möhre (Mohrrübe, Gelberübe, Karotte)	Daucus carota	Pariser Markt Rotin	ab März April		Juni Juli	Karotte, früh mittelfrühe Sorte
		Rothild	Juni		September	späte Sorte
Radieschen	Raphanus sativus	Riesenbutter	ab April		ab Mai	Sommersorte
Rettich	Raphanus sativus	Ostergruß, rosa Münchner Bier	ab April ab Juli		ab Mai ab August	Mairettich, rot Herbst- und Winterrettich
Rosenkohl	Brassica oleracea var. gemmifera	Hilds Ideal	April	Mai – Juni	ab Oktober	Wintergemüse
Rotkohl, Blaukraut	Brassica oleracea var. capitata	Mohrenkopf		Mai	August	mittelfrühe Sorte
Salat Kopfsalat	Lactuca sativa var. capitata	Attraktion	ab März	ab April	ab Mai	Frühjahrs- u. Sommersorte
Ackersalat (Feldsalat,	Valerianella locusta	Holländischer Breitblättriger	ab Juli		ab Oktober	Wintersalat
Chinakohl	Brassica chinensis	Catoner Witkrop	Juli – August		ab Oktober	gute Nachfrucht
Winterendivie)	Cichorium endivia	Große Grüne Krause	Juni – Juli		ab Sept.	in trockenem Sand lagern
Sellerie	Apium graveolens var. rapaceum	Hilds Neckarland		Juni	September-Oktober	in leicht feuchtem Sand kühl lagern
Spinat	Spinacia oleracea	Energie	März – April		April – Mai	frühe, spätschießende Sorte
Tomaten	Lycopersicon esculentum	Haubners Vollendung		Mai	August – Oktober	Stabtomate
		Professor Rudloff		Mai	August – Oktober	Buschtomate
Weißkohl (-kraut)	Brassica oleracea var. capitata	Dittmarscher Allerfrühester		April	Juli – August	Sommerkohl
Wirsingkohl	Brassica oleracea var. sabauda	Marner Grünkopf		April – Mai	Juli – August	mittelfrühe Sorte

Auch bei Küchenkräutern empfiehlt sich – nach dem Prinzip des Fruchtwechsels – gelegentliches Umgruppieren der Bestände, zumal man hier im besonderen auf künstliche Düngung verzichten sollte. Freilich – viele Gewürzpflanzen gedeihen gut und gern auch in Balkonkästen oder Blumentöpfen, sofern man ihnen nur einen Platz an der Sonne sichert. – Extrem bedürfnisarm ist Kresse: Man knautsche und krumpele ein Stück Aluminiumfolie zusammen, breite es dann flächig in einer alten Tortenform o. ä. aus, so daß ein dünner Wasserspiegel in den „Tälern" des schrundigen Foliengrundes gehalten werden kann. Darüber streue man Kressesamen. Er wird – wenn man täglich ein bißchen Wasser zugibt, um den Verdunstungs- und Verwertungsschwund auszugleichen – keimen und binnen längstens 3–4 Wochen prächtiges Erntegut abgeben: ohne Knirschsand zwischen den Zähnen... – (Näheres zum Thema Würz- und Heilkräuter, siehe: Norbert Mehler, *„Pilze, Beeren, Kräuter, Heilpflanzen"*, das ebenfalls in dieser Reihe „Freizeiterlebnis Natur" erschienen ist.)

Der kleine Kräutergarten

Deutscher Name	Botanische Art	Aussaat	Pflanzzeit	Anmerkungen
Basilikum	*Ocimum basilicum*	März	Mai	einjährig
Bohnenkraut	*Satureja hortensis*	März-April		einjährig
Dill	*Anethum graveolens var. hortorum*	März		einjährig
Estragon	*Artemisia dracunculus*		März-April	ausdauernd
Kresse (Gartenkresse)	*Lepidium sativum*	jederzeit		einjährig
Liebstöckel	*Levisticum officinale*	April		ausdauernd
Majoran	*Majorana hortensis*		Mai	einjährig, vor der Blüte ernten!
Petersilie	*Petroselinum crispum*	März		nur im ersten Jahr verwendbar!
Rosmarin	*Rosmarinus officinalis*		März	im Topf überwintern lassen (Kalthaus)
Salbei	*Salvia officinalis*		Mai	ausdauernd, verlangt Frostschutz!
Schnittlauch	*Allium schoenoprasum*	jederzeit		jedes zweite Jahr versetzen!
Thymian	*Thymus vulgaris*		Frühjahr	ausdauernd
Zwiebel	*Allium cepa*	März	April	Küchenzwiebel
		März		Steckzwiebel
	Allium fistulosum	August	September	Frühlings-(Winter-)Zwiebel

Der biologisch-dynamische Anbau

Daß man nicht schadlos an den natürlichen Lebensrhythmen von Flora und Fauna vorbeigärtnern kann, ist industriebekannt. Das beweisen nicht zuletzt die Gebrauchsanweisungen von Pflanzenschutz- und Düngemitteln. Daß man aber auch weitgehend oder völlig ohne chemische Industrieerzeugnisse, dafür jedoch mit noch sensiblerem Eingehen auf mikro- und makrokosmische Gesetzmäßigkeiten gute und beste Ergebnisse erzielen kann, erscheint noch immer offiziell und offiziös kaum glaublich – und ist dennoch greifbar wahr. Im Ziergarten mag sich der eine oder andere auf dergleichen kaprizieren – und belächeln lassen; im Nutzgarten jedoch kann jedermann daraus nur Nutzen ziehen.

Ohne auch nur die Gefahr schädlicher Nebenwirkungen – nämlich mit den Naturgesetzen, anstatt jeweils partiell („selektiv") gegen Teilaspekte derselben – arbeitet eine rund ein halbes Jahrhundert alte Garten- und Landbauschule (wobei „Schule" für praktizierte Lehrmeinung steht, nicht für ein bestimmtes Institut): die der biologisch-dynamischen Wirtschaftsweise.

Sie begnügt sich nicht mit der Bodenhege durch sinnvollen Fruchtwechsel auf Beeten und Feldern. Und sie hakt mit ihren Mitteln und Methoden nicht erst bei den Lebensrhythmen der Einzeller ein, sondern sieht alle Natur als organisches Ganzes: vom kristallinen Gefüge des Mineralischen über alle uns bekannten Lebensformen bis zum großen Kurs des Kosmos. Diese ganzheitliche Betrachtungsweise setzt den Wurm ins All, pflanzt den Einzeller ins Universum. Sie bricht mit herkömmlichen Auffassungen wie etwa der, daß der Mond zwar sieben Weltmeere bewegen (siehe Ebbe und Flut), einer Silberdistel aber nicht ein Härchen krümmen kann. Immerhin bewirkt die Sonne selbst ganz eklatante Phänomene vegetabiler Abhängigkeit – wie das Öffnen und Schließen von Blüten im Tagesverlauf, die jahreszeitlichen Entwicklungsrhythmen usw. Und man weiß längst, daß das Sonnenspektrum über den Spielraum von Licht und Wärme weit hinausreicht. Man empfängt längst auch ganz anders geartete Funksignale aus dem unermeßlichen interstellaren Raum. Daß aber die uns sehr viel näheren Planeten über naturgesetzlich-signaturspezifisch wirksame Kraftfelder ebenfalls das Leben auf der Erde zu beeinflussen vermögen, gilt – oder galt zumindest gestern noch – weithin als suspekt.

Seit nunmehr über fünf erfolgreichen Jahrzehnten stützen sich die biologisch-dynamischen Boden Bestellenden nicht mehr nur auf empirisch gewonnene Erkenntnisse der traditionellen Naturwissenschaften, sondern zugleich auf bisher esoterische Einsichten in die geistigen Zusammenhänge, in die Bedeutung von Gestirnskonstellationen für Lebensprozesse auf der Erde. Und es brauchte nicht erst der mittlerweile stetig anwachsenden Aufgeschlossenheit weiter Bevölkerungskreise und anerkannter Kapazitäten verschiedenster Fakultäten für die sogenannten Grenzwissenschaften, um Zweifel an der Wirksamkeit jener integralen Anbaulehre auszuräumen: Seit Jahrzehnten schon lassen die Ernten biologisch-dynamisch Obst und Gemüse produzierender Landwirte wirtschaftlich nichts zu wünschen übrig – und staatliche Prüfstellen bescheinigen den Erzeugnissen die am Verbrauchermarkt zunehmend gefragte Freiheit von (chemischen) Fremdstoffen.

Die Lehre vom biologisch-dynamischen Landbau basiert auf dem „Landwirtschaftlichen Kursus" (1924) für anthroposophische Gärtner und Landwirte von Dr. Rudolf Steiner. (Ein Blick ins Lexikon: Rudolf Steiner, 1861 bis 1925, ehemals Sekretär der Theosophischen

Gesellschaft, Herausgeber der Naturwissenschaftlichen Schriften Goethes, Architekt des Goetheanums in Dornach, Begründer der dortigen Hochschule für Geisteswissenschaften, der Anthroposophie und der Waldorfschulen.)

Hier eröffnet sich eine nicht nur ideell, sondern auch gesundheitlich bedeutungsvolle Chance gerade für den Hobby-Gärtner, der nicht darauf angewiesen ist, mit geringstmöglichem finanziellem Aufwand höchstmögliche Marktumsätze zu erzielen. Um so angenehmer mag, wer den Test wagt, die Überraschung empfinden, daß – auf zunächst einmal neutralisiertem, gesundem Boden – ohne Kunstdünger und Pestizide gezogenes Obst und Gemüse mehr zu halten vermag, als man sich davon versprochen hat. – Nähere Informationen über Grundzüge und neueste Erkenntnisse der biologisch-dynamischen Anbauweise sind unter folgenden Anschriften erhältlich:

Deutschland (BRD): Forschungsring für biologisch-dynamische Wirtschaftsweise, Baumschulenweg 19, D-6100 Darmstadt-Land 3

Österreich: Initiativkreis zur Förderung der biologisch-dynamischen Wirtschaftsweise in Österreich, Tilgnerstr. 3, A-1040 Wien

Schweiz: Auskunftsstelle für biologisch-dynamische Wirtschaftsweise am Goetheanum, CH-4143 Dornach

Ein Hauptaspekt des Systems läßt sich vereinfacht so darstellen: Besteht als Ausgangssituation ein natürliches Gleichgewicht im Boden (das sich mit etwas Geduld auf rein biologisch-dynamischem Weg schaffen läßt), so muß man nicht primär Schädliches angehen, um Nützliches aufgehen zu lassen. Es geht auch umgekehrt: Erhält das Positive (z. B. die nützliche Bakterienflora) Auftrieb, so gewinnt es Übergewicht gegenüber dem Negativen (z. B. der schädlichen Bakterienflora), das sich fortan in nicht mehr zum Erfolg führenden Angriffen zunehmend selbst verzehrt. Anstatt vernichtend (mit Giften) oder verweichlichend (mit Kunstdünger) einzugreifen, ist es also möglich, der Natur im Guten Hilfe zur Selbsthilfe zu geben...

Und die forschend gewonnenen Erkenntnisse omnivalenter Gesetzmäßigkeiten sind naturgemäß auf alle Pflanzen- und Tierhaltungen von Haus und Hof über Landwirtschaft, Forst, Fischerei und darüber hinaus anwendbar. (Letztlich sogar auf den Menschen selbst, der immer mehr begreift, daß sein – technisch noch so perfekter – Rückzug von der Natur ihn nur zur ,,Endstation Sehnsucht'' laviert, und sei's im Super-Luxus-Waggon mit allen Schikanen fehlinterpretierter ,,Lebensqualität''...)

Unabhängig von der Politik kann, wer Feierabend oder Wochenende dem Garten widmet, der Zeit vorgreifen, indem er auf Mittel und Wege einer Zeit zurückgreift, in der die Natur noch nicht als drogenabhängig galt...

Oben: Bignonia bougainvillae (Drillingsblume)
Unten links: Canna-Hybride (Blumenrohr)
Unten rechts: Caladium bicolor-Hybride (Buntwurz), sehr schöne Zimmerpflanze mit lebhaft buntgefärbtem Laub, die aus dem tropischen Amerika und von den Antillen zu uns nach Europa gekommen ist.

*Linke Seite: oben: Calceolaria (Pantoffelblume),
unten links: Capparacea spinosa (Spinnenpflanze),
unten rechts: Carlina accaulis (Silberdistel).*

*Rechte Seite: oben: Cedrus libani (Libanon-Zeder),
unten links: Cattleya, eine der schönsten, als
Topfpflanze kultivierbaren Orchideen, unten
rechts: Chamaecyparis (Scheinzypresse).*

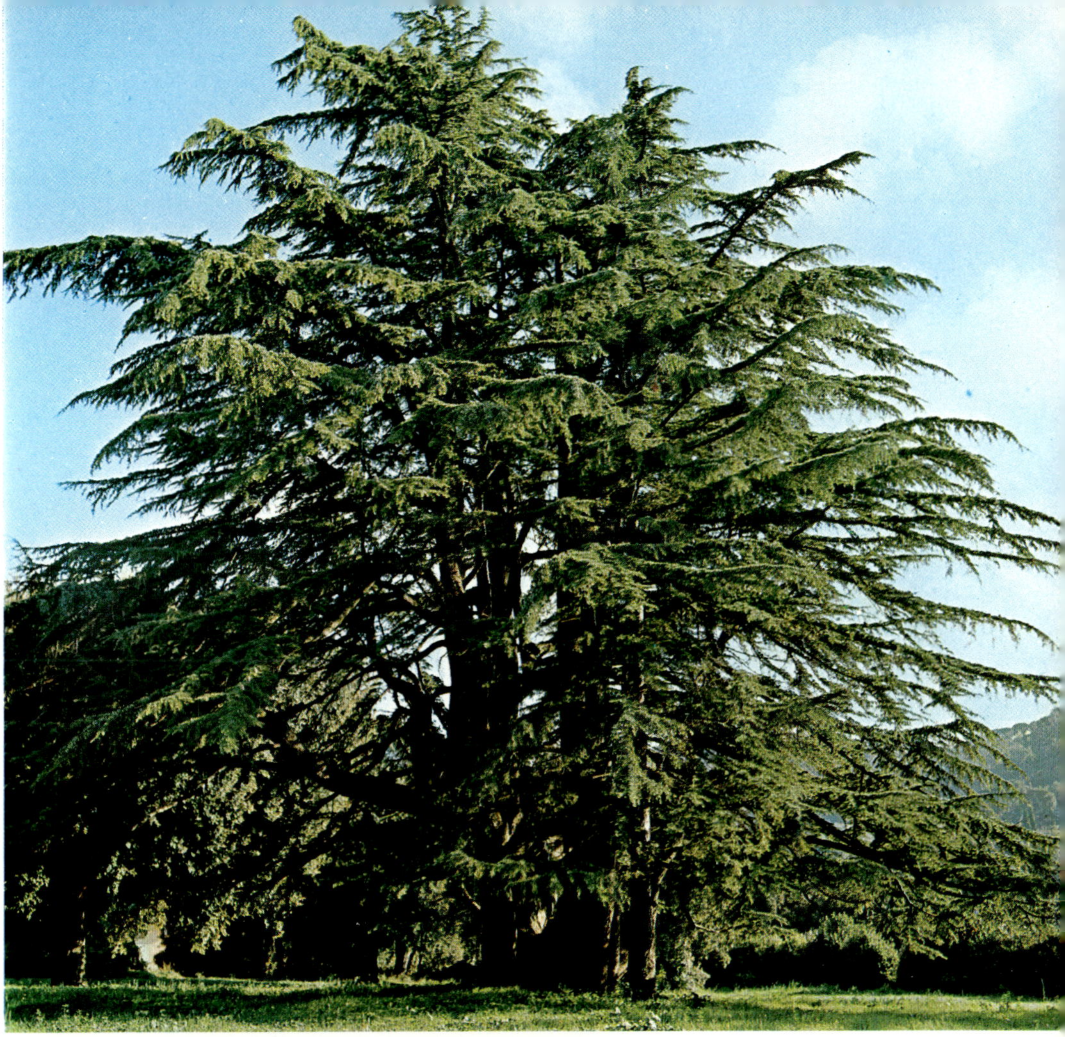

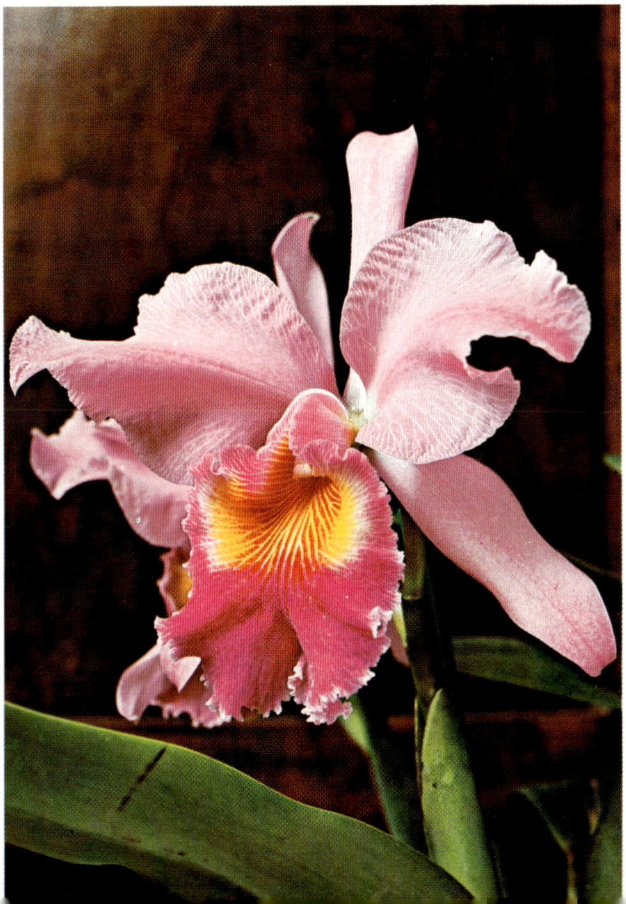

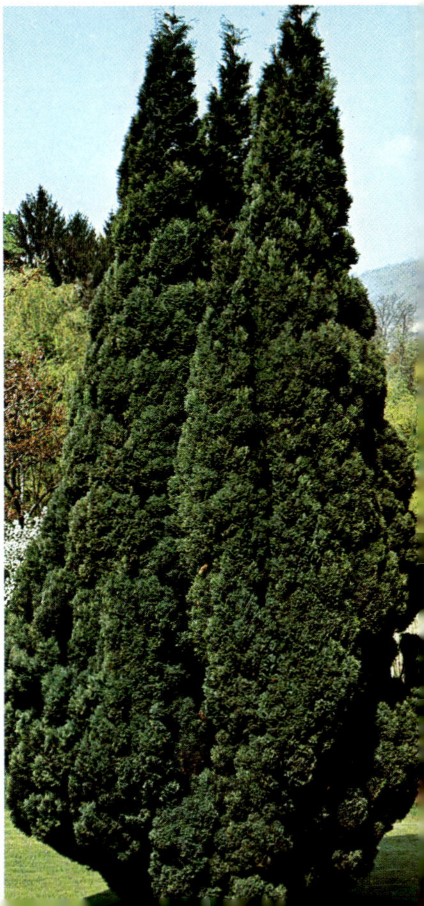

Linke Seite: oben: Chamaecereus silvestrii, unten: Acanthus (Bärenklau), eines sehr dekorative Schmuckstaude für sonnige Plätze.

Rechte Seite: oben: Clematis (Waldrebe), eine beliebte Kletterpflanze, unten links: Cleome spinosa (Spinnenpflanze), unten rechts: Carnus Sanguinea.

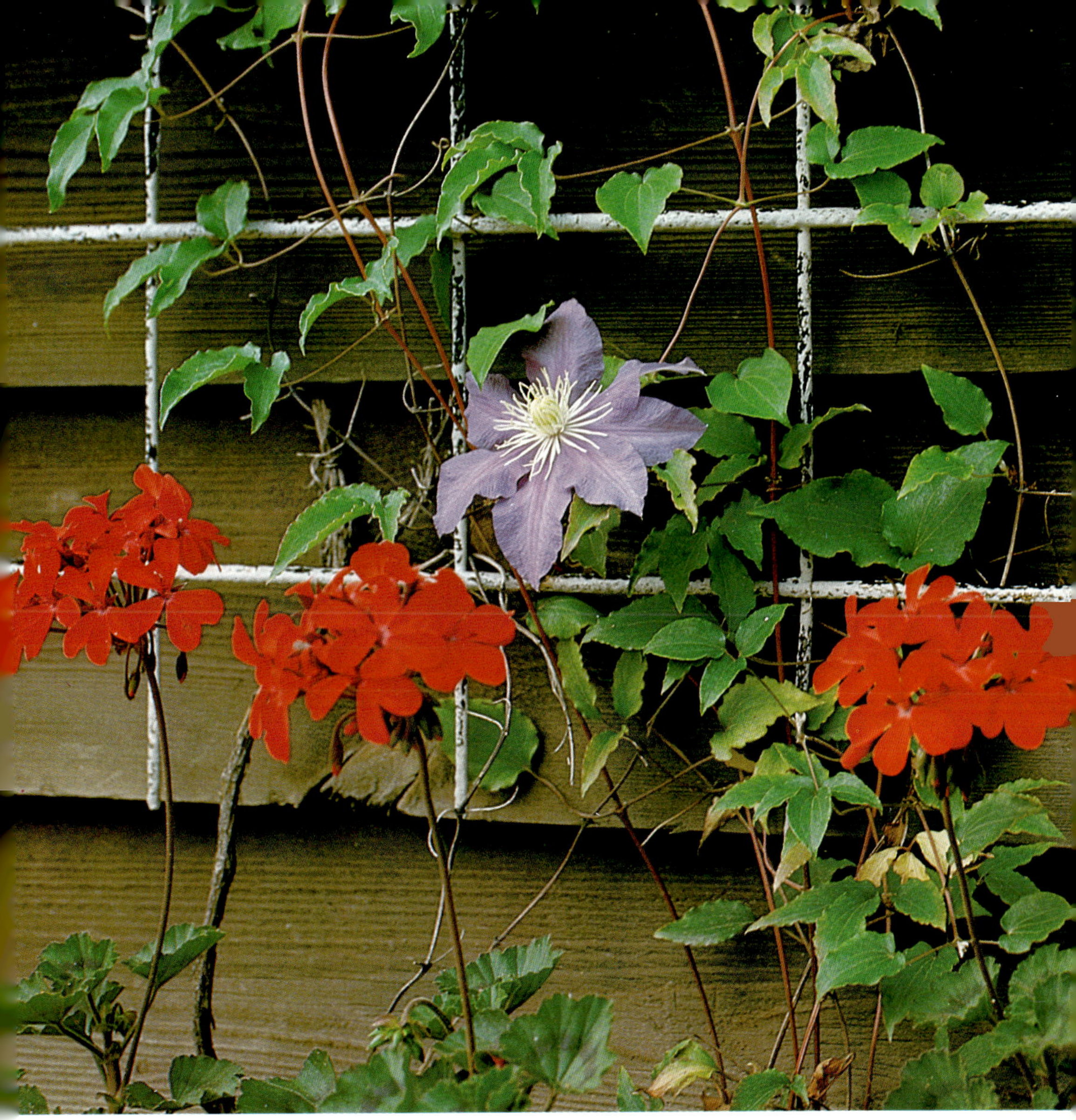
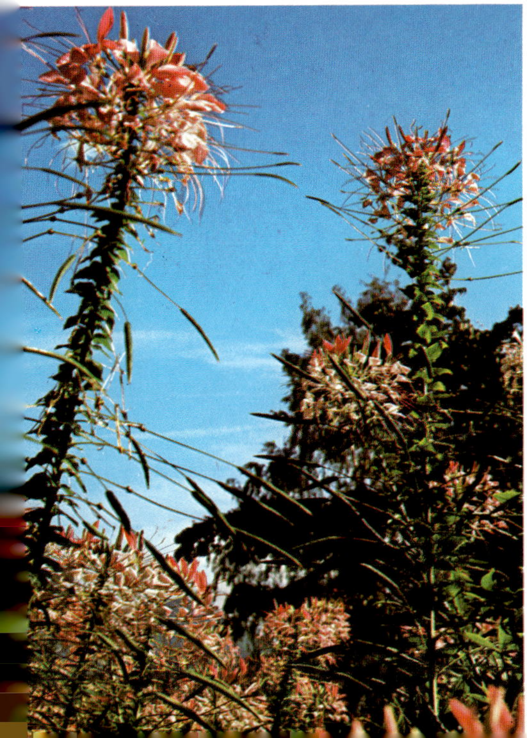
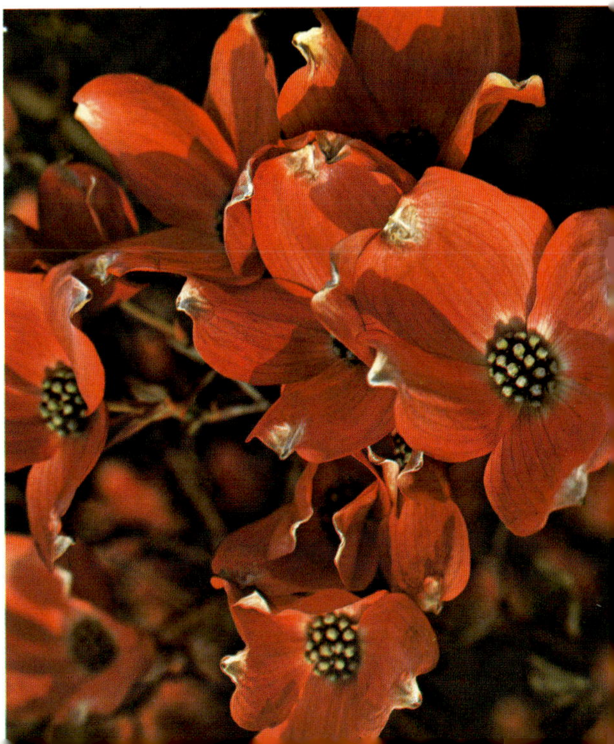

Linke Seite: oben links: Chrysanthemum leucanthenum (Margerite), oben rechts: Cotoneaster horizontalis (Fächer-Zwergmispel), unten links: Cobaea scandens (Glockenrebe), unten rechts: Cornus kousa.

Rechte Seite: oben links: Codiaeum variegatum (Wunderstrauch), oben rechts: Cortaderia selloana (Pampasgras), Mitte links: Columnea gloriosa (Columnee), Mitte rechts: Cosmos lipinnatus (Schmuckkörbchen), unten links: Chrysanthemum indicum (Winter-Aster), unten rechts: Datura chlorantha (Stechapfel).

Seite 104: oben links: Dianthus superbus (Prachtnelke), oben rechts: Dictamnus albus, unten links: Digitalis grandiflora (Großblütiger Fingerhut), unten rechts Digitalis purpurea.

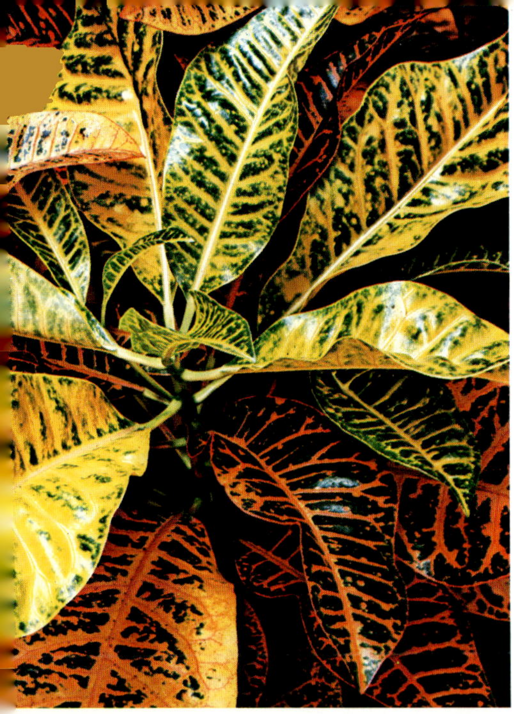
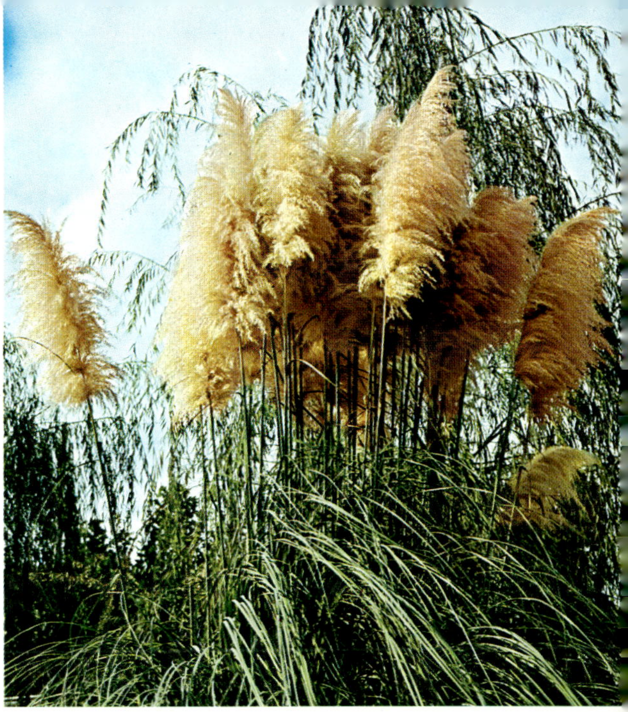
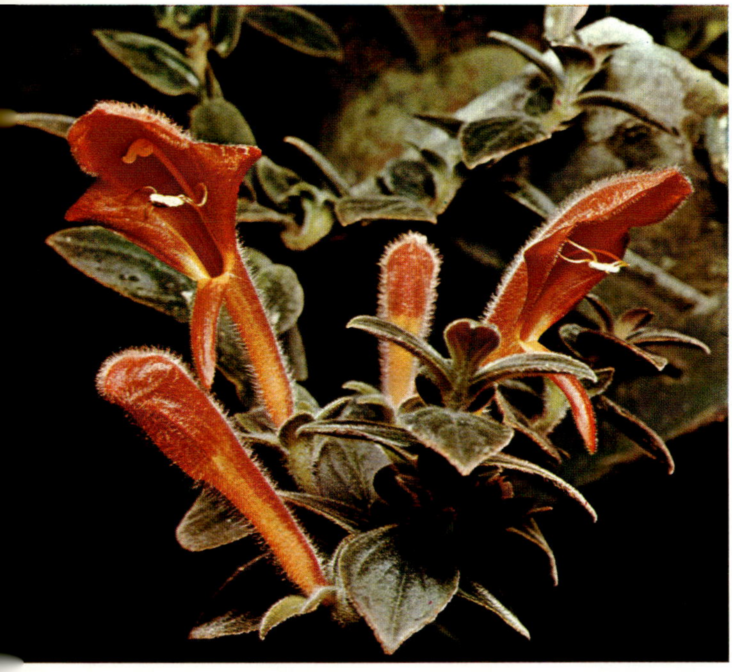
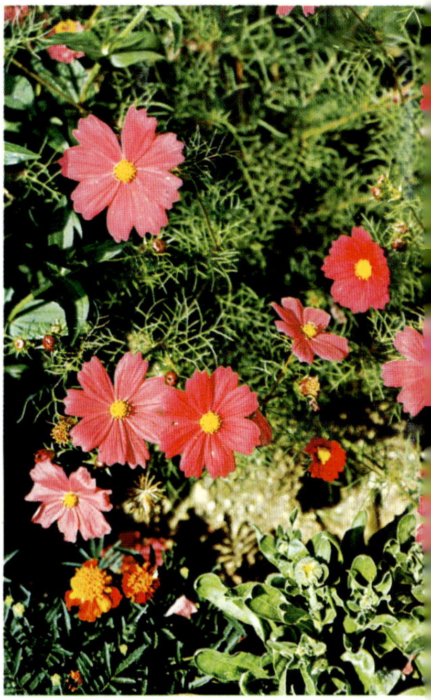
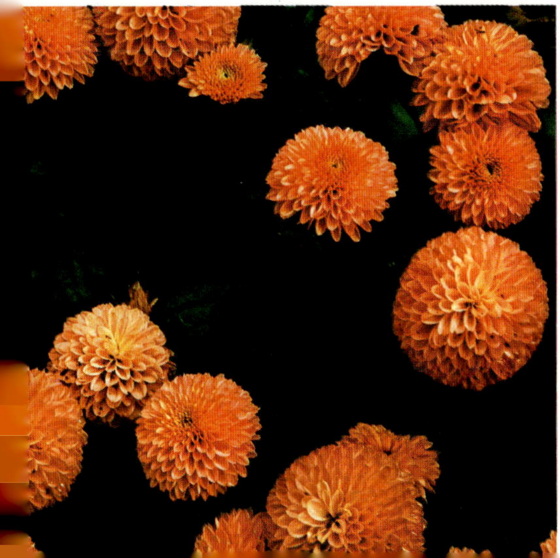
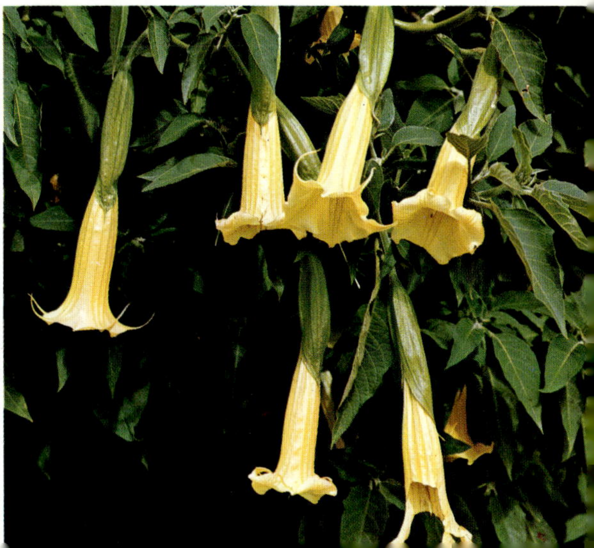

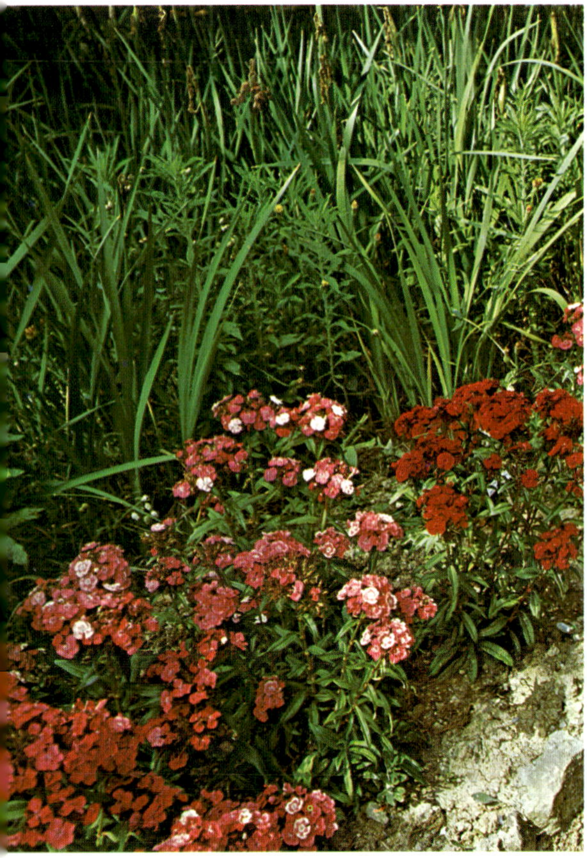
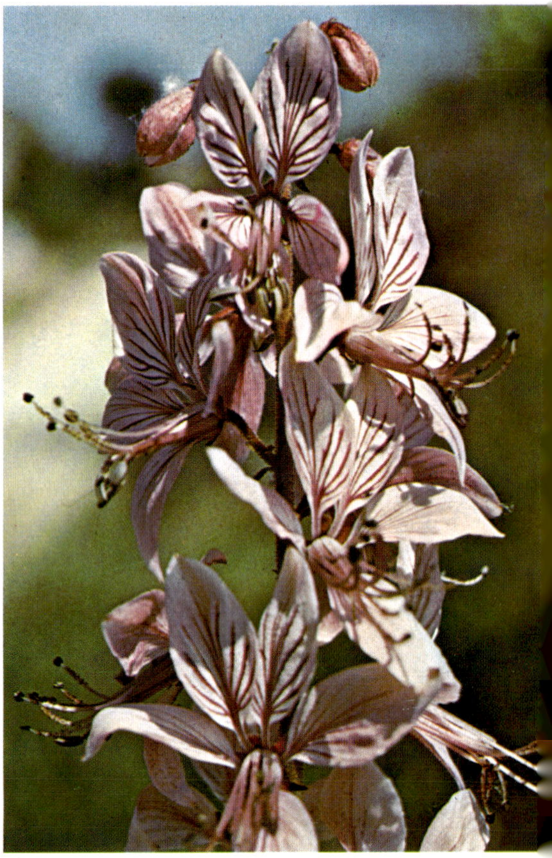
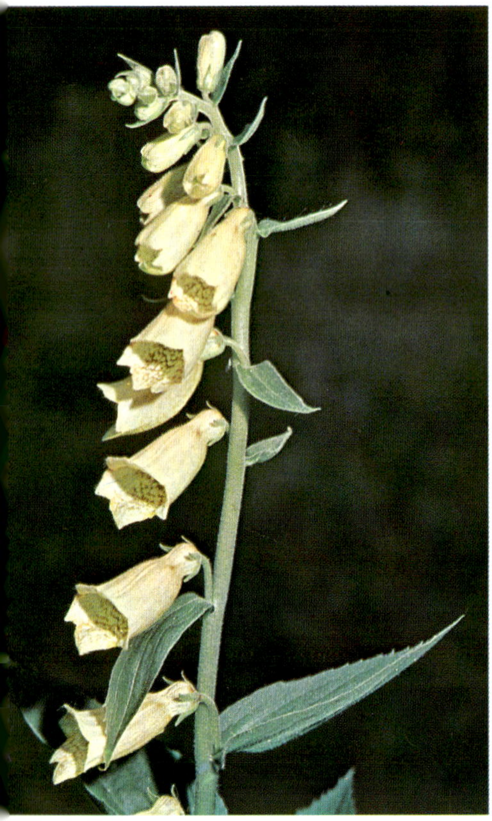
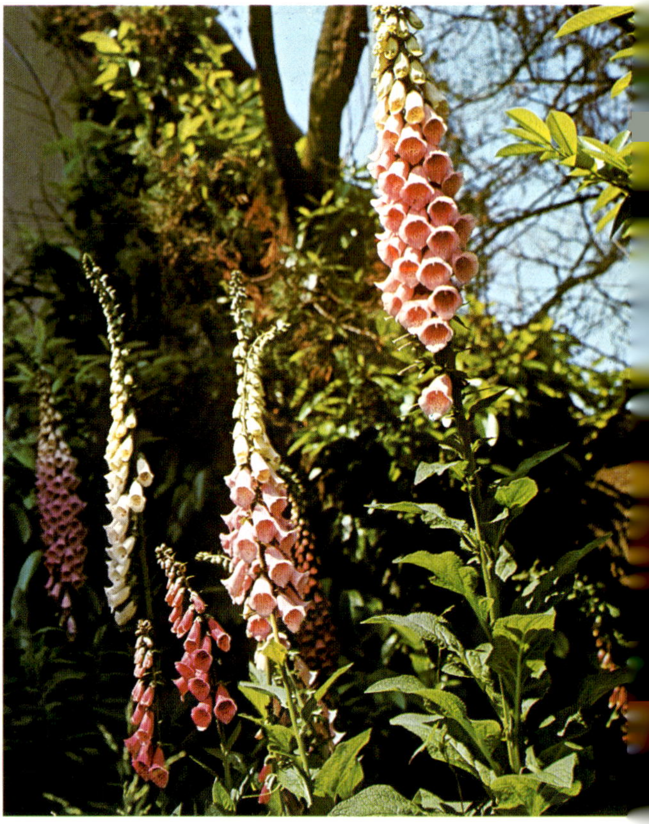

Gartengeräte und Hilfsmittel

Gärtnern ohne sachgerechtes Handwerkszeug, das ist wie Schustern ohne Leisten. Die unbedingt erforderliche Grundausstattung ist freilich bei weitem nicht so aufwendig, wie man annehmen möchte, wenn man einen Blick in die Gerätekammer so manches wohlbetuchten Garten-Fans wirft und sich etwa einem Mittelding von Bauhütte und Fuhrpark konfrontiert sieht. Ein Gutteil der heute angebotenen Geräte, Hilfswerkzeuge und Maschinen ist zwar durchaus sinnvoll konstruiert und praktisch im Gebrauch, jedoch nicht unbedingt notwendig, wenn man den Gartenspaß nicht zur technischen Spielerei ausbauen will.

Für die Bodenbearbeitung in Frühjahr und Herbst ist nach wie vor der Spaten unentbehrlich, auch dann, wenn man – für sehr kompakte, schwere Böden – zusätzlich eine Grabgabel oder -schaufel anschafft. Dieses Instrument dringt leichter auch in harte Erde ein, da bei ihm die breite Spatenschneide in mehrere (in der Regel vier), in der Form an Schwertspitzen erinnernde Flachzinken aufgeteilt ist. Für Aufschüttungen etc. sollte man noch eine Schaufel (Schippe) zur Verfügung haben.

Zur Oberflächen-Ausgleichung bedarf es der guten alten Harke (Gartenrechen), deren erfahrungsgemäß praktikabelstes Modell etwa 14 Zinken zählt. Schmalere Rechen machen mehr Arbeit, während man mit breiteren – im doch gemeinhin relativ eng bemessenen Gartenterrain – allzuleicht und -oft an irgendwelchen Widerständen aneckt. Hat man regelmäßig größere zusammenhängende Flächen zu beharken, kann sich die Anschaffung eines sogenannten Gartenwiesels lohnen. Das ist eine Art rollender Egge mit einer oder mehreren zackenbesetzten Walzen. Ein ähnlicher ,,Roller" – eine schwere Welle mit langen Stacheln – dient zur Bodenauflockerung zwecks besserer Durchfeuchtung und Durchlüftung.

Zur Rasen- und Wegepflege empfiehlt sich statt der weitgezinkten Harke ein in der Breite verstellbarer Fächerbesen. Hacke, Handschaufel und Pflanzstab vervollständigen das Garten-Set. Empfehlenswert ist die moderne Ausführung des Hohlpflanzstabes, der das Pflanzloch nicht durch verfestigende Verdrängung der Erde schafft, sondern durch Ausstanzen der Krume in Form einer Art Bohrkern-Aushub: Auf diese Weise bleibt die lockere Bodenstruktur an der Pflanzloch-Wandung erhalten, was das Einwurzeln erleichtert.

Kein Gärtner ohne Heckenschere! Ohne die Handschere – z. B. für Baumschnitt und Strauch-Auslichtung – kommt auch nicht aus, wer sich für den großflächigen Saumheckenschnitt eine diese Mühe zweifelsfrei zweckdienlich erleichternde Elektroschere zulegt.

Auch der Rasenmäher sei mit elektrischem Antrieb versehen, zumal ein Elektromotor sehr leise läuft und darüber hinaus leicht und sauber zu handhaben ist.

Für einen Schreber- oder Hausgarten benötigt man auch keinesfalls eine Motorspritze, um Ungeziefer zu beregnen. Man kann sich da getrost mit einem Drucksprühgerät herkömmlicher Konstruktion bescheiden, dessen Innen-Überdruck man entweder im vorhinein von Hand aufpumpt oder überhaupt nur nach Bedarf im Gebrauch durch einfache Hebelbetätigung erzeugt.

Weitere Hilfsmittel – vom Frühbeetkasten bis zum Vogelhäuschen – wurden an anderer Stelle bereits angesprochen. Bleibt hier nur noch der Hinweis, daß Gartengerätschaften zwar nicht unbedingt frostfrei, aber doch rostfrei – d. h. trocken – aufbewahrt werden müssen. Wer sie im Garten stehen- oder liegenläßt, wo er sie später wieder zu gebrauchen gedenkt, der darf sich nicht wundern, wenn er sie nicht mehr so ganz gebrauchstüchtig vorfindet.

Jahreskalender der Gartenarbeiten

Januar:

Liegt sehr viel Schnee, so sollte man Zweige und Äste von Bäumen und Sträuchern davon befreien, ehe sie womöglich unter der Last niederbrechen. Schädlinge an Obstbäumen sind bei Temperaturen um den Nullpunkt quasi auf dem Nullpunkt ihrer Widerstandsfähigkeit: Wer jetzt mit einem geeigneten Insektizid spritzt, erreicht ein Maximum an Effekt bei einem Minimum an Gifteinwirkung auf die Pflanzen selbst. Tierischen Dung streut man am besten aufs verschneite Land, denn der Boden nimmt die Pflanzennährstoffe später mit dem Schmelzwasser besonders gut auf, während die damit verbundene Verdünnung eventuelle Säurewirkungen mildert. Forsythien- und Kastanienzweige, die man jetzt ins Warme holt, blühen in der Vase alsbald prächtig auf. In Topf oder Kasten auf dem Fensterbrett kann man bereits ab Ende Januar einsäen, was man im Frühling in Form stattlicher Setzlinge ins Freiland auspflanzen möchte.

Gewächshäuser sollten in dieser Zeit, soweit möglich, mit Strohmatten eingeschlagen sein, die man freilich bei beständig sonnigem Wetter tagsüber abnimmt. Schwere Schneemassen dürfen auf dem Dach nicht liegenbleiben. Wer im Warmhaus über 15 Grad aufheizt, bewirkt verfrühten Knospenaustrieb.

Februar:

Winterspritzung und -düngung dürfen nicht länger verschoben werden. Wunden an Obst- und Ziergehölzen verschließt man am besten mit Baumwachs (Fachhandel!). Frühbeet-Experimente sind – trotz zahlreicher kursierender „Geheimtips" – jetzt noch wenig aussichtsreich. Die in Topf oder Kasten auf der Fensterbank keimende Saat braucht reichlich Wasser; zuviel Wärme jedoch bewirkt zu rasches „Schießen", was der späteren Weiterentwicklung im Freiland nicht eben zuträglich ist. Ideal für die Anzucht von Setzlingen ab Februar sind Kunststoff-Keimkästen (Miniatur-Treibhäusern), die ein bestmögliches Kleinklima erzeugen. Wichtig: Nicht zuviel gießen bzw. bei starker Kondenswasserbildung unbedingt durch Abheben bzw. Schräglegen des Deckels lüften!

Auch im Gewächshaus beginnt nun die Zeit der Saat; im übrigen gilt dasselbe wie im Januar.

März:

Wer Baum- und Heckenschere nicht spätestens Anfang März gebraucht, sollte sie übers Vegetationsjahr im Geräteschuppen liegenlassen. Über Rasenflächen zieht man nun die Nagelwalze. Es ist Zeit für den Frühbeet-Besatz, während ein Strohmatten-Klimaschutz durchaus noch angebracht sein kann. Ins Freiland kommen ab Mitte/Ende März Samen bzw. Steckzwiebeln bzw. Setzlinge für Gewürzkräuter, Karotten und Zwiebeln, Erbsen und Spinat, schließlich auch (gegebenenfalls aus der frühen Zimmer-Anzucht) Kohl, Blattsalat und Tomaten, Wicken und Trichterwinden, Mohn und Rittersporn und vieles andere mehr. (Der Gärtner bietet Setzlinge stets zur Setzzeit an; bei Samentütchen sollte man die Aufschrift unbedingt beachten!) Amaryllis, Begonien und Geranien bringt man jetzt aus dem kühlen Keller an wärmere und hellere Plätze im Haus. Kakteen gewährt man nun – sparsam – das erste Wasser nach der Winterpause.

Auch im Gewächshaus ist jetzt Saat- und Pflanzzeit. Im Warmhaus kann erstes Ungeziefer sich bemerkbar machen; empfehlenswert: Spinnen, Marienkäfer und andere Nützlinge einsetzen!

April:

Zeitgerecht nach Art und Sorten gehen Säen und Pflanzen weiter; im Frühbeet gilt das jetzt auch für Bohnen und Gurken. Rosen (mit Ausnahme der Heckenrosen, die sich frei entfalten sollen) werden früh im April geschnitten bzw. eingesetzt. Der Rasen sollte gedüngt und Ende April gegebenenfalls auch erstmals geschnitten werden. Beim unerwünscht aufsprießenden Löwenzahn hat man die Wahl, ihn jung für Salat zu ernten, rigoros auszustechen oder zu vergiften; seine Ausbreitung verhindert man weitgehend allemal, indem man ihn – auf welche Weise auch immer – nicht zur Samenbildung kommen läßt. Um den Stammansatz von Bäumen herum sollte man ein ringförmiges Stück Rasen ausstechen, um ungehinderten Luft- und Wasserzutritt zum Wurzelbereich der Bäume zu gewährleisten (der Rasenabfall gehört auf den Komposthaufen). Rinde und Knospen der Gehölze müssen wachsam auf Schädlingsbefall hin kontrolliert werden, um Insektizide (sofern überhaupt) frühestmöglich einzusetzen. Ende April kappt man Osterglocken, Narzissen und Tulpen, gräbt die Zwiebeln aus und lagert sie im Keller ein.

In Gewächshäusern beginnt fast schon die Sommerzeit. Die Pflanzen brauchen viel Wasser, Frischluft und – während der wärmsten Stunden des Tages – Schattierung.

Mai:

Wer eine neue Rasenfläche anlegen will, der tue das jetzt: In die offene Erde Torf unterharken, Grassamen möglichst gleichmäßig streuen, leicht nachrechen und dann die Fläche walzen (die Rasenwalze leiht einem – fast – jeder Gärtner). Jungrasen sollte übrigens zumindest seinen ersten Schnitt mit Sichel oder Sense bekommen, denn das schwere Rasenmäher-Gefährt durchzieht den noch zu wenig gefestigten Boden mit tiefen, später sehr unschönen und störenden Furchen. Wer im Mai hochwachsende Sonnenblumen sät und diese in der Folge auch noch düngt, „erntet" im Lauf des Jahres außer der strahlenden Gartenzierde auch gleich das Saatgut für das Folgejahr, Vogelfutter für Spätherbst und Winter sowie Erbsen- und Bohnenstangen, als welche sich verholzte und getrocknete Sonnenblumenstiele bestens eignen. Bohnen, Gurken und Tomaten kann man jetzt noch im Freiland säen, besser jedoch in Form stattlicher Jungpflänzchen – ebenso wie Kohl der verschiedensten Arten und Sorten – aus dem Frühbeet auspflanzen. Auch die Balkonkasten sollten jetzt vollends bestückt werden. Für Kakteen beginnt die durch regelmäßiges Gießen imitierte Regenzeit.

In Gewächshäusern kann vielfach schon erstmals geerntet werden. Nach den „Eisheiligen" werden auch Azaleen, Hortensien und andere frostempfindliche Stöcke ins Freiland ausquartiert. Freigewordene Boden- bzw. Kastenflächen sollte man sofort nachdüngen und neu bestücken. Gegen Schnecken, die jetzt auftauchen, braucht man einen Igel oder Gift.

Juni:

Der Gartensommer zeigt sich an. Der Rasen muß fast schon wöchentlich geschnitten werden, braucht reichlich Wasser (nur morgens oder abends, niemals bei hochstehender Sonne besprengen, da die Wassertröpfchen sonst wie Brenngläser wirken!); um die Baumstamm-Ansätze herum, wo kein Gras wächst, schüttet man sinnvollerweise Rasenschnittgut auf (der Rest auf den Kompost!), das hält die Erde feucht und düngt auf Dauer. Unkrautjäten ist allenthalben an der Tagesordnung (und jeder

Giftanwendung vorzuziehen!). Saat- und Pflanzzeit ist für Zweijahresblumen und Winterfrucht (z. B. Grünkohl, der erst nach den ersten Herbstfrösten geerntet werden sollte, und Winter-Endivien-Salat). Rankend Hochwachsendes bedarf der Anbindung, vor allem die Tomaten bei welchen man jetzt auch die an sich überflüssigen, nur Kraft verzehrenden Nebentriebe ausbricht. Das Blumenfenster braucht am hohen Mittag künstliche Beschattung und ansonsten reichlich Wasser (in die Erde, nicht auf die Pflanzen gießen – außer bei der *Aechmea*, die Wasserstand in Blattachseln begehrt!).

Bei Gewächshäusern kommen die Strohmatten zu neuen Ehren, nunmehr nicht zwecks Kälte-, sondern Lichtschutz. Viel lüften und die Erde feucht halten! Entgegen noch immer weit verbreiteter Laienmeinung zieht das nicht etwa Ungeziefer an, sondern bietet sogar bestmöglichen (Betonung auf *möglich*) Schutz dagegen.

Juli:

Gesetzt den Fall, man findet für die Urlaubszeit niemanden, der sich um den Garten kümmern kann, allenfalls vom Auf- und Zudrehen des Rasensprengers abgesehen. Dann gilt es, zu stützen und locker mit Bast anzubinden, was dergleichen nötig hat bzw. in den Wochen darauf nötig haben wird (z. B. Sonnenblumen!); radikal abzuernten, was sich ernten (und tiefgefrieren) läßt; geräumte Rabatten schnell noch mit Grünkohl, Wirsing, Winterendivien und späten Kohlrabi „aufzuforsten" und vorsorglich ebenso gründlich zu wässern wie den kurz vor der Abreise noch einmal zu mähenden Rasen. Für die Erhaltung der weitaus meisten Topfpflanzen auch über Wochen ohne Pflege gibt es eine recht einfache und sichere Methode: Töpfe in die Badewanne stellen und mit „Fußbad" gründlich wässern, dann leichte Klarsichttüten über die Pflanzen stülpen und um den Topfrand dicht zubinden. So wird aus jedem Topf ein Miniatur-Treibhaus mit einer Klimazelle, aus der kein Wasser mehr verlorengeht. Im Gewächshaus sollte über Sommer stets auch der Fußboden gründlich Wasser abbekommen, um eine schädlingsfeindlich feuchte Atmosphäre zu erhalten. Den Pflanzen tut frühmorgendliches Besprühen wohl; der Fußboden bekommt sein Wasser sinnvollerweise gegen Mittag, wenn die Sonnenwärme für starke Verdunstung sorgt. Bei längerer Abwesenheit ist eine zeituhrgeregelte Sprinkleranlage ideal. Außerdem schattenspendende Matten nicht vergessen!

August:

Gesetzt den Fall der Rückkehr aus dem Urlaub: Rasen und Rabatten wie auch die Gehölze lechzen nach gründlicher Bewässerung, verbunden mit sinnvoller Düngung. Wer vor Urlaubsantritt eine brutal erscheinende, aber zweckmäßige Maßnahme nicht gescheut hat, der findet bei seiner Rückkehr frisch knospende und blühende Blumen vor: Dazu ist es erforderlich, unmittelbar vor der Abreise Blüten und Blütenknospen radikal abzuzwicken; die Blumen und Stauden treiben dann in den folgenden Wochen neue Knospen nach. Im August wird es auch Zeit, unter schwerer Fruchttracht allmählich sich niederbeugende Obstbaumäste abzustützen. Bereits abgeerntete Pfirsich- und Kirschbäume kann man gleich auslichten, so daß die Schnittwunden bis zum Winter noch problemlos heilen können. Zimmerpflanzen müssen jetzt in der Regel täglich, Kakteen gut einmal wöchentlich gegossen werden. Gewächshäuser und Blumenfenster sollten ganztägig beschattet bleiben. Ansonsten gilt dasselbe wie im Juli.

September:

Feldsalat für den Winter und Rhabarber fürs nächste Jahr müssen nun in die (für Rhabarber reichlich mit Naturdünger vermischte) Erde. Porree (Lauch) kann man jetzt mit Erde anhäufeln *(etiolieren)* so daß die Stangen recht lang wachsen und in ihrem unterirdischen Teil ausbleichen. Tomaten, die am Stock nicht mehr so recht ausreifen wollen, kann man auch grün ernten und im Zimmer auf der Fensterbank von der Sonne röten lassen. Über aller Erntearbeit mit Kernobst und Gemüse vergesse man nicht, täglich das Fallobst aufzusammeln. Unbrauchbares gehört immerhin auf den Komposthaufen. Noch braucht der Garten auch reichlich Wasser (vor allem junge Stauden und Nadelgehölze dürfen nicht dürsten!). Blumenzwiebeln und -knollen aus Balkonkästen und Rabatten bringt man – nach Abblühen und Rückschnitt der oberirdischen Teile auf einen kurzen Schopf – nun wieder sachgerecht in Gewächshaus oder Keller unter.

An Gewächshäusern nimmt man nach und nach die Schattierung zurück, lüftet viel und wässert nicht mehr den Boden, um die über Sommer so wichtige hohe Luftfeuchtigkeit herabzusetzen. Im Warmhaus kann bei rasch abkühlender Witterung gelegentlich bereits Heizungsbetrieb erforderlich sein.

Oktober:

Reger Blattfall setzt ein. Fallaub mag man getrost auf offener Erde zum Verroten an Ort und Stelle liegenlassen, nicht aber auf dem Rasen – der im übrigen noch immer geschnitten werden muß. Das trifft sich in gewisser Weise gut: Schnittgras und Herbstlaub werden zusammengeharkt und dem Kompostdepot einverleibt. Begonien-, Canna-, Dahlien- und Gladiolen-Knollen werden zum Überwintern in Gewächshaus oder Keller in stark sandige Erde eingeschlagen; dafür kommen Narzissen-, Tulpen- und andere Blumenzwiebeln in Kästen und Beeten unter die Erde. Obstbaumstämme versieht man jetzt mit Leimringen gegen das Aufsteigen von Ungeziefer; das nutzt freilich wenig, wenn man festsitzende, längst überreife Früchte als Winterquartiere und Brutkolonien für Insekten an den Ästen hängen läßt.

Das Gewächshaus nimmt nun auch wieder die über Sommer im Freien gedeihenden Agaven und Kakteen, Fuchsien und Oleander etc. auf. Wenig (Agaven und Kakteen garnicht mehr) gießen und – bei nicht eben froststarrender Witterung – reichlich lüften, um Fäulnis zu vermeiden!

November:

Nunmehr brachliegender Boden wird umgegraben, möglichst unter Einarbeitung von Kompost wie auch Grünzeug-Abfall. Wer jetzt Knochenmehl und Hornspäne verstreut, tut dem Gartenboden Besseres an als mit jeder Chemikalie. Auch der Rasen wird sich für eine Düngung nach dem letzten Schnitt erkenntlich zeigen. An Bäumen und Sträuchern ist der Winterschnitt fällig, nebst vorsorglicher Wundbehandlung mit Baumwachs oder Spezialmitteln. Zweijahresblumen werden vorwiegend mit Fallaub abgedeckt, Rosenstöcke nach dem Rückschnitt möglichst mit Torfmull *(Düngetorf)* angehäufelt und mit Reisig überdacht. Grün- und Rosenkohl sollte man nicht vor dem ersten Frost ernten, denn sie gewinnen durch die Unterkühlung im Geschmack, indem sie an Bitterkeit verlieren. – Im November suchen Mäuse im Kompostdepot und/oder Gewächshaus Unterschlupf vor der einfallenden Kälte. Wohl dem, der eine Katze hat...

*Gärtner. Französischer Kupferstich
aus dem Jahr 1822.*

Dezember:

Der allfällige Rückschnitt an spät abgeernteten Obstbäumen sowie an Ziersträuchern steht an. Insbesondere Nadelgehölze brauchen, sofern nicht eben Dauerfrost herrscht, noch einmal gründliche Bewässerung, um nicht womöglich wenig später unterm Schnee buchstäblich zu verdursten. Junge Bäumchen sollte man wenigstens meterhoch mit einem (z. B. mittels Zeltheringen im Boden zu verankernden) Drahtgeflecht umhüllen, um Hasen und Kaninchen von der - als sehr lecker empfundenen - Stammrinde fernzuhalten. Leichte Reisig-Abdeckung empfiehlt sich auch bei ausgesprochen winterhartem Immergrün, dem zwar nicht etwa Rauhreifbedeckung oder Schnee an sich schaden können, wohl aber ein zu rasches Auftauen bei schönem Sonnenwetter - mit dem Brennglas-Effekt der Wassertröpfchen.

Das Gewächshaus sollte man nun unbedingt in Stroh- oder Schilfmatten einhüllen, um klirrende Kälte und schneidende Winde abzuwehren. Wer etwa Krokuszwiebeln jetzt noch nicht ins Freiland umpflanzt, der sollte das überhaupt nicht mehr tun. Ansonsten ist es sinnvoll, im Gewächshaus jetzt schon die Keimerde zu mischen, in der im Februar/März die Blumen des Lenz und Frühgemuse Wurzeln schlagen sollen. Denn über Winter macht die Erdmischung einen wissenschaftlich noch nicht ganz geklarten Homogenisierungsprozeß durch, der dem „Nachwuchs" erfahrungsgemäß nur förderlich sein kann.

Handlexikon der Blumen, Büsche, Bäume

Abies nordmanniana
Nordmannstanne, Kaukasustanne

Prachtvoller, bis 30 m hoher Nadelbaum, dessen quirlförmig angeordnete, waagerecht wachsende, nur in der unteren Partie herabhängende Äste eine harmonische Rundpyramide bilden. Die winterfesten Nadeln sind dunkelgrün glänzend, die walzenförmigen Zapfen bis 20 cm lang und 5 cm dick. Austrieb nach den Frühjahrsfrösten sichert im Umfang gleichmäßiges Wachstum, das sich mit zunehmendem Alter beschleunigt. Die Nordmannstanne liebt frische, lehmige Böden und hohe Luftfeuchtigkeit.

Abutilon
Schönmalve, Samtpappel, Zimmerahorn

Etwa 150 Arten, ausnahmslos in den tropischen und subtropischen Zonen heimisch, bilden die Gattung *Abutilon* in der Familie der Malvengewächse. Verschiedene Arten, vor allem lateinamerikanischer Herkunft, gedeihen bei uns als strauchartige Topfpflanzen, die auch ohne ihren – vom Frühling bis weit in den Sommer hinein prangenden – Blütenschmuck eine Augenweide sind. Z. B. die weit verbreitete Sorte *Abutilon megapotamicum var. aureum* mit unregelmäßig gelbgestreiftem Blattwerk an langen, dünnen Ästen. Die hängenden Glockenblüten bieten eine ganze Farbpalette: Aus einem weiten, fünfkantigen Purpurkelch ragt ein dunkelviolettes Staubblattbündel über die Kronblätter hinaus, deren Färbung von Purpur am Grund nach den Rändern zu in Gelb ausläuft.

Die deutschen Bezeichnungen dieser Gewächse sind alle nicht eben sehr weit hergeholt, angesichts der unverkennbaren Malven-Verwandtschaft, des samtweich behaarten, mal dem Pappel-, mal dem Ahornlaub ähnelnden Blattwerkes. Die prächtige Zimmer- und Wintergartenzierde kann man unschwer selbst nach der vom Fachmann mitgegebenen Kulturanweisung aus dem Samen *(Abutilon hybridum maximum)* ziehen. Sie ist sehr schnellwüchsig und kann schon binnen Halbjahresfrist erstmals zum Blühen kommen.

Acacia
Akazie, Zimmerakazie, „Mimose"

Echte Mimosen *(Mimosa)* haben niemals gelbe Blüten, Akazien immer. Freilich bilden die *Acaciae* eine formenreiche Gattung der Mimosenartigen *(Leguminosae)*: In Tropen und Subtropen wachsen Akazien als Bäume, meist mit weit ausladender Schirmkrone, als stattliche Sträucher oder stachelbewehrte Kletterpflanzen. Sie haben Fiederblattwedel oder auch Blätter mit geschlossenem Rand. *Acacia decurrens var. dealbata* (Silber-Akazie) ist – neben *Acacia podalyriaefolia* – die als Schnittblume meistgehandelte falsche „Mimose". Sie hat graugrüne Fiederblätter und prächtige, mit wohlduftenden gelben Bällchen dichtbesetzte Blütenstengel. Vermeintliche Akazien, die bei uns im Freien wachsen, sind Robinien *(Robinia pseudacacia)*.

Sog. Zimmerakazien lassen sich in sandighumoser Erde an warmem Standplatz als Topfpflanzen aus dem Samen ziehen. Das braucht Geduld und kalkfreies Gießwasser, dann wird aus der Zimmerakazie nach Jahr und Tag eine Balkonakazie im Kübel. Überwintern in einem hellen, nicht über 10 Grad Celsius warmen Raum, sonst entblättert sich die Akazie. Weniger Hege- und Pflegeaufwand erfordert die botanisch eng verwandte und auch im Erscheinungsbild sehr ähnliche „Kinderakazie" → *Albizzia lophantha*.

Acalypha hispida
Katzenschwanz, Nesselschön

In Ostindien und auf Ceylon wildwachsend, hierzulande eine zauberhafte Topfpflanze mit lockerem Gezweig: Vom angestaubt wirkenden Grün der gezähnten Blätter hebt sich alarmierend das leuchtende Amarantrot der bis zu 50 cm langen, wurmförmigen, mit unzähligen winzigen Blütchen besetzten Hängetrauben ab. Die *Acalypha* verlangt weiche, fruchtbare Erde und regelmäßiges Gießen. Vermehrung durch Ableger problemlos.

Acanthus longifolius
Bärenklau

Eine sehr dekorative Schmuckstaude mit fiederteilig-ornamentalen Blättern. Im Sommer trägt sie lippenförmige, hellrosa Blüten in Ähren. Der Acanthus braucht einen sonnigen Standort.

Acer
Ahorn

Die Seifenbaumpflanzen-Familie der Ahorngewächse *(Aceraceae)* zählt botanisch nur zwei Arten der Gattung *Dipteronia* sowie mehr als 150 Arten und Varietäten der Gattung *Acer*, diese vor allem in Nordamerika und Eurasien, nur in Einzelfällen in tropischen Bergwäldern beheimatet. Als „Schraubenflieger" ausgebildete Teilsamen sind eine reizvolle Besonderheit der Bäume und Sträucher umfassenden Ahorngattung, in unseren Breiten vor allem durch folgende Ziergehölze vertreten:

Acer griseum

Bei günstigem Wetter spielt die herbstliche Laubfärbung des *Acer griseum* – eine Besonderheit der Art – ins Orangefarbene. Der Baum wird bis 12 m hoch. Seine Rinde löst sich leicht vom Stamm, der deshalb nicht mechanisch beansprucht werden sollte.

Acer negundo
Eschen-Ahorn

Diese aus Nordamerika stammende Art wurde in Europa vor allem ihres eschenähnlich gefiederten Blattschmucks wegen als Zierpflanze eingeführt. Heute findet man sie vielfach bereits neuerlich – aus Gärten – verwildert vor.

Acer palmatum
Fächerahorn

Das aus Japan stammende Gehölz mit lockerer Belaubung gedeiht auf frischem Boden in halbschattiger Lage. Das Bäumchen wächst langsam und erreicht in der Regel bis 4, selten bis 8 m Höhe. Im Juni und Juli trägt es Purpurblüten in Trauben. Herbstlaubfärbung teilweise karminrot.

Acer palmatum var. atropurbureum, ein baumartiger Strauch von 3–5 m Höhe, hat während der ganzen Vegetationsperiode dunkelweinrotes Laub.

Acer palmatum var. dissectum (Japanischer Schlitzahorn) wächst gedrungen bis 2 m Höhe bei nicht selten größerem Durchmesser. Er hat grob gefiederte, ausgezackte Blätter in Hellgrün oder Rosarot mit dunklerem Saum.

Alle Fächerahornarten mögen keinen Kalk im Boden.

Acer pensylvanicum
Streifenahorn

Ein schnellwüchsiger Baum, dessen junge Knospen ihre schöne rote Farbe mit fortschreitender Entwicklung der Blätter verlieren. Von besonderem Reiz ist die weiße Streifung der grünen, bei älteren Exemplaren des oft mehrstämmigen Gehölzes rotbraunen Rinde. Wuchshöhe: 7-9 m.

Schöne blau-weiße Längsstreifung zeigen auch andere, ebenfalls als Streifen- oder Schlangenhaut-Ahorne bezeichnete Arten wie *Acer callipes* und *Acer davidii*.

Acer platanoides
Spitzahorn

Eine Wildform mit frühfallendem Laub. Seine beträchtlichen Ausmaße (bis 20 m Höhe) machen den Spitzahorn vor allem für Alleen und Parks geeignet. Er trägt aufrechte, doldige Blütenstände.

Acer platanoides ,,Schwedleri" ist eine sehr schöne Spielart mit immerrotem Laub.

Acer pseudoplatanus
Bergahorn

Dem Spitzahorn sehr ähnlich, jedoch mit niederhängenden Blütentrauben.

Acer rubrum
Rotahorn

Dunkelrote Blüte, schon im Juni reife rote Früchte und Herbstfarben zwischen Gelb und Scharlachrot kennzeichnen diesen prächtigen, bei uns maximal 10-15, in seiner kanadischen Heimat 40 m Höhe erreichenden Baum. Sein handtellergroßes Blatt schmückt Kanadas Staatswappen. Der Rotahorn liebt feuchten, toleriert trockenen, jedoch keinen kalkhaltigen Boden.

Achillea
Schafgarbe

In Europa und Asien heimische, anspruchslose Staude, deren niedrige Arten vornehmlich als ganzjährig balkontaugliche Topfpflanzen, die höheren in gemischten Rabatten gehalten werden. Die doldigen Sommer-Blütenstände machen sie auch als Vasenschmuck attraktiv. Häufigste Varietäten:

Achillea ageratifolia var. *aizoon* mit silbergrauen Filigranblättern und weißen Blüten; Wuchshöhe bei 20 cm.

Achillea filipendulina ,,Parkers Varietät" mit graugrünen gefiederten Blättern und goldgelben Blütendolden; Wuchshöhe bis 120 cm.

Die wildwachsende *Gemeine Schafgarbe* (A. millefolium) wird als Beigabe zu Salaten oder für Heilzwecke gesammelt (vgl. hierzu: Norbert Mehler ,,Pilze, Beeren, Kräuter, Heilpflanzen").

Achimenes
Schiefteller

Eine weiß, in Rottönen oder violett blühende Topfpflanzengattung, deren Erscheinungsbild sich sehr viel schöner ausnimmt als ihr deutscher Name. Der weiße Blütenblattsaum hat meist die - von fünf breit abgerundeten Lappen gebildete - Form eines weich gewordenen und verzogenen, eben schiefen Tellers. Der botanische Name (von griechisch α = nicht, *cheimaino* = Kälte ertragend) besagt, daß die im zentralamerikanischen Raum heimischen Gewächse sich in der kalten Jahreszeit auf ihren unterirdischen Teil - kleine, schuppige Rhizome - zurückziehen. Das Grün vertrocknet; die Rhizome lagert man im Erdballen trocken bei 16-18 Grad Raumwärme bis März im folgenden Jahr. Dann löst man sie aus und setzt sie, daumendick bedeckt, in normale Blumenerde oder eine Mischung aus Komposterde, Düngetorf und etwas Sand; etwa 10 Rhizome in einen Topf von 10-20 cm Durchmesser. Um die Monatswende Mai-Juni beginnt - bei normaler Raumtemperatur an einem hellen, aber nicht sonnigen Platz - die 8 bis 10 Wochen und manchmal auch länger währende Blüte.

Aconitum napellus
Blauer Eisenhut

Eine perennierende Wildstaude feuchter und kühler Gegenden, im Garten entsprechend robust. Das Hahnenfußgewächs treibt sehr schöne, tiefblaue Blütenrispen auf etwa 120 cm hohen Stengeln aus. Vier Blütenblätter werden helmartig von einem fünften überdacht, daher der Name. – Vorsicht ist vor allem dann geboten, wenn kleinere Kinder sich im Garten aufhalten (die bekanntlich „alles in den Mund stecken"): Alle Arten des *Aconitum* sind buchstäblich von oben bis unten – nämlich von Blättern und Blüten bis zu den Wurzelknollen – hochgiftig!

Actinidia
Strahlengriffel

Die aus Asien stammenden Actinidien sind kletternde Schlingsträucher mit frühfallendem Laub.
Actinidia kolomikta hat lianenähnlich rankende Zweige mit verschieden getöntem Blattwerk, besonders bei jüngeren Pflanzen: Die Bodenbeschaffenheit, vor allem der Säuregehalt, beeinflussen die Färbung.
Actinidia arguta trägt eßbare, pflaumengroße Beeren („Kiwifrüchte"). Der säuerliche Geschmack des grünen Fruchtfleisches verrät den hohen Vitamin-C-Gehalt. – Der Strahlengriffel ist freilich „zweihäusig"; das heißt, daß man zur Erzielung von Früchten sowohl weibliche als auch männliche Pflanzen benötigt.

Adiantum cuneatum
Frauenhaar, Krullfarn

Als Topf- oder Kastenpflanze (bestens unter Pflanzenschatten in einem Blumenfenster oder Wintergarten gedeihend) einer der schönsten Schmuckfarne überhaupt, mit zahllosen feingezackten oder herzförmigen Blättchen an buschartig ausgreifenden Zweigen. Seine Heimat ist die Amazonas-Region Brasiliens; das bedingt hohe Raumluftfeuchtigkeit und einen schattigen Platz im Zimmer. In der Topferde ist etwas Kalk willkommen. Vermehrung durch Teilung. Nicht mit vollem Wasserschwall begießen, sondern nur – freilich regelmäßig – besprühen und den Boden von unten her feucht halten, was bei allen Farnen wichtig ist.

Aechmea fasciata
Lanzenrosette

Die aus Brasilien stammende Art aus der Familie der Ananasgewächse wird als Blumenfensterpflanze sehr geschätzt, vor allem wegen der ornamentalen Wirkung ihrer an Agaven erinnernden, oft nach außen überhängenden Blätter von blassem Grün mit unregelmäßigen weißen Streifen. Die Blätter sind an der Basis zu einer Kelchform zusammengewachsen, aus der sich über kurzem Stengel die Pyramiden-Ähre der intensiv roten, bisweilen auch gelbgeflammten Blüten erhebt. Die *Aechmea fasciata* braucht Wärme und Feuchtigkeit; ihre Wurzeln ertragen jedoch keinen Wasserstau. Regelmäßiges Besprühen ist am besten. Ableger bilden sich nach der Blüte.

Aeonium

Arten und Sorten dieser Gattung aus der Familie der Dickblattgewächse geizen nicht mit Formen: Manche ähneln einem plattgedrückten Tannenzapfen; andere türmen sich aus einem Ring hauswurzähnlicher, aber über dem Boden freistehender Fleischblatt-Rosetten zu meterhohem Blütenstand – dies allerdings nur an den Mittelmeer-Küsten. Niederwüchsige *Aeonium*-Arten stellen als Heimzierpflanzen in Kübeln und Töpfen wenig Ansprüche, sind aber empfindlich gegen zuviel Feuchtigkeit. Vermehrung ist möglich durch leicht abnehmbare Ableger.

Aesculus hippocastanum
Gemeine Roßkastanie

Ein stattlicher Garten-, Park- und Alleebaum mit üppigem Laubwerk und weißen, rotgemusterten Blütenkerzen im Frühling. Die Früchte und Samen ähneln denjenigen der *Castanea sativa* (Edelkastanie); *Aesculus*-Samen sind jedoch von seifiger Konsistenz und nicht für den menschlichen Verzehr geeignet, wohl aber als stärkereiches Viehfutter bzw. Mastfutter-Zusatz. Feingerieben und in einem geeigneten Behältnis (z.B. Seifendose) gründlich getrocknet, ist das Fruchtfleisch der Roßkastanie tatsächlich als ordinäre Seife (z. B. am Waschfaß im Garten) zu gebrauchen.

Aesculus carnea ist ein Baum mit hellroten Blütenkerzen, der aber nur verhältnismäßig wenig Früchte trägt.

Aesculus parviflora (Strauch-Roßkastanie) ist eine Zierstrauchart mit dekorativen, reinweißen Blüten.

Agapanthus orientalis (A. umbellatus)
Afrikanische Schmucklilie, Blaue Tuberose

Aus Südafrika stammende, sehr attraktive Kübelpflanze. Ihre Wurzelknollen und bandförmigen, weich-ledrigen Blätter gleichen denen der *Iris* (Schwertlilie). *Agapanthus orientalis* oder *A. umbellatus* tragen im Sommer an bis 60 cm hohem Schaft endständige Scheindolden blauer oder weißer Blüten, bis zu 100 an einer Pflanze. Die Blätter sind immergrün; die Pflanze muß jedoch frostfrei überwintern. Ideal ist ein nicht sonderlich heller Platz mit 1–5 Grad Wärme; gelegentlich gießen. Bei höherer Lufttemperatur braucht die Pflanze mehr Licht und mehr Wasser. – Die prächtigen *Agapanthus*-Blütenstengel geben auch sehr dekorative und haltbare Schnittblumen für Vasen und Gestecke ab.

Agave

Aus Trockengebieten Zentralamerikas stammende Charakterpflanze des Mittelmeerraumes, als Topf-Zierpflanze beliebtes Urlaubssouvenir. Zu dessen Gedeihen sind Licht und Wärme unabdingbar; Wasser dagegen darf nie so reichlich gegeben werden, daß es im Untersatz ansteht; im Winter ist Kühle, nicht aber Kälte erwünscht. Die Agave hat fleischige, faserige Lanzett-Blätter, deren mehr oder weniger dornig-gezähnte Ränder weiß oder gelb gesäumt sein können; Grundfarbe ist in der Regel Blaugrün. Das eindrucksvolle Gewächs blüht und besamt sich nur ein einziges Mal (Ähren- oder Ährenprispen-Blüten in der Natur an bis 10 m hohem Schaft), ehe nach nicht selten jahrzehntelangem Pflanzenleben die oberirdischen Teile absterben.

Agaven sind in ihrer Stammheimat vielfach Nutzgewächse (Sisalhanf, Alkoholika wie Pulque und Tequila); der junge Blütenstand der *Agave americana* ergibt geröstet ein vorzügliches Süßgemüse. Vom stets attraktiven Zimmerfenster- zum Balkon- und Terassenschmuck in ansehnlichen Kübeln gedeihen nicht zuletzt die „Königsagave", *Agave victoriae-reginae*, die (durch Ableger) vermehrungsfreudige *Agave ghiesbrechtii* und einige andere, auch nördlich der Alpen im Fachhandel geführte Arten.

Ageratum houstonianum
Leberbalsam

Die in Südamerika heimische, halbstrauchige Pflanze trägt samtige Blütendolden, tiefblau, violett oder weiß. Ihre ohne Unterlaß bis zu den ersten Frösten währende Blüte macht sie zum beliebten Dauerschmuck in Beeten und Rabatten.

Ajuga pyramidalis
Pyramiden-Günsel

Eine wertvolle Bodenbedeckungs-Staude mit metallisch glänzenden Blättern und blauen Blütenähren; gedeiht im Halbschatten ohne besondere Bodenansprüche.

Akebia quinata
Akebie

Das dunkelgrüne Laub dieses mehrere Meter hochrankenden Klettergewächses fällt erst sehr spät im Herbst ab. Im Mai verströmen die bräunlich-violetten Blüten einen angenehmen Duft. Die attraktivste Besonderheit ist jedoch der Fruchtschmuck von August bis Oktober: Die dekorative Wirkung blaubereifter Nierenfrüchte steigert sich noch, wenn diese bei Vollreife aufplatzen und zu samengekörnten Sternen werden.

Albizzia lophantha
Kinderakazie

Eine in sandig-humoser Erde an warmem Standplatz als schnellwüchsige Topf- und Kübelpflanze aus den Samen zu ziehende Schirmakazienart (benannt nach ihrem Entdecker, dem italienischen Naturforscher Albizzi; 18. Jh.). Ihr Erscheinungsbild ähnelt dem der „Zimmerakazie" (→ *Acacia*); die *Albizzia* ist jedoch sehr viel pflegeleichter, wenn auch nicht minder empfindlich gegenüber Wassermangel und Beschneidung der ausladenden Zweige.

Allium
Blumenlauch

Die Gattung *Allium* der Liliengewächse umfaßt rund 300 Arten, darunter etliche eßbare Zwiebelpflanzen (siehe Norbert Mehler: „Pilze, Beeren, Kräuter, Heilpflanzen" in dieser Buchreihe) sowie Stauden, deren kugelige Blüten von bemerkenswerter Schönheit sind. Lediglich ihr stechender Geruch läßt die Anpflanzung etwa unter Parterre-Fenstern oder unmittelbar um Sitzplätze im Garten nicht geraten erscheinen. *Allium* ist mit jedem Standort zufrieden und anspruchslos; die Vermehrung erfolgt durch die Zwiebeln.

Allium giganteum mit großen violett-blauen Blütenköpfen auf einem bis 180 cm hohen Stiel ist wohl die schönste Art. Außer als Gartenschmuckpflanze ist sie auch besonders als haltbare Schnittblume geeignet.

Allium moly erreicht 25 cm Höhe und trägt goldgelbe Dolden.

Allium neapolitanum hat behaarte Blätter und doldenförmige rosa Blüten.

Allium oreophilum, im Mai ebenfalls rosa blühend, wird etwa 15 cm hoch.

Allium schoenoprasum schließlich, der bekannte Schnittlauch, der aus Serbien und Kleinasien stammt, wird etwa 15 cm hoch und blüht im Sommer rosa-violett.

Aloë

Liliengewächs-Gattung afrikanischer Herkunft, in einigen Arten recht problemlos als ausdauernde Topfpflanzen zu kultivieren, die man im Sommer an einem warmen Plätzchen auf Balkon, Terrasse oder auch im Garten aufstellen kann. Die im Mittelmeerraum verwilderte *Aloë africana* kommt nicht selten als Urlaubs-Mitbringsel in nördlichere Breiten. *Aloë aristata* entfaltet silbrige Stachelrosetten, in deren Mitte sich freilich – wie bei allen *Aloë*-Arten – niemals Wasser ansammeln darf. Besonders die *Aloë variegata* gedeiht sehr gut in leicht sandigem und wasserdurchlässigem Boden; Höhe 20–30 cm. Ihre rosafarbenen oder roten, röhrenförmigen Blüten sind in Trauben angeordnet; die fleischigen, intensiv grünen Blätter mit hellen Streifen geschmückt. Vermehrung durch Samen.

Alstroemeria
Inka-Lilie

Die ausdauernde Staude hat rhizomartige Wurzeln und trägt von Juli bis September schöne orangerote, rötlich-braun gestreifte Blüten auf einem etwa 1 m hohen Stengel. Sie sind auch als Schnittblumen begehrt. Der Standort der Staude muß vollsonnig und warm sein. Eine dicke Laubschüttung ist als Winterschutz notwendig. Vermehrung durch Teilung der Rhizome.

Althaea
Stockmalve, Eibisch

Zweijährige, sehr widerstandsfähige Staude. Obwohl sie aus wärmeren Zonen Europas, Afrikas und Asiens stammt, hat sie sich auch nördlich der Alpen bestens akklimatisiert. Wenn sie im Frühling gesät und zu Herbstbeginn an Ort und Stelle gepflanzt wird, trägt sie im folgenden Jahr reiche Blüten. Sie verlangt feuchten Boden und einen sonnigen Standort. Ihr aufrechter Blütenschaft, der manchmal 2 m hoch wird, trägt einfache oder gefüllte Blüten in Weiß, Gelb, Rosa, Lila oder Amarantrot.

Alyssum procumbens
Steinkraut, Schildkraut

Das einjährige Steinkraut wird an Ort und Stelle ausgesät. Ab April/Mai, nach 8 Wochen, blühen die Polsterpflanzen überreich je nach Sorte in Weiß oder Violett; Höhe 10–20 cm.

Alyssum saxatile
Echtes oder Felsen-Steinkraut

Ausdauernde, gelbblühende Stauden von 20–30 cm Höhe. Es gibt auch einjährige Spielarten mit gestreiften Blüten, die wenig Pflege brauchen und gut an Mauern oder zwischen Steinen, auch an und auf Balkonbrüstungen und Terrassen-Terrain gedeihen, wenn da nur (Südlage!) genügend Licht hinkommt. *Alyssum saxatile* wird im Frühjahr im Warmhaus (am Blumenfenster) gesät und im Herbst ausgepflanzt, damit es im Frühjahr darauf blüht.

Amaranthus caudatus
Garten-Fuchsschwanz

Diese Einjahrespflanze tropischer Herkunft erreicht auch in unseren Breiten beachtliche Ausmaße (bis 1 m Höhe). Sie trägt frühfallendes Laub und merkwürdig schwanzförmige Hängeblütenstände in dunklem Karmesinrot.

Amaranthus tricolor hat hellgrüne Blätter mit roten Spitzen und grünlich-weiße Blüten.

Amaryllis

Volkstümlich gewordene Bezeichnung als Topfpflanze geschätzter Zwiebelgewächse der Gattung → *Hippeastrum* (Ritterstern).

Amelanchier canadensis
Felsenbirne

Ein stattlicher Strauch mit weißen Blütentrauben. Die ovalen, gezahnten Blätter entwickeln eine prachtvolle, orangerote Herbstfärbung.

Amelanchier ovalis findet sich als Wildform mit filzig behaartem Laub an felsigen Berghängen. Die hier etwa haselnußgroßen Früchte sind genießbar.

Ammophila arenaria
Helmgras

Ein 80 bis maximal 120 cm hochwachsender Strandhafer, auch Dünengras genannt, da sein dichtes Wurzelgeflecht sandiges Erdreich zu befestigen vermag. Die Blattspitzen stechen. Die ausdauernde Graspflanze bildet einblütige Ährchen aus.

Ampelopsis
Selbstklimmerwein, Doldenrebe

Die botanischen Namen *Ampelopsis veitchii* und *Parthenocissus tricuspidata* bezeichnen ein und dasselbe Gewächs, das dank seines scharlachfarbenen oder dunkelkarminroten Herbstlaubs zu den dekorativsten Kletterpflanzen in unseren Breiten zählt. Die dreilappigen Blätter sind etwa 12 cm lang. Die 10–15 m hochkletternde Pflanze hält sich mit Wickelranken und Saugnäpfen auch an glatten Röhren oder Wänden. Durch Schneiden und Binden im Frühjahr kann man ihr Auswuchern zügeln und selbst bestimmen, wo und wie weit die Weinranken Laube, Terrasse oder Balkon schmücken sollen. Der „Zimmerwein" *Ampelopsis orientalis* ist eine bestens für Fensterampeln oder Spaliergitter in hellen Räumen geeignete, maßstabgerecht verkleinerte Ausgabe des Selbstklimmerweins. Sie ist im Sommer sehr durstig und scheut die offene, grelle Mittagssonne, im Winter hat sie es gerne kühl. Locker-humose Erde läßt sie prachtvoll gedeihen.

Ananas comosus

Auch als *Ananas sativus* geführte, im tropischen Südamerika heimische Fruchtpflanze, die bei uns als exotische Topfpflanze kultiviert werden kann. Aus dem sehr kurzen Schaft entwickelt sich ein Kranz langer, fleischiger, herabhängender Blätter mit Stachelspitzen; darüber erhebt sich ein Blumenstiel mit purpurroter Blüte. Besonders reizvoll ist die Varietät mit weißgestreiften, in Rot überlaufenden Blättern. Die *Ananas* verlangt naturgemäß viel Wärme. Die Vermehrung erfolgt durch Seitentriebe, die sich zu Frühjahrsende bilden.

Anchusa
Ochsenzunge

Eine Gattung leicht kultivierbarer, bis 1 m hoher perennierender Stauden, deren zungenförmige Blätter behaart und deren Blütentrauben von leuchtendem Blau oder Purpur sind. Es gibt etwa 40 Arten. Wohl die schönste Sorte ist *Anchusa italica* „Dropmore" mit enzianblauen Blütenrispen. Die Heimat der Ochsenzunge ist der Mittelmeerraum, daher braucht die Pflanze in kälteren Gegenden Winterschutz durch Anhäufeln.

Androsace
Mannsschild

Die Gattung umfaßt einjährige Pflanzen und ausdauernde Stauden, die auf Steinen oder Kieslagern Polster bilden. Ihre kriechenden

Wurzelsprossen bilden Ableger. Im Sommer stehen die weißen oder rosa Blüten in pastellfarbenem Kontrast zum hellgrünen Laub.

Anemone

Eine artenreiche Gattung der Hahnenfußgewächse. Einige wenige Arten sind Halbsträucher, die weitaus meisten ausdauernde Kräuter, manche in wildwachsenden Zwergformen.

Anemone blanda in Sorten (blau, weiß und rosa) wird als kleines Knöllchen gepflanzt und bringt im Frühjahr einen ganzen Teppich sternähnlicher Blüten hervor.

Anemone hepatica triloba (Leberblümchen) ist ebenfalls himmel- oder tiefblau, weiß oder rosarot und in Europa auf den Voralpenhängen weit verbreitet. Bevorzugt: frischer, torfiger Boden.

Anemone nemorosa (Buschwindröschen, Kuckucksblume, Osterblume), einer der frühesten Frühlingsblüher, liebt weichen, feuchten Boden an einem waldigen, schattigen Standort. Die weißen Sternblüten sind über Nacht, bei schlechtem Wetter auch tagsüber geschlossen.

Anemone pulsatilla vulgaris (Kuhschelle, Küchenschelle) siehe → *Pulsatilla vulgaris*.

Alle diese Arten, einschließlich der *Pulsatilla*, eignen sich vorzüglich als Steingartenpflanzen. Andere, wie *Anemone coronaria* (Kronen-Anemone) und ihre Hybriden, werden als Schnittblumen kultiviert.

Nach dem Verblühen, wenn die Blätter gilben, nimmt man die Knollen aus der Erde; sie werden bei Tageslicht getrocknet, bis zum Herbst aufgehoben und dann neuerlich eingepflanzt.

Anemone japonica und *Anemone vitifolia*, die Herbstanemonen, sind ausdauernde Stauden, die von Spätsommer bis Spätherbst blühen. Sie haben bis 1 m hohe Stengel und einfache oder halbgefüllte, schöne, lockerstehende Blüten in Weiß, Rosa oder blassem Violett. Besonders geeignet sind sie für gemischte Rabatten oder Einzelgruppen an kühlen, schattigen Stellen. Sie brauchen lockeren Boden. Vermehrung durch Teilung des Wurzelstocks.

Anomatheca cruenta
Lapeyronsia

Diese anmutige, ausdauernde Gartenzierde des sonnigen Südens muß bei uns – von einigen wenigen, klimatisch besonders begünstigten Landstrichen abgesehen – als Zimmerpflanze im Topf kultiviert werden. Sie wächst aus Knollen, hat langlineare Blätter und treibt auf einem 15–20 cm langen Stengel hübsche karminrote, am Grund dunkelgefleckte Blüten. Diese halten sich von April bis Juni.

Anthemis
Hundskamille

Korbblütler-Gattung kleiner Einjahrespflanzen, die sich selbst aussäen, sowie margeritenähnlich blühender ausdauernder Kräuter – nicht zu verwechseln mit der Echt-Kamillen-Gattung *Matricaria*. *Anthemis*-Arten und -Sorten blühen im Sommer weiß, gelb oder rosafarben.

Anthericum liliago
Astlose Graslilie

Süd- und mitteleuropäische Art einer vorwiegend in Afrika beheimateten Gattung der Liliengewächse. Die bisweilen mehr als 90 cm langen Stengel tragen weiße, den Lilien sehr ähnliche Blüten. Die im Sommer blühende Staude wächst aus Rhizomen und braucht einen Standort ohne stauende Nässe.

Anthurium
Flamingoblume

Anthurium gehört zu den beliebtesten und dankbarsten Zimmerpflanzen. Diese Gattung der Aronstabgewächse umfaßt überwiegend Kräuter, vielfach kletternde Arten, sowie einige Sträucher. Für die Heimgestaltung von Bedeutung ist eine andere Aufteilung:

1. Die Blätter sind von besonderer Schmuckwirkung u. a. bei *Anthurium crystallinum* (Blätter herzförmig, bis 50 cm breit und bis 60 cm lang, olivgrün mit heller Aderung) oder *Anthurium veitchii* (schwere, bis meterlange Hängeblätter, metallisch glänzend, bei Jungpflanzen ins Kupferfarbene spielend, später dunkelgrün).

2. Die Blüten – bzw. was wir dafür halten – sind in Wahrheit buntgefärbte Hochblätter, die den eigentlichen Blütenstand, einen gelben Kolben, umgeben. Die Scheinblüte kann weiß, rosa, orange oder auch in dunkleren Rotschattierungen gefärbt sein. Bei *Anthurium andreanum* und *Anthurium cultorum* fällt ihr Glanz auf; bei *Anthurium hortulanorum* und *Anthurium scherzerianum* ist sie matt, dafür setzen die bei diesen Arten spiralig gedrehten Kolben einen besonderen Akzent. Gewürznelkenduft verströmen die Blüten des *Anthurium crystallinum*.

3. Die Früchte sind der besondere Schmuck einiger grünlaubiger und meist klein-„blütiger" Arten wie *Anthurium bakeri* (leuchtend rote Beeren), *Anthurium scandens* (weiße Beeren an fingerlangem Fruchtstand) und speziell der Sorte *Anthurium scandens var. violaceum* (violette Beeren).

Die aus dem tropischen Amerika stammenden Flamingoblumen brauchen sehr leichten, lockeren Boden mit gutem Wasserabzug; Untermengen von Torfmull in Brocken, Holzkohlestückchen oder grobem Styropor-Gebrösel ist zu empfehlen. Die beste Raumtemperatur liegt bei 18–20 Grad; nur *Anthurium hortulanorum* und *A. scherzerianum* danken eine winterliche Abkühlung während etwa zwei Monaten auf um 16 Grad bei mehr Licht und weniger Feuchtigkeit, als den übrigen Arten zuträglich ist. Diese sind bei hoher Luftfeuchtigkeit nur sparsam zu übersprühen; offene Sonne ist zu meiden.

Antirrhinum majus
Löwenmaul

Eine aus dem Mittelmeerraum stammende Staude, die bei uns jedoch als einjährige Pflanze kultiviert wird. Bei Aussaat im April im Frühbeetkasten pflanzt man sie im Mai ins Freie, wo sie bereits im Sommer an 40–80 cm hohen Stengeln in vielen Farben blüht. Verwendung überwiegend als Schnittblume. Die Blüte läßt sich durch leichten beidseitigen Druck wie ein „Mäulchen" öffnen und klappt bei Nachlassen des Drucks selbsttätig wieder zu – daher der volkstümliche Name.

Aphelandra
Glanzkölbchen

Gelb, rosa oder rotblühende Topfpflanzen einer Akanthusgewächs-Gattung. Die dunkelgrünen, elliptischen Blätter sind silberweiß genervt. Ausgangsformen der *Aphelandra*-Hybriden kommen aus den warmen Gegenden des amerikanischen Kontinents. Die Pflanzen werden ausschließlich im Gewächshaus herangezogen und gedeihen am besten in ausgebauten Blumenfenstern mit feuchtwarmer Luft (nie unter 16 Grad Wärme). Sie benötigen einen humusreichen, durchlässigen Boden, dem vor der Blüte Nährsalze zugeführt werden.

Aquilegia
Akelei

In Berg- und Hügellandschaften ganz Europas weit verbreitete, ausdauernde Wildstauden mit charakteristischen Blüten in Violett-Nuancen, bei handelsüblichen Hybriden auch weiß, gelb, rot, blau und zweifarbig. Spornförmige Honigblatt-Fortsätze bekrönen die hängenden Blüten. Akelei, als Pflanzen und Samen im Handel, gedeihen im Halbschatten und sind ein Schmuck für feuchte Gartenflecken.

Arabis alpina
Alpen-Gänsekresse

Eine ausdauernde, kriechende Polsterstaude, die im Frühling in weißen und rosa Trauben blüht. Man sät im Frühjahr aus und versetzt die Jungpflanzen im Spätsommer an den endgültigen Standort, vorzugsweise im Steingarten, an Gartenmäuerchen, aber auch in Rabatten.

Aralia elata
Aralie

Ein bizarr und nicht selten mehrstämmig fünf und mehr Meter hoch wachsender, mit Stacheln besetzter Exote unter den Ziersträuchern. Seine bis 1 m langen Fiederblätter halten sich in waagerechter Lage; seine gelblichweißen Trugdolden prangen im August und September mit oft über 40 cm Durchmesser. Dieses eindrucksvolle Solitärgehölz braucht Sonne und einen kräftigen Boden.

Araucaria excelsa
Zimmertanne

Die pazifische Schwester der *Araucaria araucana* (Andentanne) erreicht in ihrer Heimat, auf den Norfolk-Inseln nördlich Neuseelands, 50 m und mehr Auswuchshöhe. Als Zimmertanne braucht sie einen hellen, jedoch nicht offen sonnigen Standort und viel frische Luft, etwa in einem frostfreien Gartenzimmer (nicht unter 3 und nicht über 10 Grad Wärme im Winter). Umtopfen alle zwei bis drei Jahre: in eine Mischung aus Kompost- und Heideerde mit Sand- und Lehmerde-Zusatz. In der Trockenluft geschlossener, zentralbeheizter Räume wird das schmucke Bäumchen – das botanisch gar keine Tanne (*Abies*) ist – nicht alt.

Arctotis
Bährenohr

40–50 cm hohe Stauden südafrikanischen Ursprungs, die bei uns als Einjahrespflanzen kultiviert werden. Die langgestielten Blüten ähneln Margeriten: sie haben reinweiße Blütenblätter mit lilafarbener Rückseite und ein bläuliches, gelb getüpfeltes Innenkissen. *Arctotis* wird im Frühling an Ort und Stelle – in besonnten, durchlässigen Boden – ausgesät.

Aristolochia durior
Pfeifenwinde

Ein völlig winterhartes, stark schlingendes Klettergewächs, das Pergolas bestens beschatten und Hauswände bis 10 m Höhe bewachsen kann. Die herzförmigen Blätter am grünen Gezweig können zwei Handspannen Breite erreichen. Charakteristisch sind die pfeifenartig schlanken, außen gelbgrün, innen rotbraun gefärbten Blüten im Juni. Bekommt die Pfeifenwinde – etwa an Haus-Südwänden – zuviel Sonne, braucht sie gut feuchten Boden. Am zweckmäßigsten stellt man dieser Schlingpflanze ein Gitter zur Verfügung, an dem sie sich gut haftend hochranken kann.

121

Armeria
Grasnelke

Polsterstauden, die schon altrömische Gärten schmückten. Ihre in Mitteleuropa gedeihenden Arten treiben über einer der Erde aufliegenden Blattrosette dünne Stengel mit weißen, gelben, rosa oder lila Blüten. Die Grasnelke eignet sich bestens für Beetrandbepflanzungen und Steingärten. Im Herbst betreibt man die Vermehrung durch Aussäen oder Stockteilung.

Arnica montana
Berg-Wohlverleih

Ein ausdauerndes Arzneikraut, auf sauren Wiesen und im Gebirge wild wachsend, aber auch als Gartenschmuck kultivierbar. Arnica blüht im Sommer: eine Art dottergelber Margerite auf 30-40 cm hohem Stengel. Die Blüten sind stets etwas zerzaust, die lanzettförmigen Blätter samtig. – Vorsicht bei Hausmittel-Rezepten: *Arnica* wirkt bei zu hoher Dosierung giftig! (Siehe auch: *Norbert Mehler, „Pilze, Beeren, Kräuter, Heilpflanzen"* in dieser Buchreihe).

Arum
Aronstab

Gattung von Knollen-Stauden, die Schatten und feuchten Boden lieben. Sie bilden Büschel grüner oder rötlich getupfter Blätter. Die stattliche weiße Blütenscheide hat die Form einer aufgeschnittenen und umgekehrten Spitztüte: Einschnürung unten, dornartig gekrümmte oder verdrehte Spitze oben. Aronstab-Arten sind recht anspruchslos als lockere Unterpflanzung oder an nördlichen Mauerseiten. Vorsicht: Die roten Beeren der bis 50 cm hohen Pflanze sind giftig!

Aruncus sylvester
Geißbart

Sehr dekorative Wildstaude an feuchten, schattigen Stellen. Sie bildet im Sommer prächtige, federbuschartige Rispen cremefarbener Blüten. Ihre lanzettförmigen Blätter ähneln stark jenen der *Aquilegia* (Akelei). Der Geißbart kann bis zu 2 m Höhe erreichen und liefert so mit seinen schönen Blütenrispen sehr ansehnliche Sträuße für die Bodenvase.

Arundinaria
Bambusa – Phyllostachys – Sasa

Zur Gruppe der landläufig als Bambus bezeichneten Gräser gehören insgesamt etwa 250 Arten, deren Wuchs-Skala von Zwergformen bis zu baummähnlichen Gewächsen reicht. Ihre Blätter sind lang, schmal, spitz, grün oder gescheckt. Ihr verholztes, durch Knoten gegliedertes Schaftrohr diente Naturvölkern in den Ursprungsländern – Asien, Ozeanien, Amerika – seit Urzeiten zu zahllosen Nutzzwecken, vom Haus- und Musikinstrumentenbau über Waffen- und Werkzeugfertigung bis zur Schmuckgestaltung. – Der Bambus braucht feuchtes oder sumpfiges Gelände; bei uns gedeihen nur einige wenige Arten in sehr milden Lagen. Als wetterhärteste Varietät gilt *Sinarundinaria nitida,* die auch in Mitteleuropa an günstigem Standort über mannshoch werden kann.

Arundo donax
Italienisches Rohr, Pfahlrohr

Eine Rohrgrasstaude mit seidig schimmernden, rötlichen Blütenrispen. Mit zunehmendem Alter tendiert ihr Grün ins Silbergraue. In hinreichend feuchtem Gelände als Windschutz gepflanzt, wird die Pfahlrohrwand bis 3 m hoch.

Asarum europaeum
Europäische Haselwurz

Eine niedrig wachsende Staude, die sich im Kühlen, Schattigen – beispielsweise eben unter Haselsträuchern – wohlfühlt. Sie treibt aus einer kriechenden Knolle nierenförmig-lederige, wintergrüne Blätter und im frühen Lenz an dünnem Stiel dekorative Einzelblüten. Deren Glocken sind außen von staubigem Grün, innen blaßviolett bis blaßrotbraun. *Asarum* wird als Polsterpflanze in Steingärten und Rabatten ausgesät oder durch Teilung der Rhizome vermehrt.

Asclepias tuberosa
Seidenpflanze

Im Durchschnitt 50 cm hohe Staude, die im Sommer blüht. Ihre starken Stengel tragen achselständige, duftende Blütenbüschel von orangegelber Farbe. Es gibt zahlreiche Varietäten, und alle eignen sich für jeden Boden; die Vermehrung erfolgt durch Teilung der Wurzelstöcke. In kalten Gegenden muß man den Stock durch Anhäufeln von Laubwerk den Winter über schützen.

Asparagus
Spargelgrün, Zierspargel

Filigranartiges Blattwerk an elegant schwingenden Zweigen machen den Grünwuchs sowohl des *Asparagus officinalis* (Gemüsespargel) als auch südafrikanischer Zierformen wie *Asparagus plumosus* und *Asparagus sprengeri* zu nachgerade unerläßlichen Gestaltungsmitteln in der Blumenbinderei. *Asparagus* wächst staudig oder strauchig, in einigen Arten rankend, und bevorzugt leichten, auch sandigen Boden. Kleine rote Beerenfrüchte erhöhen den Schmuckwert der – zum Teil ausschließlich im Gewächshaus gezogenen – Zierformen. Sie sind empfindlich gegen Kälte, müssen im Freiland über den Winter abgedeckt werden und vermehren sich durch Teilung der Rhizome im Spätsommer.

Asperula
Waldmeister

Die zweifellos bekannteste Art ist die Laubwaldstaude *Asperula odorata*, der weiß blühende, duftende, aber nicht sonderlich dekorative Bowlen-Waldmeister. Im Gebirge heimisch sind dagegen die in Rosafarben üppig blühenden, als Polsterstauden Garten, Blumentopf oder Balkonkästen zierenden Arten. Sie brauchen Licht, humosen Boden und im Winter Schutz vor Nässe.

Asphodelus albus
Affodil

An feuchten, schattigen Stellen bildet die Wildstaude einen etwa meterhohen Schopf in Graugrün. Sie blüht im Frühling in dicht besetzten weißen Rispen oder Trauben an unbelaubtem Schaft. Der Affodil – ein Liliengewächs – hat Knollen-Wurzeln und läßt sich durch Teilung vermehren.

Aspidistra elatior
Schildblume, Sternschild, Schusterpalme

Das satte Dunkelgrün des aus Japan stammenden Liliengewächses ist bei der Sorte „Variegata" weiß oder gelblichweiß längsgestreift. Die unscheinbaren Blütchen, die kaum aus der Erde herausschauen, werden vielfach nicht einmal bemerkt unterm ausladenden Schopf der dichtstehenden und nach außen überhängenden Lanzettblätter. Gerade weil diese kraftstrotzende Blattpflanze scheinbar niemals Blüten treibt, findet sie weniger Beachtung, als ihr angemessen wäre. Denn diese Blattzier, die auf dem Balkon Singvögel zum Nestbau zu animieren vermag, überlebt auch in der tristesten Kammer, auf Dielenkommode oder Treppenabsatz, wenn man ihr nur das bißchen Wasser zukommen läßt, das sie unabdingbar benötigt. Sobald man ihr ein bißchen mehr Licht und Luft, nahrhaftere Erde und gegebenenfalls (nur März/April umpflanzen!) einen größeren Topf gönnt, dankt sie das mit attraktiven Blatt-Wachstumsschüben.

Asplenium
Streifenfarn

Eine annähernd 700 Arten zählende Gattung der Tüpfelfarn-Familie mit weltweiter Verbreitung in vielen Formen, von den Wildfarnen der Wälder und Gebirge bis zu den Topffarnen im Zimmer. Sie mögen Feuchtigkeit, aber keine rauchige Luft. Kalk im Boden ist je nach Art des Farns willkommen, toleriert oder schädlich – so bei *Asplenium adiantum-nigrum* (Schwarzer Streifenfarn). Besonders hübsch ist der – nur im tropisch klimatisierten Blumenfenster gedeihende – Nestfarn *Asplenium nidus avis,* den man in Korkrinde oder Korkkästchen mit Sumpfmoos pflanzt, wie viele Orchideen.

Aster

Zur Gattung der Astern gehören zahlreiche Einjahresblumen und perennierende Stauden. In der Höhe variieren die Arten von 10 bis 150 cm. Bei den Staudenastern gibt es Frühlings-, Sommer- und Herbstblüher in vielen Farben, vornehmlich zwischen Weiß, Rot und Blau. Die auch als Schnittblumen geschätzten Blüten sind kleiner als bei den einjährigen Arten, aber dafür zahlreicher, in zumeist rispiger Anordnung. Die einjährigen Astern können einfache oder gefüllte Blüten haben. Am bekanntesten sind, neben den einfachen Astern, Pompon-, Prinzeß- und Chrysanthemen-Astern sowie neuere Zwergformen, die gleich vom Boden aus zahlreiche Blüten treiben. Man pflanzt sie in Beeten.

Die Kultur von Astern bietet keine Schwierigkeiten. Sie können ausgesät werden; bei den Stauden ist es jedoch besser, sich ein Exemplar der gewünschten Art zu kaufen und durch Teilung im Spätherbst oder zeitigen Frühjahr zu vermehren. Es ist ratsam, dies alljährlich zu wiederholen.

Aster alpinus, eine ausdauernde Pflanze, wächst wild auf Bergwiesen; sie hat große, bläulich violette Strahlenblüten mit gelbem Herzen. Bei handelsüblichen Steingartenformen können die Blüten auch weiß oder rot sein. Blüte im Juni oder Juli.

Callistephus chinensis (Sommeraster) bildet eine eigene Gattung mit nur einer einjährigen Art, jedoch einer unbestimmbar hohen Zahl von Zuchtsorten.

Astilbe
Prachtspiere

Eine Staude überwiegend asiatischen Ursprungs, die schattig-kühle, feuchte Standorte bevorzugt, weshalb man sie oft mit Wasserpflanzen zusammengibt. Ihre Hybriden blühen je nach Sorte von Juli bis September in Cremeweiß und vielen Rotschattierungen von Rosa bis Purpur. Auch das Blattwerk ist sehr dekorativ. Vermehrung durch Teilung der Wurzelstöcke. Die Astilbe braucht einen humusreichen Boden und regelmäßige Wässerung, dann kann sie bis zu 1 m Höhe erreichen.

Astrantia maxima
Sterndolde

Eine Staude für feuchte, halbschattige Stellen. Ihr geteiltes Blattwerk aus lanzettförmigen Fingern fällt im Frühherbst ab. Im Sommer entfalten sich rosafarbene Scheinblüten. Vermehrung durch Teilung im Herbst oder Aussaat im Frühjahr, unmittelbar nach dem Reifen der Samen.

Aubrietia deltoidea
Blaukissen, Purpurkissen

Die niedere, kriechende Polsterstaude stammt aus dem Mittelmeerraum. Ihre festen Blüten, die wie Sternchen aussehen, erscheinen im April/Mai in lebhaften Tönungen von Dunkelblau bis Rotviolett, bei manchen Steingartenformen in Weiß. Als Mauerschmuck verwendet, breitet sich das Blaukissen kaskadenartig aus. Vermehrung durch Stecklinge, besser jedoch durch Aussaat.

Aucuba japonica
Goldorange, Metzgerpalme

In seiner japanischen Heimat nennt man dieses gelbgrün beblätterte Hartriegelgewächs *Aokiba*. Es ist eine früher oft in den Schaufenstern von Fleischerei- und Fischgeschäften aufgestellte, sehr anspruchslose und dabei ausgesprochen ansehnliche, immergrüne Topfpflanze, die vom Hochfrühling bis Frühherbst auch im Garten gedeiht, wenn man sie während der kalten Jahreszeit in einem Raum unterbringt, dessen Lufttemperatur nicht unter etwa 5 Grad Celsius absinkt. In durchgehend wohnlich temperierten Räumen besteht lediglich die Gefahr des Blattlausbefalls, dem bei den ersten Anzeichen entgegengewirkt werden sollte.

Avena sempervirens
Blaustrahlhafer

Eines der beliebtesten Ziergräser unserer Gärten. Die blaugrauen Halme des ausdauernden Staudengewächses werden 30 cm, die grazilen und dekorativen Sommerblütenstände halbmeterhoch.

Azalea
Azalee, Alpenrose, siehe → *Rhododendron*

Bambusa
Bambus, siehe → *Arundinaria*

Begonia
Begonie, Schiefblatt

Diese Gattung umfaßt insgesamt über 1000 verschiedene Arten. Den deutschen Namen verdanken sie der Eigenart, in der Regel ungleichseitige, also „schiefe" Blätter auszubilden. Nach ihrem Verwendungszweck lassen sich unterscheiden: einerseits Freiland-Begonien für die Bepflanzung von Rabatten oder Beeten, andererseits Topfpflanzen.

Begonia semperflorens – im Volksmund „Fleißiges Lieschen" genannt, von niedrigem Wuchs, weiß-, rosa- oder rotblühend – eignen sich besonders für Beet- und Kastenbepflanzung. Vermehrung durch Aussaat. (Zu „Fleißiges Lieschen" siehe auch → *Impatiens sultanii* bzw. *I. walleriana*.)

Knollenbegonien werden etwas höher und haben meist gefüllte Blüten. Auch sie gedeihen im Freiland ebensogut wie in Balkonkästen oder Kübeln.

Blattbegonien zeichnen sich nicht zuletzt durch besonders schöne Blattzeichnungen aus. Sie sind dankbare Zimmerpflanzen, scheuen aber volle Sonne.

Lorraine- oder *Elatiorbegonien* mit ihrem reichen Blütenflor in Rot und Rosa sind begehrte Topfpflanzen, die nicht nur selbst höchsten Ansprüchen genügen, sondern deren Pflegeansprüchen wir auch selbst genügen müssen, idealerweise in wohlklimatisierten Blumenfenstern.

Strauchbegonien wie die leuchtend korallenrot blühende *Begonia corallina* oder die roseeblütige *Begonia luzerna* mit ihrem farbenfrohen Blattwerk scheuen heißes Sonnenlicht und kalkhaltiges Wasser und begehren fachmännisch gemixte „Begonienerde" im Topf.

Hänge- und *Kletterbegonien* sowie die „Farnbegonie" *B. foliosa* sind verhältnismäßig seltene, dabei nicht anspruchsvollere und ganz gewiß nicht minder reizvolle Arten und Sorten derselben Gattung.

Bellis perennis
Gänseblümchen, Maßliebchen

Das weiß- oder rotblühende Gänseblümchen aller Wiesen, in den durch Kreuzungen geschaffenen Kulturformen meist mit gefüllten Blüten, auch weiß mit strahlig einlaufendem rotem Rand. Entgegen seiner lateinischen Bezeichnung wird *Bellis perennis* nicht als perennierende Staude, sondern als Zweijahrespflanze kultiviert: im Sommer ausgesät, im Herbst versetzt, worauf sie im kommenden Frühling blüht.

Berberis
Berberitze

Eine außerordentlich vielgestaltige Gattung teils sommer-, teils immergrüner Sträucher mit meist gelben Blüten und leuchtend roten oder schwarzen Beerenfrüchten. Herbstliche Laubfärbung meist feurig rot. Die immergrünen Arten brauchen im Sommer Windschutz und scheuen zu viel Sonne, im Gegensatz zu den Arten, die ihr Laub verlieren. Alle Berberitzen tolerieren bestens auch trockene, sandige Böden. Es gibt Zwergformen für den Steingarten und starkwüchsige Gehölze zur Einzel- und Heckenpflanzung.

Berberis polyantha aus China kann 3 m Höhe erreichen. Sie hat hellgrünes Laub, im Juni und Juli bis 12 cm lange Blütentrauben in dunklem Gelb und von August bis Oktober herrlich lachsrote Früchte.

Berberis thunbergii aus Japan bildet 2-3 m hohe Hecken aus kantig geformten, rotbraunen Zweigen. Im Mai erscheinen große gelbe Blüten, oft mit rötlicher Außenseite; die korallenroten Früchte halten sich bis in den Winter. Herbstlaubfärbung leuchtend rot, auch bei der *Berberis thunbergii var. atropurpurea* (Blutberberitze), deren Blattwerk zuvor bronzerot, bei der Zwergform (maximal 60 cm) *var. atropurpurea nana* dunkelpurpurbraun ist. Diese Arten vertragen – im Gegensatz zu anderen Berberitzen – keinen Kalk.

Berberis verruculosa (Warzenberberitze) wird nur bis etwa 2 m hoch, hat dicht mit kleinen braunen Warzen besetztes, leicht überhängendes Gezweig und besonders kleine, beidseitig dornbewehrte, an sich immergrüne Blätter, deren Färbung nur da und dort im Herbst ins Scharlachrote übergeht. Blüte von Mai bis Juni; Früchte – schwarz mit blauer Bereifung – August bis Oktober. Ein genügsamer Strauch für Steingärten und als Zierhecke, die nicht beschnitten werden sollte.

Bergenia

Steinbrechgewächs-Gattung immergrüner Stauden mit großen, z. T. ledrigen Blättern, die sich im Herbst je nach Art braun bis dunkelrot verfärben können. Blüten hellrosa bis dunkelpurpur.

Betula
Birke

Die Gattung *Betula* umfaßt zahlreiche wildwachsende Arten meist skandinavischen Ursprungs. Die glatte weiße oder bräunliche, schwarz gefleckte Baumrinde und das sehr hübsche, im Wind spielende Laub machen Birken besonders reizvoll als Gartenschmuck. Manche Arten haben hängende Zweige.

Billbergia nutans
Zimmerhafer

Die grasartige Topfpflanze lebt in ihrer brasilianischen Heimat als Aufsitzer *(Epiphyte)* auf Bäumen und ist eine *Bromeliazee*, d. h. eine Verwandte der → *Ananas*. Sie braucht Licht, jedoch keine brennende Sonne, nie weniger als 14 Wärmegrade und das Wasser als Guß direkt ins Herz der Pflanze; dieses ist nicht täglich vonnöten, und zuvor gut begossen, übersteht die *Billbergia* auch einen nicht zu langen Urlaub ohne Pflege, zumal in guter, nahrhafter „Bromelienerde". Sind die genannten Voraussetzungen erfüllt, entpuppt sich die vermeintliche Nur-Blattpflanze nach Jahr und Tag als zauberhafte Blütenpflanze mit rosa oder rot gefärbten Hochblättern und blau bis violett, bei manchen Kreuzungen auch lila bis rötlich oder gelblichgrün prangenden Blütenähren, die bei der *Billbergia nutans* tändelnd niederhängen.

Bougainvillea
Drillingsblume

In ihrer südamerikanischen Heimat sind die *Bougainvillea* bis 5 m Höhe erreichende Klettersträucher, die sich bei uns jedoch nur in wesentlich bescheideneren Ausmaßen - am besten im Gewächshaus - halten lassen. Dazu pflanzt man sie im April in einen Topf mit Blumenerde und düngt sie bis August wöchentlich mit Blumendünger. Zieht man sie als Topfpflanzen, kann man ihnen im Sommer jedoch getrost auch ein besonders warmes, sonniges Plätzchen im Freien geben. Im Winter brauchen sie ebenfalls einen recht hellen Standort in einem gut durchlüfteten Raum. Als Zierpflanzen geschätzt sind bei uns vor allem *Bougainvillea glabra* (Überwinterung bei 6 bis 8 Grad Wärme) mit glatten und *Bougainvillea spectabilis* (um 12 Grad) mit behaarten Blättern. Von besonderem Reiz sind ihre meist orange- bis purpurrot, hell-lila, seltener weiß gefärbten Scheinblüten. In der Behandlung sind sie etwas heikel; sie sollte daher streng nach Vorschrift des Zuchtbetriebes erfolgen.

Bromelia

Diese namengebende Gattung der Ananasgewächse *(Bromeliaceae)* liefert auf den Antillen und in Argentinien sisalähnliche Bromeliafasern sowie - an einigen der 40 Arten - fast hühnereigroße, eßbare Beerenfrüchte. Die bei uns vielfach landläufig als „Bromelien" bezeichneten Topf- und Kübelpflanzen sind botanisch keine *Bromelia*-Arten und -Sorten, sondern Vertreter der *Bromeliazeen*-Gattungen → *Aechmea*, → *Ananas*, → *Billbergia*, → *Guzmania* (auch *Caraguata* genannt), → *Nidularium* und → *Vriesea*. Ihnen allen gemeinsam ist ein - für viele andere Pflanzen nachgerade tödliches - Pflegebegehren: Die *Bromeliazeen* brauchen den Wasserguß mitten ins Herz der Pflanze, da bei ihnen vornehmlich nicht die Wurzeln, sondern die beschuppten Blätter zur Nahrungsaufnahme dienen.

Browallia speciosa

Die als Topfpflanze empfehlenswerteste Art der im tropischen Amerika heimischen Nachtschattengewächs-Gattung der *Browallien:* ein maximal 50 cm hoher, reichverzweigter Halbstrauch mit besonders ausdauernden und großen blauen, im Kronschlund weißen Blüten (bis 5 cm Durchmesser). Februar-Saat im Gewächshaus, einmal pikieren; danach setzt man je vier Stecklinge in einen 12-cm-Topf. Ab Mai beginnt die Blüte auch im Kalthaus; mehr Wärme bewirkt mehr Wuchshöhe. Weitere Vermehrung problemlos durch Stecklinge.

Brunnera macrophylla

Perennierende Staude bis 50 cm Höhe mit maximal 15 cm großen, herzförmigen Blättern und blauen Blütenbüscheln. Sie wächst an feuchten, halbschattigen Stellen und wird durch Teilung des Wurzelstocks vermehrt.

Bryophyllum
Brutblatt

Früher als eigenständige Gattung der Dickblattgewächse geführt, heute botanisch der Gattung → *Kalanchoë* zugeordnet.

Buddleira
Schmetterlingsstrauch, Sommerflieder

Ein unglaublich schnellwachsendes und dabei sehr anspruchsloses Ziergehölz, das sich selbst in luftverpesteten Industriegebieten hält. Im Spätsommer ist das einjährige Holz dicht besetzt mit Blütenbüscheln von Weiß über Rosa, Purpur und Blau bis Violett, je nach Art und Form. Der feine Blütenduft zieht Schmetterlinge an.

Buddleia alternifolia wird 2–4 m hoch und blüht schon im Juni stark durftend an den Vorjahrestrieben. Diese Art, die trockenen Boden mag, sollte nicht geschnitten werden.

Buddleia davidii in zahlreichen Formen mit besonders prächtigen, auch als Schnittblumen geschätzten Blütenrispen braucht den Rückschnitt auf 2–3 Augen über dem Boden, da höheres Geäst abfriert. Winterschutz durch Laubanhäufung ist empfehlenswert.

Buxus sempervirens
Immergrüner Buchsbaum

Ein im atlantischen Europa heimisches Strauchgewächs, dessen dichte Belaubung es vorzüglich zur Schaffung grüner Wände bzw. Sichtschutzhecken tauglich macht. Der Buchsbaum kann 8 m Höhe erreichen, wird jedoch meist durch Schnitt nach Belieben niedriger gehalten. Selbst die natürliche Wuchshöhe von nur etwa 1 m des für Grabeinfassungen bevorzugten *Buxus sempervirens var. suffruticosa* (Zwergbuchs) wird meist noch beträchtlich dezimiert, ohne daß das der Vitalität des Strauches Abbruch tut. Der Buchsbaum paßt sich jedem Boden an, auch kalkhaltigem; er liebt Sonne, wächst aber auch im Schatten. Vermehrt wird er im Sommer durch Stecklinge oder Pfropfreiser.

Caladium
Buntwurz, Buntblatt

Sehr schöne Zimmerpflanze aus dem tropischen Amerika und von den Antillen. Aus ihren Knollen wachsen stengellose Blätter. Die stark duftenden weißen Blumenscheiden sind von geringerem Interesse als das lebhaft buntgefärbte Laub. *Caladium* verlangt von März bis

Oktober viel Feuchtigkeit und Wärme, die Knolle über Winter Trockenheit und Wärme.

Calathea

Die aus Brasilien kommenden Topfpflanzen ähneln den herrlichen Gewächshaus-Kreationen der Gattung → *Maranta* aus derselben Familie der Pfeilwurzgewächse *(Marantaceae)*. Auffällig bei der *Calathea makoyana* sind ihre grünen Blätter mit violetter Spitze und dunkelgrün-silbrigen Sprenkeln. Auch die *Calathea zebrina* liebt warme, feuchte und wenig helle Umgebung, verlangt weichen, durchlässigen Boden und muß häufig gegossen werden. Vermehrung durch Absenken, häufiger durch Teilung des Rhizoms.

Calceolaria
Pantoffelblume

Bei uns als Topfpflanzen leicht zu haltende Gewächse südamerikanischer, vor allem chilenischer Herkunft. Die Blüten bilden meist malerische Trugdolden in lebhaften Farben vom rotgesprenkelten Gelb über leuchtendes Orange bis zu intensiven Rottönen. Den Blütensaum bilden zwei Blätter, deren unteres pantoffelförmig geschlossen ist. *Calceolaria* der verschiedenen Zierarten und -formen müssen häufig gegossen werden, wobei die Blätter und Blüten aber nicht genetzt werden sollen. Bei Sommer-Einsaat blüht die Pflanze im darauffolgenden Frühjahr, sofern Erde und Wasser (Regenwasser!) kalkfrei sind. Infolge zu „harten" Wassers oder brennender Sommersonne welkende Pflanzen erholen sich wieder, wenn man sie samt Topf in ein diesen überdeckendes „Weichwasserbad" stellt. Für Balkon und Terrasse empfiehlt sich die ausdauernde Art *Calceolaria rugosa* (auch *C. integrifolia* genannt), die sich im Kübel auch gut mit → *Pelargonium* und → *Petunia* zusammenpflanzen läßt.

Calendula
Ringelblume

Gattung robuster, im Mittelmeerraum und – in der Art *Calendula arvensis* (Acker-Ringelblume) als Acker- und Weinberg-Unkraut – auch bei uns wildwachsender Korbblütler mit Früchten in verschiedenen Formen. Als Zierstauden sind *Calendulae* recht anspruchslos, blühen üppig auch auf magerem Boden, vor allem bei mildem, feuchtem Wetter. Die Einjahresblume wird im März ausgesät, im April versetzt und muß im Sommer oder Herbst, je nach der Gegend, verpflanzt werden.

Calendula officinalis, ein- oder zweijährig, wird etwa 60 cm hoch und bringt besonders große, margeritenähnliche Blüten in hellen Orangetönen.

Calla palustris

Einzige Art einer Gattung der Aronstabgewächse; eine wildwachsende Sumpfpflanze, nicht identisch mit der fälschlich auch als *Calla* oder *Richardia* bezeichneten „Zimmercalla" → *Zantedeschia aethiopica*.

Callicarpa bodinieri giraldii
Schönfrucht, Lieberperlenstrauch

Üppige Blüte in lilafarbenen Trugdolden und ganze Sträuße erbsengroßer violetter Beeren im September und Oktober machen den besonderen Reiz des mehrere Meter hohen Strauchgewächses aus, das sich den Winter über entblättert. *Callicarpa* braucht sauren, gut durchlässigen Boden, einen warmen, windgeschützten

Standort und im ersten Winter möglichst Laubbedeckung am Stammansatz.

Callistephus chinensis
Sommeraster, siehe → *Aster*

Calluna vulgaris
Besenheide

Charakterpflanze nährstoffarmer Heidelandschaften und entsprechend robuste Strauchzierde von Gärten oder Garenteilen mit magerem, steinigem Boden. Blüte je nach Sorte zwischen Juli und Anfang November in Tönen zwischen hellem Lila und dunklerem Violett. Nach der Blüte leicht zurückschneiden. Pilzbekämpfungsmittel können die *Calluna* verderben, da sie auf die Symbiose mit dem Wurzelpilz *Mykorrhiza* angewiesen ist.

Caltha palustris
Sumpfdotterblume

20–40 cm hohe Knollenstaude, die an feuchten Stellen und im Wasser wild wächst. In Gegenden mit gemäßigtem Klima blüht sie zu Frühlingsbeginn, in Bergregionen etwas später. Die einfachen oder gefüllten, leuchtend gelben Blüten stehen auf verzweigten Stengeln. Das glänzende, herzförmige Blattwerk ist dunkelgrün. Die Sumpfdotterblume liebt sehr sonnige Plätze.

Calycanthus floridus

2–3 m hoher Strauch, der in jeder guten Gartenerde wächst. Blütezeit ist Juni oder Juli. Die rötlich-braunen, duftenden Blüten bleiben lange an den Zweigen. Idealer Blickfang in Gesträuchgruppen.

Camellia japonica
Kamelie, Chinarose, Lorbeerrose

In seiner fernöstlichen Heimat ein bis 15 m hoher Baum oder Strauch, bei uns eine von der Zentralheizung (zu warme, zu trockene Luft) weitgehend ins Gewächshaus (Kalthaus) verbannte Topf- oder Kübelpflanze. Sie hat spitzovale, lederig-glänzende, gezähnte Blätter und besonders große (bis 12 cm Kronendurchmesser) Blüten in blendendem Weiß oder Rottönen. Wer ein Gewächshaus für die Überwinterung der dem Teestrauch verwandten Pflanze zur Verfügung hat, der sollte den Schmuckwert nicht unterschätzen, den die – sauren Boden bevorzugende und kalkfreies Wasser benötigende – Kamelie von Juni bis September an halbschattigem Standort im Garten-Freiland wie auch auf Balkon oder Terrasse hat. In einem gut klimatisierten Wintergarten (mit Luftbefeuchter) kann sie bei sehr sachkundiger Hege und Pflege zum botanischen Prunkstück gedeihen.

Campanula
Glockenblume

Arten-, formen- und farbenreiche Gattung von Topf-, Steingarten-, Unterwuchs-, Rabatten- und Schnittblumen-Stauden, die im allgemeinen humusreichen Boden und durchschnittlich sonnige Standorte bevorzugen. Wuchshöhe zwischen 10 cm (z. B. *Campanula pusilla* bzw. *C. cochlearifolia*) und über 1 m (z. B. *Campanula latifolia var. alba, C. persicifolia var. grandiflora alba*). Im und am Haus (im Sommer auf dem Balkon, im Winter in einem kühlen, jedoch frostfreien Raum) lassen sich besonders gut *Campanula isophylla mayi* (mit himmelblauen Blüten) bzw. *C. i. mayi alba* (weißblühend) sowie die zierlich rankende *Campanula fragilis* mit ihrer hellblauen Sternblütenpracht kultivieren, als Topf-, Kasten- oder Ampelpflanzen, auch an Schmuckgittern. Frische Luft ist wichtig, Zugluft schädlich; auch „hartes" Leitungswasser wird problemlos akzeptiert. Vermehrung im Frühjahr durch wurzeltreibende Triebenden.

Campsis radicans
Trompetenblume

Eine an sonnigem, windgeschütztem Ort bis 10 m Höhe erreichende, winterharte Kletterpflanze. Ihre Zweige bilden Luftwurzeln, die sich an Baumästen und Spalieren festklammern. Von Juli bis September prangen, in Dolden zusammenstehend, 5-7 cm lange Trompetenblüten mit innen gelbem, außen orangefarbenem Kelch und breitem, scharlachrotem Saum. Nach der Blüte die Pflanzen kräftig, aber mit Bedacht zurückschneiden, da das einjährige Jungholz die größte Pracht entfaltet.

Canna indica
Indisches Blumenrohr

Variantenreiche, bis 150 cm hohe Sumpfpflanzen, die - gut gegossen und gedüngt - in lehmigem, gut durchlässigem Boden den Sommer über ihre Pracht entfalten: Blätter grün oder bräunlich-rot, Blütenähren oder -rispen in Gelb- und Rottönen. Nach dem ersten Frost handlang über Bodenniveau abschneiden und bei mindestens 10 Grad Wärme überwintern; gelegentlich auf Faultriebe hin kontrollieren. Im März werden der Wurzelstock geteilt und die Teile in nährstoffreicher Blumen- oder Komposterde eingetopft. Die Pflanze braucht dann noch Wärme bis zum Auspflanzen Ende Mai in 50-60 cm Abstand an sonnigen, geschützten Stellen. Ausschneiden verblühter Teile fördert die Nachblüte.

Capsicum annuum
Zierpfeffer

Ein mit dem echten Pfeffer *(Piper)* nicht direkt verwandtes Nachtschattengewächs, dessen zahl- und farbenreiche Schotenfruchttracht an sattgrün beblättertem Miniaturbusch die Topfpflanze im Spätsommer und Herbst zur - durchaus pflegeleichten - Augenweide macht. Sie braucht Zimmerwärme, Fensterlicht und abgestandenes Wasser. Sie zu überwintern lohnt nicht. Vorsicht beim eventuellen Hantieren mit den Samenkernen: sie sind scharf wie der schärfste Pfeffer und entsprechend schleimhautreizend.

Caraguata
Guzmanie, siehe → *Guzmania*

Carpinus betulus
Hainbuche

Die wohl bedeutungsvollste Heckenpflanze - eigentlich ein Baum - unserer Breiten, da ungemein anpassungsfähig in allen Lagen, nicht übersäuerten Böden und unter der Voraussetzung keines andauernden Wasserstaus. Das Laub an den weit ausladenden Ästen färbt sich im Herbst goldgelb, fällt aber erst im Frühjahr ab und ergibt besten Kompost. Als Solitärgehölz gepflanzt, wird die langsamwachsende Hainbuche zu einem pittoresken Baum von gut 15 m Höhe; als Hecke erträgt sie jeden Schnitt.

Caryopteris clandonensis
Bartblume

1-2 m hoher, sommergrüner Strauch, der Sand und Sonne liebt (Winterbodenschutz durch Laubdecke empfehlenswert). Reiche dunkelblaue Blüte während August und September.

Castanea sativa
Edelkastanie, Eßkastanie

Ein tiefe Pfahlwurzeln treibendes Laubgehölz vieler Berggegenden unterhalb 800 m Höhe, das beträchtliche Dimensionen (bis 35 m Wuchshöhe) erreichen und Jahrzehnte alt werden kann. Die Kastanie braucht mineralreiche, jedoch kalkarme und toleriert trockene Böden. Im Juni und Juli schmückt sich der Baum mit grünlich-weißen Kätzchen; die wohlbekannten Früchte in stachelbewehrter Schale sind geröstet, gekocht, aber auch roh eßbar; die bis 20 cm langen, tiefgrünen Blätter fallen im Herbst. Nicht enge botanische Verwandtschaft, sondern lediglich die Fruchtform verbindet dieses Buchengewächs mit der Roßkastanie (→ *Aesculus hippocastanum*).

Catalpa bignonioides
Trompetenbaum

Ein bis 15 m hoher, verhältnismäßig kurzstämmiger Baum mit breiter, rundgewölbter Krone. Reibt man die herzförmigen, bis 20 cm langen Blätter, die sich im Herbst hellgelb verfärben, so strömen sie einen charakteristischen Duft aus. Die in vielen stattlichen Rispen stehenden Blüten (Juni–Juli) haben bis 5 cm lange, glocken- bzw. trompetenförmige Kronen mit violetten Streifen auf weißem Grund sowie gelb- bis rotgefleckten Schlund. Die Früchte, die langen Bohnenschoten gleichen, kennzeichnen das winterliche Bild.

Cattleya

Eine der schönsten als Topfpflanzen kultivierbaren Gattungen der Orchideenfamilie. Ihr Wachstum setzt meist im Frühjahr ein. Damit erhöhen sich Wasser- und Wärmebedarf der Pflanzen, die freilich nicht der prallen Sonne ausgesetzt werden sollen. Gelüftet wird bei Außentemperaturen über 12 Grad. Die Krönung der 5-8 Monate währenden Wachstumsperiode bilden große, herrlich gefärbte und wohlduftende Blüten, die auch in der Vase erstaunlich haltbar sind. Im Topf muß mit hoher Tonscherbenlage für guten Wasserabzug gesorgt sein; Pflanzgrund nach Kulturanweisung der einzelnen Arten.

Cedrus
Zeder

Vornehmlich im östlichen Mittelmeerraum und im West-Himalaya heimische Koniferen, die kalkigen, trockenen Boden bevorzugen. Bei uns selten als mächtige Schmuckbäume gepflanzt werden *Cedrus atlantica glauca* (Atlas- oder Silber-Zeder) mit blauen Nadeln sowie *Cedrus libani*, der Wappenbaum des Libanon, mit charakteristisch waagerechtem Astwuchs und dunkelgrünen Nadeln.

Celosia cristata

Wenig anspruchsvolle Einjahrespflanzen, deren Blütenstände in gelb-rot-blauen Mischfarben federschopfähnlich zusammenstehen.

Centaurea
Flockenblume

Korbblütler-Gattung, zu der auch *Centaurea cyanus* (Kornblume) gehört. Sie umfaßt einjährige und perennierende Kräuter, die vor allem als Schnittblumen-Stauden gezogen werden. Hybriden in vielen Farben, an den Rändern meist ausgefranst erscheinende, z. T. gefüllte

Blüten. *Centaurea*-Arten und -Sorten sollten am endgültigen Standort ausgesät werden, da ihnen Verpflanzen nicht bekommt.

Cerastium tomentosum
Hornkraut

Eine ausdauernde, schnellwüchsige Polsterstaude, die gern für Beetränder und in Steingärten verwendet wird. Höhe bis 30 cm; weiße Frühlingsblüte; Vermehrung erfolgt durch Stecklinge.

Cercidiphyllum japonicum
Judasblatt-, Katsurabaum

Sommergrüner, oft mehrstämmiger und 10 m Höhe erreichender Laubbaum mit schöner, pyramidenförmiger Krone aus leicht überhängenden Ästen. Austrieb und Blattstiele bräunlich-rot; Blattwerk im Herbst goldgelb mit roter Äderung. Karminrote Frühlingsblüte. Der Katsurabaum braucht feuchten, tiefen Boden; Dürre, nicht aber Winterfröste können ihm gefährlich werden.

Cercis siliquastrum
Judasbaum

Ein bei uns bis 6 m hohes, reichverzweigtes Gehölz, im Mittelmeerraum wildwachsend. Ende April öffnen sich zahllose hellpurpurrote Blütentrauben unmittelbar an den rötlichen Ästen und Zweigen (Altholz), noch vor dem Erscheinen der frischgrünen, herzförmigen Blätter. Lange, flache, dunkelgefärbte Fruchtschoten machen im Sommer die familiäre Zugehörigkeit zu den Johannisbrotgewächsen deutlich. Kalkhaltiger Boden in geschützter Lage bevorzugt. Nicht beschneiden, da dies sein Wachstum stört.

Cereus
Säulenkaktus

Strauch- oder baumartige Tropen- und Subtropengewächse von säulenartigem Wuchs. Nur einige wenige Arten eignen sich als Kübelpflanzen, etwa auf sonnigen Terrassen. Beim Kauf unbedingt auf Pflegehinweise des Züchters achten; ohne deren Beachtung ist die Freude an dem Kaktus kurz befristet.

Ceropegia woodii
Herzblatt-Leuchterblume

Von insgesamt einem halben Hundert *Ceropegia*-Arten (einer Gattung der Seidenpflanzengewächse) ist die in Südafrika heimische *C. woodii* die einzige – als rankfreudige Ampelpflanze – im Zimmer gedeihende Leuchterblume. Sie dankt viel Licht, Luft ohne Zug und ein bißchen Sorgfalt bei der Erdmischung (Lauberde mit Sand, Lehmbröseln und Holzkohlenstückchen) mit saftig-grünen, silbern marmorierten Blättchen und vielen rosafarbenen Lippenblüten an freihängenden oder kletternden Fadenranken. Den Sommer über fühlt sie sich auch in einer hellen, zugfreien Balkonecke wohl. Kommt dort der Sommerregen hin, muß man kaum gießen. Vermehrung durch Brutknöllchen aus den Blattachseln, falls nicht ohnedies schon welche in der Topferde Ableger bilden.

Chaenomeles
Scheinquitte, Zierquitte

Graziöse, dornenbewehrte Sträucher, die sich im Frühling, noch vor dem Laubaustrieb, mit zauberhaften Blütenbüscheln in Weiß oder Rottönen schmücken. Die großen gelben Früchte können in Mischung mit echten Quitten zur Geleebereitung dienen. Es gibt niedere, flachwachsende Arten und in Stufen höhere bis 2 m, als Solitärgehölze wie zur Heckenpflanzung auch noch auf nährstoffarmen Kalk- und Sandböden. Möglichst nicht beschneiden.

Chamaecyparis
Scheinzypresse, Lebensbaum

Eine immergrüne Baumgattung mit nur 6 Arten, jedoch ungemein vielen Zuchtformen, vom Zwergwuchs der *Chamaecyparis lawsonia var. minima glauca, Ch. pisifera var. nana* u. a. bis über 10 m Höhe der *Ch. pisifera* oder *Ch. lawsonia ,,Triomf van Boskoop"*. Entsprechend sind Steingarten- und Heckenpflanzung wie auch Einzelstellung möglich. Ihr meist schlank kegelförmiger Wuchs und vor allem die schuppenförmige Benadelung in Farbschattierungen zwischen gelblichem Hell- und tiefen Blaugrün oder Graublau machen die Scheinzypresse zu einer besonders attraktiven Gartenzierde, die im allgemeinen keine großen Ansprüche an Bodenbeschaffenheit und Standort stellt. Nur einige Hybriden brauchen Frost-, Wind- und Sonnenschutz. Geeignete Pflanzzeiten für den Lebensbaum, den man am besten mit einem guten Wurzelballen kauft, sind das Frühjahr und der Herbst; man kann ihn auch durch Stecklinge oder Samen vermehren.

Chamaedorea
Bergpalme

In Mexiko heimische Palmengattung, deren einige Arten auch als Zimmerpalmen gedeihen können, wenn man ihnen Licht und Luft (ohne grelle Sommersonne und Zugluft) sowie entkalktes Wasser zukommen läßt. Über den Winter darf die Raumtemperatur nicht unter etwa 15 Grad Wärme absinken.

Chamaerops humilis
Zwergpalme

Diese einzige Wildpalme Südeuropas bildet auch im Topf aus den Strünken buschig prangender, bläulichgrüner Blattwedel einen kurzen Stamm und hält sich während fast 3/4 des Jahres brav und attraktiv auf Balkon oder Terrasse. Den Winter über toleriert sie Abkühlung nicht unter 6 Grad Celsius und fordert dabei nur gelegentliches Gießen.

Chimonanthus praecox
Winterblüte

Bis etwa 3 m hoher, langsam wachsender Strauch, dessen kahle Zweige sich just im Winter (Dezember–Februar) mit herrlich duftenden gelbbraunen, innen purpurfarbenen Blüten schmücken. Erst im Frühjahr sprießt das Laub. Die Winterblüte gedeiht am besten an sonnigem bis halbschattigem, windgeschütztem Ort.

Chionanthus virginicus
Schneeflockenstrauch

Das spät sprießende Sommergrün des absolut winterharten, baumähnlichen Gehölzes färbt sich im Herbst gelb. Im Juni trägt der Schneeflockenstrauch eine Unzahl duftender weißer Blüten in prächtigen, bis 20 cm langen Rispen. Sonne bis Halbschatten bevorzugt.

Chionodoxa luciliae
Schneestolz

Niedere Zwiebelpflanze mit meist nur zwei linealischen Blättern und sehr schönen himmelblauen Blüten, die als Frühlingsboten späte Schneedecken durchstoßen. Sandiger Boden und Halbschatten bevorzugt.

Chlorophytum
Grünlilie, Liliengrün, Fliegender Holländer

Ausdauernde Topfpflanzen mit langlinealischen, grün-elfenbeinfarbenen gestreiften Blättern und unscheinbaren weißen oder grünlichen Blüten. Vor allem die aus Südafrika stammende Art *Chlorophytum comosum* (Schopfartige Grünlilie) ist als Zimmerpflanze wie als Balkon- und Balustradenschmuck beliebt. Sie wächst leicht, läßt ihre Blätter elegant überhängen, muß aber vor den ersten Frösten ins Warme hereingeholt werden.

Chrysanthemum
Winteraster, Wucherblume, Margerite

Artenreiche Korbblütler-Gattung, deren botanischer Name (von griechisch *chrysos* = Gold; *anthemon* = Blume; also Goldblume) angesichts zahlloser Hybriden-Züchtungen in vielen Blütenfarben überholt erscheint. Große Unterschiede gibt es auch bezüglich der Formen und Blütezeiten. Je nährstoffreicher der Boden selbst, desto weniger Volldünger ist erforderlich; gelegentliche Gaben sind grundsätzlich ratsam, ebenso eine leichte Winterdecke bei Pflanzen, die im Freiland überwintern; ins Haus genommene Pflanzen sollten an einem kühlen, hellen Standort untergebracht werden. Vermehrung durch von der Mutterpflanze geschnittene Stecklinge zu Winter- oder Frühlingsanfang möglich.

Chrysanthemum arcticum (Herbstmargerite), eine niedere, als Kriechpflanze weitflächig auswuchernde Art, blüht in Sorten weiß, gelb oder rosafarben in den Monaten September und Oktober.

Chrysanthemum carinatum (Gelbblütige Kiel-Wucherblume), *Ch. coccineum* (auch *Pyrethrum roseum*, Bunte Margerite) und *Ch. coronarium* (mehrfarbige Kron-Wucherblume) werden bevorzugt als einjährige Sommerschnittstauden gehalten.

Chrysanthemum corymbosum (Doldige Wucherblume) wird auf Kalkgrund bis 1 m hoch, mit filigranartig fiederteiligen Blättern und vielen Köpfchen mit weißen Zungenblüten.

Chrysanthemum frutescens (Strauchmargerite) erreicht als – bei uns nicht winterharte – Kübelpflanze bei strauchartigem Wuchs annähernd 1 m Höhe.

Chrysanthemum indicum (Winteraster) sind in vielen Hybridformen als winterharte Topfpflanzen im Handel. Blütezeiten zwischen Hochsommer und Frühherbst: einfache oder gefüllte Blüten in Weiß, Gelb, Rot, Braun und Zwischentönen.

Chrysanthemum leucanthemum (Frühlingsmargerite) hat im Mai und Juni einfache oder gefüllte weiße Blüten. Sorten eignen sich für Gruppenpflanzungen oder Schnittblumen.

Chrysanthemum maximum (Große oder Sommermargerite) blüht von Juli bis September in besonders großen weißen Blütenformen als Gruppen- oder Schnittstaude.

Chrysanthemum serotinum oder *uliginosum* (Herbstmargerite) hat scharfgezähnte Blätter an bis 150 cm hohen Stengeln und im August-September weiße Blütensträuße.

Im Freiland wie im Topf, Kasten oder Kübel brauchen *Chrysanthemen* nährstoffreiche Erde, reichlich Wasser und ganzjährig Licht; auch pralle Sommersonne wird gern akzeptiert.

Cimicifuga
Silberkerze, Wanzenkraut

Gattung bis 2 m hoher Stauden mit wunderschönen schlanken, meist reinweißen Blütenkerzen im Sommer oder Herbst. Ideal vor dunkler Hintergrundbepflanzung.

Cineraria
Aschenpflanze

Nach älterer botanischer Systematik als eigenständige Gattung behandelt, heute der Korbblütler-Gattung des Greis- und Kreuzkrautes → *Senecio* eingegliedert.

Cissus
Klimme, Zimmerrebe

Formenreiche Gattung der Weinrebengewächse, bei uns nur als Zimmerpflanzen zu halten, vornehmlich in recht hellen Räumen, jedoch nur an nicht direkt praller Sonne ausgesetztem Platz. *Cissus antarctica* (Russischer Wein, Känguruh-Klimme), ein immergrüner Kletterstrauch aus Australien, erträgt auch Schatten, jedoch keine zu trockene Luft. Ausschließlich in tropisch klimatisierten Blumenfenstern entfaltet *Cissus discolor,* die Bunte Klimme, als Hängepflanze das prächtige Farbenspiel ihres Blattwerks.

Citrus
Argrume

Vor allem *Citrus sinensis,* der Orangenbaum, wegen seiner Früchte und duftenden Blüten sehr geschätzt, kann unter günstigen Bedingungen als zwergwüchsige Kübelpflanze gedeihen. *Citrus reticulata* (Mandarinenbaum) ist zierlicher und trägt sehr viele Früchte. In wirklich sommerlichen Sommern kann man *Citrus*-Bäumchen getrost an einen sonnigen Platz im Freien stellen und reichlich gießen. Über den Winter brauchen sie weniger Wasser, frostfreie Kühle und Licht. Man kann die – für die Orangerien alter Schlösser namengebenden – Rautengewächse auch aus den Samen von Zitrusfrüchten zu stattlichen Kübelpflanzen großziehen, sie aber nicht ohne Veredelung zur Fruchttracht bringen.

Clematis
Waldrebe

Äußerst arten- und hybridenreiche, in Wuchs und Blüte entsprechend vielgestaltige Gattung mittels Blattranken kletternder, sommergrüner Strauchgewächse. Idealer Standort: schattig aber warm; Boden: mineralreich, kalkhaltig, humos, ausreichend feucht, jedoch nicht naß. Die Waldrebe, besonders ihre schönen Hybriden, sollten in keinem Garten fehlen; allerdings ist ihre Anpflanzung nicht ganz unproblematisch. Dem gefürchteten Clematissterben vor allem der empfindlicheren Hybriden kann man durch ungewöhnlich tiefes Einpflanzen entgegenwirken, das ein direktes Zusatzbewurzeln des Edelreises über der in die Erde versenkten Veredelungsstelle erlaubt. Gut ist es, den Boden über dem Wurzelraum durch Bedeckung mit Laub oder Steinen oder durch anspruchslose Polsterbepflanzung kühlzuhalten.

Clematis-Wildarten erreichen 10 m Kletterhöhe, sind besonders robust und reichblühend, mit Blütenglocken oder -tellern bis 8 cm Durchmesser, je nach Art von Mai (*Clematis alpina*) bis Oktober (*Clematis paniculata*).

Clematis alpina, Clematis-montana-Sorten wie auch die *Clematis-patens*-Hybriden, die nur auf 4 m Höhe klettern, aber zwischen Mai und August größere Blütenteller entfalten, sollten unmittelbar nach der Blüte geschnitten werden.

Clematis-jackmanii- und *-lanuginosa*-Hybriden – letztere mit den größten Blüten (bis 20 cm Durchmesser) der Gattung – sind im Frühjahr so zurückzuschneiden, daß etwa 60 cm des im Vorjahr gewachsenen Holzes stehenbleiben.

Dieffenbachia ist eine Gattung der Aronstabgewächse aus dem tropischen Afrika und bei uns in vielen Arten als Zimmerpflanze kultiviert. Wie die Herkunft vermuten läßt, braucht die Dieffenbachia viel Wasser.

*Linke Seite: Zwei Arten von Dracaena
(Drachenlilie), eine zu den Agavengewächsen
zählende bewährte Topfpflanze.
Rechte Seite: Oben links: Echinocactus
(Kugelkaktus), oben rechts: Epiphyllum
(Weihnachtskaktus);
Mitte links: Echinocactus grusonii
(Schwiegermutterstuhl), unten links: Euphorbia
pulcherina (Weihnachtsstern), unten rechts:
Eschscholtzia california (Goldmohn).*

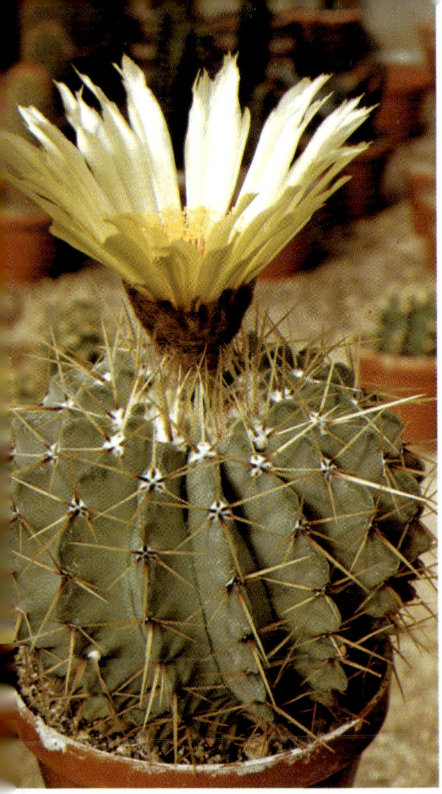
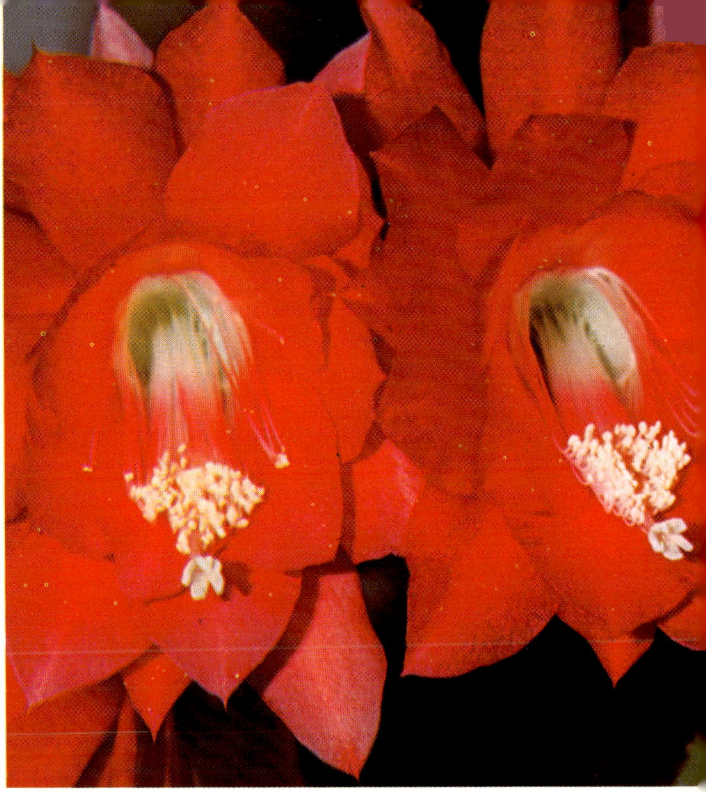
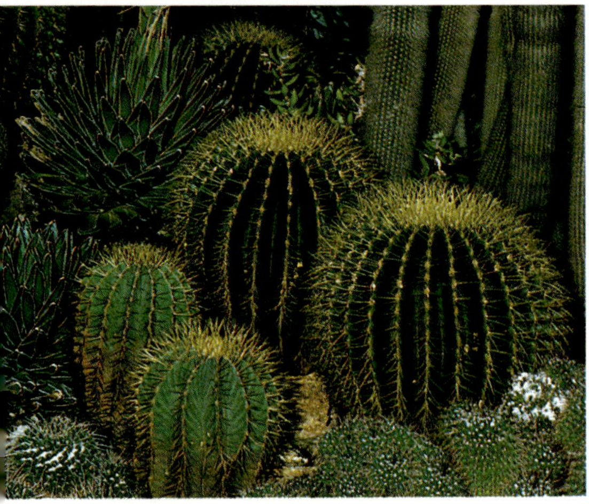
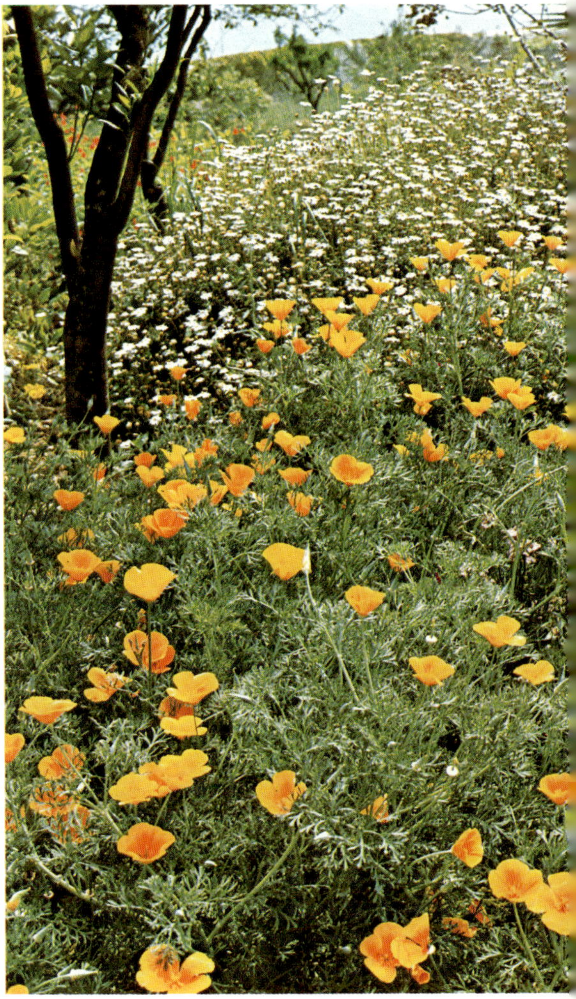
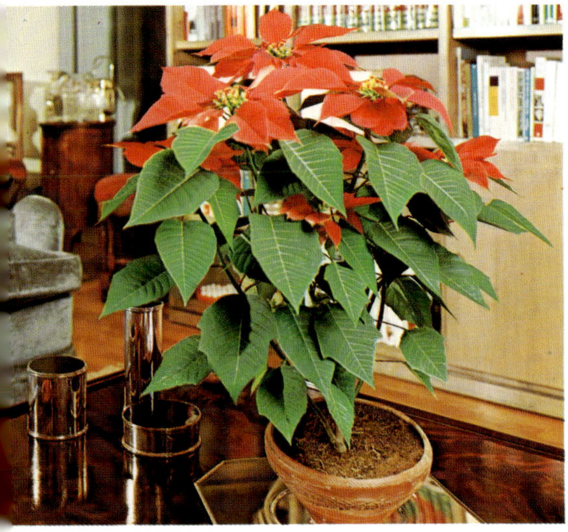

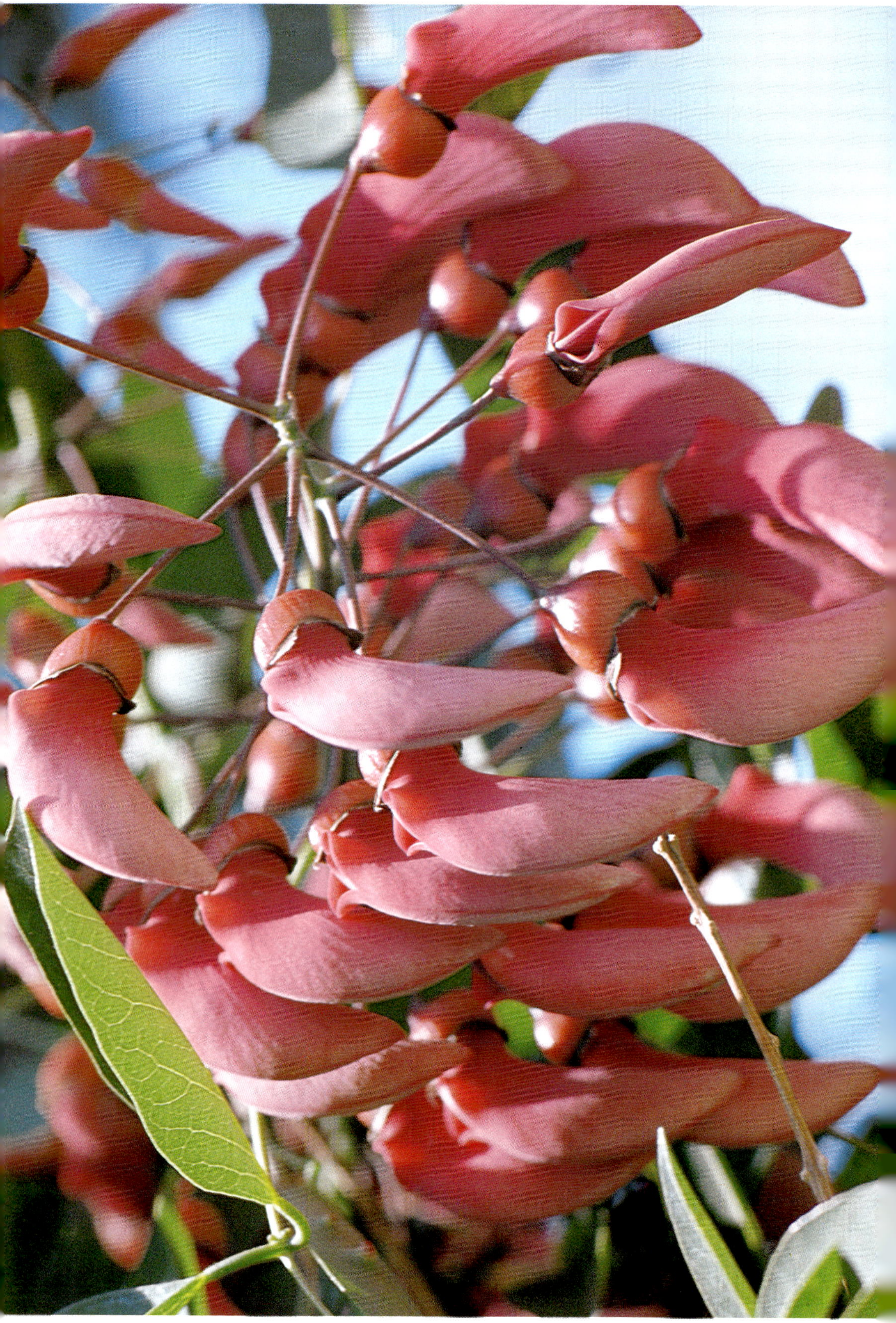

*Linke Seite: Erythrina christa-galli
(Korallenstrauch), ein sehr dekorativer
Schmuckstrauch, als Kübelpflanze auf Balkon,
Terrasse oder Dachgarten besonders attraktiv.
Rechte Seite: links: Euphorbia tirucalli, rechts:
Euphorbia avasmontana*

Linke Seite: oben links: Forsythia intermedia (Forsythie), oben rechts: Fritillaria meleagris (Schachbrettblume); unten links: Fuchsia (Fuchsie), unten rechts: Geranium endressii (Geranie). Rechte Seite: oben links: Godetia grandiflora (Atlasblume), Mitte links: Gloriosa (Klimmernde Lilie), oben rechts: Gladiolus-Hybride (Gladiole), unten: Genista (Ginster).

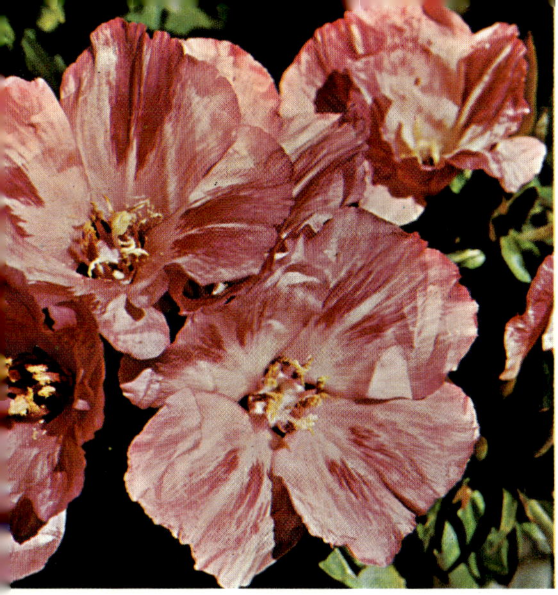
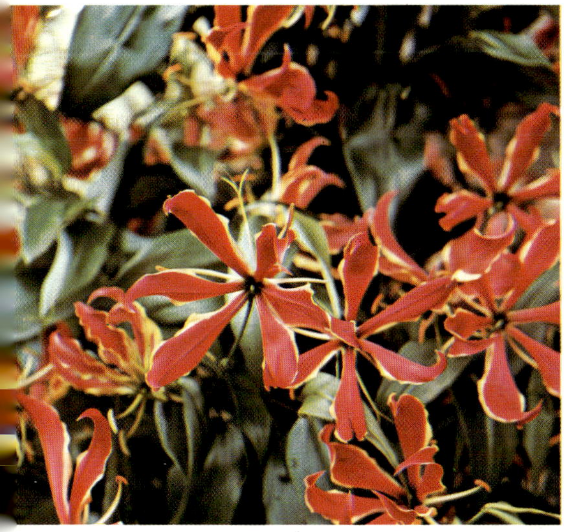
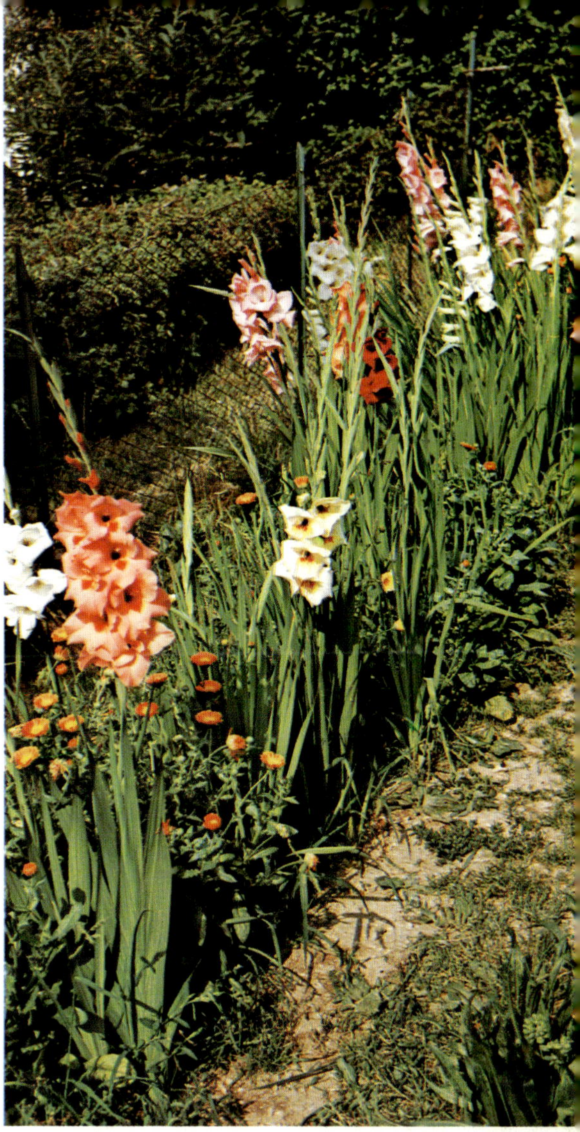
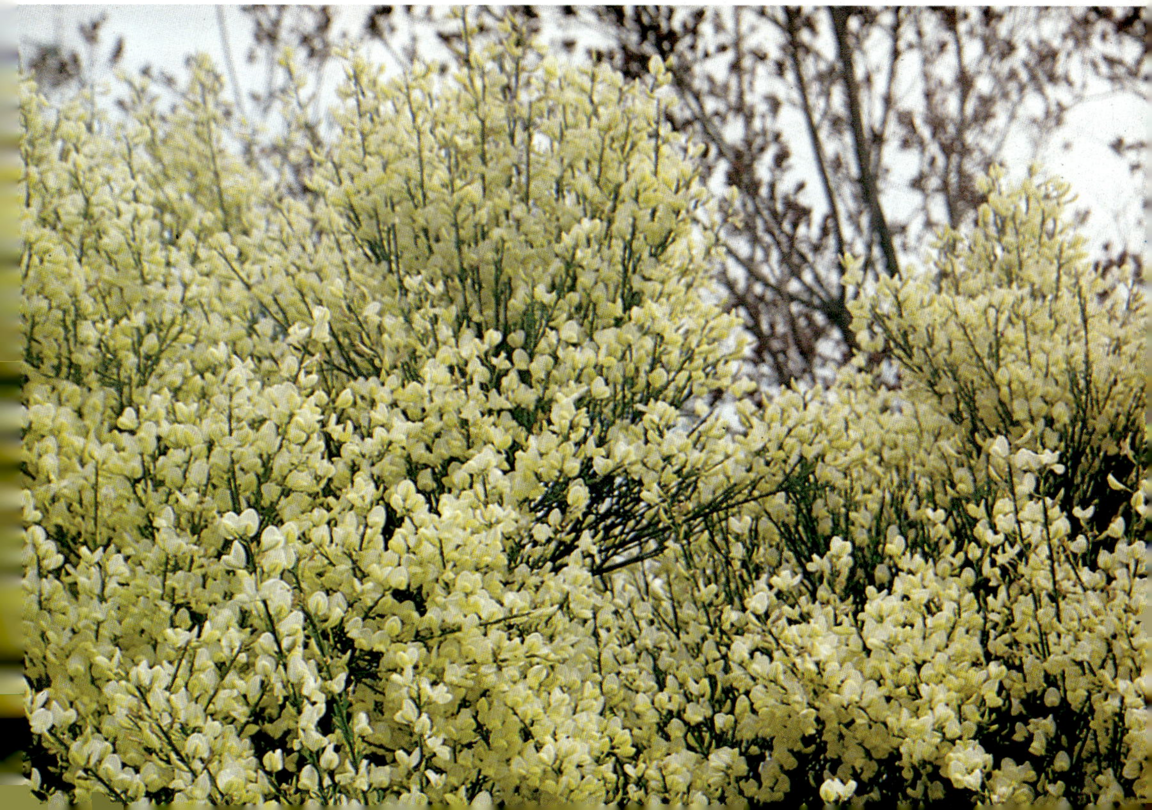

Gymnocalycium mihanovichii (Rotschof, „Erdbeerkaktus"). Diese Zuchtform der Gattung Gymnocalycium kommt aus Japan, Varianten davon sind der „Stachelbeerkaktus" mit gelbgrünlichem Kopf und der „Spinnenkaktus", der in reinem Weiß blüht.

Cleome spinosa
Dornige Spinnenpflanze, Senfklapper

Annähernd meterhohe Einjahrespflanze, Verwendung als Solitärpflanze im Sommerblumenbeet. Sie bringt den ganzen Sommer über merkwürdig geformte, weiße oder hellrosa Blüten mit purpurroten Staubblättern hervor. Samen können als Küchengewürz dienen.

Clivia miniata
Clivie, Riemenblatt

Topfpflanze mit Zwiebelstamm und langlinealisch-überhängenden, dunkelgrünen Blättern. Gegen Ende des Winters (bei guter Pflege nochmals im Sommer) bringt sie hochschäftige Prachtdolden mit bis 7 cm langen Trichterblüten, je nach Varietät orange- bis scharlachrot, hervor. Die Clivie verlangt weiche, fruchtbare Blumen- oder Komposterde und Halbschatten sowie einen festen Platz. Jeden Standortwechsel, ja sogar ein Drehen des Topfes beantwortet sie mit Blühstreik. Günstig ist es, das Blattwerk im Sommer einmal abregnen zu lassen, im Winter einmal – in der Badewanne – lauwarm (nicht mit scharfem Strahl!) zu duschen, die Pflanze danach aber wieder genau in ihre Ausgangsposition zu bringen. Vermehrung durch Teilung der Wurzelstöcke.

Cocos wedelliana
Zimmer-Kokospälmchen, siehe
→ *Microcoelum weddelianum*

Codiaeum variegatum
Wunderstrauch, „Croton"

Die vielgebrauchte Handelsbezeichnung *Croton* ist eindeutig falsch, zumal die Gattung *Croton* der Wolfsmilchgewächse keine Zierformen hervorbringt. Die auf Südsee-Inseln heimische Topfpflanze *Codiaeum variegatum* ist höchst attraktiv infolge vielfarbiger Musterungen der grüngrundigen, meist oval-lanzettförmigen Blätter. Der Wunderstrauch braucht Licht (jedoch keine offene Sonne), feuchte Wärme (in zentralbeheizten Räumen mittels Verdunstungsschalen oder Luftbefeuchtern zu erreichen) nie unter 18 Grad und viel – möglichst lauwarmes – Wasser. Übersprühen ist besser als Gießen; Stauwasser im Topf bewirkt – ebenso wie Zugluft – Entblättern. Sollte dies einmal geschehen, ist die Pflanze bei guter Pflege imstande, sich durch Neuaustriebe zu verjüngen. Besonders bekömmlich ist ihr eine mit Torfmull und Sand versetzte Mischung von nährstoffreicher Rasen- und Komposterde in einem nicht zu großen Topf.

Colchicum autumnale
Herbstzeitlose

Seit mehr als 400 Jahren kultivierte Staude, die mit vor den Blättern erscheinenden, bis 20 cm langen Trichterblüten das Sommerende anzeigt. Heute handelsübliche Sorten blühen weiß, rot bis zu purpur und in meist zarten Lila-Schattierungen.

Coleus
Buntnessel, Buntlippe

Gattung tropischer Lippenblütler; als Zimmerpflanzen sind vor allem Sorten der um 1850 aus Java importierten *Coleus-brunëi*-Hybriden wegen ihrer höchst dekorativen Belaubung verbreitet. Die bis handgroßen Blätter haben bunt-strahlige oder -flammige Zeichnungen in Gelb-, Grün-, Rot- und samtig-braunen Tönungen. Saat im Gewächshaus: Februar/März in sandige Erde. Stecklinge bewurzeln sich binnen weniger Tage sogar im Wasserglas. Sämlinge einmal pikieren, dann wie Setzlinge einzeln in Töpfe mit humoser Blumenerde pflanzen. Ab Juni benötigt die Buntnessel viel Luft und Licht.

Columnea

Topfpflanzen von den Antillen. Auf senkrechtstehenden, dünnen Stengeln sitzen mit strenger Regelmäßigkeit kleine elliptische, lederige Blättchen in leuchtendem Olivgrün. Blüten länglich, hängend, lebhaft orangerot. Während der Wachstumsperiode kräftig, häufig und regelmäßig, in der winterlichen Ruhezeit weniger gießen. Vermehrung durch Stecklinge.

Convallaria majalis
Maiglöckchen

Rhizom-Staude mit duftenden Blüten, die wild in fast ganz Europa wächst. Sie liebt kalkigen Boden und halbschattige Standorte. Die weißen, an einem etwa 30 cm langen Stengel nickend aufgereihten Blütenglöckchen erscheinen im Frühling. Die lanzettförmigen, sehr anmutigen Blätter bleiben fast den ganzen Sommer über markant tiefgrün. Die Kultur ist einfach und erbringt stets gute Resultate. Vermehrung selbsttätig, rasch und reichlich durch Teilung der Rhizome.

Convolvulus
Winde

Einjährige Kletterpflanze mit trichterförmigen Blüten in Rosa, Rot, Violett oder Himmelblau. Aussaat an Ort und Stelle, denn die Winde sollte nicht verpflanzt werden. Sie schließt ihre Blüten, sowie die Sonne untergeht. Es gibt auch dreifarbige Winden: *Convolvulus tricolor*.

Coreopsis grandiflora
Mädchenauge

Sehr widerstandsfähige, perennierende Staude bis 1 m Höhe, mit großen, leuchtendgelben Blüten, die sich im Mai und Juni entfalten. Vermehrung durch Teilung des Wurzelstocks. Gut für gemischte Rabatten und Schnittblumen.

Cornus
Hartriegel, Kornelkirsche u. a.

Gattung laubabwerfender, z. T. baumartig wachsender Sträucher (selten: Kräuter, Lianen) mit Stein- oder Beerenfrüchten. In unseren Breiten gedeihend:

Cornus alba var. sibirica mit buschigem, im Winter leuchtend rotem Gezweig, bläulichweißen Steinfrüchten; Laub in einer Sonderform weiß-grün gestreift.

Cornus canadensis, eine kriechende Spielart, bildet mit maximal 20 cm langen Zweigen, die sich alljährlich erneuern (Herbst-Rückschnitt bis zum Grund!), einen hübsch besternten Teppich: Der sehr anhaltenden weißen Sommerblüte folgen rote Beerenstände. Der kanadische Hartriegel braucht sandigen, sauren Boden und ist dankbar für Laubkompost.

Cornus florida aus Nordamerika kann 10 m Höhe erreichen, besticht durch die Scheinblüte großer weißer Hochblätter und im Herbst durch prächtiges, tief scharlachrotes Laub.

Cornus florida var. rubra prangt mit sternförmig stehenden Hüllblättern in rötlichem Ton, ehe das Laub erscheint, das sich im Herbst rosa-rot-violett verfärbt. Diese Art kann auf gutem Gartenboden in günstiger Lage 5–6 m hoch wie breit werden und erträgt dabei keinen Schnitt.

Cornus mas (Kornelkirsche), Frühlingsbote mit dichtstehenden gelben Blütchen an den noch blattlosen Zweigen und länglichen, tiefroten, eßbaren Früchten im Herbst. Eine fast ganzjährig dekorative Gartenzier.

Cornus stolonifera (Weißer Hartriegel) hat teilweise bis zum Boden niederhängende und an der Spitze Wurzeln treibende Zweige, die sich im Winter röten.

Cortaderia selloana
Pampasgras

Das auch als *Gynerium argenteum* gehandelte, aus Argentinien stammende Ziergras schwenkt seine großen silbrig glänzenden Blütenrispen wie einen überdimensionalen Federbusch im Herbstwind. Es ist zweifelsfrei eines der attraktivsten Ziergräser überhaupt, stellt freilich auch besondere Kulturansprüche: Frühjahrspflanzung nach den letzten Frösten an recht sonnigem Standort in kleiner Gruppe oder Gruppen; Windschutz (offen nach Süden) ist gut, reichlich Wasser bis zum Beginn der Blüte sehr erwünscht. Die kalte Jahreszeit übersteht das frostempfindliche Steppengewächs schadlos, wenn man dafür rechtzeitig und richtig Vorsorge trifft: Vor dem ersten Frost den Grasbusch zu einem warmluftspeichernden, zwiebelig-bauchigen Schopf mit Hanf zusammenbinden. Rings um die Pflanze eine gut 20 cm hohe Laubschicht anhäufen, um den empfindlichsten Teil, den Wurzelhals, vor frostigem Zugwind zu schützen. Gegen ein Abwehen des Laubes helfen Fichtenreiser, Schilfmatten oder auch ein Drahtgeflecht. Wer ganz sicher gehen will, bildet um die Pflanze herum eine Schilfmatten-Tonne, füllt diese mit Laub auf, verankert sie gut im Boden (Zeltheringe bestens geeignet!), setzt einen Haltepfahl und bindet die „Tonne" um diesen herum oben zu. Dann darf es im Winter getrost stürmen, schneien und Eis regnen. Der Schutzwall wird sicherheitshalber erst nach den „Eisheiligen" (also etwa ab Mitte Mai) entfernt. Vorsichtiger Rückschnitt des abgestorbenen Halm- und Blattwerks darf bereits vorhandene Jungtriebe nicht verletzen. Dann wird das bis etwa auf Brusthöhe gedeihende Pampasgras wieder zur sommerlich-herbstlichen Augenweide ohnegleichen.

Corylopsis
Scheinhasel

Aus Japan stammende, bis 3 m hohe Sträucher mit gelben Blütentrauben, bei *Corylopsis spicata* im April, bei *Corylopsis pauciflora* schon ab März, noch vor dem Blattaustrieb. Das Laub – bei *C. spicata* durch Metallglanz an der Ober- und Behaarung an der Unterseite besonders attraktiv – verfärbt sich im Herbst goldgelb. Halbschatten wird toleriert.

Corylus avellana
Haselstrauch

In ganz Europa – bis zum 63. Breitengrad – verbreitete Varietäten, die nach dem Aussehen ihrer Früchte klassifiziert werden können. *Corylus avellana purpurea* (Bluthasel) u. a. haben rotes oder gelbliches (Goldhasel) Laub. Merkwürdig gewundene Zweige geben *Corylus avellana var. contorta* ein exotisches Aussehen. Handelsübliche Haselnüsse stammen meist von den großfrüchtigen *Corylus maxima* bzw. *Corylus tubulosa* des sonnigeren Südens.

Cosmos
Kosmee, Schmuckkörbchen

Über meterhohe Einjahrespflanzen mit filigranartigem Laub und weißen, rosa- oder bläulichroten Zungenblüten von Juni bis zu den ersten Frösten, auch als Schnittblumen geschätzt. Im April ausgesät, muß die Kosmee im Mai versetzt werden.

Cotinus coggygria (Rhus cotinus)
Perückenstrauch

In diversen Sorten bis 5 m Höhe erreichende, gelb- oder rotblühende Sträucher mit höchst dekorativen, flaumfederbusch- oder perückenähnlichen Fruchtständen im Sommer. Laubfärbung meist nicht nur im Herbst in dunklen Rottönen. Sonnig-warmer Standort in kalkhaltigem Boden bevorzugt.

Cotoneaster
Zwergmispel, Felsenmispel

Gattung von Strauchgehölzen mit ungemein vielseitigen Verwendungsmöglichkeiten. Vor allem ihr Fruchtschmuck – kleine rote oder schwarze Steinäpfel bzw. Beeren – und ihre herbstliche Laubfärbung sind besonders attraktiv. In den deutschen Mittelgebirgen und in den Kalkalpen kommen nur *Cotoneaster integerrima* (Echte Zwergmispel) und *C. nebrodensis* (Filz-Zwergmispel) wildwachsend vor. Die mannigfaltigen Gartengehölze gedeihen im allgemeinen an trockenen Standorten besser als in feuchter Erde.

Cotoneaster bullatus reckt sich in der Art eines mehrstämmigen Baumes bis 5 m hoch, blüht reichlich im Mai und Juni in rötlicher Färbung und bekommt ansehnliche rote Früchte. Das großblättrige, runzelige Laub rötet sich im Herbst und fällt dann ab.

Cotoneaster conspicuus decorus erreicht 1 m Höhe, hat immergrünes, mattes Laub, im Mai reiche weiße Blüte und im Herbst orangefarbene Früchte.

Cotoneaster dammeri radicans (20 cm hoch), *C. dammeri* „Skogholm" (bis 80 cm) und *C. microphyllus melanotrichus* sind ideale „Teppichsträucher" zur immergrünen Bodenbedeckung. Sie blühen weiß und behalten ihre leuchtendroten Früchte bis in den Winter.

Cotoneaster franchetii wird 2 m hoch und hat halbimmergrünes Laub von besonderem Farbreiz: an jungen Trieben ist es silbergrau; im Herbst gesellen sich zum dunkelgrünen Mattglanz der immergrünen Teile gelb-orangerote Töne des später abfallenden Blattwerks. Leichter Winterschutz, zum Beispiel durch Reisig oder Laub, ist ratsam.

Cotoneaster horizontalis (Fächer-Zwergmispel), bis 1,50 m hoch, ist sehr winterhart und schmiegt sich Findlingssteinen oder Mauern fächerartig an. Das fast kreisrunde Blattwerk verfärbt sich im Herbst orangefarben bis rot. Besonders zauberhaft ist die rosarote Blütenpracht im Juni. Der rote Fruchtschmuck hält sich – wie z. B. auch bei der bis 4 m hohen Hybride *Cotoneaster wateréi var. cornubia* – von August bis Dezember.

Cotoneaster praecox wächst struppig in die Breite und bis 80 cm in die Höhe; die unteren Zweige können Luftwurzeln bilden. Blüten weiß, Früchte (ab August) und Herbstlaubfärbung leuchtendrot. Diese laubabwerfende Art gehört zu den winterhärtesten Sträuchern, bestens für Steingärten geeignet.

Cotoneaster salicifolius floccosus (bis 4 m; immergrün) läßt seine dünnen Zweige weitausladend überhängen, bei der „Trauer"-Hybride *C. wateréi var. pendulus* (bis 3 m; halbimmergrün) hängen sie vielfach bis zum Boden nieder. Beide Arten sind äußerst fruchtreich. Die langblättrige Hybride kann auch in flach kriechender Form gezogen werden; in strengen Wintern braucht sie Frostschutz durch Laubanhäufung.

Cotyledon undulata

Ein attraktives Dickblattgewächs aus Südafrika, verwandt mit dem dort landschaftstypischen „Botterboom" („Butterbaum") *Cotyledon paniculata*. Die sukkulente Zierform *C. undulata* ist eine sehr dankbare Topfpflanze, eisgrün mit bereiften und am Rand gewellten (ondulierten) Blättchen und an ausladenden Stengeln in Trugdolden niederhängenden, kräftig roten Blüten. Über den Winter braucht die – trockene Luft durchaus tolerierende – Raumzier 6–8 Grad Dauertemperatur, kann also in kühlen Winterblumenfenstern schadlos bestehen, zumal sie Licht liebt und bei dunkler Unterstellung kümmert oder sogar eingeht.

Crambe cordifolia

Aus dem Kaukasusgebiet stammender Kreuzblütler mit zahlreichen kleinen, weißen Blüten, verdankt seinen Namen *(cordifolia)* den herzförmigen Blättern. Zweige bis zu 3 m lang. Blütezeit im wesentlichen auf den Monat Juni beschränkt. Ziemlich empfindlich und von begrenzter Lebensdauer; Blüten zeigen sich erst meist im dritten Jahr nach der Aussaat der Pflanze.

Crataegus
Weißdorn, Rotdorn, Hagedorn

Äußerst vielgestaltige Gattung im Heckenwuchs jeden Schnitt ertragendes, aber auch alleinstehendes, bis 9 m hohes Baumgehölze mit – spätestens im Herbst – besonders reizvoller Belaubung an dornenbewehrten Ästen und Zweigen. Charakteristisch duftende Frühjahrsblüte in Weiß, Rosa oder Rot; üppiger Fruchtschmuck gelber, roter oder schwarzer Beeren, die sich meist bis zu den ersten Frosteinbrüchen halten. Boden bevorzugt fruchtbar, kalkig, lehmig. Populäre Einzel-Arten sind vor allem: *Crataegus coccinea* (Scharlachdorn), *Crataegus monogyna* (Weißdorn), *Crataegus monogyna kermesina-plena* oder *C. oxyyacantha var. paulii* (Rotdorn) und *Crataegus prunifolia* (Pflaumenblättriger Weißdorn) sowie *Crataegus pyracantha* bzw. *Pyracantha coccinea* (Feuerdorn).

Crocosmia masonorum
Prachtmontbretie

Bis 80 cm hohe Knollenstaude mit schwertförmigen Blättern und leuchtend orangefarbener Blütenähre im Juli und August, bestens als Schnittblume geeignet. Knollenpflanzung nur im Frühjahr, in 10 cm Tiefe und mit ebensoviel Abstand nach allen Seiten. *Crocosmia* vermehrt sich leicht, braucht aber Winterschutz.

Crocus
Krokus

Südeuropäisch-levantinische Knollenstauden mit aufrecht-wurzelständigen, länglich-linearen Blättern und meist großen, sehr dekorativen Blüten in Weiß sowie gelb-rotblauen Mischfarben; Gesamthöhe kaum über 15 cm. Man unterscheidet Frühjahrsblüher wie *Crocus ancyrensis, C. angustifolius (susianus), C. vernus* u. a. sowie Herbstblüher, am bekanntesten *Crocus sativus* (Safran-Krokus).

Cyclamen
Alpenveilchen

Perennierende Knollenstauden mit meist herzförmigen Blättern und langgestielten, nickenden Einzelblüten mit klaffenden Kronzipfeln. Sie stehen gern hell-halbschattig in frischem, jedoch nicht feuchtem, kalkhaltigem Boden, dem man etwas Lehm beimengen sollte. Knollen 3-4 cm tief einsetzen, im Winter mit Fichtenreisern schützen.

Als Topfpflanzen am weitesten verbreitet sind *Cyclamen-persicum*-Züchtungen. Sie gefallen besonders durch schöne Zeichnung der meist herzförmigen Blätter; Blüten in Weiß und diversen Rottönen, bisweilen auch in Lila. Während der Blütezeit brauchen sie etwa wöchentliche Düngung und reichlich Wasser (nicht auf den Knollenansatz gießen!); danach kann, ja sollte man die Menge reduzieren. Abgestandenes Regen- oder „entkalktes" Leitungswasser empfehlenswert, da insbesondere Zimmer-Alpenveilchen „hartes Hahnenwasser" schlecht bekommt. Etwas Feuchtigkeit muß immer dasein, gegen stauende Nässe jedoch sind die Zier-Hybriden ebenso empfindlich wie gegenüber Zugluft sowie zuviel Wärme (über 15 Grad Celsius); auf Licht und Luftfeuchtigkeit (gegebenenfalls Verdunstungsschale oder Luftbefeuchter) sind sie angewiesen. Abgeblühtes entfernt man laufend. Sind die Blätter gelb geworden, sollen *Cyclamen* im Topf an einem luftigen, nicht zu dunklen, frostfreien Ort überwintern. Sobald sich der neue Austrieb zeigt, Knolle säubern, Auswuchs um etwa ein Drittel beschneiden, neu einpflanzen, Wassergaben wieder steigern.

Cyclamen neapolitanum hat efeuähnlich-wintergrünes Laub, blüht rosarot.

Cyclamen purpurascens mit an der Oberseite grün-marmorierten, an der Unterseite roten Blättern und duftenden rosa Blüten ist als Alpen-Wildpflanze geschützt. Es wird aber auch gerne in Gärtnereien gezüchtet und als „Sommer-Alpenveilchen" verkauft.

Cyclamen vernale blüht leuchtend karminrot, in den Monaten März und April, noch vor der Belaubung.

Cymbidium
Kahnorche

Orchideengewächs mit meist kurzen, beblätterten Stengeln und herrlichen, duftenden Blüten in Trauben an hohem, leicht gekrümmten Stiel. Kultiviert vor allem in den zwischen Birma und dem Himalaya heimischen Arten *Cybidium erythrostylum, C. insigne, C. giganteum, C. grandiflorum* und *C. lowianum*. Im Sommer können die Töpfe an sommerkühlem, halbschattigem Ort auf Balkon oder Terrasse gestellt oder im Garten eingegraben werden, brauchen dann aber Schutz bei Platz- und Dauerregen; stauende Nässe schadet ebenso wie alljährliches Umtopfen: Die Blüte bleibt dann aus. Mehr Wasser ist nur während des Blütenaustriebs erwünscht. Beginn der Ruhezeit (7-10 Grad Dauerwärme) meist Ende September/Anfang Oktober. Lauberde, im Sommer wöchentlich einmal mit Vogelmistlösung (auch in Handelsformen) düngen.

Cyperus alternifolius
Zypergras, Schirmgras, Sauergras

Sumpfgrasstaude, eng verwandt mit der echten Papyrusstaude *Cyperus papyrus*. *C. alternifolius* bildet an bis über meterhohen Halmen attraktive Hochblattschirme unter zu Dolden vereinten, hellgelblich-grünen Blütenährchen. Gut für Hydrokultur geeignet; braucht enthärtetes Wasser (öfter besprühen!), Halbschatten, Zimmerwärme, bei erdigem Grund in Pflanzkübeln nahrhafte, mit Lehm durchsetzte Humuserde, günstig mit Kiesuntergrund und Steinbedeckung, die nach Gewöhnung ständig unter Wasser stehen sollte. Sein hoher Wasserumsatz macht das Zypergras zum idealen Raumluftbefeuchter; allzu trockene Luft jedoch läßt die Blattspitzen bräunen. Vermehrung geschieht durch Stecklinge: Hochblattschopf handbreit unter dem Ansatz abschneiden, Blätter einkürzen; die Stecklinge bewurzeln sich in Wasser oder feuchtem Sand bei etwa 22 Grad sehr rasch. Dann sorgfältig einpflanzen bzw. einsetzen (Hydrokultur).

Cytisus
Ginster, Geißklee, Bohnenstrauch

Reiche Auswahl niedrig kriechender und bis zu 3 m hochwachsender Sträucher, vornehmlich für Stein- und Heidegärten oder Saumbepflanzung, auch an Terrassen. Im Frühling prangen dicht am Zweig wachsende Blüten in Gelb- oder Rottönungen sowie mehrfarbig. Ginster bevorzugt lockeren, ungedüngten (gern lehmig-kalkhaltigen) Boden in sonniger Lage (Frostschutz angebracht!).

Cytisus scoparius (Besenginster) verträgt als einzige Art keinen Kalk im Boden, vermag jedoch als Erstbepflanzung stickstoffarme Böden zu verbessern.

Cytisus racemosus ist im Zeitalter der Zentralheizung von der altbewährten Zimmerpflanze zur Balkonpflanze geworden, die bei gutem Licht und Windschutz schön gedeiht, vor der Blüte wenig, danach aber zum Überleben viel Wasser – und gelegentlich auch einen Dungguß – braucht. Überwintern kann der immergrüne Strauch gut auf einem hellen Treppenabsatz, in einem kühlen Wintergarten, nicht aber in wohlig warmen Räumen. Rückschnitt bei allzu sperrigem Wachstum toleriert er problemlos.

Dahlia variabilis
Dahlie

Von den Botanikern wegen ihres unerschöpflichen Blütenfarben- und -formenreichtums *„variabilis"* („Die Veränderliche") genannte Gattung in Mexiko und Guatemala heimischer Knollenstauden. Neben den altbekannten Schmuck- und *Pompondahlien* gibt es Zwerg- und Riesenformen, niedere *Mignondahlien* mit einfachen Blüten und raffiniert-mehrfarbige *Halskrausendahlien, anemonen-, seerosen- und orchideenblütige* Varietäten oder *Kaktusdahlien* mit ihren strahlenförmigen, geröhrten Blütenblättern, die bei neuen Züchtungen sogar an der Spitze gespalten sind *(Hirschgeweihdahlien)* – und damit ist das Angebot noch keineswegs erschöpft.

Gepflanzt wird – mit sortengemäßem Seitenabstand (mindestens 40 cm) – ab Mitte Mai in Kästen, Kübeln oder Gartenkrume: etwa 3 cm Erde über die Knollen; der Standort soll sonnig sein. Jungpflanzen blühen günstigenfalls schon Ende Mai, Knollen nach kühler, jedoch frostfreier Überwinterung ab Ende Juni. Gleichmäßig feucht gehalten und im Hochsommer wöchentlich gedüngt, blühen die Dahlien bis Oktober, wenn man Verblühtes laufend kappt. Sobald der Herbst frostig wird, stutzt man das Laub knapp über ebenerdig ein. Die Erde in Kästen und Kübeln bis zum Frühjahr leicht feucht halten und dann erst auswechseln. Freilandknollen ausgraben, Grünschopf austropfen und Knollen abtrocknen lassen, dann in feuchten Torf einschlagen; vor dem neuerlichen Einpflanzen eine Nacht lang in abgestandenem Wasser quellen lassen, gegebenenfalls teilen.

Daphne mezereum
Seidelbast, Kellerhals

Wald-Wildstrauch mit aufrechten Zweigen, hübschen kleinen, rotvioletten, selten weißen Blüten und erbsengroßen (giftigen!) Steinfrüchten am Stengel. Sein schönes, glänzend grünes Laub wirft er im Herbst ab. Neben *Daphne lau-*

reola (Lorbeer-Seidelbast), der Kalkboden toleriert, rot blüht und gelbbraune Früchte trägt, als Steingartenpflanze bevorzugt.

Davidia involucrata
Taubenbaum, Taschentuchbaum

Bis 20 m hoher, bei uns – in nicht allzu frostigen Höhen – winterharter, dennoch seltener Zierbaum aus dem westlichen China. In der Blütezeit (Mai–Juni) hängen große weiße Hochblätter wie Taschentücher an den Zweigen. Die lindenähnliche Belaubung fällt im Herbst ab.

Decaisnea
Blauschote

Ein imposanter, 5 m Höhe erreichender Strauch, dessen Fiederblattwerk rötlich austreibt, die Juniblüte dicht übergrünt und im Herbst leuchtend goldgelb abfällt. Ungewöhnlich dekorativ ist der Fruchtschmuck durch am Ansatz meist zu dreien gebündelte „blaue Bohnen": lange, fast vollrunde Schoten, blaugrundig mit weißem Reif. Das aus Innerasien stammende Gehölz ist in geschützten Lagen absolut winterhart.

Delphinium
Rittersporn

Eine Gattung überwiegend perennierender Staudengewächse der Hahnenfuß-Familie, mit pittoresken, handförmig geteilten Blättern und farbintensiven Sommerblütenrispen, die prachtvolle Kombinationen auch mit ganz andersartigen Gewächsen zulassen. Kombination darf freilich nicht Einengung oder Überwuchs bedeuten. *Delphinium* wird in schattiger Enge mehltauanfällig, zumal in zu magerer Erde.

Der Idealboden ist sandig-lehmig, braucht allemal im Frühling, wenn die Triebe knapp handhoch sind, eine Volldüngung in flüssiger Form. Diese sollte man Anfang Mai wiederholen, gegebenenfalls mit chlorfreiem Kali angereichert, um die Zellular-Statik der bei manchen Arten und Formen bis 2 m hohen Blütenstengel zu verbessern.

Steingarten-Wildarten überraschen bei relativ niedrigem Wuchs mit ungewohnten Blütenfarben, z. B. *Delphinium nudicaule* (bis 30 cm; Blüte scharlachorange) oder *D. sulphureum* bzw. *D. zalil* (120 cm; hellgelb). Hochwachsende Garten-Hybriden mit mehr oder weniger dichtbesetzten Blütenrispen in weiß-rot-blauen Mischtönen bringen bei Rückschnitt des zuerst Verblühten vor dem Samenansatz eine zweite Blüte hervor. Das gilt nur nicht für die besonders großblütigen *Pacific*-Hybriden, die den herrlichsten Vasenschnitt liefern.

Desmodium penduliflorum
Buschklee, siehe → *Lespedeza thunbergii*

Deutzia

Gattung von Mai bis Juli üppig weiß bis rosarot blühender Grenzhecken- und Rabattensträucher zwischen Niedrigwuchs (*Deutzia gracilis;* 50–100 cm) und mittleren Baumhöhen (*Deutzia magnifica* und *scabra;* bis 4 m). Sie brauchen keinen besonderen Boden, nur ausreichend Wasser während der Blütezeit. Herrlicher Wildwuchs; bei älteren Gehölzen wirkt der Schnitt verjüngend.

Dianthus
Nelke

Allbekannte Gattung meist intensiv duftender, flächig auswuchernder Steingarten- und

Topfstauden, beheimatet – in rund 300 Arten – zwischen Strandsand und felsigem Hochgebirgsterrain Eurasiens und Afrikas. Blätter meist silbergrau bis blaugrün. Blüten einfach oder gefüllt in Weiß und vielen Rottönungen, bei der grasähnlich wachsenden *Dianthus knappii* schwefelgelb. Reiche Skala populärer Formarten von *Dianthus barbatus* (Bartnelke) bis *Dianthus plumarius* (Federnelke), ausgreifend bis zu den gescheckten Blüten der *Dianthus-chinensis*-Arten und bis zu Hybriden mit hängenden Zweigen. Diese stellen besondere Ansprüche, die der Züchter ausweist. Im allgemeinen lieben Nelken einen warmen, sonnigen Standort und kalkhaltigen Boden. Etwas schwierig gebärdet sich die handelsübliche *Dianthus caryophyllus* (Gartennelke), die jedes Jahr durch Stecklinge erneuert werden muß.

Dicentra spectabilis
Tränendes Herz

50 bis maximal etwa 90 cm hohe, ausdauernde Gartenstaude mit feingeteiltem Blattwerk und charakteristisch herzförmigen, weißrotgetönten, an überhängendem Stiel aufgereihten Blüten im Spätsommer. *Dicentra* liebt schattige, feuchte Standorte.

Dictamnus albus
Diptam, Brennender Busch

Sehr ausdauernde, bis 1 m hohe Stauden mit unpaarigen Fiederblättern und weißen, vielfach rotgeäderten Blüten in sehr dekorativen Trauben. Der Boden darf trocken und sehr kalkig sein. Eine Besonderheit ist das in der Reifezeit aus vielen Drüsen abgesonderte ätherische Öl, das sich bei windstill-brütender Sommerhitze – in unseren Breiten also kaum je – selbst entzünden kann.

Dieffenbachia

Gattung der Aronstabgewächse aus dem tropischen Amerika, in mehreren ihrer 30 Arten (mit Hybridzüchtungen) sehr ansehnliche (im Saft z. T. sehr giftige) Topfpflanzen mit großen, federig gerippten, dunkelgrünen und oft gelbgestreiften Blättern an langen Stielen. *Dieffenbachia*-Arten wie *D. imperialis* oder *D. maculata* (auch *D. picta* genannt) müssen feucht, warm und hell gehalten werden, ohne direkt der Sonne ausgesetzt zu sein, und verlangen lockeren, nahrhaften Boden. Hydrokultur erspart häufiges Gießen, die *Dieffenbachia* verliert die unteren Blätter, Vermehrung im Frühjahr durch Stecklinge.

Digitalis purpurea
Fingerhut

Im Naturzustand perennierende Wildpflanze, als Zweijahrespflanze kultiviert. Bis meterhohe Stengel mit glockenförmigen, rosaweißen Blüten. *Digitalis* fühlt sich im Schatten und in sauren Böden wohl. *Digitalis gloxiniaefolia* hat den prächtigsten Blütenstand in Weiß oder Rosarot. – Vorsicht: der pharmazeutisch als Herzmittel genutzte Saft ist bei unsachkundigem „Genuß" hochgiftig!

Dizygotheca elegantissima
Fingeraralie

Auf Südsee-Inseln wildwachsendes, bei uns als Topfpflanze in mittelschwerer, torfiger Humuserde und besonders in Hydrokultur gedeihendes, immergrünes Blattstrauchgewächs bis 1 m Höhe. Vielfingrige, schmallanzettförmige Blätter in Olivgrün mit rötlicher Zeichnung an gelblich-grüngefleckten Stielen lassen diese pittoreske Blattpflanze in höherem Alter wie eine mehrstöckige Bizarr-Palme erscheinen. Im Juni umtopfen, bis Ende September wöchentlich flüssig düngen; Topfballen gleichmäßig feucht halten, etwas sparsamer während der Ruhezeit (Oktober–Februar). Sie sind ideal für den Wintergarten bei gleichmäßig hoher Lufttemperatur (etwa 20 Grad Celsius Dauerwärme) im Halbschatten.

Doronicum caucasicum
Gemswurz

Ausdauernde Staudenformen mit herzförmigen, am Grund langgestielten, am Stengel wechselständigen hellgrünen Blättern und ab April prangenden, margeritenähnlichen Blüten in leuchtenden Gelbtönen.

Dracaena
Drachenlilie

Zu den Agavengewächsen zählende, bewährte Topfpflanzen von buschigem oder baumartigem Wuchs, mit lanzettförmigen, 10–75 cm langen Blättern in Grüntönen, oft mit bunter Zeichnung. Lockere Humuserde erwünscht, Standort halbschattig, warm; trockene Luft zentralbeheizter Räume kritisch.

Echinocactus
Kugelkaktus, Igelkaktus

Als Zimmerpflanze vielfach gehegt und gepflegt: klein, kugelförmig und von feinen Stacheln starrend. Daher wohl die boshafte deutsche Bezeichnung „Schwiegermutterstuhl" für die Art *Echinocactus grusonii*. Der Kaktus verlangt sehr sandige, durchlässige Erde, einen lange von der Sonne beschienenen Standort und nur wenig Wasser; zuviel Feuchtigkeit läßt ihn faulen.

Echinops
Kugeldistel

Korbblütler-Gattung distelartiger Stauden bis 160 cm Höhe *(Echinops sphaerocephalus)* mit meist fiederschnittigen Blättern und stachelig-verfilzten, kugeligen Blütenständen in Grau-Blau-Weiß-Schattierungen.

Echinopsis
Seeigelkaktus

Seit langem in vielen Hybridformen verbreitete Schmuckkakteen, darunter die fälschlich auch „Königin der Nacht" genannte *Echinopsis eyriesii*, die ihre gelben oder rosafarbenen Blüten erst am späten Nachmittag öffnet. Als schönste gilt die weißblühende *Echinopsis calochlora*, zu den auch ohne Blüte attraktivsten gehört zweifelsfrei *Echinopsis kermesina* mit ihrer rippenreichen, mehrfarbig bestachelten Kugel. In nahrhaft humoser Erde fühlen sich die Kakteen im Sommer am sonnigsten Fenster am wohlsten; sie brauchen dann auch erstaunlich viel Wasser; über Winter dagegen sollen sie hell, kühl und fast oder völlig trocken stehen.

Elaeagnus angustifolia
Ölweide

Ein Ölbaum in Trauer quasi: bis 7 m hohes Strauchgehölz, das die mit silberfilzigen Lanzettblättern besetzten, oft dornenbewehrten Zweige niederhängen läßt. Ein äußerst pittoreskes wohlduftendes Gartengehölz.

Epiphyllum
Phyllokaktus, Blattkaktus

Die Zierformen der früher *Phyllocactus* genannten Gattung gehören zu den schönsten und zugleich anspruchslosesten Kakteen. Daher der Name „Schusterkaktus" für die Art *Epiphyllum ackermanii*, die sich von Frühling bis Sommer mit zahlreichen leuchtendroten Blüten schmückt, und zwar nicht nur am Blumenfenster (sofern da viel Frischluft gegeben ist), sondern ab Ende Mai auch an hellem, windgeschütztem Ort auf dem Balkon oder im Freiland, wo Blattkakteen verbleiben können, bis es herbstlich kühl wird. Im Sommer brauchen sie viel – möglichst kalkfreies – Wasser, nicht ohne gelegentliche Gaben von Kakteendünger, im Winter Licht, Luft und mindestens 8, aber nicht über 12 Wärmegrade. – *Epiphyllum truncatum*, siehe → *Zygocactus truncatum*.

Eranthis hyemalis
Winterling

In Südeuropa heimische, auch nördlich der Alpen in nicht allzu dauerfrostigen Lagen bereits im Februar signalgelb aufblühende und sich erst danach begrünende Staude. Sie bietet Bodenschmuck bis 15 cm Höhe.

Erica
Heidekraut, Glockenheide

Niedrige, reichblühende Strauchgewächse, im Freiland für Steingarten-Gruppen oder Einfassungen bevorzugt, nach der Blüte gut zu schneiden und im allgemeinen winterhart, aber doch dankbar für Frostschutz durch Laubbedeckung. Blütezeit von Januar *(Erica-carnea-*Sorten) bis Oktober *(Erica vagans)* im Freien. Als Topfheide gern an oder in das Haus geholt wird vor allem die zierliche, mit hellen Blattnadeln besetzte *Erica gracilis*, deren Abart *E. gracilis var. autumnale* und andere Hybriden von September bis Dezember in schönem, bisweilen lila angehauchtem Rosenrot blühen. Ein Unikum unter den rotgetönt blühenden Sträuchern ist *Erica carnea „Springwood"* mit weißer Winterblüte bis März. Erica bevorzugt im Freiland wie in Kübel oder Topf saure Böden; *Erica-carnea*-Sorten und *Erica mediterranea* tolerieren Kalk und damit auch – im Gegensatz zu anderen Arten und Abarten – „rohes" Leitungswasser. Licht ist immer wichtig; Topfheide läßt sich bei 6–8 Grad Raumtemperatur an einem hellen Platz gut über den Winter bringen, und dies während etlicher Jahre.

Erigeron
Feinstrahl, Berufkraut

Buschig wachsende Steingarten-Stauden, auch als Topfpflanzen und Schnittblumen kultiviert. Asterähnliche Strahlenblüten, bei der meistgepflanzten Art *Erigeron aurantiacus* orangefarben, sonst in reinen oder auch gemischten Rot-Blau-Tönen. Anpassungsfähig in allen Böden; leichte, sandige Erde bevorzugt. Schnittblumen in voller Blüte schneiden, denn die Knospen öffnen sich nicht in der Vase!

Erinus alpinus
Alpenbalsam

Kleine, bevorzugt in Steingärten kultivierbare Polsterstauden mit gezähnten Blättern und rosa Blütentrauben; Hybriden auch in Weiß und kräftigen Rottönen.

Eryngium
Edeldistel, Mannstreu

Zur Familie der Doldengewächse gehörige Gattung anspruchsloser Stauden mit zylindrischen oder halbkugeligen Blütenköpfen in Weiß-Rot-Blau-Nuancen über distelartig starrstacheligen Hüllblättern. Die (bis etwa 80 cm) langgestielten Scheindisteln lassen sich zu zeitlosem Vasenschmuck trocknen: am besten freilich nicht in einer Vase ohne Wasser, sondern kopfunter an luftiger Leine.

Erythrina christa-galli
Korallenstrauch

Sehr dekorativer Schmuckstrauch mit dornenbewehrtem Gezweig, schmallanzettförmigem Laub und – von Juli bis Oktober – vielen großen, tiefroten Blüten mit langen Fahnen. Als Kübelpflanze auf Balkon, Terrasse oder Dachgarten besonders attraktiv; kann von Ende Mai bis zum Ende der Blütezeit auch im Garten (lehmig-humose Erde) eingepflanzt werden, braucht viel Sonne; von Anfang Mai bis zum Beginn der Blüte wöchentlich düngen und reichlich bewässern. Vor dem ersten Frost bis knapp am Stamm stutzen, über den Winter in einem hellen, luftigen Raum bei 2–8 Grad Wärme völlig trockenhalten. Vom Triebbeginn an zunehmend und regelmäßig gießen.

Eschscholtzia californica
Goldmohn

Bis 50 cm hohe Einjahrespflanye zur Aussaat im Frühling; anspruchslos hinsichtlich Bodenqualität und Standort. Laub filigranartig fein, Blüten weiß, gelb-orange oder in dunkleren Rottönen.

Euonymus
Pfaffenhütchen, Spindelstrauch

Teils laubabwerfende, teils immergrüne Sträucher mit reizvollem Fruchtschmuck, der sich bis in den Winter hält. Offene Sonne ist zu meiden.

Euonymus alatus wächst sperrig-buschig bis 3 m Höhe. Nach dem Abfallen des scharlachroten Herbstlaubs wirkt neben dem roten Fruchtbehang der eigenartige Zweigbesatz mit seinen flügelförmigen Korkleisten sehr dekorativ.

Euonymus europaeus, bis 6 m aufstrebend, ist robust und anpassungsfähig. Herbstlaub karminrot, Fruchttracht orangefarben.

Euonymus fortuneï aus Japan sind immergrüne Polsterarten, die z.T. auch Mauern überwachsen können: *Euonymus fortuneï radicans* mit Hilfe eigener Haftwurzeln; *E. fortuneï vegetus* braucht Kletterhilfen (Draht).

Euphorbia
Christusdorn, Weihnachtsstern u. a.

Artenreichste Gattung der Wolfsmilchgewächse, bei uns wildwachsend vom einjährigen, niederen Feld- und Gartenunkraut (*Euphorbia exigua*, *E. peplus* u. a.) bis zum mannshohen Strauch an Flußufern (*Euphorbia palustris*). Als winterharte Gartenzierpflanzen reizvolle Bodenbedecker (*Euphorbia capitulata*) oder höhere, milchsaftführende Stauden mit hübscher, im Herbst z. T. rot werdender Belaubung (*Euphorbia amygdaloides*) und schöngefärbte Scheinblüten bildenden Hochblättern zwischen Mai und August.

Euphorbia lathyris mit auch über den Winter blaugrün bereiftem Blattwerk an streng lotrecht bis 80 cm hochwachsenden Stengeln und weniger auffälligen, grünen Scheinblüten bietet Zier- und Nutzeffekt: Ihr Geruch hält Maulwürfe und Wühlmäuse fern, so daß sich ihre Anpflanzung in unmittelbarer Küchengartennähe lohnen kann.

Als Zimmerpflanzen von besonderem Interesse sind zwei Arten (und deren Hybriden):

Euphorbia milii (auch *Euphorbia splendens* genannt), der Christusdorn: ein auf Madagaskar heimisches, stattlich-bizarres Dornstrauchgewächs mit Kletterneigung. Es toleriert als ganzjährig wärmebedürftige Topfpflanze trockene Zimmerluft (Zentralheizung!), nicht jedoch zuviel Feuchtigkeit. Die Hochblätter des Christusdorns sind klein, rundlich und feuerrot, gelegentlich auch goldgelb; sie umschließen wie Blütenblätter die an sich unscheinbaren, von Februar bis Frühsommer in ihrem Schutz nistenden Blütchen. *Euphorbia milii* bevorzugt eine mit Sand und Holzkohlestückchen versetzte Mischung aus Laub- und Rasenerde in einem nicht zu voluminösen Topf, der infolge des Hochwuchses älterer Pflanzen leicht zum Umkippen neigt. Zweckgerechtes Anbinden der Pflanze ist dann besser als stützendes Anlehnen am – im Winter zu kalt werdenden – Fensterglas.

Euphorbia pulcherrima (früher *Poinsettia pulcherrima* genannt), der Advents- oder Weihnachtsstern: ein immergrünes Strauchgewächs mit besonders großen Hochblattrosetten von cremeweißer bis feuerroter oder buntgemusterter Färbung und ebenfalls vergleichsweise unscheinbaren Blütchen. Der Weihnachtsstern liebt dieselbe Erde wie der Christusdorn, jedoch keinesfalls trockene Raumluft. Über den Sommer kann er an vor Wind und direkter Sonneneinstrahlung geschütztem, aber dennoch hellem Platz gut auch auf dem Balkon stehen, braucht reichlich Wasser (auch handwarmes Besprühen!). Im Winter hält er sich bei 15 bis 20 Grad Wärme und hinreichender Luftfeuchtigkeit klaglos.

Nach der Winterblüte sollte man *Euphorbia pulcherrima* auf etwa zwei Handbreit Höhe und nur 3–6 Seitentriebe zurückschneiden. Zu Beginn der Wachstumsperiode – d. h. im Mai/Juni – sichern nur gewisse Verdunkelungsvorkehrungen neuerlich maximales Einfärben der Hochblätter: Während 8 Wochen darf der Weihnachtsstern täglich nicht über 10 Stunden Tages- und/oder Kunstlicht abbekommen, sonst treibt er zwar sehr schön zur buschigen, weißgeäderten Grünblattpflanze aus, aber die Farbblattsterne kommen nicht so recht zum Leuchten.

Bleibt noch anzumerken, daß die aus Wunden der *Euphorbia*-Arten austretende „Wolfsmilch" hochgiftig ist und ihr Ausfluß sich durch „Verschmelzen" der Wunde mittels einer offenen Flamme (Streichholz, Kerze, Feuerzeug) stoppen läßt.

Exochorda racemosa
Prunkspiere, Perlstrauch

Verhältnismäßig langsam, jedoch sperrigbuschig und bis 6 m hochwachsender sommergrüner, im Winter mit perlartigen Knospen übersäter Zierstrauch. Weiße Maiblütenfülle ohne Beispiel. Sonniger Standort in frischem, humosen Boden bevorzugt.

Fagus sylvatica
Rot- oder Blutbuche

Formenreiche Art hochwachsender, aber auch heckenbildender Baumgehölze ohne Wachstumsproblem in kalkhaltigen Böden; kritisch nur bei späten Frühjahrsfrösten, gravierenden Veränderungen des Grundwasserpegels und abrupten Umwelt-Wechseln zwischen offener Sonne und Beschattung (z. B. durch Hausbau). Die als Solitärgehölze reizvollsten Formen mit winterbeständigem Laub:

Fagus sylvatica „Asplenifolia" bildet mit dichtstehendem Geäst und langlanzettlicher Belaubung bis 15 m hohe Rundpyramiden.

Fagus sylvatica „Atropunicea" prangt mit schwarzrotem Metallglanz der Belaubung, die bei *Fagus sylvatica* „Swat Magret" etwas früher austreibt und die Herbstfärbung länger beibehält. Sie brauchen im ersten Jahr der Pflanzung ab Ende Juni zusätzliche Bewässerung.

Fagus sylvatica „Pendula" (Trauer- oder Hängebuche) erreicht maximal 20 m Höhe und trägt grünes Laub an waagrecht wachsenden Ästen und zum Boden niederhängenden Zweigen.

Fatshedera lizeï
Efeuaralie

Das ist in der Tat eine in der Natur nicht vorkommende, 1921 erstmals gelungene Kreuzung aus Efeu *(Hedera helix)* und Zimmeraralie *(Fatsia japonica).* Eine nicht rankende, sondern frei hochwachsende immergrüne Blattpflanze, die sich sehr rasch vom Topf- zum Kübelgewächs mausert und sich durch Zusammenpflanzen mehrerer Stecklinge schön buschig gestalten läßt, ohne jährlichen Rückschnitt übelzunehmen. Sie scheut offene Sonne und „hartes", d. h. kalkhaltiges Wasser, bevorzugt saure Erdreaktion und läßt sich gut ganzjährig im Zimmer halten, wenn während der Heizperiode hinreichend Luftbefeuchtung sichergestellt ist.

Fatsia japonica
Bergangelika, Zimmeraralie

Dekorativer Blattstrauch mit schwarzem Beerenschmuck im Herbst. Topfpflanze ohne große Ansprüche, kann im Sommer an kühlschattigem Platz im Freien stehen. Von April bis August gut feucht halten (Blätter gelegentlich feucht abwischen), wöchentlich düngen. Überwintern in hellem Keller bei gut 4 Grad Wärme, wenig gießen. Umtopfen (nur Jungpflanzen jedes Jahr) im März.

Festuca
Schwingel

Meist wintergrüne Ziergräser zur Schmuckgruppenpflanzung, auch in Rasenflächen; besonders empfehlenswert: *Festuca glauca* (blauhalmig), *F. ovina „Harz"* (blaugrün) und *F. scoparia* (hellgrüne Fadenhalme).

Ficus
Feige, Gummibaum

Die Gattung *Ficus* (Feige) der Maulbeergewächs-Familie umfaßt botanisch über 1000 Arten, von welchen wir den eigentlichen Feigenbaum *(Ficus carica)* mit eßbaren Früchten gemeinhin allenfalls in den Tropenhäusern botanischer Gärten zu Gesicht bekommen, wo er stattliche 2 bis über 6 m Höhe erreichen kann. Ein „Evergreen" als verhältnismäßig anspruchslose Raumzier ist jedoch seit langem schon der sog. Gummibaum, d. h. vor allem die Kulturart *Ficus elastica.* Breitblättriger und damit zweifelsfrei dekorativer ist *Ficus decora;* aber es gibt auch den kriechenden *(Ficus radicans),* den kletternden *(Ficus pumila),* den dreifarbigen *(Ficus elastica „Decora tricolor")* und den buntblättrigen *(Ficus elastica var. variegata)* Gummibaum nebst vielen anderen Hybriden mit zumeist sattgrünen oder grün-gelb gefleckten Blättern.

Die idealen Kulturbedingungen weisen von Art zu Art, ja sogar von Abart zu Abart z. T. so deutliche Unterschiede auf, daß es sich sehr empfiehlt, einen Gummibaum heute nur noch mit Gebrauchsanweisung einzukaufen, da das pflegeleichte Normmodell von einst nicht mehr die Regel ist auf der ungemein verbreiterten Angebot-Palette der Gärtnereien. Der Gummibaum erweist sich quasi als recht dehnbarer Begriff, aber auch als sehr dankbare, ja ausgesprochen exklusive Raumzier (z. B. *Ficus deltoidea*, die Mistelfeige) zumal dann, wenn man den individuellen Besonderheiten der diversen Arten und Zuchtsorten Rechnung trägt.

Forsythia intermedia
Forsythie, Goldglöckchen

Äußerst anspruchslose und widerstandsfähige Ziersträucher bis 4 m Höhe. Sattgelbe Blüte im April, besonders großblumig bei *Forsythia intermedia „Lynwood Gold"*, zahlreich bei *F. intermedia „Spectabilis"*. *Forsythia suspensa fortuneï* zeichnet sich durch lockeren Wuchs überhängender Zweige aus; Blätter oft dreigeteilt, Blüte April und Mai. – Schon zu Weihnachten können abgeschnittene Forsythienzweige zu Stecklingen angetrieben werden.

Fothergilla
Federbuschstrauch

Zwei *(Fothergilla monticola)* bis drei Meter Höhe *(F. major)* erreichende, sommergrüne Ziersträucher mit an sonnigen Standorten besonders intensiver Herbstlaubfärbung in Gelbrot. Sehr frühe Blüte in Büschelköpfchen übergroßer weißer Staubgefäße, Honigduft verbreitend. Frischer torfiger Boden bevorzugt.

Fraxinus
Esche

In der Art *Fraxinus excelsior* für Alleen und Uferpromenaden bevorzugte, bis 40 m, in der Art *F. ornus* (Blumen- oder Mannaesche) maximal 15 m hohe Bäume mit licht belaubter Krone. *Fraxinus ornus* prangt im Mai und Juni im weitduftenden Schmuck handtellergroßer weißer Blütenrispen. Die Blumenesche scheut Schatten und liebt trockenen, kalkigen Boden.

Freesia
Freesie, Kapmaiblume

In Südafrika heimische, perennierende Knollenpflanzen, deren Frühlingsblüte ein seltsames Bild bietet: Die Traube krümmt sich im Ansatz fast rechtwinklig ab; die Trichterblüten stehen dann aufrecht und wie Orgelpfeifen – zum Schaftende hin kleiner werdend – gestaffelt. Es gibt langstielige Schnittblumen- und kurzstielige Topfpflanzen-Hybriden, diese von noch größerem Blütenfarbenreichtum. Knollen zu 6–10 je 10-cm-Topf im Oktober in Blumenerde einpflanzen oder umtopfen, hell und frostfrei überwintern bei sparsamer, erst vom Austrieb an nach und nach zu steigernder Erdbefeuchtung. Blütezeit Februar bis Mai; danach muß man die Bewässerung allmählich wieder reduzieren.

Fritillaria imperialis
Kaiserkrone

Bis meterhohe, sehr vitale Zwiebelstaude, die in schwerer, lehmiger Erde am besten gedeiht. Unter dem Endblattschopf des stämmigen Stengels öffnen sich im April zunächst niederhängende, sich nach erfolgter Befruchtung zur Krone aufstellende Blütenglocken von gelber bis braunroter Färbung. Der Pflanzengrund muß von jeglichen Fremdwurzeln unbedingt frei sein.

Fritillaria meleagris (Schachbrettblume, Kiebitzei) wird dagegen nur 30 cm hoch und sollte – gruppenweise – in Staudenrabatten vorn stehen. Hängende Blütenglocken in Schachbrettmusterung zwischen Weiß und Purpurrot. Beide Arten benötigen einen nährstoffreichen Boden, der locker und in der trockenen Jahreszeit feucht gehalten werden sollte.

159

Fuchsia
Fuchsie

Formenreiche Gattung der Nachtkerzengewächse, überwiegend in lateinamerikanischen Gebirgswäldern beheimatet, daher luftige, lichte (nicht offen sonnige) Standorte bevorzugend. Ausgesprochene Gartenfuchsien können bei uns bis zu 3 m Strauchhöhe *(Fuchsia magellanica)* erreichen. Als Topf- und Kübelpflanzen kultivierte, buschig wachsende Arten und Hybridsorten eignen sich zum Teil auch für Fenster und Balkonkästen der Nordseite, und manche sind sogar auf Winterblüte eingestellt. Insbesondere einige Hängefuchsien (z. B. *Fuchsia procumbens)* können gut als Ampelpflanzen in nicht allzu warmen Räumen auch in hellen Fluren oder Treppenhäusern gedeihen. Ihre nickenden Blüten ähneln federgeschmückten Helmturbanen. Die Luft darf ihnen nicht zu trocken werden; auch die Topferde muß stets feucht bleiben (kalkarmes oder -freies Wasser anzuraten!); im Winter liegt die Idealtemperatur etwa zwischen 12 und 15 Grad C.

Gaillardia
Kokardenblume

In Sorten 20–70 cm hohe, grobbehaarte Stauden mit üppiger, margeritenähnlich-kokardenförmiger Sommerblüte in reinen Rot- oder Mischtönen mit Gelb.

Galanthus
Schneeglöckchen

Kleine, meist ab Februar blühende Zwiebelpflanzen mit linealischen oder lanzettlichen Blättern. Weiße Glockenblüten, beim besonders früh- und großblütigen *Galanthus elwesii* (Riesenschneeglöckchen) wie bei der schon seit 500 Jahren kultivierten Standardart *G. nivalis* am Blütenblattansatz, bei der gefüllten Varietät *G. nivalis „Hortensis"* an den Hüllblattspitzen sparsam grüngefärbt.

Galtonia candicans
Sommerhyazinthe

Von Juli bis September in weißen Trauben blühende, über meterhohe Schnittblumen- und Rabattenstaude mit schönen schlanken, blaugrünen Blättern.

Gardenia
Gardenie, Jasmin-Rose

Immergrüner Strauch oder Bäumchen mit glänzend-ledrigem Laub und großen weißen bis gelblich cremefarbenen, weit offenen Blüten. Vor allem *Gardenia grandiflora* und *G. jasminoides* eignen sich gut als Topfpflanzen für ganzjährig (nicht unter 17 Grad) warme, helle Räume; sie können im Hochsommer auch im Freien stehen (Vorsicht vor Zugluft!). Gießen und absprühen (im Winter nur sparsam) ausschließlich mit lauem, kalkfreiem Wasser; während der Wachstumsperiode wöchentlich düngen. Umpflanzen nur wenn unumgänglich, im März.

Gasteria

Kleine sukkulente Liliengewächse mit stiellos meist zweizeilig am Boden sitzenden, fleischigen, bei manchen Arten weißlich gefleckten Blättern und bei den Zierformen meist rotgetönten Blüten an lang hervorstehendem Schaft. Die aus Südafrika stammenden *Gasterien* sind sehr hübsche und dabei recht anspruchslose Zimmerpflänzchen; sie brauchen wenig Wasser, über Winter etwa 10 Grad

Hedera helix (Efeu), ein immergrünes kletterndes Strauchgewächs, das sich im Freiland vorzüglich als Mauer- und Felsbewuchs eignet; als Zimmerpflanze ist Efeu ein beliebter Ampel-, Spalier- und Gesimsschmuck.

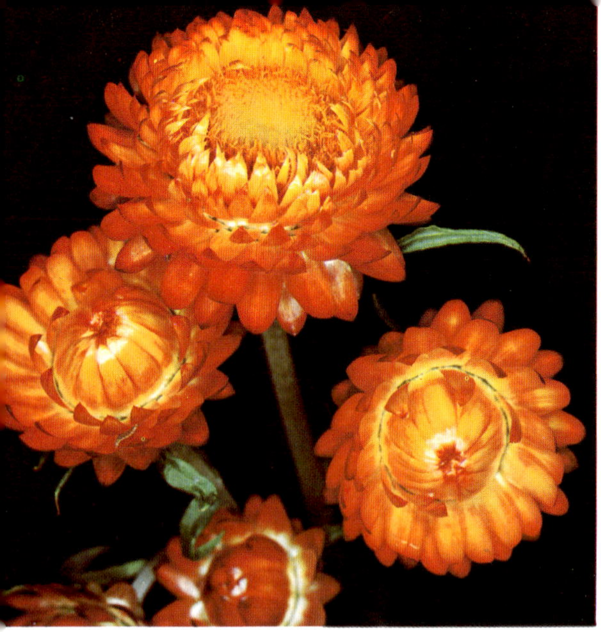
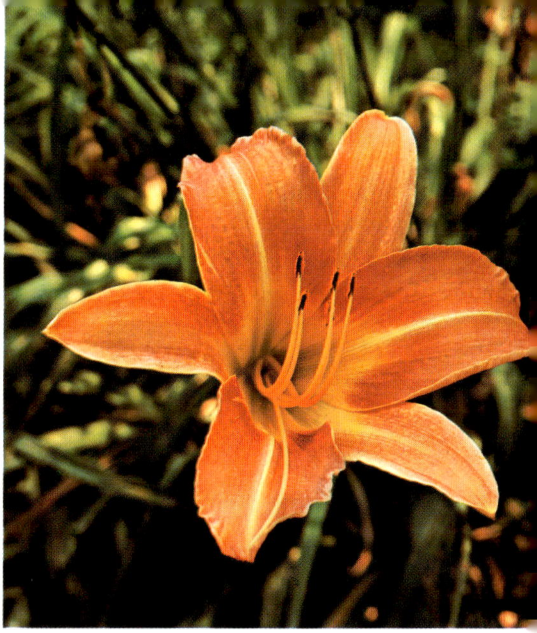
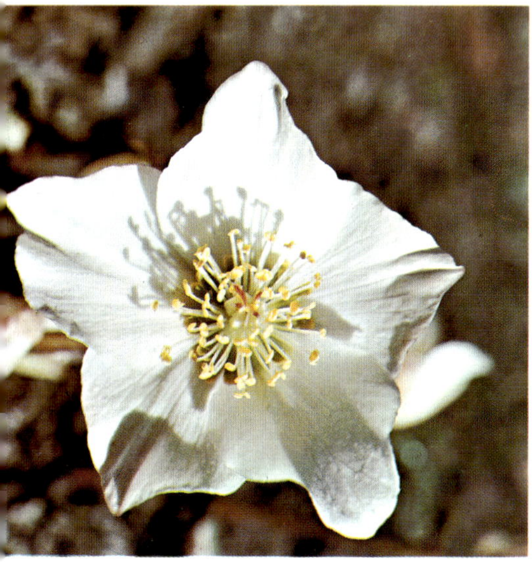
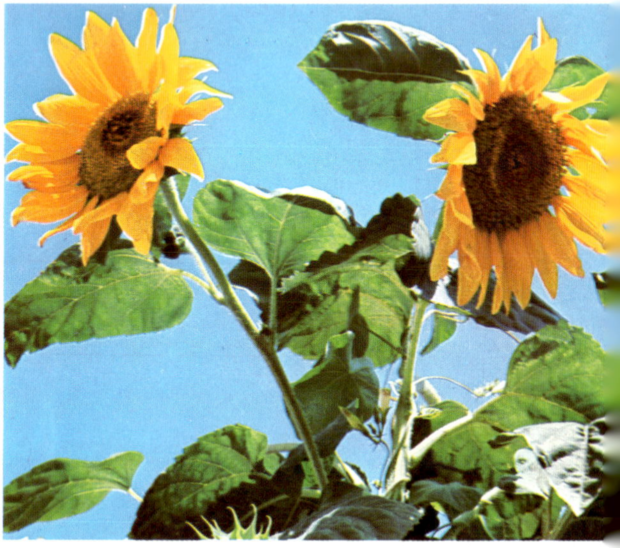
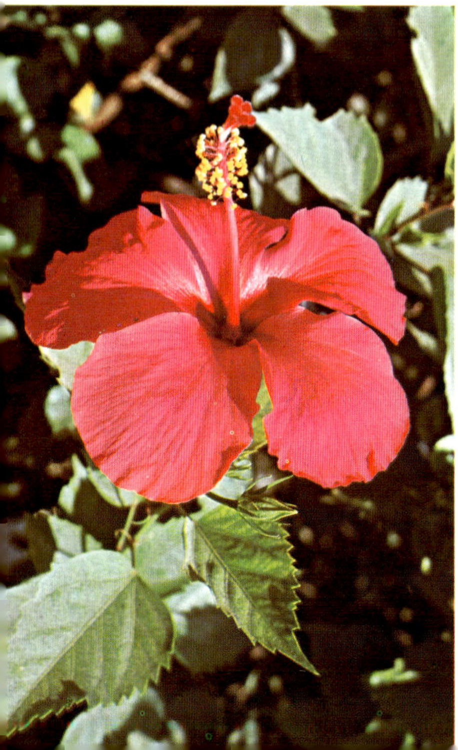
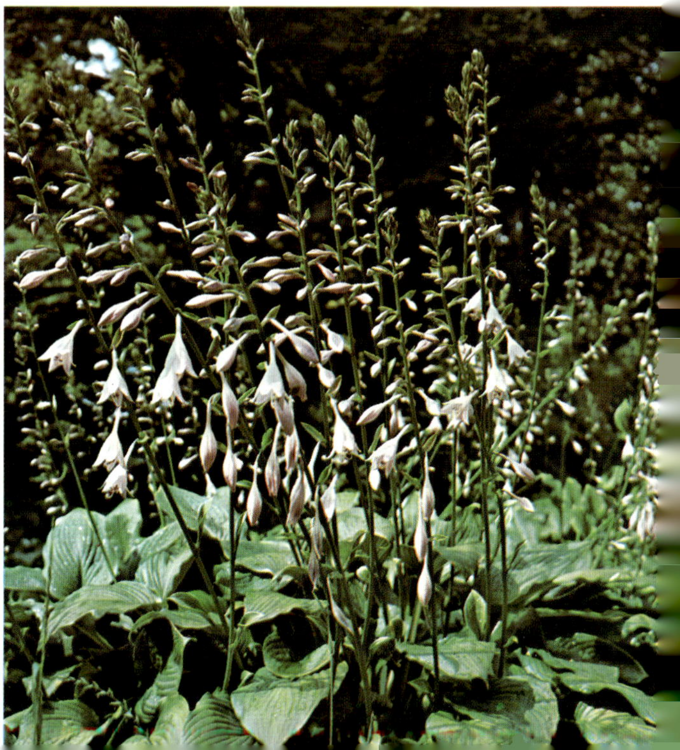

*Linke Seite: oben links: Helichrysum brasteatum (Strohblume), oben rechts: Hemerocallis (Taglilie); Mitte links: Helleborus niger (Christrose), Mitte rechts: Helianthus (Sonnenblume); unten links: Hibiscus (Roseneibisch), unten rechts: Hosta (Funkie, Herzlilie).
Rechte Seite: oben links: Hydrangea (Hortensie, Wasserstrauch) oben rechts: Hyacynthus orientalis (Hyazinthe);
unten links und rechts: Hypericum (Johanniskraut).*

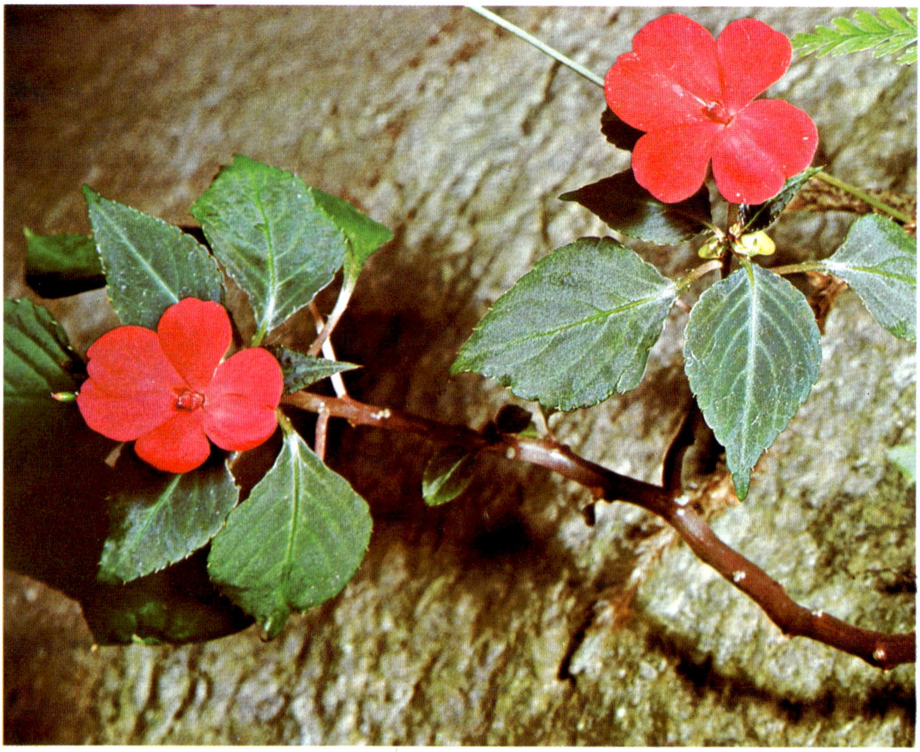

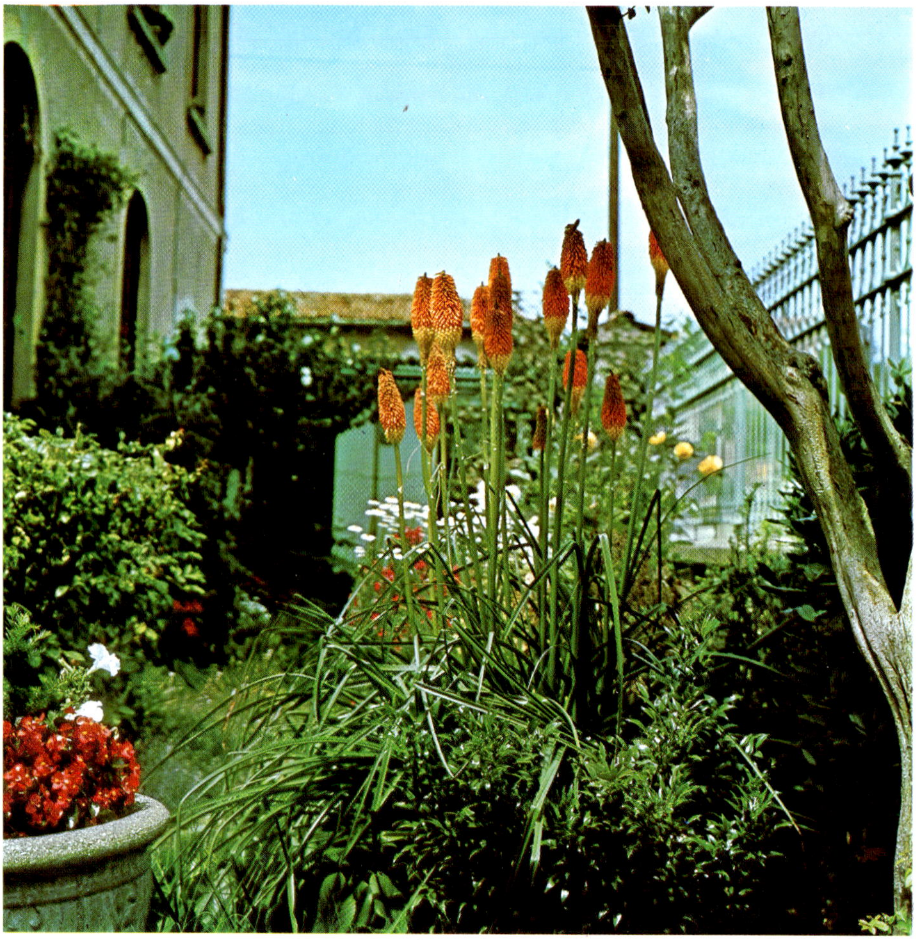

*Linke Seite: oben: Impatiens walleriana (»Rühr-mich-nicht-an«), unten: Kniphofia uvaria (Fackellilie).
Rechte Seite: oben links: Iberis saxatilis (Schleifenblume), oben rechts: Ipomoea purpurea (Purpurwinde);
unten links: Kalanchoe blossfeldiana (Flammendes Kätchen(, unten rechts: Lantana camara (Wandelröschen).*

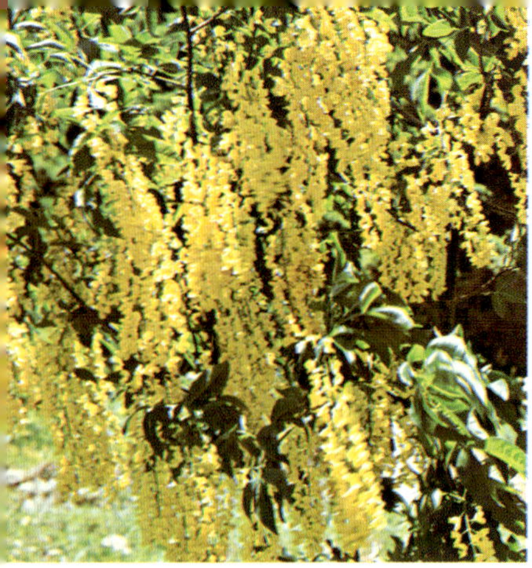
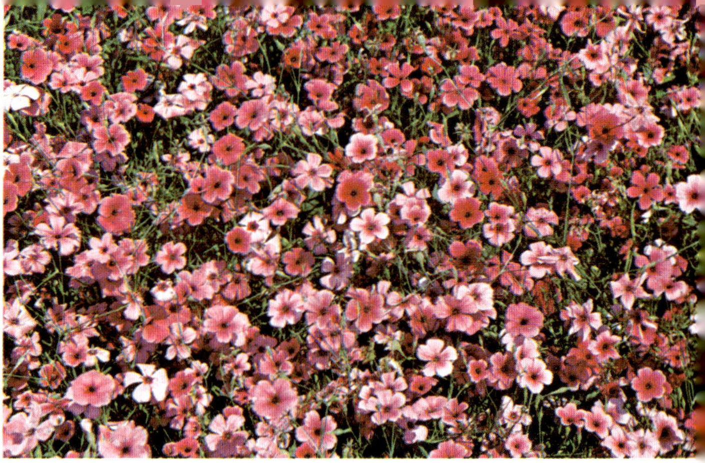
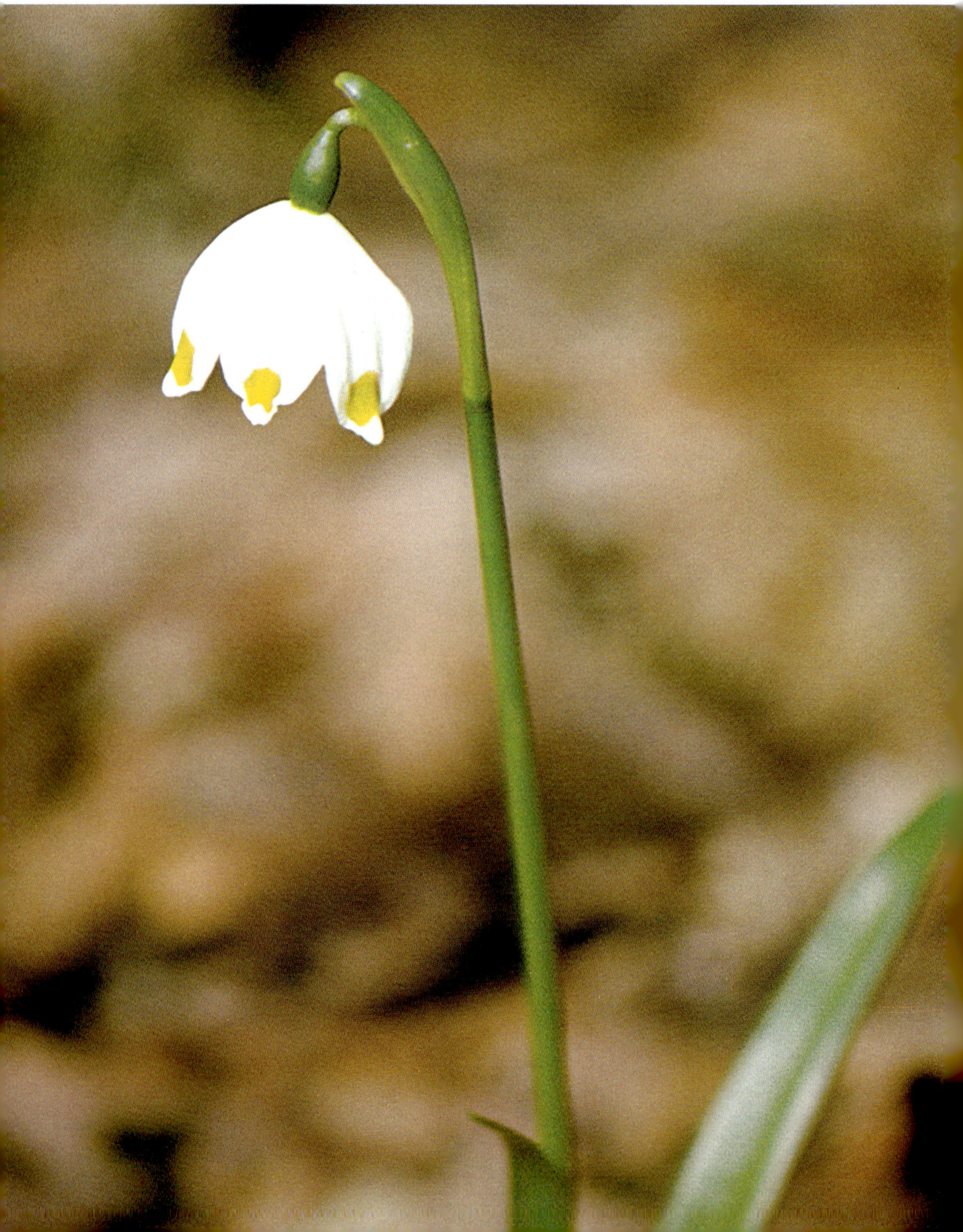

Linke Seite: oben links: Laburnum (Goldregen), oben rechts: Linum vulgaris (Echter Lein); unten: Leucojum vernum (Märzbecher), eine winterharte, schneeglöckchenähnliche Zwiebelstaude.
Rechte Seite: oben links: Lilium martagon (Türkenbundlilie), unten links: Larix decidua (Europäische Lärche); oben rechts und unten rechts: Liriodendron tulipifera (Tulpenbaum), oben die tulpenähnliche Blüte im Mai bis Juni.

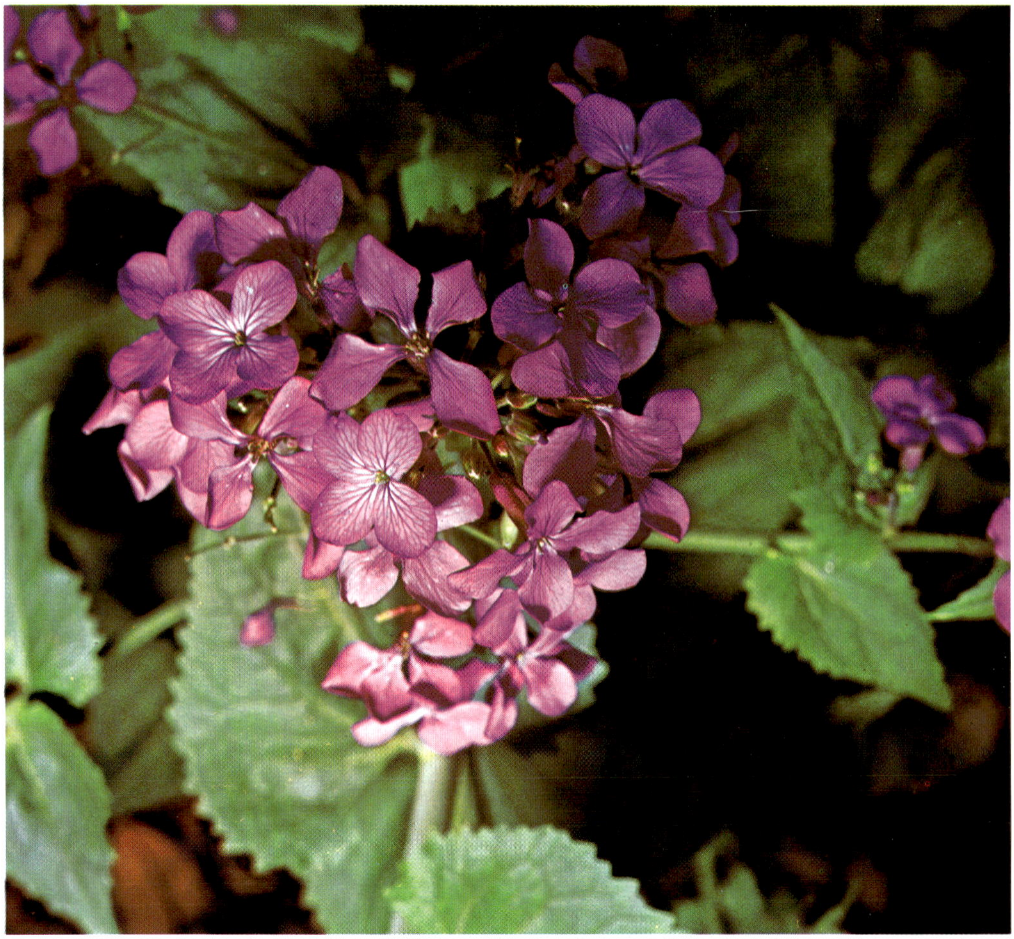

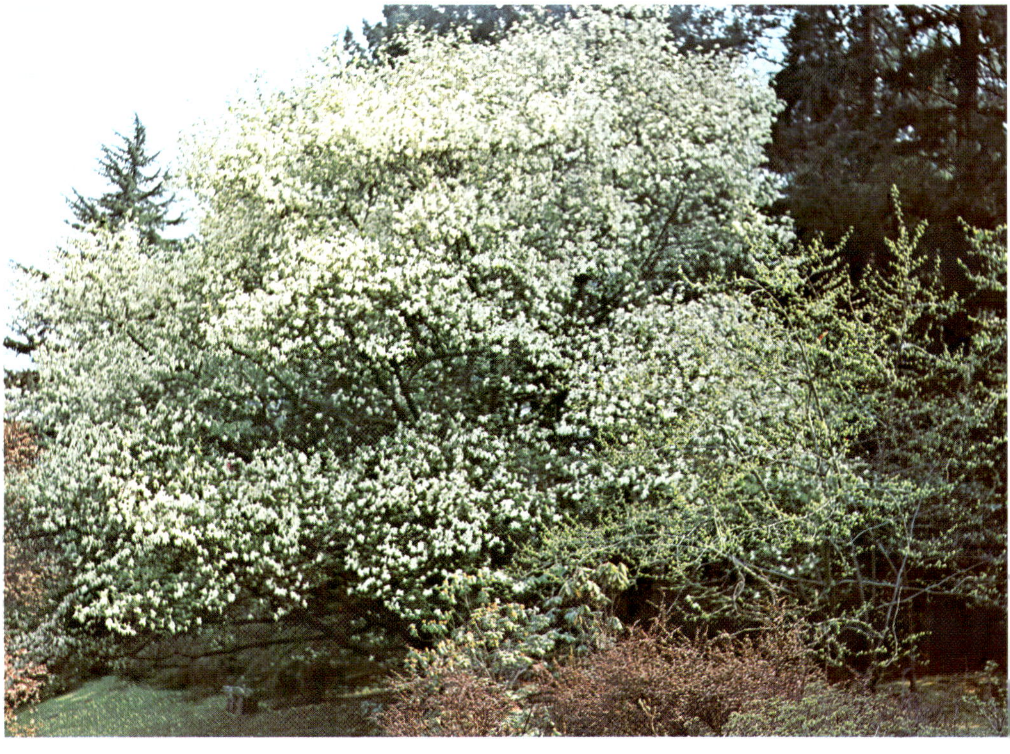

Oben: Lunaria annua (Judas-Silberling), im Freiland wie im Balkonkasten zu ziehende Freilandpflanze; Besonderheit: die Blütenstände bleiben auch nach dem Samenausfall erhalten und können für Strohblumengestecke verwendet werden. Unten: Magnolia kobus (Magnoliengewächs) mit strauchig dichtem Wuchs, Blütezeit im April.

Wärme und stets einen hellen Standort; bei offener Sommersonne jedoch bleicht das Grün ihrer Blätter aus.

Gaultheria procumbens
Rebhuhnbeere, Scheinbeere

Schnellwüchsige Polsterstaude (bis 30 cm) von ganzjährigem Schmuckwert: Das glänzend-lederige, dunkelgrüne Laub wird im Winter leicht rötlich. Weißrosa Blüten von Juni bis August; prachtvoller roter Beerenschmuck (vogelsicher) von Oktober bis Mai. Auch für Kasten- oder Kübelbesatz auf Balkon und Terrasse (saure Erde notwendig) gut geeignet.

Genista
Ginster

Sommer- oder immergrüne, sehr anspruchslose Sträucher mit reicher gelber, selten weißer Sommerblüte. Für Steingärten und Terrassenpflanzung besonders reizvoll ist der niederwüchsige (50 cm) *Genista lydia* (Blüte Mai–Juni), für Böschungen und als Vorpflanzung dunkler Hintergrundhölzer *Genista tinctoria* (Färberginster, 1 m, Blüte Juni–August). Alle Ginsterarten sind sehr bodentolerant und ertragen Trockenheit.

Gentiana
Enzian

Populäre niedere Alpenstauden mit großen blauen Becherblüten, für Steingärten und als Topfpflanzen geeignet. Enziane sind dankbar für gelegentliches, Gebirgsnebel und -tau simulierendes Abbrausen im Sommer, abends nach oder morgens vor heißen Tagen.

Gentiana acaulis, der klassische stengellose Bergenzian, treibt seine herrliche tiefblaue Blüte (Mai–August) aus einer dem Boden aufliegenden Rosette elliptischer Blätter. Er soll – nicht prallsonnig – in normaler Gartenerde stehen. Sonne und sandigen Boden toleriert der reicher, aber kleiner blühende (Juli–September) *Gentiana septemfida* var. *lagodechiana.*

Gentiana farreri aus Tibet bringt auf sandig-humosem Boden im August und September exotische Blüten (innen türkis, außen grünlich mit weißer Streifenzeichnung) hervor.

Geranium
Geranie, Storchschnabel

In normalem oder auch kargem Gartenboden klaglos gedeihende, vielfach polsterbildende Sommerblütenstauden mit meist handförmigem Laub. Besonders empfehlenswert sind die auch als Topf-, Kasten- oder Kübelbesatz sehr beliebte *Geranium endressii* mit leuchtend rosaroten Blüten sowie *G. grandiflorum* (purpurviolett) und *G. renardii* (weiß mit violetten Adern), letztere mit nierenförmigem, schöngezeichnetem Blattwerk.

Gerbera jamesonii

Südafrikanische Schnittblumenstauden in vielen Sorten, die sich in Größen (bis 10 cm Durchmesser) und Farben (Weiß, Gelb und zahlreiche Rot-Mischtöne) ihrer langgestielten Strahlenblüten wie auch in den Formen ihrer an der Unterseite wollig behaarten Blätter unterscheiden. Vermehrung durch Aussaat im September oder Teilung.

Geum
Nelkenwurz

Steingarten- und Topfstauden mit immergrünen, fiederteiligen Blättern und Sommerblüten in leuchtenden Farben. Wuchshöhen zwischen 10 *(Geum montanum;* gelbblühend) und 30 cm *(G. coccineum ,,Borisii";* scharlachrot), bei Schnittblumen-Hybriden bis 50 cm. Sie alle gedeihen auf frischer Gartenerde in Sonne und Halbschatten.

Ginkgo biloba
Ginkgobaum

Bis 40 cm hoher, bei uns seltener, obwohl absolut frostharter Tempelbaum Ostasiens mit charakteristisch fächerförmigen, oft tief eingeschnittenen Blättern, die sich im Herbst leuchtend goldgelb färben und dann abfallen. Botanisch eine zweihäusige Pflanze (männliche Exemplare mit kätzchenförmigen Blüten); Befruchtung nicht unbedingt erwünscht: Das Fruchtfleisch, frisch eßbar, verströmt bei Überreife und Zersetzung (Fallfrüchte) einen für unsere Nasen penetrant unangenehmen Buttersäure-Geruch.

Gladiolus
Gladiole, Siegwurz

Knollenstaude mit bis 1 m hohen, vor allem als prächtige Schnittblumen geschätzten Blütenstengeln, deren ährig aufgereihte Einzelblüten sich nacheinander – von unten nach oben fortschreitend – öffnen. Im Wuchs schwer berechenbar und nur wenig verträglich gegenüber anderen Pflanzen, beanspruchen *Gladiolen* gern ein eigenes gut besonntes und windgeschütztes Beet. Knollen im Mai – etwa 15 cm tief, mit 30 cm Seitenabstand – in tief umgegrabene, sehr durchlässige Gartenerde einpflanzen; Hochtriebe stützen. Durch zeitliches Abstufen der Pflanzung kann man den ganzen Sommer über immer blühende *Gladiolen* haben. Nach der Blüte Stengel etwa daumenlang über dem Wurzelhals abschneiden, Knollen säubern und an einem trockenen Ort frostfrei überwintern.

Gloxinia
Gloxinie, siehe → *Sinningia*

Godetia grandiflora
Godetie, Atlasblume

Einjährige Schmuckpflanze, vor allem für Balkon- und Fensterkästen sehr geschätzt. Während der schönen Jahreszeit ist sie mit kamelienähnlichen, einfachen oder gefüllten Blüten in Weiß, Rosa oder Lila bedeckt. Die *Godetie* liebt Halbschatten und humosen, nährstoffreichen Boden; dünn an Ort und Stelle aussäen.

Gunnera chilensis
Mammutblatt

Ein höchst attraktives Kuriosum: *Gunnera* treibt alle Jahre wieder riesige schirmähnliche, bis 2 m hochgestielte Blätter und unter diesen bis 40 cm lange, keulenförmige rötliche Blüten- und Fruchtstände. Die exklusive Schmuckstaude, die in Symbiose mit Blaualgen *(Nostoc)* lebt, sollte frei in der Sonne stehen, braucht nährstoffreiche Erde und viel Feuchtigkeit (um den Bodenansatz herum eine Wasserauffangmulde bilden!). Die Blätter verderben in den ersten Frostnächten: Abschneiden und zum Winterschutz eine bodenlose Kiste (um 50 cm hoch) über den kurzen Schopf stülpen, ihn mit Torf bedecken und die Kiste mit Laub auffüllen.

Guzmania

Eine nach früher botanischer Nomenklatur *Caraguata* genannte Gattung von *Bromelia-*

zeen aus dem tropischen Amerika, mit kurzem, gedrungenem Stamm, meist dunkel- bis lichtgrünen, lanzettförmigen Blättern und weißen, gelben bis tiefroten Blüten, deren Hauptwirkung von den leuchtend gefärbten Hoch- bzw. Deckblättern ausgeht. Die meisten überhaupt bei uns erhältlichen *Guzmanien* sind ausgesprochene Tropenfensterpflanzen; als Zimmerexoten empfehlen sich neben einigen gezielten Hybridzüchtungen vor allem:

Guzmania cardinalis mit hellgrünen Grund- und roten, übereinandergeschnuppten Hochblättern sowie bläulich-weißen Blüten; *Guzmania minor*, eine über roten Hochblättern weißblühende, 20 cm hohe Klein-*Bromeliazee*; *Guzmania monostachya*, die ihres dreifarbigen Blütenstandes wegen früher als *Caraguata tricolor* firmierte, sowie die pittoreske *Guzmania zahnii*, die mit grünen, rotgeaderten Grund-, roten Schaft- und goldgelben Hochblättern aufwartet, aus welchen goldfarbene Blütenrispen hervortreten.

Alle *Guzmanien* benötigen – sofern man sie nicht als Epiphyten (Aufsitzer) im vollklimatisierten Tropenfenster halten kann – leichte, nährstoffreiche Erde, die mit organischem Dünger angereichert werden sollte, einen hellen, aber nicht offen sonnigen Standort, enthärtetes und leicht temperiertes Wasser (nur über Sommer ins Herz gießen, bei Austrieb und Blütentracht zusätzlich übersprühen, während der Ruhezeit – ohne Wasser in den Blattrichtern – nur leicht feucht halten). Allzu trockene Raumluft und Temperaturen unter 15 Grad C. sind schädlich.

Gymnocalycium
Rotschopf, Spinnenkaktus u. a.

Eine ungemein formenreiche Gattung südamerikanischer Kakteen, von welchen zumindest die – 1941 in Japan erzielte und seither weltweit verbreitete – Zuchtform der *Gymnocalycium mihanovichii var. friederichii* (Rotschopf) jedermann bekannt ist: Dieser „Erdbeerkaktus" mit dem roten Kopf (den es mittlerweile auch als volkstümlich „Stachelbeerkaktus" gerufene Varietät mit gelbgrünlichem Kopf gibt) ist in der Tat aus zwei Kakteen derselben Stammart *Gymnocalycium mihanovichii* zusammengesetzt, wobei der grüne Stammteil die Ausgangsform darstellt, der Farbkopf ein aus der eigenständig lebensfähigen, rosarot blühenden Varietät *friederichii* durch Mutationssprung entstandenes, allein nicht lebensfähiges Kuriosum. Von dieser – nicht blühenden – Zwitterbildung abgesehen, bietet die Gattung *Gymnocalycium* aber auch andere Schmuckstücke, in der Regel kugelig gewachsen wie der Rotschopf ohne Stamm und mit Blüten zwischen Weiß und intensivem Rot, deren Höhe zum Teil die des Kaktus selbst übertrifft. In reinem Weiß mit honigfarbenem Trichtergrund blüht *Gymnocalycium denudatum* (Spinnenkaktus), der sich mit seiner eigenartigen Bestachelung fast wie ein von vielen cremefarbenen Spinnen besetzter grüner (freilich gereifter) Apfel ausnimmt. Sie alle brauchen Licht, nicht aber direkte Sonneneinstrahlung, über Winter 8–10 Grad Wärme und kaum (freilich entkalktes) Wasser.

Gynerium argenteum
Pampasgras, siehe → *Cortaderia selloana*

Gypsophila
Schleierkraut

Äußerst anspruchsloser, reichblühender (weiß, Sorten in Rosatönen) Steingartenschmuck: *Gypsophila repens*, einjährig, bis 10 cm hoch, Blüte Mai bis Juli; *Gypsophila paniculata* ist eine perennierende Staude, in Sorten 70–120 cm hoch (auch für Schnittblumen); mit Blüten in schleierartigen Rispen Juli–August.

Haemanthus
Blutblume, Elefantenohr

Eine Gattung ausgesprochen zauberhafter Amaryllisgewächse, deren erste Zuchtzwiebeln mittelost- und südafrikanischem Boden entstammen. Aus Wunden sondern viele ihrer Arten blutroten Saft ab. Der Name Elefantenohr bezeichnet sehr treffend die Blattform des immergrünen *Haemanthus albiflos*, das etwa ab Sommermitte bis zum Herbst weiß-gold-gelbe Blüten hervorbringt. Glutrot blühen *Haemanthus coccineus* und *H.-katherinae*-Hybriden. Gehören diese vornehmlich ins Warmhaus bzw. Tropenfenster, so tolerieren fast alle anderen Blutblumen – lehmig-humose und nie zu nasse Erde in recht geräumigem Topf vorausgesetzt – auch etwas trockene Raumluft recht gut, wenn man ihnen einen festen, hellen, aber nicht direkt besonnten Standplatz und Zimmerwärme auch im Winter bietet.

Hamamelis
Zaubernuß

Kräftige Freilandsträucher bis etwa 4 m Höhe, die im Winter die farbintensive Pracht ihrer bizarren Duftblüten entfalten. *Hamamelis* ist sehr bodentolerant, bevorzugt jedoch saure Erde. Hauptarten:

Hamamelis japonica aus Japan; purpur-gelbe Blüten Januar–Februar; Herbstlaub leuchtend rot.

Hamamelis mollis (Lichtmeßzaubernuß) aus China; große goldgelbe Blüten Februar bis März; Herbstlaub goldgelb; Heilpflanze.

Hamamelis virginiana aus Nordamerika; hellgelbe Blüten Oktober–November, gleichzeitig Fruchttracht und goldgelbes Herbstlaub. *H. mollis*, erträgt auch starken Schatten.

Haworthia

Sukkulente Blattpflanzen, die keine höheren Ansprüche an die Topfkultur im Zimmer stellen als die → *Gasteria*, wenn man nur die unterschiedlichen Lebenszyklen beachtet. Zwar bilden alle *Haworthia*-Arten, die als Zierpflanzen gehandelt werden, spiralig-rosettenartig ihren sukkulenten Blattstamm, mal weiter auffächernd, mal strenger – dem Aufbau eines Palmstrunkes nicht unähnlich – zum Hochwuchs tendierend. Aber unschwer zu unterscheiden sind die mit weißen oder weißlichen Perlwarzen zumindest an den (meist dunkelgrünen) Blattunterseiten versehenen Arten (*Haworthia fasciata*, *H. margaritifera*, *H. papillosa*, *H. reinwardtii* u. a.), die von Spätherbst bis Februar ihre Wachstumsruhe haben. Warzenlose Arten mit durchscheinender Blatthaut *Harworthia cymbiformis*, *H. panifolia* u. a.) haben ihre Ruhezeit von April bis September, brauchen in dieser Zeit weniger Wasser, über Winter aber mehr Mindestwärme (über 15 Grad C.), Bodenfeuchtigkeit und zusätzliche Gaben von Kakteendünger. Die Blüten sind bei keiner der als Zimmerpflanzen zu haltenden Arten besonders attraktiv, die Blätter bei jeder Art. Und keine Art erstirbt in der trockenen Luft zentralbeheizter Räume.

Hebe
Strauchveronika

Ein botanisch erst in jüngster Zeit aus der Ehrenpreis-Gattung → *Veronica* ausgegliedertes Sortiment vornehmlich als Kasten- und Kübelpflanzen an windgeschützter Stelle im Freiland wie auf dem Balkon über Sommer weiß, karminrot oder lila-blau blühender, kleinbleibender Nadelhölzchen bzw. Stauden oder Miniatur-Sträucher. Es sind ausgesprochene Kalthauspflanzen, die über Winter Licht brauchen, aber nur etwa 8-10 Grad Wärme haben dürfen. Dabei ist es wichtig, daß man sie rechtzeitig vor dem ersten Kälteeinbruch ins Haus – etwa einen leidlich temperierten Treppenflur – und nicht vor dem letzten Frost wieder ins Freie stellt. Denn krassem Temperaturabfall ist die *Hebe* mit ihrem zierlichen Blattfiligran nicht gewachsen. Wasser nimmt sie, wann man es ihr gibt – wenn nur ihr Nährboden nicht völlig durchnäßt wird.

Hedera helix
Efeu

Immergrüne (auch buntlaubige), überwiegend mit Haftwurzeln kletternde Strauchgewächse, erst in höherem Alter in grünlich-gelben Doldentrauben blühend. Als Topfefeu beliebter Ampel-, Spalier- und Gesimsschmuck: Umtopfen nur, wenn unumgänglich (in gut torfige Erde); trockene Luft unbekömmlich; Überwintern bei 8-12 Grad, buntblättrige Arten etwas wärmer. Freilandarten eignen sich bestens für Mauer- und Felsenbewuchs. *Hedera* während der Wachstumszeit gut gießen und übersprühen (nicht zu sparsam düngen), von September bis einschließlich Januar nur mäßig feucht halten. Vermehrung ganzjährig problemlos durch Stecklinge.

Helenium
Sonnenbraut

Reich und vielfach zweifarbig blühende Schnittblumen- und Rabattenstauden zwischen 60 cm und annähernd 2 m Höhe. Sinnvolle Kombination der Sorten garantiert durchgehende, ungemein farbenfrohe Blüte von Mai bis September.

Helianthemum
Sonnenröschen

Zwergwüchsige Topfstauden und polsterbildende Gartenhybriden, von Juni bis August üppig besetzt mit zauberhaften, Wildröschen ähnelnden Blüten in Gelb- und Rottönen. Sie brauchen Sonne und mögen kalkhaltigen Boden.

Helianthus
Staudensonnenblume

Als einjährige *Helianthus annus* im Frühling an Ort und Stelle auszusäen: viele Sorten mit meist gelben Blüten, klein und dichtgedrängt oder sehr groß, einfach, gefüllt und z. T. mit chrysanthemenähnlich gekrüllten Blütenblättern. Als perennierende Stauden (*H. decapetalus, H. salicifolius* u. a.) großblumige Herbstblüher von z. T. über 2 m Höhe.

Helichrysum
Strohblume, Immortelle

Einjahrespflanzen, deren formen- und farbenreiche, strohig trockene Sommerblüten als Schnittblumen ohne Wasserbedarf – und ohne auszubleichen – nahezu unbegrenzt haltbar sind. Immortellen finden in mannigfaltigen Dauergebinden (Salzburger Kugeln, Kränze usw.) Verwendung. Heranziehen kann man sie ohne Schwierigkeit auch in Kästen oder Kübeln, vor/auf Fenster- oder Balkonbrüstungen. Man sät – und erntet nachgerade zwangsläufig recht Dauerhaftes.

Heliopsis
Sonnenauge

Über meterhohe Rabatten- und Schnittblumenstauden mit großen, goldgelben Margeriten ähnelnden Blüten von Juli bis September. Für frische Böden in sonniger Lage.

Heliotropium arborescens
Vanilleblume

Immergrüne Topfstaude mit runzeligem, an der Unterseite filzigem Laub und vanilleduftenden, meist violetten Blütchen in dicht besetzten Ährenständen von Mai bis September. Überwintern hell bei Zimmerwärme. Vermehrung durch Stecklinge.

Helleborus
Christrose

Bis halbmeterhohe Knollenstauden mit immergrünem, handförmig gefächertem Blattwerk und prächtigen rosenähnlichen Winterblüten in Weiß oder Rottönen. Geschickte Zusammenstellung sichert durchgehende Blüte von Oktober *(Helleborus niger „Praecox")* bis Mai *(Helleborus foetidus)*. Schattige Orte in kalkhaltigem Boden bevorzugt (nicht umsetzen!). Vermehrung durch Teilung nach der Blüte.

Helxine soleirolii
Bubiköpfchen, Heimglück

Einzige Art ihrer Gattung auf den Mittelmeerinseln Korsika und Sardinien in Felsspalten gedeihender Nesselgewächse. *Helxine* toleriert Licht wie Schatten, fast jede Art von Blumenerde sowie Leitungswasser, nur nicht allzu trockene und allzu kalte Luft. Ein idealer, mit vielen winzigen Blättchen an fadendünnen Ranken üppig auswuchernder Bodendecker für Blumenfenster und -schalen, -kästen und -kübel. Das vitale Wachstum läßt *Helxine* bald über jedes Gesims und jeden Topfrand überhängen, was sehr hübsch sein kann; wen es stört, der kann's bedenkenlos kappen. Zur Vermehrung sticht man einfach ein bewurzeltes Stück aus dem grünen Filigranteppich.

Hemerocallis
Taglilie

Bis meterhohe Stauden, die außer langlanzettlichen, leicht überhängenden Blättern rund zwei Dutzend Blütenstengel mit annähernd 200 lilienähnlichen Einzelblüten in prächtigen Farben hervorbringen. Bei geschickter Sortenwahl geschieht dies vom frühen Frühjahr bis in den September hinein. *Hemerocallis* brauchen lockere Pflanzung an – über Jahre unverändertem – sonnigem bis halbschattigem Standort in tiefgegrabenem, nährstoffreichem Boden, wo ihnen auch gelegentliche Trockenheit nichts anhaben kann. Vermehrung durch Teilung.

Hepatica
Leberblümchen

Zwei Arten und diverse Sorten niederer Stauden mit reizvollem Blattwerk und anemonenähnlichen Blüten im März und April. Sie mögen schattigen Standort in kalkigem Boden und brauchen als ursprünglich im lichten Unterholz beheimatete Pflanzen ziemlich konstante Feuchtigkeit.

Heracleum
Herkulesstaude

Über 2 m hohe zweijährige Stauden mit gelapptem Zierlaub und Sommerblütenschirmen bis 1 m Durchmesser in Weiß oder Blau. Sonniger Standort in frischer bis feuchter Erde bevorzugt. Selbstaussaat bewirkt kontinuierlichen, dichten Wuchs über Jahre hinweg.

Hesperis matronalis
Nachtviole

Kreuzblütler aus dem Mittelmeergebiet und Kleinasien mit purpurroten, violetten oder weißen Blüten, die besonders am Abend einen starken Duft verströmen; aus ihnen entwickeln sich 3-4 cm, selten bis 10 cm lange Schoten. Die 30-60 cm hohen Pflanzen lieben Sonne oder Halbschatten und einen humusreichen Boden; Blütezeit vom Sommeranfang bis in den frühen Herbst hinein. Gedeihen auch in unseren Breiten unter günstigen regional-klimatischen Bedingungen, besonders *Hesperis tristis* (Trübe Nachtviole).

Heuchera
Purpurglöckchen

Bis 70 cm hohe, auch Schnittblumen liefernde, kalkliebende Gartenstauden für sonnige oder halbschattige Rabatten mit frischem Boden. Glöckchenbesetzte Blütenrispen in leuchtenden Rotschattierungen zwischen Juni und August. Vermehrung durch Teilung des Wurzelstocks im Frühjahr.

Hibiscus
Roseneibisch

Im tropischen Asien artenreiche Gattung der Malvengewächse, hierzulande nur in den Hybriden einer Art winterharte Freilandsträucher; außerdem zauberhafte Topfpflanzen: *Hibiscus rosa-sinensis,* in vielen Varietäten vorzüglich zur Schalenbepflanzung geeignet, und *H. schizopetalus* mit bizarr zerschlitzten Blüten, beide Zimmersträucher, brauchen im Sommer viel Luft und Licht (eventuell im Freien). Überwintern ebenfalls hell, jüngere Pflanzen nicht unter 12 Grad Raumtemperatur. Umtopfen im Februar in nicht zu kleine Gefäße mit nahrhafter, lehmiger Erde; in der Folge wenig, ab April reichlich gießen, gelegentlich übersprühen. Wöchentliche Flüssigdüngung fördert die Ausbildung der bei der „Chinarose" bis 12 cm breiten Blüten (Schmuckblüten der Südsee-Insulanerinnen). Im Freien stehende Pflanzen unbedingt ins Warme holen, ehe das Thermometer tagsüber unter 10 Grad absinkt.

Hibiscus syriacus erreicht an sonnigen, geschützten Plätzen in leichten Humusböden mit gutem Wasserabzug bis 2 m Höhe. Es gibt zahlreiche Gartenhybriden mit leuchtenden, z. T. mehrfarbigen einfachen oder gefüllten Blüten zwischen Juni und September. Bei Jungpflanzen empfielt sich leichter Winterschutz.

Hippeastrum
Ritterstern, „Amaryllis"

Bei den volkstümlich *Amaryllis* genannten Zwiebelgewächsen (Topfpflanzen) handelt es sich in der Regel um Arten und Sorten der Amaryllisgewächs-Gattung *Hippeastrum*. Erst in jüngster Zeit kam zu der praktisch nur in Fachkreisen altbekannten echten *Amaryllis belladonna* (Belladonnalilie), die über Sommer blüht, eine kleine, jedoch sehr ansehnliche Palette in Südafrika als Sommerblüher gezüchteter und daher bei uns als Winterblüher hervortretender *Amaryllis*-Hybriden hinzu. Die schon etwas bekannere Klein-Amaryllis heißt botanisch → *Vallota speciosa*.

Die großblütigen und bis 80 cm hochwüchsigen Zierformen des *Hippeastrum* entlauben sich im späten Herbst. Ab Oktober hält man sie trocken, bis im frühesten Frühjahr der Blütentrieb etwa Handhöhe erreicht hat. Sobald der Trieb jedoch aus der Erde ist, braucht die Pflanze bereits Fensterlicht. Die Überwinterung glückt nur bei mindestens 16 Grad Wärme: Im Hochsommer kann man *Hippeastrum* (wie auch *Amaryllis belladonna)* im Freien halten, solange das Thermometer nicht unter 12 Grad absinkt. Nach der Blüte den Stiel am Grund abschneiden und der Pflanze neue Erde geben: handelsübliche Blumentopferde oder eine Mischung aus je einem Drittel Kompost-, Mistbeet- und lehmiger Rasenerde mit etwas Sand. In der Hauptwachstumszeit empfiehlt sich neben reichlicher Bewässerung einmal wöchentlich Gießen mit Volldüngerlösung.

Anspruchsvoller sind die *Hippeastrum-vitatum*-Hybriden mit ihren weit aufgespreizten, rot-weiß-gestreiften Glockenblüten, die den Namen Ritterstern sehr anschaulich rechtfertigen. Züchteranweisung beachten.

Hortensie

In der Umgangssprache gängige, in der botanischen Nomenklatur jedoch nicht geführte Bezeichnung der Steinbrechgewächs-Gattung → *Hydrangea.*

Hosta
Funkie, Herzlilie

Auch im Vollschatten unverwüstliche, gut auch für Einfassungen geeignete Blattstauden, Sommerblüher. Frische Erde erwünscht.

Howeia
Kentiapalme

Ausschließlich auf den Lord-Howe's-Inseln (mit dem Hauptort Kentia) zwischen Australien und Neuseeland wildwachsende Fiederpalmen, deren zwei Arten – *Howeia belmoreana* (bis 10 m Höhe) und *Howeia forsteriana* (bis über 15 m) – die ganze Gattung bilden. Beide Arten können als Zimmerpalme sehr alt werden, etwa 2 m Höhe erreichen und an der Basis sehr ansehnliche Stammstärken entwickeln. Dabei gehören sie zu den am einfachsten zu kultivierenden Zimmerpalmen, kommen ganzjährig mit eben dem Licht aus, das man ihnen bietet, verlangen nur kalkarmes, nicht einmal unbedingt völlig „enthärtetes" Wasser (Erde über Sommer etwas feuchter halten als im Winter!) und ein Überwintern an mäßig warmem Platz bei Temperaturen nicht unter 12 und nicht dauernd über 20 Grad C. Vom 3. bis zum 7. Monat des Jahres empfiehlt sich einmal wöchentlich eine Zugabe von etwas Volldünger (Dungguß). Luftfeuchtigkeit ist willkommen, aber keine Grundbedingung. Offene Sonne kann ein Bräunen der Fiederblattspitzen bewirken, denn in der freien Natur wachsen Kentiapalmen der im Zimmer erzielbaren Höhe allemal im Streulicht unter Beschattung durch höhere und weiter ausladende Palmwedel.

Hoya
Wachsblume, Porzellanblume

Eine Gattung der Seidenpflanzengewächse mit drei als Zimmerpflanzen – mit Hybridzüchtungen – bevorzugten Arten:

Hoya australis entfaltet im Herbst ihre zauberhaften, in Rot-Schattierungen verlaufenden Sternblüten in doldenartigen Arrangements zwischen immer saftiggrünem Blattwerk an munter ausschweifenden Ranken.

Hoya bella, die im Sommer wächsern-weißlich mit roten „Nebenkronen" blühende Zwergwachsblume, stammt aus Birma und braucht vor allem mehr Wärme als ihre australischen bzw. chinesischen Schwestern, eignet sich mithin besonders fürs tropisch klimatisierte Blumenfenster.

Hoya carnosa – in China und Ost-Australien beheimatet – ist das traditionelle Zimmer-Immergrün mit ein wenig sukkulent aufgetriebenen Blättern an munteren Ranken sowie irgendwann zwischen frühem Frühling und späterem Herbst prangenden (und vor allem nachts wohlduftenden), an Wachs oder Marzipan-Porzellan erinnernden Blüten in Weiß-Rosa-Färbung mit kernig rotem Zentrum.

Die Wachsblumen brauchen allemal Licht, aber nicht pralle Sonne, (nicht zu trockene) Luft, aber nur ja keinen Zug, möglichst kalkfreies Wasser, über Winter nicht unter 10 Grad Wärme. Die robuste *Hoya carnosa* kann auch bei wohnlicher Zimmerwärme überwintern, begünstigt durch den dann nicht zu verändernden Standplatz (dessen Wechsel immer eine kleine Krise auslöst). Es gibt freilich sehr fleißig und sehr spärlich bzw. selten blühende Wachsblumen sowie regelrechte Individuen mit individuellen Neigungen, Stärken und Schwächen. So kann man mit einem Ableger einer bekannten Pflanze besser beraten sein als mit einem momentan noch so schön blühenden „Original" aus dem Handel.

Hyacinthus orientalis
Hyazinthe

Perennierende Zwiebelpflanzen in zahlreichen Sorten als Gartenhyazinthen, überwiegend auch zur Winterblüten-Treiberei und für Hydrokultur in Spezialgläsern geeignet. Beim Kauf auf entsprechend präparierte Zwiebeln achten, welchen spezifische Kulturanweisungen beigegeben werden. Die herrlichen Trauben mehr oder weniger dichtstehender, kurzgestielter einfacher oder gefüllter Duftblüten erreichen maximal 35 cm Höhe; ihren Schaft umsäumen grundständige, linealische Blätter. Hyazinthen brauchen stets luftigen (nicht zugigen) Standort, im Sommer sonnig-warm, während der Blütezeit jedoch kühl: im Garten April–Mai, bei angetriebener Blüte aus präparierten Zwiebeln Dezember–Januar. Die Blüten sind nässeempfindlich!

Hydrangea
Hortensie, Wasserstrauch

Je nach Art und Sorte zwischen Juni und September blühfreudige Topf- bzw. Kübel- und Freilandsträucher, überwiegend schattenverträglich und für Windschutz dankbar.

Hortensien können auf kräftigem, feuchtem, möglichst kalkfreiem Boden bis 3 m Wuchshöhe erreichen, bei den *Hydrangea-aspera*-Formen mit eindrucksvoller Zierbelaubung (bis 30 cm lange, herzeiförmige Blätter). Die flachrunden oder kugeligen Doldenrispen (bis 25 cm Durchmesser) sind oft unregelmäßig gefärbt, haben z. T. anders getönte, größerblättrige Randblüten oder wechseln ihre Farbe im Verlauf der Blütezeit, etwa von erst grünlichem, dann gelblichem Weiß über Rosarot bis zu hellem Himmelblau. Auf eisenhaltigem Boden wird aus Rosa Blaßviolett, aus Himmel- Kobaltblau. Die Blaufärbung läßt sich mittels sparsamst dosierter Zugaben von Ammoniakalaun oder Eisensulfat auch künstlich erzeugen oder intensivieren.

Wie schon der Name sagt, begehrt der Wasserstrauch während seiner Wachstumsperiode und Blütezeit reichlich Wasser, das er mit Vorliebe selbst aus einem zweiten, den Topf umgebenden Gefäß absaugt. Das Wasser sollte stets leicht temperiert und – besonders wichtig bei blau blühenden *Hortensien* – „enthärtet" sein. Sobald das Laub fällt, stellt man die *Hydrangea* in einem kühlen, jedoch frostfreien getrost verhältnismäßig dunklen Raum zur Ruhe und trifft nur noch mit gelegentlichen kleinen Wassergaben Vorsorge gegen ein Ab- und Austrocknen des Balles. Im Februar/März, wenn die Knospen sichtbar zu treiben beginnen, brauchen die Pflanzen wieder Licht und zunehmend Wasser. Frühes Aufblühen erreicht man durch Hereinnehmen der Töpfe in Zimmerwärme ab Januar.

Hydrangea petiolaris (Kletterhortensie) entwickelt freistehend bizarres Geäst bis 2 m Höhe. Läßt man dessen Luftwurzeln im Boden greifen, bildet *H. petiolaris* sehr schöne bodenbedeckende Polster. Kann es an Mauern, Felsen oder Baumstämmen Kletterwurzeln einsetzen, rankt sich das Gehölz 6 und mehr Meter hoch. Steckbrief: Große herzförmige Blätter; Blütendolden bis 25 cm Durchmesser, mit weiß bleibenden Randblüten.

Hypericum
Johanniskraut, Hartheu, ,,Rose von Charon''

Niedere bis mittelhohe, meist wintergrüne Strauchgehölze für sonnige bis halbschattige Flächenpflanzung oder Einzelstellung in normalen bis sandig-trockenen Böden.

Hypericum calycinum (Kelch-Hartheu, Rose von Charon), eine bis 50 cm hohe, wintergrüne Pflanze, die sich mit Ausläufern rasch ausbreitet und den Boden im Sommer gleichmäßig mit ihren bis 5 cm breiten, strahlend gelben Blüten bedeckt. Die Jahrestriebe sterben ab und müssen im Frühjahr abgeschnitten werden.

Hypericum patulum ,,Hidcote Gold'' erreicht 150 cm Höhe, noch dichter mit noch größeren Blüten besetzt.

Beide Arten sind frosthart und gut zu kombinieren: Dann strahlt ab Juli der Blütenteppich, der erst verblaßt, nachdem im August die Buschblüte hinzugekommen ist, die sich bis Oktober hält.

Iberis
Schleifenblume, Schneekissen

Immergrüne Polsterstauden bis 25 cm Höhe in halbschattigen Lagen, im Frühjahr übersät mit weißen, bläulich-rosafarbenen oder roten Blüten, deren verschieden große Kronblätter in der Draufsicht wie zierliche Schleifchen aussehen.

Ilex
Stechpalme

Sträucher und Bäume mit immergrün-glänzendem, stachelbewehrtem Laub und rotem oder gelbem Fruchtschmuck, zu dem es jedoch nur kommt, wenn man männliche und weibliche Exemplare der zweihäusigen Stechpalme zusammen anpflanzt. Der Boden mag sein ,,wie er will'' – bei *Ilex* muß vordringlich auf hinreichend feuchte sowie insbesondere im Winter beschattete und – nicht zuletzt nach Osten – windgeschützte Lage geachtet werden. Wurzelgrund der Pflanzen rechtzeitig vor Beginn der Frostperiode gut wässern und reichlich mit Laub bedecken. Robuster als die am weitesten verbreitete *Ilex aquifolium* sind *I. crenata, I. pernyi* u. a.

Impatiens
Balsamine, Springkraut, ,,Fleißiges Lieschen'', ,,Rührmichnichtan''

Einjährige Pflanzen und perennierende Stauden zwischen 30 cm und (im Freiland) 2 m Wuchshöhe, ihres zartgrünen oder rotbraunen Laubes und ihrer ausdauernden, gespornten und (in vielen Rottönen) metallisch glänzenden

Blüten wegen traditionsreiche Garten-, Balkon- und Zimmerpflanzen. Am bekanntesten sind wohl die „Garten-Balsamine" *(Impatiens balsamina),* das „Rührmichnichtan" *(Impatiens nolitangere)* und das „Fleißige Lieschen" *(Impatiens sultanii* bez. *I. walleriana)* mit seiner nimmermüden Blütenproduktion.

Dieses Gewächs gehört zweifellos zu den ergiebigsten und zugleich anspruchslosesten Zimmerpflanzen überhaupt. Obwohl in Ostafrika beheimatet, scheut es – Folge seines kleinen Wuchses – pralles Sonnenlicht, steht aber ansonsten gern auch über Winter hell, wobei ihm etwa 20 Grad Raumtemperatur oder etwas mehr gerade recht ist. Trockene Zimmerluft scheint keinen direkten Schaden zu verursachen, begünstigt allerdings Blattlausbefall; ein Verdunstungsgefäß oder Luftbefeuchter ist also recht willkommen, aber nicht Bedingung. Für das Gießen (nicht Besprühen!) gilt die Faustregel: je wärmer, je feuchter. Wöchentliche Düngung zwischen März und September ist günstig; Freude hat man ganzjährig am „Fleißigen Lieschen", das – wenn man es nicht durch Rückschnitt (Steckling-Gewinnung!) nach Wunsch zügelt – leicht das ganze Blumenfenster einnehmen kann.

Als „Fleißiges Lieschen" firmiert im Blumenhandel auch → *Begonia semperflorens.*

Incarvillea
Freiland-Gloxinie

Sonnigen Steingartenlagen zugetane, z. T. halbstrauchige Stauden mit bodenständigen Blattrosetten und meist hochstieligen (20–60 cm) Blütenständen in Rosa-, Rot- oder Gelbtönen. Die Trompetenblüten der aus Hinterindien stammenden *Incarvillea delavayi* können bis zu 8 cm Länge und kaum geringere Saumweite erreichen.

Ipomoea purpurea
Purpurwinde, Purpur-Prunkwinde, Trichterwinde

Eine aus Südamerika stammende Kletterpflanze. Sie trägt purpurfarbene, blaue oder rosa Trichterblüten, ist leicht über Sommer auch auf warmen Terrassen und Balkonen an Topf- oder Kastenspalieren zu halten und kann unter günstigen Bedingungen sehr stark wuchern. Vor dem ersten Frost hereinnehmen und kühl, aber hell überwintern. Es gibt auch hierzulande winterharte Formen sowie die gartentaugliche *Ipomoea tricolor,* deren Blütenfarbe sich binnen kurzer Zeit von Rot über Lila-Violett zu Blau verändert.

Iris
Schwertlilie

Die namengebende Gattung der *Iridaceae* (Schwertliliengewächse) umfaßt rund 200 in der nördlichen Hemisphäre heimische Arten und eine unbekannte, durch Neuzüchtungen unentwegt vermehrte Zahl von Sorten in vielen Formen, Blütenfarben und Wuchshöhen zwischen 8 cm und über 1 m. Hier eine Übersicht der handelsüblichen Gruppierungen:

Rhizom-Iris

Iris germanica (Deutsche Schwertlilie, Bartiris) in niedrigen (bis 30 cm), mittelhohen (bis 40 cm) und hohen (bis etwa 1 m) Sorten mit unterschiedlichen Blütezeiten zwischen Mitte Mai und Ende Juni. Alle brauchen sonnigen Standort in gutem Gartenboden, sind prächtige Rabatten- und Schnittblumenstauden, in den niederwüchsigen Sorten auch bestens für Randpflanzungen geeignet.

Iris hollandica in Farb-Sorten, in den Niederlanden als Schnittblumen kultiviert.

Iris kaempferi (Japanische Sumpfiris), bis 80 cm hoch, hat Blätter mit Mittelrippenwulst und extrem aufgespreizte Blüten (bis 20 cm Durchmesser) von Mai bis Juli. In diesen Monaten braucht die fernöstliche Prachtstaude immens viel Wasser (Sumpfboden), das auch seicht stehen darf (Beckenbepflanzung); in der übrigen Zeit des Jahres ist weniger nasses Terrain erwünscht. (Eine Folge der Herkunft aus periodischen Überschwemmungen ausgesetzten Gebieten.)

Iris sibirica (Wiesen-Schwertlilie), bis 80 cm, hat schmale, deutlich schwertförmige Blätter, blüht im Juni bis Juli und begnügt sich mit sonnigem, nicht zu trockenem Standort in nur recht frischer Gartenerde.

Zwiebel-Iris

Niedrige Schwertlilien (bis 40 cm) für kleine Gruppen, nicht zuletzt für sonnig-sandige Steingartenplätze; malerische Frühlingsblüte (März–April): *Iris bucharica* cremefarben, *I. danfordiae* gelb mit schwarzen Flecken, *I. reticulata* purpurviolett mit gelbem Fleck.

Isolepis gracilis
Frauenhaar, Perlgras, siehe
→ *Scirpus cernuus*

Ixora coccinea
Ixore

Eine reizende, immergrüne Strauchpflanze mit stattlichen, spitzovalen Blättern und in Doldentrauben straußig gebündelten, bei der Stammform scharlachroten, bei Hybridzüchtungen meist orangefarbenen Sommerblüten. Die *Ixora* ist freilich eine ausgesprochene Warmhauspflanze, die bestens nur im tropisch vollklimatisierten, also abgeschlossenen Blumenfenster, gedeihen kann. Wer ihr dies nicht zu bieten vermag, wird trotz aller Liebe und Mühe bestenfalls nur ein kränkelndes und schließlich absterbendes Pflänzchen während einiger Monate unterhalten können.

Jasminum
Jasmin

Jasminum nudiflorum (Winterjasmin), enger Verwandter der Jasminsträucher und -lianen wärmerer Zonen, kann auch bei uns in geschützten Lagen mehrere Meter Wuchshöhe erreichen. Der schmucke Strauch mit seinen elegant schwingenden Zweigen entfaltet seine duftende, goldgelbe Blütenpracht oft schon im Februar, nach extrem kalten Wintern im März, und blüht dann bis April. Bemerkenswert ist, daß man seine Zweige in der Vase bereits ab Dezember zu zauberhafter Blüte bringen kann. Kalthauspflanzen, die man gut auf dem Balkon und an luftigen (aber nicht zugigen!) Blumenfenstern halten und in einem kühlen, jedoch frostfreien Raum überwintern kann, sind die ostasiatischen, am Topfspalier kletternden Arten *Jasminum polyanthum* mit rosafarbenen und *Jasminum officinale* mit weißen Blüten etwa von Mai bis September. Diese werfen im Herbst ihr Laub ab, im Gegensatz zu einigen immergrünen Zuchtsorten fürs Tropenfenster. – Weißblühender „Falscher Jasmin" siehe unter → *Philadelphus* (Pfeifenstrauch).

Juglans regia
Walnußbaum

Nicht zuletzt seiner eßbaren Früchte wegen hochgeschätzter, bis 30 m hoher Laubbaum von schönem Wuchs und feinaromatischem Duft. Er treibt Blätter und Blüten gleichzeitig aus, ist nicht sehr anspruchsvoll, liebt aber trockenen Boden. Als Parkbäume beliebt sind auch die amerikanischen *Junglans cinerea* (Graunuß) und *J. nigra* (Schwarznuß).

Juniperus
Wacholder

Dank mannigfacher Verwendungsmöglichkeiten in unseren Gärten fast unentbehrliche, vielfach mehrstämmige Gehölze mit immergrüner, meist nadelförmiger Belaubung und Fruchtschmuck (Beerenzapfen). Leichte Böden bevorzugt. Die wichtigsten Arten:

Juniperus chinensis "Pfitzeriana" zeigt freistehend mit waagerechten Ästen baumähnlichen Pyramidenwuchs bis 4 m Höhe, läßt sich aber auch heckenbildend niederhalten. Auch starke Beschattung und gelegentliche Trockenheit werden schadlos ertragen.

Juniperus communis "Hibernica" (Irischer Säulenwacholder) erreicht annähernd die gleiche Höhe in säulenförmig kompakter Wuchsform mit steil hochgestellten Ästen. Das dunkle Grün spielt ins Silberblaue.

Juniperus horizontalis, ähnlich gefärbt, hat kriechend weit ausgreifendes Geäst, das sich kaum über 30 cm erhebt. Ein vorzüglicher, schatten- und industrieluftverträglicher Bodenbedecker.

Juniperus squamata "Meyeri" treibt vom Grund an mehrere Hauptäste, die höchsten bis 3 m. Dieser "Blauzeder-Wacholder" (blauweiße Benadelung) muß alljährlich Ende Mai am dichten Gezweig etwas zurückgeschnitten werden.

Juniperus virginiana "Skyrocket" eine besonders widerstandsfähige und schlank-pyramidal bis 6 m hochstrebende Züchtung, hat massig-dichtsitzendes bläulichgrünes Laub. Die Nadeln der Wachholdergehölze bleiben auch im Winter stets grün.

Kalanchoë
Flammendes Kätchen, Brutblatt u. a.

Kalanchoë blossfeldiana ist als "Flammendes Kätchen" eine bei bestem Wuchs etwa 30 cm hohe, schon in der sukkulentledrigen Blattgestalt reizvolle, in verschiedenen Hybridzüchtungen fast das ganze Kalenderjahr als Blütezeit abdeckende Topfpflanze ohne besondere Ansprüche. Die in Madagaskar heimische Stammart hat rotgeränderte Blätter und etwa ab Januar dichten, geradezu stolz zu nennenden Besatz mit in Köpfchen gebündelten, intensiv roten Blüten; bei Zuchtformen reicht die Farbpalette von Gelborange bis zum tiefdunklen, schon etwas Blau beinhaltenden Weinrot. Die Pflanzen tolerieren über Sommer problemlos das Ausstellen auf Balkon oder Freiland, wenn nur Schutz vor starkem Wind und praller Sonne gewährleistet sind. Über Winter werden Zimmerwärme und selbst trockene Raumluft akzeptiert; nur die Blumenerde soll nie ganz und gar durchnäßt, wohl aber stets feucht sein. Größere Ansprüche stellen auch jüngere Zierformen wie das Madagaskar-Glöckchen *Kalanchoë miniata* (mit roten, gelbrandigen Blüten) oder *Kalanchoë tomentosa* (mit silbrigweißer, an den Blatträndern fuchsroter Filzbehaarung) nicht.

Zur für den Laien ganz erstaunlichen Vielgestaltigkeit der Gattung trägt wesentlich noch die botanische Eingliederung der früher als *Bryophyllae* eigenständig behandelten Brutblattpflanzen bei. Sie haben ihren Stammnamen von den – bei *Kalanchoë crenata* oder *K. daigremontiana* (früher *Bryophyllum crenatum* bzw. *B. daigremontianum*) wie Perlen eines Colliers in den Blattkerben sitzenden, bei *Kalanchoë tubiflora* (früher *Bryophyllum tubiflorum*) wie Krönchen die Enden der hier röhrenförmigen Blätter schmückenden – Brutknospen, die sich schon am Blatt zu eigenständigen Ablegerpflänzchen entwickeln können. Mehr als die vergleichsweise unscheinbaren Blütchen machte diese botanische Eigenheit die Brutblattpflanzen zu bereits von Goethe gewürdigten Kuriosa am Blumenfenster: Diese „phantastischen Pflanzen mit ihrem unermüdlichen Sprossen und Sichverjüngen" stehen gern hell, aber nicht prall-sonnig, warm (über Winter nicht unter 12° C.), wobei die Luft getrost zentralheizungstrocken, die Topferde aber nie zu naß sein darf. Düngung brauchen die Brutblätter nicht, im Gegenteil: allzu nährstoffreiche Erde läßt sie zu rasch zu krakelig hochwachsen. Das ist freilich auch nicht schlimm, da ja jederzeit aus den Brutknöllchen Nachwuchs herangezogen werden kann. Dies – scheinbar paradoxerweise – auch in Hydrokultur. Erde mit zuviel Wasser bewirkt Fäulniserscheinungen; Wasser ohne Erde bietet einen nachgerade idealen Nährboden.

Kalmia latifolia
Berglorbeer, Lorbeerrose

Bis 2 m hoher, immergrün-großblättriger Strauch für halbschattige Standorte in sauren, frischen Böden. Herrliche karminrosa Blüte in reichbesetzten, endständigen Doldentrauben im Mai und Juni.

Kerria japonica
Ranunkelstrauch

Bis 2 m hohe sommergrüne Ziersträucher für kräftige Böden in sonnigen Lagen. Die Art besticht auch im Winter durch attraktiv grüngestreiftes Gezweig, trägt im Mai und Juni einfache gelbe Blüten. Die Zuchtform *Kerria japonica „Pleniflora"* wächst straffer und hält ihre gefüllten Blüten von Mai bis September an den Triebenden. Die Triebe erneuern sich in dreijährigem Turnus. Leichter Winterrückschnitt.

Kniphofia
Fackellilie

Stauden mit dichtem, grundständigem Busch schilfiger, bis 120 cm langer Blätter, aus dem sich auf starken Schäften bis 20 cm lange, zunächst aufrechte, später nickende und schließlich hängende Blütenkolben in Weiß, Orange- oder leuchtenden Rottönen erheben. Leichter, frischer, humoser Boden, heller Standort und reichliches Gießen im Sommer erwünscht. Im Winter mit Stroh abdecken.

Kolkwitzia amabilis
Scheinweigelie

Bis 3 m hoher, bizarr verzweigter Zierstrauch für sonnige oder halbschattige Standorte in leichtem, sandigem Boden. Bedeckt sich im Mai-Juni über und über mit rosafarbenen Blütenglocken in Doldentrauben.

Laburnum
Goldregen

Beliebte frostsichere, 3–10 m hohe Ziersträucher mit weitgehend flaumig behaarten Zweigen (Jungrinde und Früchte giftig!) und reicher goldgelber Mai-Juni-Blüte in Hängetrauben: bei der Wildart *Laburnum anagyroides* locker, bis 25 cm, bei *Laburnum watereri „Vossii"* dicht besetzt, bis 50 cm lang.

Lantana camara
Wandelröschen, Bergsalbei

Topfpflanzen (Blüte ab März) oder einjährige Gartenblumen (Blüte Juni bis Oktober) in vielen Zuchtsorten. Die Blütenstände wechseln Form (kugeldoldig-ährig) und Farbe (weißgelb-rot). In lehmig-humoser Gartenerde gedeihen an sonnig-luftigem Standort zauberhafte Hochstämmchen bis 90 cm Wuchshöhe. Perennierende Sorten vor den Herbstfrösten hereinholen, bei 8-10 Grad überwintern (wenig gießen), zeitig im Frühjahr zurückschneiden, gegebenenfalls umtopfen, im Mai - in Terrassenkübel oder Balkonkästen - wieder auspflanzen, gleichmäßig feucht halten; Düngegüsse alle 14 Tage.

Lapeyronsia

Alte Bezeichnung der seltenen Zimmerpflanze → *Anomatheca cruenta*.

Larix decidua
Europäische Lärche

Als Gartengehölz seltener, da viel Licht und Freiraum beanspruchender, bis 35 m hoher - bei sachkundig formender Hege aber auch herrliche Hecken bildender - Baum mit dichten Büscheln langer, sich im Herbst von Hellgrün zu Goldgelb verfärbender Nadeln. Weibliche Blütenstände purpurrot. Frosthart bis in die Frühlingsnadeln; in tiefer, frischer Erde auch gelegentliche Trockenheit verkraftend. Für ausgesprochen feuchte Lagen ist die blaugrün benadelte *Larix leptolepis* vorzuziehen.

Lathyrus odoratus
Duftwicke

Sehr hübsche, Licht (nicht pralle Sonne) und lockeren Kalkboden liebende Kletterstaude, an Fäden oder Drähten auch auf dem Balkon bis 2 m hochrankend. Vielfarbige, auch gemischtfarbige Trichterblüten (Juni-September) nach Verblühen - vor Samenausbildung - kappen. Während der Wachstumsperiode reichlich gießen und düngen.

Lavandula angustifolia
Lavendel

Lavandula angustifolia, *L. officinalis* und *L. vera* bezeichnen botanisch einunddenselben graulaubigen Halbstrauch, der sich in wärmeren Gegenden als Flächen- und Randbewuchs, hierzulande aber auch als Topfpflanze eignet. Er bringt wohlduftende Sommerblütenähren in charakteristischer Lavendelfärbung - je nach Sorte mit Rot- oder Blaustich - hervor. Erstaunlicherweise gelingt dies auch etwa mit Urlaubs-Souvenirs in Form von Ablegern (etwa aus dem Rhônetal, wo aus *Lavandula angustifolia* und *L. latifolia* das Lavendelöl für die Parfümherstellung gewonnen wird), wenn man den Pflanzentopf oder -kübel über Winter vor Frost bewahren kann, ohne ihn unnatürlicher Zimmerwärme und Lufttrockenheit auszusetzen. Die Wurzeln brauchen nur ein wenig Feuchtigkeit (möglichst ohne Kalk), die nadelähnlichen Blätter immer Licht; offene Sonne und zausender Wind werden durchaus toleriert. Am Besitz eines Lavendelbusches ist besonders reizvoll, daß man die Blüten für Duftkissen (Wäscheschrank) verwenden kann.

Lespedeza thunbergii
Buschklee

In älterer botanischer Nomenklatur als *Desmodium penduliflorum* geführte Sträucher von elegantem Wuchs bis 2 m Höhe. Sie brauchen Sonne und gut durchlässigen Boden. Bis 20 cm lange, nickende oder hängende Trauben nicht selten verschiedenartiger Blüten in Purpurrosa.

Leucojum vernum
Märzbecher, Frühlingsknotenblume

Winterharte, schneeglöckchenähnliche Zwiebelstauden bis 20 cm Höhe für Freiland und Kasten- oder Kübelbepflanzung. Die weißen Glockenblüten mit grünen Endzipfeln erscheinen März–April. *Leucojum* ist für vorverlegte Winterblüten-Treiberei im Warmen geeignet.

Liatris spicata
Prachtscharte

Perennierende Steingarten- und Schnittblumenstaude mit langen, dichtbesetzten Purpurblütenähren im August oder September. *Liatris* liebt Schatten und frische, fruchtbare Böden. Vermehrung durch Wurzelteilung.

Ligustrum
Liguster, Rainweide

In allen nicht zu feuchten Böden gut gedeihende Hecken- und Ziersträucher, meist immergrün, bis 5 m Höhe. Duftende Sommerblüte in stattlichen Rispen, grünlich-weiß bis cremefarben und gelb. Attraktive schwarze Beerenfruchttracht ab September/Oktober, z. T. bis Dezember haftend. Liguster ist weitestgehend schatten-, schnitt- und industrielufttolerant: in der Art *Ligustrum vulgare* vielfach als Blendschutzpflanzung auf Schnellstraßen-Mittelstreifen eingesetzt.

Lilium
Echte Lilie

Namengebende Gattung der Liliengewächse mit rund 80 blattformen- und blütenfarbenreichen, in den gemäßigten Zonen Eurasiens und Nordamerikas heimischen Arten sowie einer unbekannten, von Jahr zu Jahr weiter zunehmenden Zahl von Zuchtformen. Grob zu unterscheiden wären frühblühende Arten, die es im September, spätestens Oktober auszupflanzen gilt, und spätblühende, deren Zwiebeln im zeitigen Frühjahr – vor dem Austrieb – einzusetzen sind. Bevorzugt werden meist neutrale, eher etwas saure Böden. Wer in sandigen Lehmboden Düngetorf, Komposterde, etwas Knochenmehl und Hornspäne einarbeitet, schafft beste Voraussetzungen für die meisten Lilien, sofern guter Wasserabzug gesichert ist. Es gibt jedoch auch – in Grenzen - kalktolerante und sogar Stauwasser liebende Arten (siehe Aufstellung unten). Allgemein gilt, daß Lilien an bewährten Standorten belassen, d. h. möglichst wenig verpflanzt werden sollten. Besonders kälteempfindliche Arten brauchen Winterschutz, am besten Bedeckung mit Torfmull. – Die wichtigsten Arten:

Lilium candidum (kalktolerant), zwischen Makedonien und Anatolien heimische Madonnenlilie der Spätantike, heute die in vielen Formen mit sternförmigen oder breitblättrigen Blüten am weitesten verbreitete Gartenlilie. Im August an sonnige Plätze in guten Gartenboden (ohne Dünger!) pflanzen; in den Sommermonaten allenfalls sparsam gießen.

Lilium davidii var. willmottiae (kalktolerant) und mit ihrer Beteiligung gezüchtete Hybriden wie *Lilium maxwill* und *L. scottiae* haben an bis 1,5 m hohem Schaft besonders reichbesetzte Blütenstände in Orangetönen.

Lilium henryi (kalkliebend, Torf unerwünscht) treibt ihre Schäfte bis 2 m Höhe; orangefarbene Hängeblütenstände im Spätsommer.

Lilium hollandicum (kalktolerant) macht ihrem deutschen Namen Feuerlilie mit brennendroten Blüten im Juni und Juli Ehre.

Lilium pardalinum (kalktolerant), *L. parryi* (kalkfeindlich) und einige andere Arten tolerieren sehr feuchten Boden, auch stauendes Wasser und eignen sich so – für Lilien höchst ungewöhnlich – sogar zur Wasserrandbepflanzung, etwa an seichten Stellen künstlicher Teiche.

Lilium regale (kalktolerant), die Königslilie, entfaltet ihre üppigen Stände meist mehrfarbiger Prachtblüten in luftiger Höhe (bis 2 m) und ist dabei besonders leicht durch Samen – bevorzugt in sandig-lehmiger Erde – zu vermehren (erste Blüte im zweiten Jahr).

Lilium tigrinum (kalktolerant, mistdungfeindlich) verdankt den Namen Tigerlilie ihren braunrot gefleckten Blüten. Die Sorte *Lilium tigrinum var. fortuneï* gilt als schönste Lilie.

Linum
Lein

Von Mai bis Juli reichblühende Staude für sonnige Steingärten, Terrassen oder Balkonkästen; Wuchshöhe bis 50 cm. Besonders empfehlenswert: *Linum flavum*, der gelbblühende Goldflachs, und *L. perenne* (himmelblau).

Liquidambar styraciflua
Amberbaum

In der Jugend besonders raschwüchsiger, bis 45 m Höhe erreichender Baum mit spitzfingerigem Laub und Stachelkugelfrüchten. Besonders attraktiv die langanhaltende prachtvolle Herbstfärbung in Gelb, Grün, Rot und Violett. Frische bis feuchte Böden bevorzugt.

Liriodendron tulipifera
Tulpenbaum

Bis über 20 m hoher, schnellwüchsiger Baum mit akanthusförmigem, im Herbst gelb werdendem Blattwerk und zapfenartigen Fruchtständen. Hauptschmuck sind die enorm großen, tulpenförmigen Blüten in gelblich einlaufendem Grün während Mai und Juni. Für frische, nahrhafte Böden.

Lobivia

Eine Gattung kleiner bis mittelgroßer Hochgebirgskakteen von kugeliger, ei- bis birnenförmiger oder zylindrischer Gestalt und reizvoller Blüte, je nach Art zwischen Sattgelb und Tiefrot, mit allen dazwischenliegenden Schattierungen. Als „Königin" der ausnahmslos in den südamerikanischen Anden heimischen Lobivien gilt *Lobivia jajoiana*, deren gelb-rote Blütenblätter einen innen lackschwarzen Schlund umschließen, aus welchem in Ringformation unzählige bunte Staubfäden auftauchen. Die leicht ganze Kolonien bildende *Lobivia pentlandii* entfaltet ihre cremeweißen Blüten frühestens am späten Nachmittag. Hauptblütezeit der Gattung ist Mai bis Juli. Die Kakteen sollten von Beginn der Knospenbildung bis September warm, luftig und – hell (auch offen sonnig) stehen und brauchen – außer während der winterlichen Trockenzeit (bei nicht unter 3 und nicht über 12 Grad Wärme) – etwas mehr (zumindest kalkarmes, wo nicht kalkfreies) Wasser als die meisten anderen Stachelträger. Allgemein dürften die Lobivien getrost als recht unproblematische „Einstiegsexemplare" für Kakteen-Sympathisanten gelten, denn wenig Aufwand bringt hier schon viel Erfolg.

Lonicera
Geißblatt, Heckenkirsche, Jelängerjelieber

Ungemein artenreiche Gattung freiwachsender und schlingender Gehölze mit entsprechend vielseitiger Verwendbarkeit, vom stattlichen Solitärstrauch bis zum weiträumigen Bodendecker, vom Heckenwuchs bis zur Mauerbegrünung. Alle Arten sind – nicht zu trockenen Boden vorausgesetzt – denkbar anspruchslos, schattenverträglich und winterhart.

Die schlingenden Arten, auch als „Jelängerjelieber" bekannt, klettern bis 6 m hoch. Sie entfalten, je nach Art und Sorte, zwischen Mai und September ihre besonders nachts intensiv duftende Blütenpracht in Mischfarben zwischen Weiß, Gelb und Rot. Aparter schwarzer oder roter Beerenfruchtschmuck im Herbst. Die wichtigsten Arten: *Lonicera brownii* „*Fuchsioides*", *L. caprifolium*, *L. heckrottii* und *L. henryi*.

Die freiwachsenden Arten bedecken sich mit nicht minder dichtsitzenden, jedoch kleineren Blüten und Beerenfrüchten in Schwarz, Blau sowie vielen Rot- und Rot-Blau-Schattierungen. 4-5 m hoch werden die laubabwerfenden Arten *Lonicera ledebourii* und *L. maakkii*. Die besten zur Bodenbedeckung, aber auch für bis 1,50 m hohe Heckenbildung geeigneten *Lonicera pileata* und *L. pileata* „*Yunnanensis*" mit gelblichem Blüten- und violettem Beerenschmuck sind immergrün.

Lunaria annua
Judas-Silberlinge

Im Freiland wie im Balkonkasten zu ziehende Einjahrespflanze. Sie trägt violette Blütentrauben mit gelben Staubgefäßen auf etwa meterhohem Stengel, ausgezeichnet durch eine Besonderheit: Die Blütenstände bleiben auch nach dem Samenausfall – trocken, transparent, mit perlmuttartigem Schimmer – erhalten und können für Strohblumengebinde verwendet werden. Unter den Silberlingen gibt es auch zweijährige Pflanzen.

Lupinus
Lupine

Sonnenhungrige, Kälte jedoch gut ertragende Stauden mit handförmig gegliedertem Laub und langen, aufrechten Rispen mit dichtsitzenden Blüten in leuchtenden Farben, bei den englischen *Russel*-Hybriden auch mehrfarbig, von Mai bis Juli sowie im September. Lupinen werden auf frischen, sauren Böden bis 120 cm hoch. Vermehrung nach Sorten durch Samen oder Stecklinge; an günstigen Standorten können sie auswuchern.

Lychnis chalcedonica
Lichtnelke, Brennende Liebe

Bis meterhohe Rabatten-, Kasten- bzw. Kübel- und Schnittblumenstauden mit prächtigen Sommerblütendolden in leuchtendem Scharlachrot.

Macleaya cordata
Federmohn

Bis 3 m hohe Staude mit sehr dekorativem, tiefzerteiltem Blattwerk in Grau- bis Blaugrün und Standrispen weißer, rosa angehauchter Blüten im Juli und August. Der Wucherneigung kann man Grenzen setzen, indem man das gewünschte Wurzelausdehnungsterrain in fortlaufender Linie mit dem Spaten umsticht, so daß ein Bodenschlitz entsteht, in den man Dachpappstreifen einsenkt.

Magnolie

Sträucher und Bäume bis 10 m *(Magnolia kobus)* Höhe mit charakteristischen, weiß-rosa-lila oder purpurroten Blüten, je nach Art noch vor dem Laubaustrieb oder im Sommer. Magnolien bevorzugen saure Böden; nur die Frühblüher brauchen Windschutz und können durch Frühjahrsfröste Schaden nehmen. Wichtigste Arten:

Magnolia kobus „Loebneri": von strauchig dichtem Wuchs bis 6 m Höhe; große weiße Blüten im April.

Magnolia obovata: breitpyramidaler Wuchs mit schirmartigen Endständen bis 40 cm langen Blättern; weiße, innen gelb-rote Duftblüten im Juni.

Magnolia sieboldii: strauchig breitwüchsig bis 5 m Höhe; große weiße, weitoffene Duftblüten ab Juni bis August/September.

Magnolia soulangiana: baumartiger Wuchs bis 6 m Höhe, oft fälschlich als Tulpenbaum bezeichnet; innen weiße, außen in Sorten rötliche Blüten im April und Mai.

Magnolia steilata: spätfrostgefährdeter Langzeit-Strauchwuchs bis 3 m Höhe; besonders üppige, sternförmige Duftblüte in Weiß während März und April.

Mahonia aquifolium
Fiederberberitze

Bis meterhoher, gut zu beschattender – daher auch im schattig stehenden Kasten oder Kübel auf dem Balkon leicht zu kultivierender – Strauch mit ausdauerndem, herbstrotem Stachellaub und gelben Duftblütentrauben im April und Mai. Kugeliger Fruchtschmuck in bereiftem Dunkelblau setzt einen zusätzlichen Zierakzent.

Malus
Zierapfel

Ziergehölze bis 10 m Höhe in verschiedenen Wuchsformen, vornehmlich für Gruppenpflanzung. Schmuckdominanten nach Arten und Sorten unterschiedlich: frühe bis späte Blüten (weiß und breite Rotpalette), Fruchtbehang (Kirschäpfel bis 4 cm Durchmesser, gelb-grün, gelb-rot, rot-braun), z. T. über Winter haftend; Sommerlaub (u. a. bronzerot, patinagrün, grünviolett und purpur) und Herbstfärbung (meist Orange-Schattierungen). Besonders empfehlenswert: *Malus atrosanguinea, M. purpurea „Eleyi"* und *M. sargentii*.

Mammillaria
Warzenkaktus

Sehr dankbare Zimmerkakteen zur Gruppenpflanzung in Flachschalen mit sandiglockerer Erde. Mehr oder weniger dornenreiche Warzentriebe bringen von Februar bis November herrliche Strahlenblüten mit farbenfroher Fruchtbildung (Samentracht zur Vermehrung tauglich) hervor. Während dieser Wachstumszeit gut am Grund bewässern, im Hochsommer stark dornbewehrte Arten in die Sonne stellen, nackt-grüne im Halbschatten halten. Über Winter ruhigstellen bei 6–12 Grad Raumtemperatur; nicht gießen.

Maranta
Pfeilwurz

Als Warmhauspflanzen auf das abgeschlossene und wohlklimatisierte Blumenfenster angewiesen waren bis in jüngere Zeit *Maranta bicolor* und *M. leuconeura*, exotische Prachtstücke von kaum 30 cm Wuchshöhe, jedoch reichem, großformatigem Blattbestand von bizarrer, zwei- bzw. mehrfarbiger Zeichnung. Mittlerweile gibt es vor allem von *Maranta leuconeura* noch schönere Hybridzüchtungen, die zugleich robuster sind als die Stammart, so daß sie sich mit einigem Geschick und Glück auch ohne allzu großen Aufwand als Zimmerpflanze halten lassen. Wichtigste Bedingung ist eine verläßliche Raumtemperaturregelung ohne Gefahr der Schockwirkung von Durchzug: Die Tageswärme sollte im Sommer etwa 20-22, im Winter 18-20 Grad betragen; sie darf auch in der warmen Jahreszeit nachts bis auf 16 Grad; über Winter aber nicht tiefer als 15 Grad sinken. Der Standort sei hell, aber nicht offen sonnig, das Wasser unbedingt enthärtet; starke Trockenheit wie auch stauende Nässe der idealerweise grob-humosen Erde schaden der Schönheit oder sogar der Existenz dieser wahrhaft prachtvollen Blattpflanzen. Besonders unproblematisch und besonders reizvoll zugleich ist die Zuchtform *Maranta leuconeura var. massangeana*.

Marsilea quadrifolia
Vierblättriger Kleefarn, Glücksklee, siehe →
Oxalis deppëi

Meconopsis
Scheinmohn, Mohnling

Ein- oder zweijährige, krautige Pflanzen, in Eurasien und dem westlichen Nordamerika beheimatet, mit sehr schönen gelben, blauen oder purpurroten Blüten, die auf hohen Stengeln einzeln oder in Gruppen zusammenstehen. Bei manchen Arten bieten behaarte Blätter einen zusätzlichen Reiz. Die Kulturbedingungen im Balkonkübel wie auch im Freiland: schattiger Standort, ausreichende Feuchtigkeit und nährstoffreicher Boden.

Mentha
Minze

Lippenblütler-Gattung aufrechter oder kriechender Stauden mit meist starkduftenden gezahnten oder lanzettförmigen Blättern und recht dichtbesetzten, endständigen Blütenähren in Weiß bis Lila-Violett. Minzen wachsen in fruchtbarem, frischem bis feuchtem Boden. Der Tee aus Blättern der *Mentha piperita* (Pfefferminze) wirkt anregend und die Verdauung fördernd. (Siehe auch *Norbert Mehler, ,,Pilze, Beeren, Kräuter, Heilpflanzen''* in dieser Buchreihe.)

Microcoëlum weddelianum
Zimmer-Kokospalme

Aus Brasilien stammendes Fiederpälmchen, auch als *Cocos weddeliana* bezeichnet, jedoch botanisch keine bloße Verkleinerungsform der haushohen echten Kokospalme (*Cocos nucifera*). *Microcoëlum weddelianum*, das aus walnußgroßen Nüssen heranwächst, wird auch in freier Natur keine 2 m hoch und erreicht niemals die schlank hochstämmige Gestalt der Kokospalme, wohl aber prächtig ausladendes Fiederblattwerk.

Dieses Pälmchen hat mehrere empfindliche Schwachstellen: wird auch nur eine davon verletzt, treten braune Spitzen als Vorboten vorzeitigen Absterbens auf. Grundsätzlich sollte man schon beim Kauf darauf achten, daß der Topf ein Abzugsloch hat, die Wurzel dieses aber noch nicht durchwachsen hat. Das Pälmchen braucht gute Einheitserde (oder eine Mischung aus gleichen Teilen Rasen- und Lauberde) in einem zylindrischen, d. h. im Vergleich zur üblichen Blumentopfform höheren Palmtopf von geringerem Durchmesser; dergleichen wird selten mitgeliefert; bricht jedoch beim Umpflanzen die Wurzel ab, hat die Pflanze kaum noch eine Überlebenschance. Der Topfballen muß immer feucht gehalten werden, mit zumindest kalkarmem oder gänzlich kalkfreiem Wasser, von dem während der Wachstumsperiode

(April bis August) stets eine durch das Abzugsloch nachziehbare Reserve im Untersetzer stehenbleiben sollte. Das Besprühen mit lau temperiertem Wasser ist ganzjährig willkommen. Während der Vegetationsperiode ist Zimmerluft bei 20-22 Grad ideal *(Microcoëlum* also nicht auf Balkon, Terrasse oder ins Freiland ausstellen!); hell soll's sein, aber nicht offen sonnig (weil die Kleinpalme im Urwald nur Unterholzgröße hat).

Über Winter empfiehlt sich ein nicht minder heller, aber kühlerer Standort (nicht unter 15 Grad Wärme). Man kann das Pseudokokospälmchen auch im Zimmer gut über den Winter bringen, verkürzt damit aber seine Lebensdauer, die unter bestmöglichen Bedingungen (eben mit winterlicher Abkühlung) an die 10 Jahre betragen kann. Am Rande zu bemerken: Luftfeuchtigkeit ist wichtig während der Vegetationsperiode, über Winter wird trockenere Luft im beheizten Raum recht gut vertragen.

Monstera
Fensterblatt, Zimmerphilodendron

Die deutschen Bezeichnungen sind sehr treffend: Die „Monstren", die sich in ihrer Regenwaldheimat des tropischen Amerika bis zu Wuchshöhen von 10 m und mehr hochzuschlingen vermögen, zeichnen sich vor allem durch ihre großflächigen, tief fiederspaltigen und oder fensterartig durchbrochenen Blätter aus und haben im übrigen nach Aussehen und Kulturbedingungen große Ähnlichkeit mit → *Philodendron,* einer anderen Gattung derselben Aronstabgewächs-Familie. Zu bestmöglichem Gedeihen braucht *Monstera* einen immergleichen Standort, was im allgemeinen keine Probleme aufwirft, da diese Pflanze auch bei recht trockener Luft und beliebig zwischen wenigstens 10 und höchstens etwa 23 Grad Raumwärme überwintern – also im Zimmer an Ort und Stelle verbleiben – können. Wichtig ist, daß die Luftwurzeln an den Stengeln nicht verkümmern, d. h. es muß nicht nur (im Sommer mehr, über Winter weniger) gegossen, sondern auch besprüht werden (um so mehr, je trockener die Raumluft ist), mit nicht gerade eiskaltem und superhartem Leitungswasser; aber einigen Kummer nimmt das „Monster" diesbezüglich durchaus hin, wenn der Standort ganzjährig Licht ohne Sonnenbrand bietet und räumliche Ausbreitung zuläßt.

Meistkultivierte Arten sind *Monstera obliqua* (Schiefes Fensterblatt; Heimat Brasilien) und *Monstera deliciosa* (Köstliches Fensterblatt; Heimat Mexiko, wo diese Pflanze leckere eßbare Früchte hervorbringt); eine hübsche Kleinform ist *Monstera deliciosa var. borsigiana.*

Die Luftwurzeln niemals abbrechen oder -schneiden, sondern entweder völlig unbeschadet wachsen lassen oder für Ableger in ein nichts weiter als Wasser oder weichen feuchten Torfmull mit Sand bietendes Gefäß eintauchen lassen, bis sie sichtbar starke Erdwurzeln ausgetrieben haben. Dann ist eine neue, lebensfähige Pflanze geboren, die sich vom Muttergewächs kappen läßt, ohne Schaden zu nehmen.

Myosotis
Vergißmeinnicht

Ein- oder zweijährige Pflanzen sowie ausdauernde Stauden, in den höheren Formen bis 50 cm buschbildend. Blätter samtig behaart, Blüten in aufrechten Trauben oder Pyramidenähren, pastellfarben weiß-rosa-himmelblau, bei *Myosotis discolor* während der Blütezeit von Gelb über rötliche Tönungen zu dunklem Blau wechselnd. Meistkultivierte Arten: *M. palustris* (Sumpf-Vergißmeinnicht) und *M. sylvatica* (Wald-Vergißmeinnicht). Auf art- bzw. sortenspezifische Kulturbedingungen (Händler-Merkblatt!) achten.

Myrtus communis
Brautmyrte, Liebesbeerstrauch

Der Brautkranz aus immergrün belaubten, von Mai/Juni bis September/Oktober dicht mit weißen bis rosig angehauchten Blüten besetzten, sehr flexiblen Myrtenzweigen soll erstmals im späten 16. Jahrhundert einer Tochter der Augsburger Bankiersdynastie Fugger aufs mehr oder minder hübsche und/oder gescheite Köpfchen gesetzt worden sein. Seither kommt dem der mediterranen Macchia entstammenden Strauchgewächs solche Bedeutung zu, daß man es auch – buschig oder als Bäumchen – im Zimmertopf zu kultivieren lernte. Unter Ausschluß der Öffentlichkeit gewannen die – in der Zucht relativ selten zu erzielenden – weißen oder bläulichen, erbsengroßen Beerenfrüchte für Liebesleute noch viel höhere Wertschätzung: denn Myrtenlaub und -blüten duften erst so richtig, wenn man sie zwischen den Fingern verreibt, Myrtenbeeren („Liebesbeeren") aber schmecken immer wundervoll – dem, der sie kosten darf (schadlos eßbar sind sie allemal).

Die Myrte braucht über Winter leidlich Licht, mindestens etwa 5, aber nicht über 12 Grad Wärme; wenn sie „schwitzen" muß, treibt sie Geilwuchs, der sie ins Verderben treibt. Im frühen Jahr freilich steht sie gern recht hell am Fenster, später auch – bis zur ersten Frostgefahr – auf dem Balkon oder sogar im Freiland (im Topf eingesenkt), sofern sie nicht praller Sonne ausgesetzt wird. Man darf sie auch nie mit allzu kaltem Wasser abschrecken, und kalkhaltiges Wasser wirkt auf Dauer schädlich, ebenso Ballentrockenheit oder stauende Nässe. Schiefwuchs – speziell bei zur Bäumchenform beschnittenen Pflanzen – entsteht durch einseitigen Lichteinfall und läßt sich leicht durch sporadisches Drehen des Topfes – mit Blick aufs Fenster, beispielsweise – ausgleichen und letztlich verhindern.

Narcissus
Narzisse, Osterglocke u. a.

Zwiebelpflanzen mit langen, meist schmalen Blättern und einzeln, zu mehreren oder in prächtigen Dolden stehenden Frühlingsblüten von herrlicher Farbenpalette. Die Pflanztiefe soll gemeinhin das Doppelte der Zwiebelhöhe betragen. Man pflanzt Narzissen an halbschattigen Plätzen in gute, normale Gartenerde und beläßt sie dann am Ort; je nach Art und Sorte können sie verwildern. Dies kann freilich auch im Pflanzkübel auf dem Balkon geschehen, und hinzukommt die Möglichkeit der Hydrokultur winterblühender Zierhybriden.

Wildnarzissen, die meist in gebrochenen Weiß- oder Gelbtönen blühen, fühlen sich auch in sandig-humosen Böden, nicht zuletzt in Steingärten wohl. Blütezeiten teilweise bereits im März (*Narcissus cyclamineus* „*February Gold*") oder März–April (*N. minor var. conspicuus*).

Gartennarzissen, die allesamt – überwiegend duftende – Schnittblumen abgeben und teilweise auch zur Kübel- oder Kastenkultur geeignet sind, lassen sich in 4 Gruppen unterteilen:
1. *Trompetennarzissen*, am populärsten *Narcissus pseudonarcissus* (Osterglocke).
2. *Großschalige Narzissen*, repräsentiert durch die bis 45 cm hohe *Narcissus incomparabilis* (Unvergleichliche) mit aufrecht oder waagerecht stehenden Blüten ohne Duft.
3. *Dichternarzissen, Narcissus poëticus*, ausgezeichnet durch duftende gelbe Blütenkronen mit tiefroter Randzeichnung und weiten weißen Hüllblättern.

4. *Straußnarzissen, (Narcissus poëtaz),* das sind Bastarde aus *N. poëticus* und der bis 50 cm hohen, besonders reich in Dolden blühenden *N. tazetta.*

Narcissus tazetta setzt man – als winterliche Zimmerzierde – im Oktober zu mehreren Zwiebeln zwischen Kieselsteine in flache Schalen oder Wannen, in welchen man die Wasserhöhe recht konstant auf Zwiebelboden-/Wurzelansatz-Niveau halten kann. Gibt man diesem Arrangement dann gutes Tageslicht und mehr Luft als Zimmerwärme, kommt es zur Weihnachtsblüte der Narzissen in Weiß bis Cremegelb.

Neoregelia
Zimmer-Nestrosette, siehe unter → *Nidularium*

Nepeta
Katzenminze

In der Sorte *Nepeta grandiflora "Blue Beauty"* bis 60 cm hohe, in Blautönen ungemein fleißig blühende Sommerblütenstauden (Juni–September), die außer einem Platz in der Sonne – auch in Kasten oder Kübel auf Balkon, Terrasse oder Treppenabsatz – keinerlei besondere Ansprüche stellen.

Nephrolepis
Schwertfarn, Schuppenfarn

Tropische Tüpfelfarnstauden mit bis meterlangen schwertförmigen, gefiederten Blättern, bei uns als sehr dekorative Topf- oder Schalenpflanzen gehalten. Sie mögen sandige, kalkfreie Erde, ganzjährig reichlich – nicht stauendes – kalkfreies Wasser und einen halbschattigen Platz im Warmen, von Oktober bis Februar jedoch nicht über 15 und nicht unter 12 Grad Celsius. Die Zimmerluft darf nicht zu trocken sein.

Nerium oleander
Oleander, Rosenlorbeer, Lorbeerrose

Immergrüner Strauch bzw. kleiner Baum aus subtropischen Breiten, als Kübelpflanze durch Schnitt (im Herbst oder Februar) zu buschiger Fülle oder Hochstammwuchs zu bringen. *Oleander* sollte von Mai bis September/Oktober im Freien stehen und braucht in dieser Zeit reichlich (abgestandenes bzw. leicht temperiertes) Wasser, möglichst mit Nachzugreserve im Untersetzer, sowie bis August im Idealfall wöchentlich einen Dungguß. Während der Ruhezeit bis Februar hell, luftig, frostfrei, aber nicht über 8 Grad warmstellen und sparsamer, jedoch ebenfalls (bis 30° C.) warm gießen. Umtopfen im März (Jungpflanzen jährlich) alle 3–5 Jahre in nährstoffreiche, sandig-lehmige, mit Torf angereichte Erde (oder Einheitserde des Handels). *Oleander* hat schmallanzettliche, graugrüne Blätter und blüht im Warmen ab April, im Freien spätestens ab Juni und bis Oktober reich in doldenartigen Rispen, je nach Sorte zwischen Weiß, Gelb und Rot. In kühlen Sommern mit meist verhangenem Himmel bleiben die Knospen bis zum Folgejahr geschlossen. Vermehrung durch während der Wachstumszeit genommene Stecklinge, die man zunächst in Wasser bewurzeln lassen kann. – Achtung: *Oleander* gehört zur Familie der Hundsgiftgewächse und macht diesem Namen alle Ehre: alle Pflanzenteile sind giftig!

Nidularium
Nestrosette, Nest-Ananas

Bromeliazeen mit meist flach ausgebreiteter Rosette zahn- oder sägerandiger Blätter, deren Färbung – oft in Längsstreifen – die Pflanzen an sich schon zu einem besonderen Schmuckstück im Blumenfenster macht. Leuchtend farbige Hochblätter setzen dem Ganzen – mehr noch als das aus deren Mitte hervorbrechende Blütennest – die Krone auf. Schönste Art – im Amazonas-Dschungel wildwachsend und von keiner Zuchtform bisher übertroffen – ist *Nidularium innocentii* mit an der Oberseite tief weinroten, an der Unterseite schwärzlich-grünen Rosetten- sowie leuchtend kupferroten Hochblättern unter weiß bis pastellfarben getöntem Blütennest. Freilich: *Nidularien* gedeihen fast ausschließlich im vollklimatisierten Tropenfenster. Es gibt jedoch sehr ähnliche Hybridzüchtungen der Gattung *Neoregelia*, die sich bereits als Zimmerpflanzen – auch in der Trockenluft zentralbeheizter Räume – halten lassen, sofern man im Einzelfall genau den vom Züchter mitgegebenen Anweisungen folgt.

Nothofagus antarctica
Scheinbuche

Strauchartig mehrstämmiger, bis 5 m hoher Baum mit kurzstielig dichtstehenden, kleinen Blättern, die sich im Herbst gelb färben. Ihr bizarrer Wuchs macht auch die entblätterte Scheinbuche über Winter zur Gartenzierde. Sonniger Standort in frischer, tiefgründiger möglichst kalkhaltiger Erde ist erforderlich.

Oenothera
Nachtkerze

Auf besonnten, sandigen Kalkbodenflächen an maximal 50 cm hohem oder flach kriechendem Gezweig große weiße, gelbe oder rosarote Sommerblüten treibende, zweijährige oder perennierende Stauden. Besonders empfehlenswert unter den niederliegenden Arten: *Oenothera missouriensis*, unter den aufrechtwachsenden: *Oe. speciosa*. Vermehrung durch Aussaat im September, Verpflanzen im Mai.

Oleander
Lorbeerrose, siehe → *Nerium oleander*

Opuntia
Feigenkaktus, Opuntie

Ursprünglich amerikanische *Opuntien* säumen in mediterranen Wildformen bis 3 m Höhe z. B. tunesische Landstraßen und tragen dort viele *Sabras* (Berberfeigen) genannte, fast faustgroß-eiförmige, gelb-orangefarbene Früchte mit köstlich schmeckendem Fleisch unter stachelbewehrter Haut. Ein Hauch von Exotik umgibt denn auch die bei uns in Steingärten oder als Zimmerpflanzen kultivierbaren Zierformen. *Opuntien* brauchen grundsätzlich trockenen, sandig-lehmigen Boden, gern kalkhaltig, mit gutem Abzug des während der Wachstumszeit reichlich, jedoch keinesfalls in Form von Dauerregen begehrten Wassers. Sie haben vielfach filzig behaarte und/oder dornenreiche, scheibenförmig abgeplattete oder mehr zylinderförmige, fleischig-sukkulente (wasserspeichernde) Triebglieder (Sprosse) und prächtige – bei ausschließlich in geschlossenen Räumen gehaltenen Pflanzen selten aufgehende – Trichterblüten mit gespreizter Kronöffnung. Früchte kleiner als bei Wildwuchs, jedoch ebenfalls eßbar.

Winterharte Arten brauchen während der kalten Jahreszeit Fichtenreiser-Bedeckung, tragen aber sehr zuverlässig im Juni und Juli wunderschöne gelb- bis rotgefärbte Blüten.

Topf- oder Kübelpflanzen, die an sonnigen Fenstern und möglichst frei in der Sommersonne stehen, können bis August blühen, ehe sie ihren exotischen Fruchtschmuck entfalten. Überwintern trocken, hell, luftig (trockene Luft erwünscht) bei 6-8 Grad Wärme. Als Zimmerpflanze besonders empfehlenswert: *Opuntia microdasys* (Goldopuntie).

Ornithogalum umbellatum
Milchstern

Eine in normalem bis sandig-humosem Gartenboden leicht zu kultivierende, bis etwa 30 cm hohe Zwiebelpflanze, gut für Steingärten geeignet. Lange lineale Blätter mit weißem Mittelstreifen; doldige Stände weißer Blütensterne im April und Mai.

Osmanthus heterophyllus
Duftblume

Selten bis 6 m Höhe erreichendes Strauchgewächs aus Japan, im Aussehen seiner immergrünen Belaubung wie auch in seinen Wachstumsbedingungen stark an *Ilex* (Stechpalme) erinnernd. *Osmanthus* trägt viele kleine, weiße Duftblüten im Juni und Juli. Frische saure, torfige Erde erwünscht.

Oxalis deppëi
Glücksklee

Von der Dreiblättrigkeit, welcher die Gattung Klee ihren botanischen Namen *Trifolium* verdankt, gibt es bei diesen wildwachsenden oder als Futterpflanzen angebauten Schmetterlingsblütlern nur sehr selten die seit alters her als Glückssymbol gesuchte Ausnahme des vierblättrigen Kleeblatts.

Die Regel ist dieses – wie auch hier schon der Name sagt – beim vierblättrigen Kleefarn (*Marsilea quadrifolia*), einer fast nur noch in versumpften Rhein-Auen (Altrhein-Terrain) wildwachsend anzutreffenden Schlammfarnpflanze. Sie wird – meist in Glasgefäßen (ohne Abzugsloch!) und mit Pflegeanleitung – als schon voll ergrünter, langgestielter „Glücksklee" gehandelt, bisweilen auch mit dieser Erwartung im Frühstadium des in torfige Erde gebetteten, schon bewurzelten und keimbereiten Rhizoms.

Der als Topfpflanze populärere, nicht nur als Blatt-, sondern auch als Blütenpflanze attraktive „Glücksklee" *Oxalis deppëi* ist (wie die seltener gehandelte Art *Oxalis tetraphylla*) ein Sauerklee mexikanischen Ursprungs, inzwischen um mehrere Hybridformen bereichert. Die beliebte „Vierblättrigkeit" dominiert; es gibt aber auch 2- bis 5- und mehrzählige Blattformen, in der Regel mit (um den Stiel rundlaufender) am Teilblättchen gezackt querlaufender, brauner Bandzier. Um den Jahreswechsel herum treibt dieser Zierklee bei sachgerechter Pflege eine Vielzahl gelb- bis purpurroter Blüten und erschlafft nicht allzu rasch, wenn man ihm einen nicht über 14 Grad warmen Standort gibt. Zu hohe Zimmerwärme und zu reichliches Gießen sind die Hauptgründe für vorzeitiges Welken des triebfreudigen Schmuckstückchens, das freilich allzeit hell stehen muß. Nach regulärem Abblühen und Einziehen der Blätter sollte man den Sauerklee, wo möglich, in den Garten auspflanzen, wo er vital Fuß fassen kann; neuerliches Blütentreiben im Haustopf ist wenig erfolgversprechend. Allerdings kann man Wurzelknöllchen von *Oxalis deppëi* aus der Gartenkultur etwa Mitte September ausgraben und etwa 5-6 Stück in einem nicht zu voluminösen Blumentopf mit gut humoser Erde – fingerdick bedeckt – einsetzen, bei Kühlhaltung (5-8 Grad) gut einwurzeln lassen und dann bei allenfalls 14 Grad Dauerwärme und sparsamer Befeuchtung des Bodens wiederum zur Neujahrsblüte veranlassen.

Faustregel: Feuchtigkeit ist gut, bis die Triebe so hoch sind, wie ein Daumen dick ist. Hiernach brauchen sie mehr Licht als Wasser. – Die über Jahre als Kübelpflanze kultivierbare Art *Oxalis bowiëi* ist im Handel kaum zu finden.

Pachysandra terminalis
Dickanthere

Besonders bodenanspruchsloser und schattenverträglicher Kriechstrauch bis etwa 30 cm Höhe, mit immergrünem, lederigem Laub. Idealer Bodenbedecker für ungünstige Lagen, ideales Füllgrün auch für Fensterkästen und Balkonkübel. Vermehrung problemlos durch Rhizom-Teilung.

Paeonia
Pfingstrose, Stauden- / Strauchpaeonie

Staudenpaeonien sind im allgemeinen Sonne bis Halbschatten liebende Gartenzier- und Schnittblumenstauden von buschigem Wuchs bis 1 m, selten höher. In normale Gartenerde so einpflanzen, daß die Keimaugen nur etwa 5 cm hoch bedeckt werden. Standortwechsel unbekömmlich. Vorsicht: Alle Pfingstrosengewächse sind giftig!

Paeonia lactiflora (Edelpaeonie) in Sorten bringt überwiegend erst im Juni prächtige, duftende Pfingstrosenblüten hervor: weiß, gelb, rot in Schattierungen und Mischtönen bis lilarosa.

Paeonia officinalis (Bauernpfingstrose) trägt bereits ab Anfang Mai Blüten bis 12 cm Durchmesser.

Strauchpaeonien erreichen in warmen, nahrhaften Böden (Mistdung unbekömmlich!) und geschützten Lagen (spätfrostgefährdet!) 2 m Höhe. Auspflanzen im Herbst, etwas tiefer als während der Anzuchtperiode.

Paeonia suffruticosa in Sorten blüht üppig während Mai und Juni.

Papaver
Mohn

Sonnenhungrige Zierformen aus der Verwandtschaft des attraktiven Ackerunkrauts *Papaver rhoëas* (Klatschmohn) und des im Orient zur Gewinnung von Opiaten angebauten *Papaver somniferum*, mit fiederteiligen Blättern sowie charakteristischen, leuchtendgefärbten Schalenblüten und Kapselfrüchten:

Papaver alpinum (Alpenmohn) und *Papaver nudicaule* (Islandmohn), Stauden von niedrigem Wuchs, blühen von Mai bis September.

Papaver orientale (Türkenmohn) in Sorten bis 80 cm Höhe, mit silbrig behaarten Blättern und Stengeln, wird wegen der besonders großen Blüten von Mai bis Juli auch als Schnittblumenstaude angebaut.

Paphiopedilum callosum
Frauenschuh

Immergrüne Orchideenstaude für Topfkultur im Gewächshaus oder Wintergarten. Geflecktes (bei *Paphiopedilum insigne* reingrünes) Blattwerk und besonders große, farbenreiche Blüte (grün, weiß, rot, braunrot, schwarz) von Februar bis Juni. Sie braucht einen luftig-schattigen Platz, Luftfeuchtigkeit, Wärme (über Sommer bis 25, im Winter 13 Grad; *P. insigne* 18 bzw. 12 Grad) und während der Wachstumsperiode täglich mehrmaliges Absprühen mit lau temperiertem, kalkfreiem Wasser; danach nur noch am Boden gleichmäßig feuchthalten. Umpflanzen und gegebenenfalls teilen nach der Blüte oder im Frühjahr; Pflanzgrund locker aus Lauberde, Torfmoos und Farnwurzelgespinst mischen.

Parrotia persica
Parrotie, Eisenholzbaum

Pittoresk wachsendes Ziergehölz mit Schirmkrone bis 7 m Höhe und 10 m Breite; Herbstlaubfärbung leuchtend gold- bis braungelb und scharlachrot. Frischer kalkfreier Boden bevorzugt.

Parthenocissus quinquefolia
Jungfernrebe, Wilder Wein

Sommergrüne Klettersträucher mit haftscheibenbesetzten Ranken und herrlicher Herbstlaubfärbung, vorzüglich als Lauben-, Zaun- und Mauerschmuck geeignet. Die Blüten (Gescheine) sind wenig auffällig, die Früchte blauschwarze, oft bereifte Beeren. Der Wilde Wein bevorzugt einen sonnigen, nicht zu trockenen Standort in Freiland oder Pflanzkübel.

Parthenocissus tricuspidata
Doldenrebe, Scheinrebe, Selbstklimmerwein, siehe → Ampelopsis

Passiflora
Passionsblume

Im tropischen Südamerika sehr artenreiche Gattung krautiger und strauchiger Kletterpflanzen mit meist eßbaren Früchten *(Grenadillas)* und bizarren Blütensternen, in welchen man die Dornenkrone Christi zu sehen vermeinte. Bei uns als Topfpflanzen in Kultur: *Passiflora racemosa* (scharlachrote Blüten mit dunkelblauem, am Grund weißem Strahlenkranz) und *P. violacea* (violette Blüten mit vielfarbigem Strahlenkranz) brauchen gemeinhin Warmhausbedingungen im geschlossenen Blumenfenster; *Passiflora coerulea* (weiße Blüten mit blauem Strahlenkranz) sowie *P. quandrangularis* (Blüten bis 12 cm Durchmesser) sind im allgemeinen ab Juni gut an Sonnenspalieren auf Balkon oder Terrasse zu halten. Fleißig gießen und wöchentlich düngen. Vor der Frostperiode hereinnehmen, hell bei etwa 6–8 Grad Wärme nicht zu feucht überwintern. Im März umtopfen in lehmig-sandiges Gemisch mit Mistbeeterde und Knochenmehl oder Hornspänen; Ranken auf etwa 8 Keimaugen stutzen.

Pavonia multiflora

Immergrünes Malvengewächs aus der Amazonas-Region, hierzulande nur im geschlossenen Tropenfenster dauerhaft zu unterhalten. Aber wer ihr in der Wohnung ein recht warmes Plätzchen (z. B. auf einem Blumenbrett über einem Zentralheizungskörper o. ä.) bieten kann und außerdem durch Verdunstungseinrichtungen (besonders am Heizkörper unter der Pflanze) für ausreichend Luftfeuchtigkeit sorgt, kann es auch ohne Tropenfenster mit diesem kleinen Strauch versuchen, der schon einen Winter lohnt: mit hochgereckten, purpurfarbenen Blütenkelchen, die einen schlanken Griffel mit rosafarbener Narbe und blauen Staubbeuteln umschließen – und dies just von Herbst bis Frühling.

Pelargonium
Pelargonie, Geranie

Beliebte Topf-, Kasten- oder Kübelpflanzen mit z. T. fruchtig duftendem Blattwerk und intensiv gefärbten Blüten, meist in Dolden. Stauden- und Strauchgewächse für luftige, sonnige bis halbschattige Standorte – Ende Mai bis vor Beginn der Frostperiode im Freien – in frischer, sandiger Torferde. Überwintern hell, luftig, nicht über 10 Grad Wärme. Vermehrung problemlos durch Stecklinge im Sommer. Bekannteste Hybriden in Sorten:

Pelargonium zonale (Gürtelpelargonie) mit bräunlich-roter Blattmitte und einfachen oder gefüllten Blüten in Weiß, Rot und Mischtönen von April bis Oktober (regenempfindlich!). Im Frühjahr auf maximal 5 Augen zurückschneiden.

Pelargonium peltatum (Efeupelargonie) mit z. T. über Winter haftendem, efeuähnlichem Laub (deshalb auch in der Ruhezeit wenigstens wöchentlich gießen) und Blütenfarbspektrum (ab Mitte Mai) bis Violett. Im Januar umtopfen, nicht zurückschneiden!

Peperomia
Pfeffergesicht, Zwergpfeffer

Eine Gattung ausnahmslos im tropischen und subtropischen Amerika heimischer Pfeffergewächse, deren einige Arten zuerst als Warmhauspflanzen kultiviert wurden. Heute lohnt die Vielgestaltigkeit der als Schalen- und Ampelpflanzen auch unter Wintergarten-, Zimmer- und (im Sommer) Balkonbedingungen haltbaren Arten nachgerade das Sammeln. Um nur einige wenige beim Namen zu nennen:

Die grünblättrige *Peperomia arifolia* und ihre buntblättrige Abart *P. arifolia „Astrid"* blühen weißlich in rispenartigen Ährenblütenständen. Dichte Behaarung und wirteliger (d. h. sternförmig die Sproßachse umschließender) Blattstand sind die attraktiven Besonderheiten von *P. blanda*. Die als Topfpflanze noch sehr junge Art *P. caperata* hat stark gerunzelte Herzblätter und lange cremefarbene Blütenähren, beides auf roten Stielen. Die herz- bis breit spatelförmigen Blätter von *P. clusifolia* (auch *P. obtusifolia* genannt) sind derb-lederig und grün-rot, bei der Zierform *P. clusifolia var. va-* *riegata* grün-gelb gefleckt. *P. fraseri* (nach älterer Nomenklatur *P. resedaeflora*) prangt mit üppig gebündelten, weiß-gelblichen und intensiv resedaduftenden Blütenständen. *P. serpens* (früher *P. scandens*) ist in ihren grünen und weißbunten Formen infolge ihres Kriechwuchses eine zauberhafte Ampelpflanze.

Sie alle gedeihen nach wie vor am besten im ausgebauten Blumenfenster, haben jedoch konkret ganz normalen Wasseranspruch (im Sommer mehr, im Winter kaum), möglichst lau temperiert und unbedingt entkalkt, tolerieren über Winter (!) problemlos auch sehr niedrige Luftfeuchtigkeit bei nicht unter 18 (bei grünblättrigen Arten und Sorten 15) Grad Wärme; offene Sommersonne ist verpönt, viel Licht an sich erwünscht. Vom frühen Frühjahr bis Frühsommer ist alle zwei Wochen ein Dungguß angebracht.

Perovskia abrotanoides
Blauraute, Silberbusch

Für Gruppen- und Rabattenwuchs an sandig-trockenen Plätzen in der Sonne bestens geeigneter Halbstrauch bis 1,50 m Höhe. Schmückt sich über August und September mit langen, duftenden Blütenähren in Rotviolett.

Petunia
Trichterblume

Einjährige, strauchig verzweigt wachsende Pflanzen für Blumenkästen oder -schalen, auch in Freilandsorten. Blätter klein, klebrig, behaart; weitoffene Trichterblüten in verschiedenen Größen, je nach Hybridenart. Standort sonnig bis halbschattig in torfiger Erde; Windschutz wichtig. Aussaat Januar bis März im Warmbeet, monatlich umpflanzen, ab Ende April tagsüber ins Freie stellen, 2–3 Wochen später auspflanzen in Beet oder Bütte, Kasten oder Kübel.

Philadelphus
Pfeifenstrauch, Falscher Jasmin

Arten- und zuchtformenreiche Gattung z. T. über 3 m hochwachsender, vielfach mit →*Jasminum* verwechselter, meist dunkelgrün belaubter und reichblühender Ziersträucher. Sie stellen praktisch keinerlei Sonderansprüche an Boden- oder Lichtverhältnisse und ertragen jeden Schnitt, so daß sie sich problemlos auch auf Dachgarten, Balkon oder Terrasse in Kasten oder Kübel halten lassen. Besonders empfehlenswert:

Philadelphus lemoinëi „Dame Blanche" bis 2 m Höhe (aber auch auf etwa 0,75-1 m kleinzuhalten) mit strahlendweißer Blüte im Juni und Juli.

Philadelphus purpureo-maculatus „Belle Etoile" bis 2 m Höhe mit großen Duftblüten von Juni bis Juli in gebrochenem Weiß mit purpurroter Mitte.

Philadelphus virginalis bis 4 m Höhe mit besonders großen (bis 6 cm Durchmesser), duftenden, gefüllt-weißen Blüten ab Ende Juli.

Philodendron

Überwiegend Kletterpflanzen, seltener Sträucher, z. T. von baumartigem Wuchs, aus dem tropischen Amerika. Beliebte Blattpflanzen mit langen Luftwurzeln (nicht abschneiden!), oft unregelmäßig gelappten oder gefiederten Blättern und (in Zimmerkultur selten ausgebildeten) Blütenkolben über buntem Hochblatt. *Philodendron* braucht gut durchlässige, nährstoffreiche Humuserde und einen hellschattigen Standort (keine offene Sonne!) in warmen Räumen mit nicht zu trockener Luft. Während der Wachstumsperiode – mit kalkfreiem, lau temperiertem Wasser – gut gießen, des öfteren absprühen, Blätter mit feuchtem Schwamm oder Tuch abwischen; über Winter nur sparsam wässern. Umpflanzen alle 2-3 Jahre im April.

Meistkultivierte Arten (Überwinterungstemperaturen in Klammern): *Philodendron erubescens* aus Venezuela, mit braunroten Blattunterseiten (12-15 Grad); *P. ilsemannii* nebst Zuchtformen mit sehr langen, pfeilspitzenförmigen, hellgefleckten Blättern (über 18 Grad); der widerstandsfähige *P. scandens* (früher *P. cuspidatum*) aus Jamaica, mit ungegliedertem, herzförmig-rundlichem Blattwerk (12-15 Grad), eine herrliche Hängepflanze, wo man sie nicht klettern läßt.

Ähnlichen Wuchs bei ähnlichen Kulturbedingungen und z. T. pittoresker gestaltetem Blattwerk bietet der „Zimmerphilodendron" →*Monstera*.

Phlox
Flammenblume

Sehr anspruchslose, speziell an sonnigen Plätzen überaus farbenprächtig-reichblühende Stauden in zwei Gruppen:

Phlox subulata in Sorten bis 15 (40) cm Höhe bilden als robuste Balkontopf- oder Steingartenpflanzen hübsche wintergrüne Polster mit Blütenschmuck über Mai und Juni.

Phlox paniculata in vielen Sorten bis 120 cm Höhe blühen als Ziergruppen- und Schnittstauden zwischen Juni und September.

Phoenix
Dattelpalme

Vor allem drei Arten kommen für die Kultur in Topf und Kübel in die engere Wahl: Die kleine *Phoenix roebelenii* mit anmutig überhängenden Wedeln, die größere *P. canariensis* mit mehr oder minder hochragendem Blattwerk sowie die „echte" arabisch-nordafrikanische Dattelpalme *P. dactylifera* mit ihren 4-5 cm langen, im Reifezustand honigfarbenen, zuckerreichen Früchten. Ihre Aufzucht aus (möglichst frischen) Dattelkernen mehr eine Frage der Geduld als großer gärtnerischer Anstrengung ist. Alle Dattelpalmen gedeihen in handelsüblicher, humoser Einheitserde; für größere Kübel kann man eine nährstoffreiche, sandig-lehmige, mit Torf angereicherte Erdmischung selbst herstellen. Alle benötigen leicht temperiertes, kalkarmes bzw. möglichst kalkfreies Wasser, im Sommer reichlicher, über Winter deutlich weniger; stauende Nässe schadet ebenso wie Ballentrockenheit. Alle brauchen auch über Winter Licht und Luft, wobei *Phoenix roebelenii* eher Schatten als zu trockene Luft verträgt. Diese Kleinpalme aus Manila kann zu kränkeln anfangen, sobald die Raumwärme einmal deutlich unter 16 Grad absinkt. *Phoenix dactylifera* kann man gut bei etwa 8-10 Grad überwintern, größere Exemplare auch kühler. *Phoenix canariensis* von den Kanarischen Inseln nimmt Schaden, wenn sie über Winter nicht kühl, jedoch unbedingt frostfrei (ideal sind etwa 4 bis maximal 6 Grad) steht; dafür fühlt sie sich während der warmen Jahreszeit an jedem möglichst sonnigen Platz (Süd-Balkon, -Terrasse, auch Freiland) wohl; etwas Windschutz ist angebracht.

Phyllocactus
Blattkaktus, siehe → *Epiphyllum*

Phyllostachys
Pfefferrohr, Bambus, siehe → *Arundinaria*

Picea
Fichte

Nadelbäume zwischen bis 1 m *(Picea excelsa „Maxwellii")* und maximal 60 m *(P. orientalis)* Wuchshöhe, z. T. vielfach fälschlich als Blautanne, Rottanne o. ä. bezeichnet. Fichten stellen im allgemeinen höhere Boden- und Klimaansprüche als Kiefern *(Pinus)* und geringere als Tannen (Gattung *Abies*).

Pieris japonica
Lavendelheide

Windschutz und Halbschatten fordernder, buschig bis annähernd 5 m hochwachsender, immergrüner Strauch mit zahllosen weißen Blüten in handlangen Hängerispen von März bis Mai. Leichte Humusböden bevorzugt; Kalk und Mineraldünger bekommen den Pflanzen nicht.

Pilea
Kanonierblume, Silberpilea, Aluminiumblume

Die volkstümliche deutsche Bezeichnung rührt daher, daß einige Arten und Sorten dieser Nesselgewächs-Gattung ihren Blütenstaub aus geräuschvoll aufplatzenden Pollen regelrecht „in die Landschaft schießen". Dazu gehören die vietnamesische Stammart *Pilea cadierëi* (Silberpilea, Aluminiumpflanze) mit attraktivem, reihig silbergrau geflecktem Blattwerk in dunklem Immergrün sowie die südamerikanische *Pilea spruceana*, von der es wahrhaft märchenhafte Hybridzüchtungen gibt. Die schönsten „nicht schießenden" Kanonierblumen dürften *P. involucrata* (auch *P. pubescens* genannt) und *P. microphylla* (auch *P. muscosa*) sein. Sie alle sind, an luftigem Platz gut schattenverträgliche Topfpflanzen, über Sommer auf Balkon oder

Terrasse bestens aufgehoben; winterliche Raumtemperaturen nicht unter 8 und nicht über 20 Grad bei sparsamerem Gießen (nicht Sprühen!); Lufttrockenheit wird im allgemeinen gut vertragen. Einige *Pileen* neigen nach anfangs harmonisch geschlossenem Erscheinungsbild später zu etwas krakeligem Längenwachstum, so daß es sinnvoller sein kann, im Frühjahr oder Sommer Stecklinge zu schneiden und in gut durchlässiger Blumenerde nachzuziehen, anstatt unbedingt die Altpflanzen über Jahre hinweg zu erhalten.

Pinus
Kiefer, Föhre, auch *Arve, Latsche*

Denkbar anspruchslose Koniferen zwischen flachliegendem Krüppelwuchs, rundpyramidalen Formen und bis 40 m hochstehenden Schirmkronen. Typisch für alle Kiefern ist die Benadelung in Büscheln. Grundsätzlich lieben Kiefern freies Sonnenlicht, tolerieren karge und trockene Böden, scheuen keinen Sturm, wohl aber zuviel Bodennässe und dicke Luft in Industriegebieten. Hauptarten: *Pinus cembra* (Zirbelkiefer, Arve), *P. montana* (Bergkiefer, Latsche), *P. pumila glauca* (Zwergkiefer), *P. sylvestris* (Gemeine Kiefer).

Platanus acerifolia
Platane

Bis 30 m hoher, kronlastiger Allee- oder Solitärbaum mit großblättrig-ahornähnlicher Sommerbelaubung (im Herbst gelbwerdend), an langen, geteilten Stielen hängenden Stachelkugelfrüchten und weißlich-gelb-grünbrauner, großflächig abblätternder Borke.

Platanen sind im Sommer hervorragende Schattenspender und als solche häufig bei der Bepflanzung von Parkanlagen verwendet.

Platycodon grandiflorum
Ballonblume

Aus ballonartig aufgeblähten Knospen im Juli und August weiße oder blaugetönte Glockenblüten aufspreizende Stauden in Sorten zwischen 15 und 60 cm Wuchshöhe. Sie sind als Schnittblumen beliebt, aber auch gut in Balkonkästen oder -schalen zu ziehen und in solcherart möglicher Häufung mindestens ebenso attraktiv wie in der Vase. Sonderansprüche: Keine – nicht einmal an die Erde, die man aus jedem Garten schaufeln kann.

Poinsettia pulcherrima
Weihnachtsstern, siehe
→ *Euphorbia pulcherrima*

Polemonium foliosissimum
Jakobsleiter, Himmelsleiter, Sperrkraut

Bis 60 cm hohe Gebirgspflanze aus dem westlichen Nordamerika. Sie hat dichtes Laub aus gefiederten Blättern und auch als Schnittblumen begehrte, hängende Blütenglocken in Weiß, Cremefarben oder Blau. Stand sonnig oder halbschattig, auch im Kübel auf Balkon oder Terrasse; Blütezeit Juni bis September. Einzige Wildform der Gattung im deutschsprachigen Raum ist die auf Wiesen und in Flachmooren vor allem Süddeutschlands stellenweise anzutreffende und auch als Gartenstaude kultivierte Art *Polemonium caeruleum* (Blaue Himmelsleiter, Sperrkraut).

Polygonum
Knöterich

Bis meterhohe, auswuchernde Stauden für Sonne bis Halbschatten, bodenanspruchslos.

Marantha leuconcura (Pfeilwurz): diese exotische Zimmerpflanze mit reichem großformatigen Blattbestand mit bizarrer Zeichnung stellt hohe Ansprüche an eine gleichbleibende Zimmertemperatur.

Dichtes lanzettliches Blattwerk; Blütenstände meist in Rosatönen zu nach Art und Sorte variierenden Zeiten zwischen Mai und Oktober (Beetblüten-Kontinuität durch entsprechende Mischung); z. T. Schnittblumen. Vermehrung durch Teilung der Stöcke.

Polygonum aubertii ist dagegen ein schnellkletterndes Rankengehölz, das Gitterwerk, Pfähle und Mauern maximal 15 m hoch bewächst. Aufrechtstehende weiße Blütenrispen während August und September.

Populus
Pappel, auch *Espe*

Schlanke, bis 35 m hohe, für saure Böden und – wegen expansiven Wurzelwerks – für kleine Hausgärten ungeeignete Laubbäume. Staunässe und Trockenheit unbekömmlich. Bedeutendste Formen:

Populus alba „Nivea" (Silberpappel): bis 30 m Höhe mit schöner, weit ausladender Krone; Blattunterseite hellsilbergrau befilzt.

Populus nigra „Italica" (Italienische Pyramidenpappel): bis 25 m Höhe, schlanker Wuchs mit steil hochstehenden Ästen; sehr bodenanspruchsvoll.

Populus tremula (Zitterpappel, Espe): anpassungs- und widerstandsfähigste Pappelart, strauchartig oder als Baum bis 30 m Höhe. Die fast kreisrunden Blätter sitzen an extrem dünnen Stielen und geraten so bei der geringsten Luftbewegung ins „Zittern".

Potentilla
Fingerkraut, Fingerstrauch

Fingerkraut: Perennierende, erdbeerartig belaubte Pflanzen mit Blütezeiten zwischen Mai und August, von nur 5 cm hohen, sehr reizvollen Bodenbedeckern (z. B. *Potentilla nitida)* bis zu halbmeterhohen Schnittblumenstauden (z. B. *P. atrosanguinea „Gibson's Scarlet").* Vollsonne erwünscht.

Fingerstrauch: *Potentilla fruticosa* in zahlreichen Gartenformen von kriechendem oder buschigem Strauchwuchs bis 1,50 m Höhe; bodenanspruchslos und dürretolerant; Sonne erwünscht. Sie blühen überreich weiß oder in Gelbtönen zu verschiedenen Zeiten zwischen Mai und Oktober. Besonders schön in Gruppenpflanzung und als Blütenhecken, freiwachsend oder geschnitten.

Primula
Primel, Himmelsschlüssel

Vielgestaltige, robuste Einjahrespflanzen und perennierende Stauden mit reichem – durch entsprechende Mischung der Zuchtformen ganzjährig zu unterhaltendem – Blütenschmuck: Weiß, Gelb, Rot und Blau in leuchtend reinen, gemischten oder Pastelltönen. Die früher durch grundverschiedene Kulturansprüche klar gezeichnete Grenze zwischen Garten- und Topfprimeln ist heute dank zahlreicher Hybridenzüchtungen stark verwischt. Bedeutendste Arten:

Primula-bullesiana-Hybriden (Etagenprimeln) erreichen im Freiland bis 40 cm Wuchshöhe, blühen aber auch im Balkonkasten von Juni bis August pastellfarben in etagenartig gestaffelten Quirlen. Halbschatten, frischer bis feuchter, lehmig-humoser Boden bevorzugt.

Primula denticulata (Kugelprimel) bis 30 cm mit kugeligen Blütenständen von März bis Mai; halbschattig bis schattig, leichte Böden bevorzugt.

Primula malacoides (Flieder- oder Brautprimel) ist ebenfalls eine „Etagenprimel" mit quirligen, fliederduftenden Blütenständen. Bis 40 cm Wuchshöhe wie *P. bullesiana;* die Blüte-

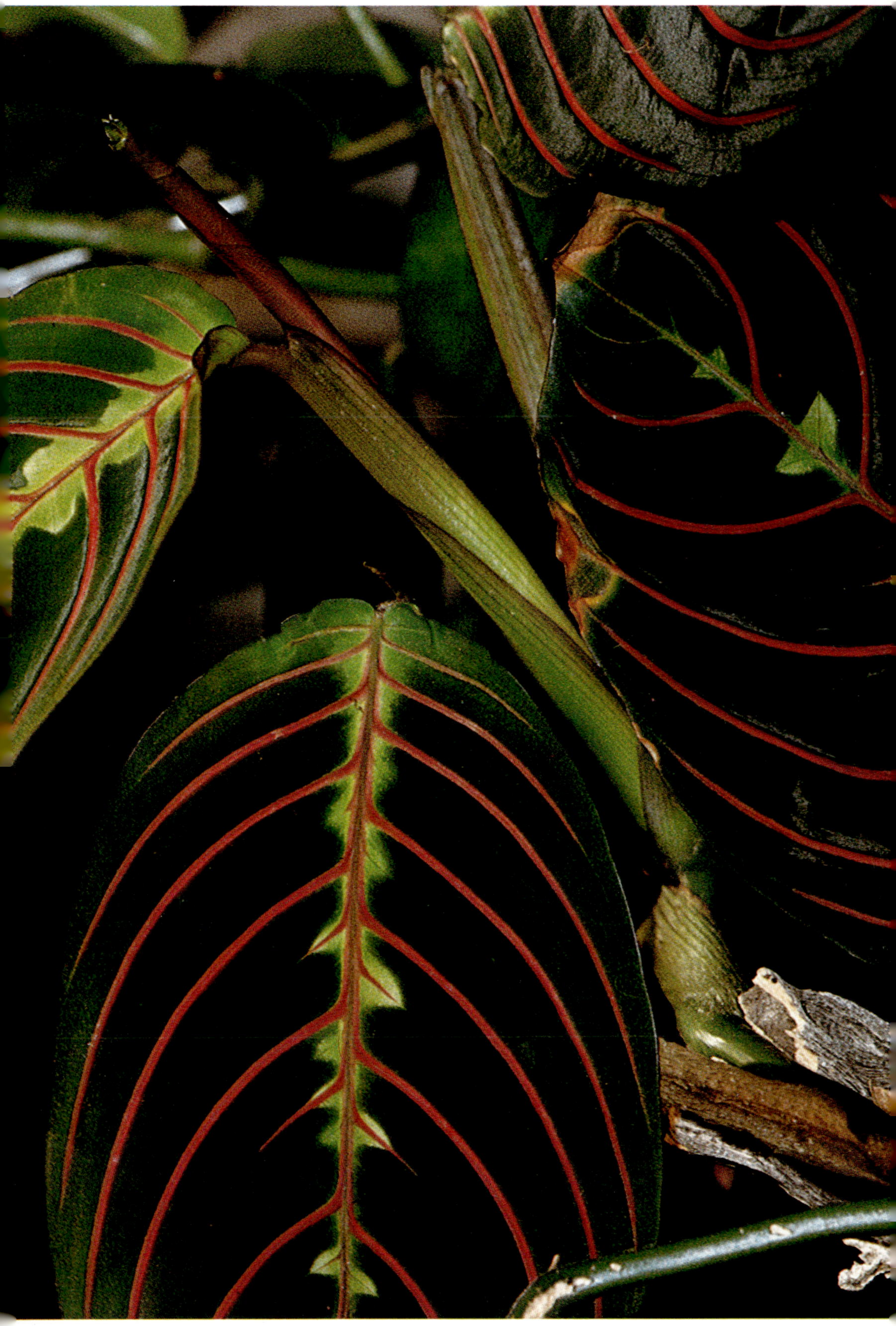

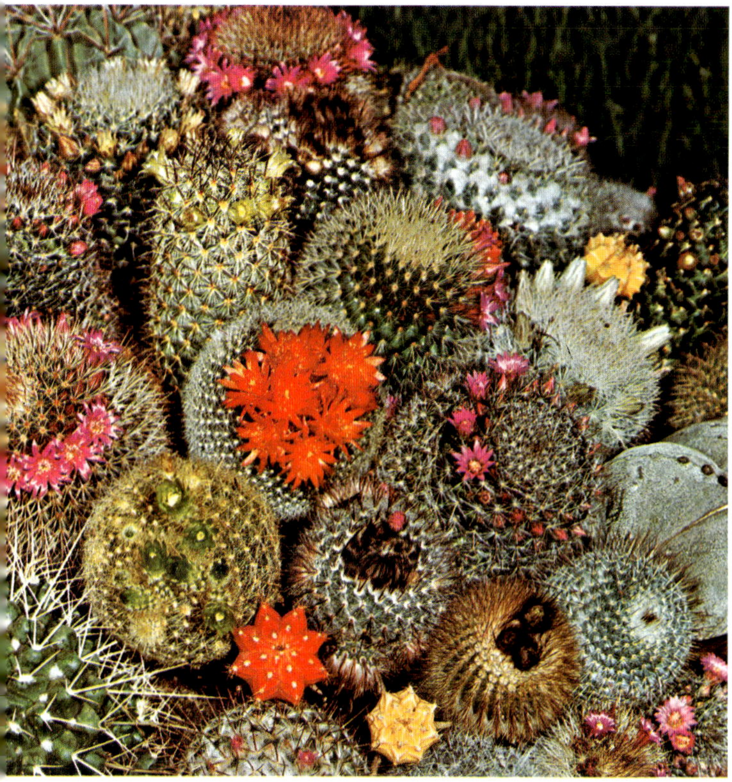
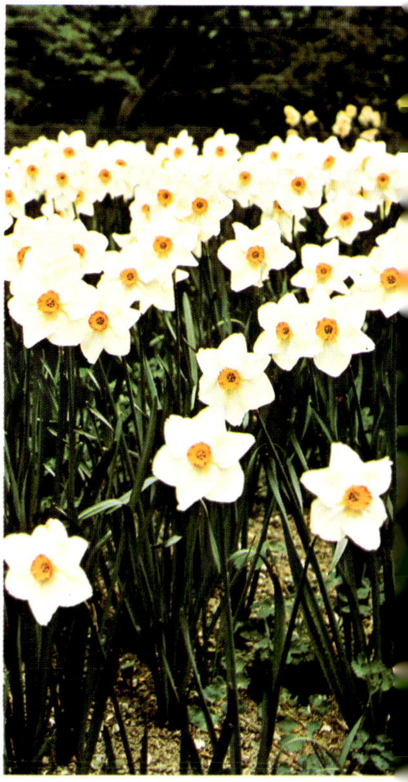
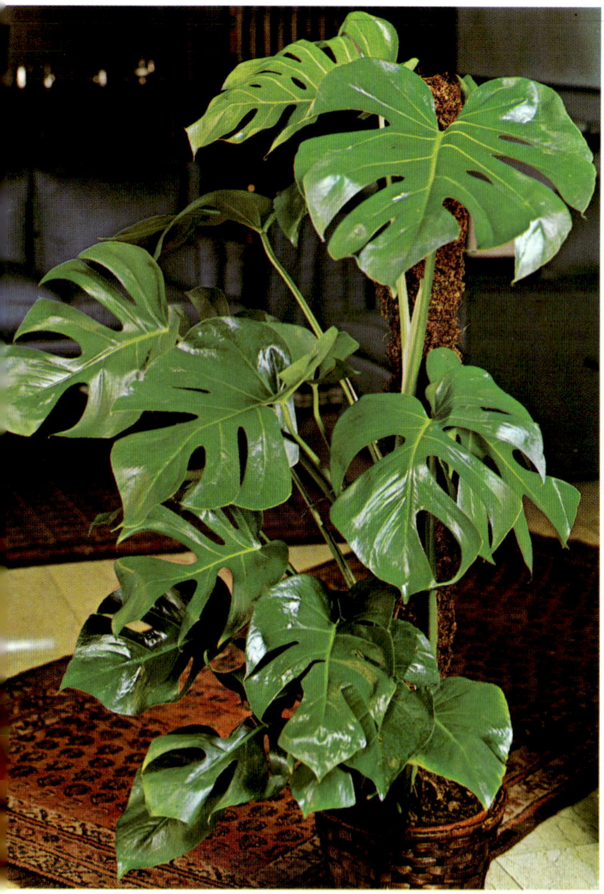
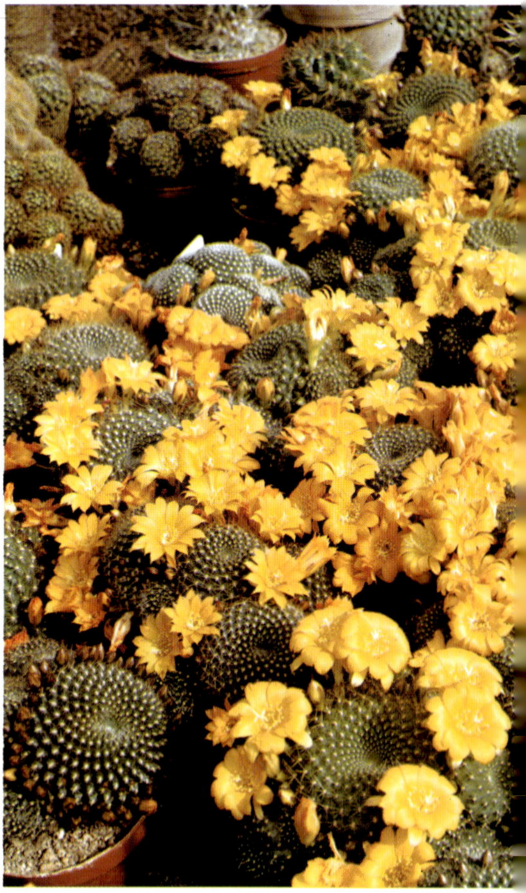

*Linke Seite: oben links und unten rechts:
Mammillaria (Warzenkaktus), ein in allen Farben
blühender Kaktus;
oben rechts: Narcissus poeticus (Dichternarzisse),
unten links: Monstera deliciosa (Philodendron).
Rechte Seite: oben links: Meconopsis (tibetanischer
Scheinmohn), oben rechts: Nidularium innocentii
(Nestbromelie);
unten links: Nerium oleander (Oleander),
unten rechts: Oenothera biennis (Nachtkerze).*

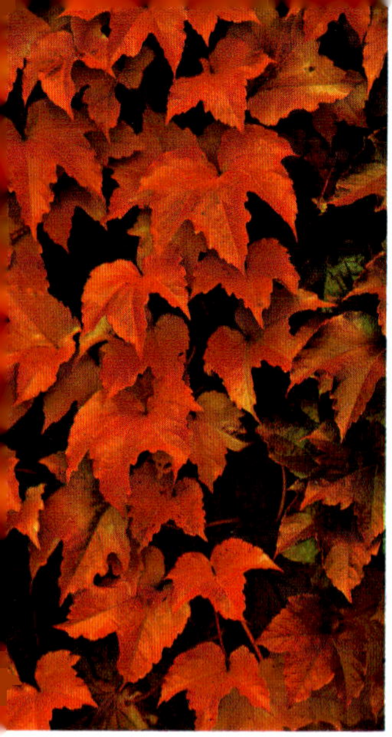
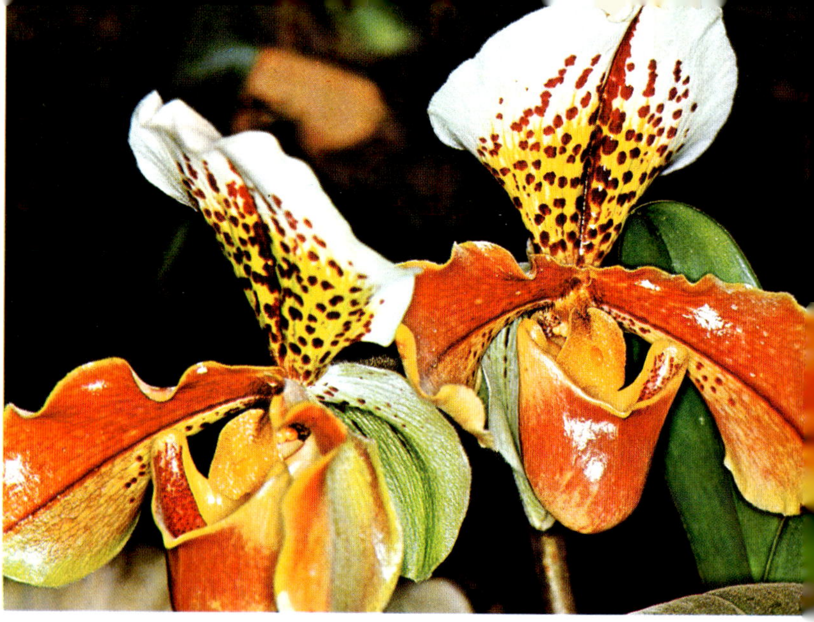
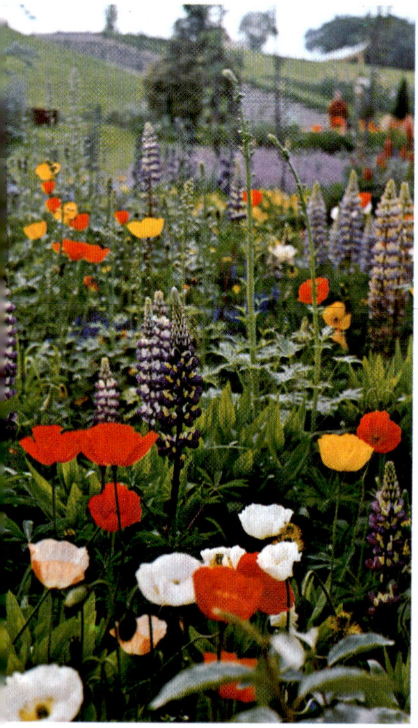
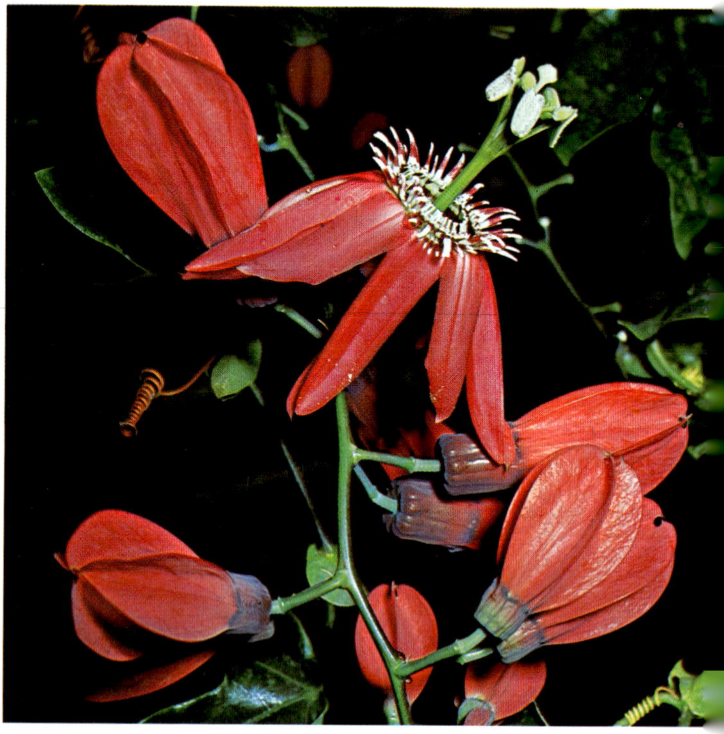
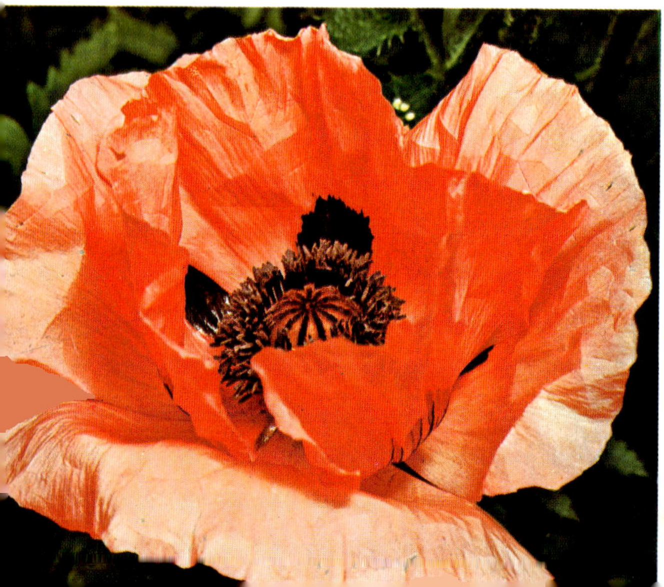
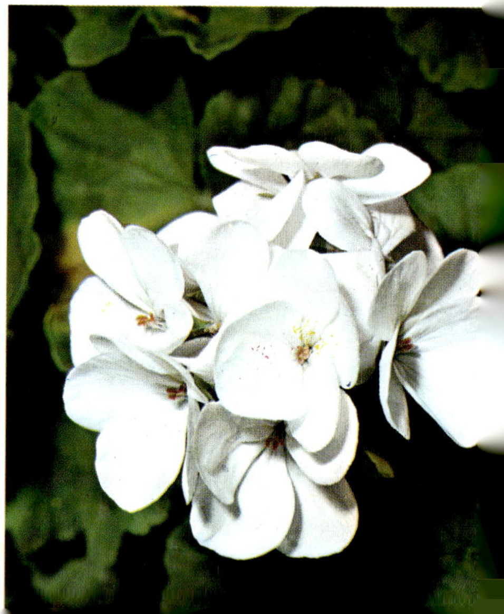

Linke Seite: oben links: Parthenocissus quinquefolia (Jungfernrebe, Wilder Wein), oben rechts: Paphiopedelium insigne (Frauenschuh), eine immergrüne Orchideenstaude; Mitte links und unten links: Papaver rhoeas (Klatschmohn), Mitte rechts: Passiflora orientale (Passionsblume); unten rechts: Pelargonium (Geranie, Pelargonie). Rechte Seite: Paphiopedilum callosum (Frauenschuh), eine weitere Paphiopedilum-Art mit braunroter Blüte.

Linke Seite: oben links: Phlox divaricata (Flammenblume), oben rechts: Peperomia (Pfeffergesicht); unten links: Primula pulverulenta (Primel), unten rechts: Prunus (Zierkirsche). Rechte Seite: oben: Petunia (Trichterblume, Petunie), unten: Pilea cadiera (Kanonierblume, Aluminiumpflanze), auffallend durch das silbergrau gefleckte Blattwerk.

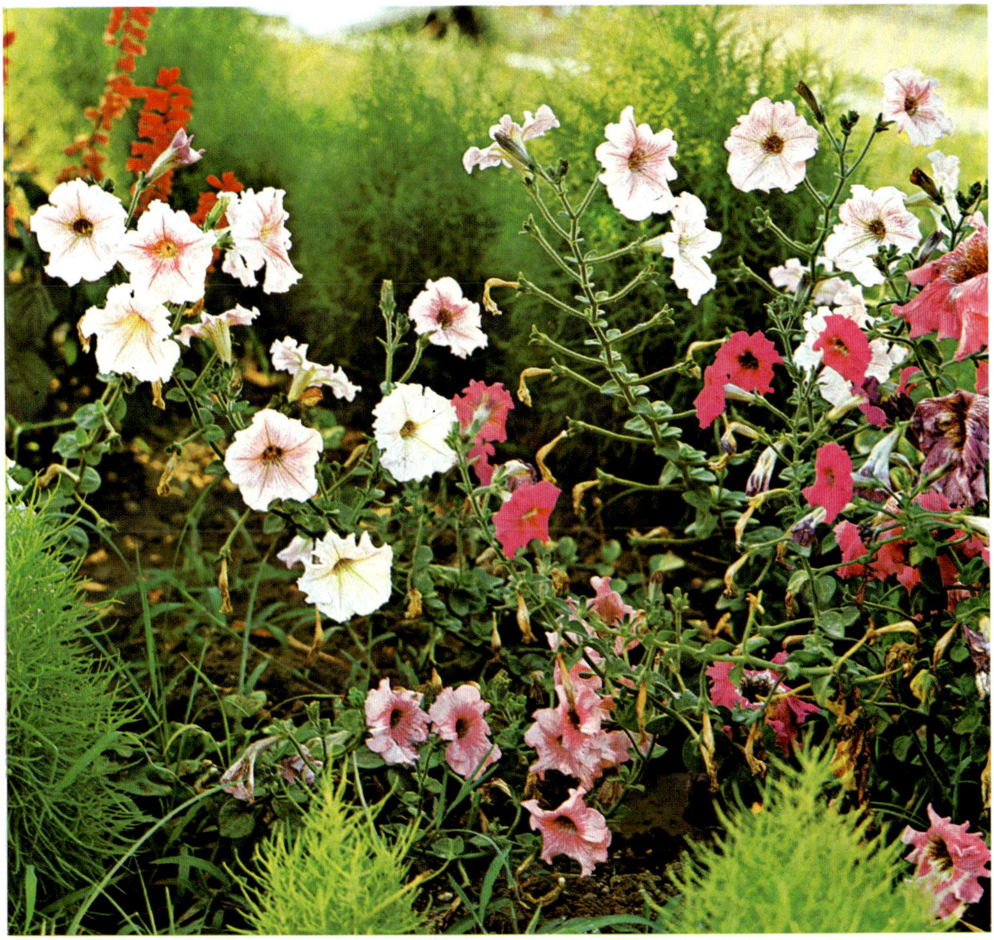

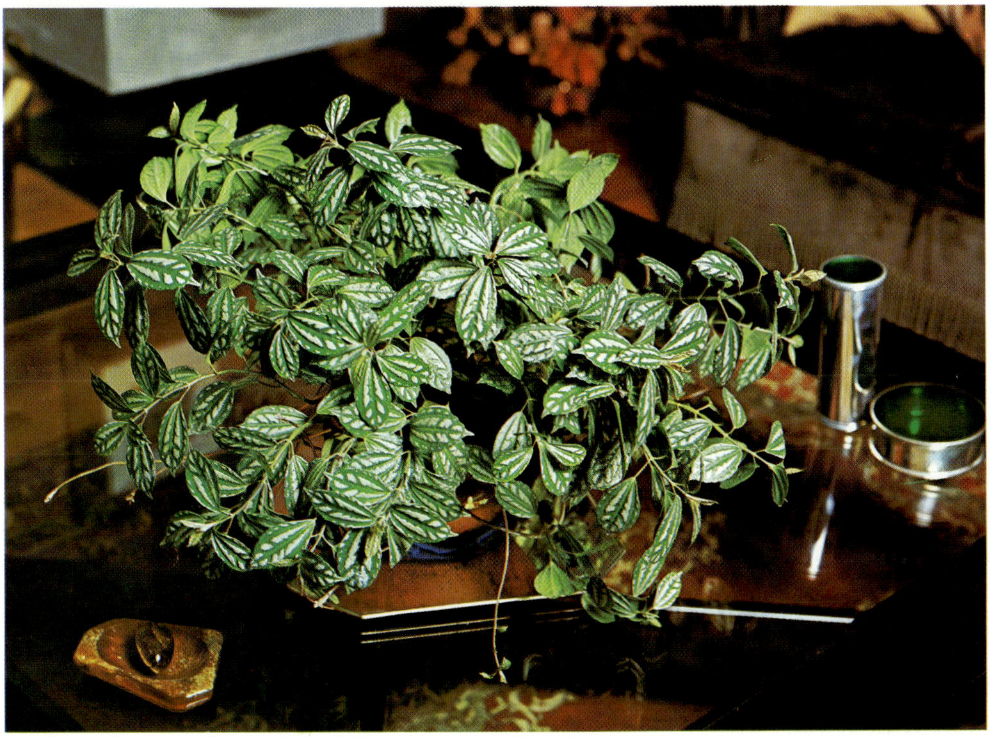

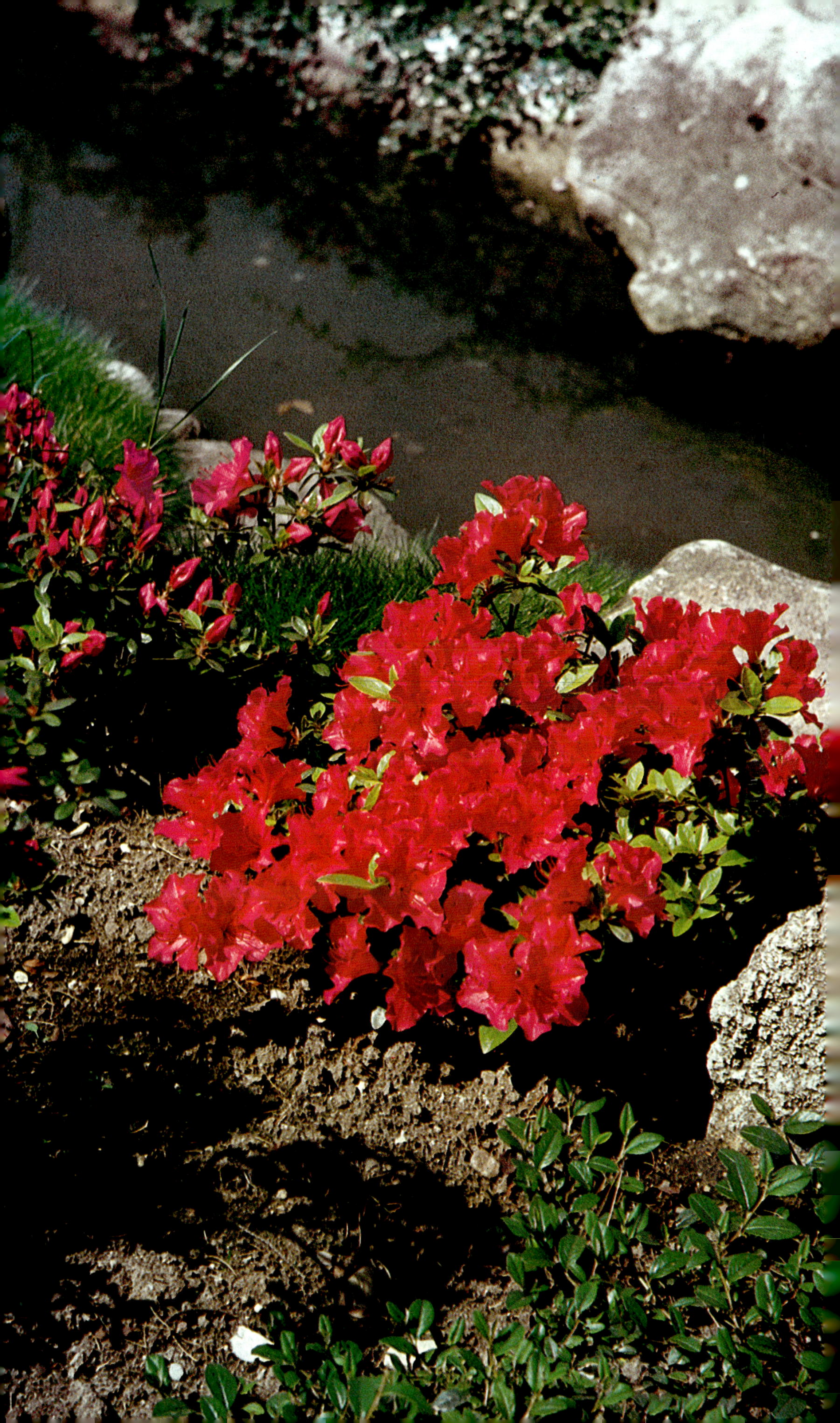

Links: Rhododendron japonicum (Azalee, Alpenrose); die Azaleen gehören zu den Heidekrautgewächsen und sind wegen ihrer Blütenpracht im Freiland ebenso beliebt wie als Topfpflanze.

zeiten der Hybriden liegen jedoch zwischen Dezember und April, wobei die aus China stammende Art (im blühenden Zustand gekauft) Licht, leidlich Wasser, nicht gar zu trockene Luft und etwa 8-12 Grad Wärme (aber möglichst nicht mehr!) mag. Nach dem Abblühen sind *P.-malacoides*-Sorten „gestorben".

Primula obconica (Becherprimel), die klassische, bis 25 cm hohe Topfprimel, kann fast das ganze Jahr über zum Blühen - in besonders reichen Doldenständen - gebracht werden und ist in ungezählten Sorten im Handel: Attraktives, meist behaartes Blattwerk; Rosettendolden einfacher, gefüllter und gefranster Blüten in vielen Farben; über Sommer im Halbschatten auch auf dem Balkon zu halten, bei gebührender Kühle (nicht über 14 Grad Wärme) gut über den Winter zu bringen (vor dem ersten Frost hereinholen!). *P. obconica* ist zwar die klassische „Reiz-Primel", aber die Form *P. obconica var. arendsii* beispielsweise enthält nicht das die bekannten allergischen Hautreaktionen bewirkende, von den Drüsenhaaren abgesonderte *Primin*.

Primula rosea „Gigas" (Mehlprimel) schafft auch im Freiland oder bei freilandgleichem Kastenwuchs nur 20 cm Höhe, bringt aber im Mai und Juni sehr große, strahlend hellrote Blüten hervor. Sonniger bis halbschattiger Standort sowie stets feuchte, lehmig-humose Erde erforderlich.

Primula vulgaris (Kissenprimel, auch als *P. acaulis* bezeichnet), die klassische Gartenprimel, blüht heute in vielen Zuchtformen auch als Zimmertopfpflanze zwischen Dezember und Mai in allen typischen Primelfarben und außerdem auch z. B. in vom Blütenblattansatz her lebhaft rot geädertem Buttergelb, also in Misch-Farbzeichnungen. Das Primelkissen erreicht in Freiland, Kasten oder Schale nur etwa 10 cm Höhe, braucht eher schattige Kühle als offene (schädliche!) Sonnenwärme sowie recht gleichmäßige Bodenfeuchtigkeit. Im Topf ist und bleibt *P. vulgaris* einjährig; nach der Blüte ins Freie ausgesetzt, wird sie zur perennierenden Staude.

Allgemein ist es nützlich - das Nachtreiben von Blüten begünstigend -, wenn man abgeblühte Teile mit dem Stiel wegschneidet, auch bei den in quirligen Etagen blühenden Arten und Sorten. Zuviel Wärme über Winter mindert zumindest den Blütenreiz; allzu kalkhaltiges - oder auch allzu kaltes Wasser läßt die Blätter gilben und bräunen.

Prunus
Zierkirsche, Ziermandel u. a. m.

Die Gattung umfaßt Steinfruchtgehölze - Aprikose, Kirsche, Mandel, Pfirsich, Pflaume - sowie Ziersträucher und -bäume, darunter zahlreiche japanische Sakura-Formen (Zierkirschen) mit Wuchshöhen zwischen knapp 2 und bis 12 m, überwältigendem Blütenflor in Weiß und Rosatönen sowie z. T. prächtiger Herbstlaubfärbung. Blütezeiten zwischen Mitte März und Anfang Juni, bei *Prunus subhirtella* „Autumnalis" im Frühling und Herbst. (Kirschblütenzweige in Vasen und Ikebana-Gestecken sind ein herrlicher Zimmerschmuck.) Im allgemeinen sind sonnige Standorte mit frischer, tiefgründiger Gartenerde erwünscht.

Pseudotsuga menziesii caesia
Douglasfichte

Im Westen Nordamerikas 100, hierzulande bis 40 m Höhe erreichende, massig-pyramidale Konifere mit graugrüner Benadelung. Denkbar anspruchsloser und dabei erstaunlich raschwüchsiger Prachtbaum, kritisch nur bei stauender Nässe.

Pteris
Flügelfarn, Saumfarn

Flügelgestalt – wenn man sich diese in der Spannweite vom Fliegenden Fisch über barocke Posaunenengel bis zum bizarren chinesischen Glücksdrachen vorstellt – haben die Wedel aller rund 300 im wärmeren bis heißen Klimagürtel rund um die Welt verbreiteten *Pteris*-Arten. Und bei (fast) allen säumen braune Sporenhäufchen die mannigfaltig abgewandelten Begrenzungslinien der Blätter an deren Unterseite. Überwiegend dicht-buschiger Wuchs mit zum Teil weit ausladendem Grün verleiht allen Flügelfarnen hohen optischen Reiz, von blankem Grünglanz über zauberischen Silberschimmer bis zur moosigen Mattierung der Blattoberseiten. Wichtig ist bei allen Arten, daß sie aus hochrandigen Untersetzern (möglichst über Torfmull bzw. eine Tonscherben-Kies-Sand-Schicht) jederzeit Wasser nachziehen können, das unbedingt entkalkt sein muß. Auch im Sommer stehen sie am besten am nicht offen besonnten Fenster oder in einer geschützten Balkonecke. Der gelegentlich höchst willkommene, warme Sommerregen, den die Witterung hierzulande kaum je bietet, läßt sich leicht durch Übersprühen mit lau temperiertem (enthärtetem!) Wasser ersetzen. Über Winter brauchen tonrein grüne Flügelfarne etwa 10–12 Grad Dauerwärme, buntblättrige Arten etwa 16–18 Grad bei nicht zu trockener Luft (je wärmer, desto feuchter muß sie sein!). Lebhaftes Wachstum bedingt in der Regel mindestens einmaliges Umtopfen (Februar/März).

Pulsatilla vulgaris
Kuhschelle, Küchenschelle

Als Alpenwildpflanze geschützte, in anderer botanischer Nomenklatur auch als *Anemone pulsatilla* geführte Staude bis 20 cm Höhe, vorzüglich auf frischen bis feuchten Kalk- oder Schieferböden. Große, pelzig behaarte Blütenglocken in verwaschenen Farbübergängen zwischen Weiß, Rosalila und Blauviolett im April und Mai.

Pyracantha
Feuerdorn

Bis 4 m hohe, schnittolerante Strauchgehölze für Einzelstellung, Unterpflanzungen und Heckenwuchs auf gut durchlässigen, eher trockenen als feuchten Böden. Immergrüne Belaubung; reicher Fruchtschmuck in Gelb oder Orange von August/September bis Dezember. Siehe auch → *Crataegus*.

Pyrethrum

Alte Bezeichnung für gewisse Arten von → *Chrysanthemum*, aus welchen das heute als *Pyrethrum* firmierende Kontakt-Insektizid gewonnen wird, d. h. ein für Insekten bei Berührung tödliches Gift. Hauptproduzenten sind *Chrysanthemum cineraiifolium* (früher *Pyrethrum cineraiifolium* genannt) und *Chrysanthemum coccineum*. *Pyrethrum* ist – im Gegensatz zu den meisten chemisch-synthetischen Kontakt-Insektiziden (Pflanzenschutzmitteln) – für Nicht-Insekten völlig unbedenklich.

Pyrus salicifolia
Weidenblättrige Birne

Levantinischer Wildbirnbaum (im Vorderen Orient bis 8 m Höhe), weißblühend im April. Elegant überhängende Zweige und schmallanzettliche Blätter weidenähnlich mit feiner, silber-grau-weißer Behaarung. Früchte: daumendicke, fast kugelige Zierbirnen.

Quercus
Eiche

Artenreiche Gattung bis 40 m *(Quercus petraea)* hoher Bäume mit charakteristisch rund- oder spitzgelapptem, immergrünem oder nur sommergrünem Laub von irritierender Herbstfärbung, rustikalem Borken- sowie meist reizvollem Fruchtschmuck (Eicheln). Allgemein ist starkes Wässern (Einschlämmen) nach der Pflanzung wichtig.

Ranunculus
Ranunkel, Hahnenfuß

Perennierende Stauden bis 60 cm Höhe, mit Faser- oder Knollenwurzeln, grasartigem oder handförmig geteiltem Blattwerk und einfachen oder gefüllten Blüten in Gelbtönen – bei *Ranunculus aconitifolius „Pleniflorus"* kugelig in Weiß – während Mai und Juni. Für frische, leichte, humusreiche Böden in Sonne oder Halbschatten geeignet.

Rebutia
Zwergigel-, Zwergkugelkaktus

Auf lehmig-sandiger, mit Ziegelschrott versetzter Topferde farbenfroh gedeihende, in einigen Arten und Varietäten regelrecht rasenbildende Kleinkakteen: halbkugelige oder gedrungen walzenförmige, etwa 3 *(Rebutia pygmaea, R. xanthocarpa)* bis maximal um 8 cm hoch *(Rebutia marsoneri, R. senilis)* werdende Körper mit engspiraligem Stachelwarzenbesatz. Die Blüten (im allgemeinen April bis Juli) sitzen nicht eigentlich auf den Kakteen, sondern wachsen bodennah seitlich aus diesen heraus bis zu attraktiv kronenförmiger Umrahmung derselben; es sind hohe Trichterblüten mit sternförmig gespreizten Kronblättern in leuchtendem Rot, seltener auch in Gelb, Orange oder Rosaviolett.

Während der Blütezeit mit enthärtetem Wasser gut feucht halten, auch des öfteren leicht (mit lau temperiertem Wasser) übersprühen und 14tägig mit Kakteendünger nähren. Über Sommer luftig, aber windgeschützt, hell aber nicht prallsonnig ins Fenster stellen; auch ein geeignetes Plätzchen auf dem Balkon ist willkommen. Nach der Blüte stufenweise weniger Wasser geben. Über Winter sollen *Rebutien* hell, garantiert frostfrei, aber eher kühl (6-8 Grad) als zu warm und – von November bis Februar – völlig trocken stehen. Erst ab Ende Februar begehren sie wieder zunehmend Wasser.

Rhaphidophora aurea
Efeutute, siehe → *Scindapsus*

Rhapis
Rutenpalme

Ein erstaunliches Gewächs, da man gemeinhin in unseren Breiten keine Palmen in Hausfluren, auf Vorplätzen oder ähnlich kühlen und schattigen Orten erwartet. Im Gegensatz zur auch schon recht robusten Kentiapalme *(Howeia)* kann man die Rutenpalme über Sommer gut auch auf Balkon oder Terrasse halten, sofern man sie vor Wind und praller Sonne schützt. *Rhapis* gedeiht am besten in der üblichen Palmerdmischung, nimmt nichts übel, was nicht auch → *Howeia* übelnähme, hat's aber eben gern etwas kühler (wenn auch natürlich nicht frostig), so daß man ihr keinen Gefallen damit tut, wenn man sie über Winter ins warme Zimmer holt. Am besten stellt man sie an einen hellen Ort mit konstanten Temperaturen um 10° Celsius.

Rhododendron
Azalee, Alpenrose

Größte Gattung der Heidekrautgewächse mit einer verwirrenden Vielzahl von Arten und Sorten meist immergrüner Sträucher oder niedriger Bäume, die intensivgefärbte Blüten – überwiegend zu doldigen Trauben gebündelt – hervorbringen, klein, groß, einfach oder gefüllt.

Topfpflanzen

Nach der heute geltenden botanischen Nomenklatur schließt die Klassifizierung der *Rhododendren* auch alle die Topfpflanzen ein, die umgangssprachlich noch immer – gemäß früherer Zuordnung – als *Azaleen* bezeichnet werden. Hierbei handelt es sich im wesentlichen um zwei Grundformen mit ihren Varietäten:

Rhododendron simsii, ihrer indischen Herkunft wegen auch *Rhododendron indicum* genannt, mit vielen – vor allem in England, Deutschland und Belgien erzielten – Zuchtformen, die sich nicht zuletzt in den Blütenformen unterscheiden, aber z. T. auch Sonderansprüche hinsichtlich Standortbelichtung, Umgebungstemperatur und Bewässerung stellen.

Rhododendron obtusum, aufs engste verwandt mit den traditionellen japanischen Freiland-*Azaleen* (*Rhododendron japonicum*); daher auch ihre Besonderheit: *R.-obtusum*-Formen sind wie die *R.-simsii*-Hybriden Winterblüher (etwa zwischen November und Februar), jedoch im Gegensatz zu diesen nach der winterlichen Ruhezeit (etwa Ende Mai) zu echten Freilandpflanzen umzufunktionieren.

Rhododendren bzw. *Azaleen* kommen in aller Regel blühend ins Haus. Wenn man sie dann sogleich als Prachtstücke im Warmen und Lufttrockenen aufstellt, währt die Pracht nicht lange, weil man ihre eigentliche Herkunft außer Acht läßt: Ihre Stammheimat sind frischfeuchte, eben nicht warm-trockene Bergwaldregionen mit lockerem, humusreichem Boden, leidlich Licht, aber niemals praller Sonne (die von höheren Gewächsen abgeschirmt wird). Dementsprechend sehen die idealen Lebens- und damit Blühbedingungen so aus: Lucke Erde (etwa eine 50:50-Mischung aus handelsüblicher Einheitserde und Düngetorf), nie zu naß, nie völlig trocken, stets nur eben feucht gehalten (während der Blüte mehr als zur Zeit der Vegetationsruhe), nicht zu trockene und nicht zu warme Luft (bei 8 bis maximal 12 Grad ist eine gute Dauertemperatur) und kein direktes Sonnenlicht am Fenster! So gehalten, nehmen es die Pflanzen durchaus nicht übel, zu besonderem Anlaß auch einmal für etliche Stunden in den wohlig warmen Wohnraum hereingeholt zu werden. Welkende Blüten und schrumpfende Blätter stets ausbrechen! Hat die Pflanze ihren Blütenreiz völlig verloren, stelle man sie leidlich hell ins Kühle (aber natürlich Frostfreie!), gebe enthärtetes Wasser nur, soweit zum Feuchthalten des Ballens erforderlich, und etwa alle zwei Wochen eine Lösung unbedingt kalkfreien Düngers, dies bis etwa Mitte Juli – vorausgesetzt natürlich, man will die Pflanze auch im folgenden Winter wieder zur Blüte bringen.

Hierzu ist im allgemeinen ein Stückchen Garten erforderlich, in welchem man etwa ab Ende März/Anfang April *Rhododendron simsii* im Topf einsenken, *Rhododendron obtusum* ohne Topf einpflanzen kann. Alle *Rhododendren* lieben im Freiland Halbschatten möglichst unter überragenden Baumkronen, so daß die milde Früh- und Abendsonne Zugang finden darf, das heiße Mittagslicht jedoch gedämpft wird. Der Boden braucht – beim direkten Einpflanzen – lockeren Humus (Düngetorf und/oder Laubkompost einarbeiten!) mit guten

Wasserabzugseigenschaften (pH-Wert bei 5). Zum Gießen kein „hartes" (kalkreiches), kaltes Wasser in scharfem Strahl aus der Leitung verwenden, sondern möglichst kalkarmes (enthärtetes), abgestandenes Wasser aus der Gießkanne. Das gilt für alle *Rhododendren*.

Ehe der Thermometerstand sich im September/Oktober wieder der Nullmarke annähert, nimmt man die *Rhododendron-simsii*-Hybriden im Topf wieder aus dem Freiland ins Haus – aber eben nicht ins allzu warme Zimmer. Zahlreiche traditionelle Freilandarten sind für leichten Frostschutz durch Anhäufung von Gras oder Laub (am besten Eichenlaub) auf der Erde im Wurzelbereich dankbar, so auch die *Rhododendron-obtusum*-Hybriden, die ihre neuerliche Blüte im Freiland erbringen. Das tun sie dort mit hoher Sicherheit, während *R. simsii* blühkritisch werden, wenn man sie – aus falsch verstandener Rücksichtnahme – über Sommer nicht (im Topf) in die Erde gebracht, sondern lediglich auf Balkon oder Terrasse gestellt hat.

Freilandpflanzen

Die reinen Freiland-*Rhododendren* und -*Azaleen* lassen sich – vereinfacht – in fünf Grundkategorien einteilen:
1. Großblumige *Rhododendren* mit über meterhohem Wuchs sind in Wachstum und Blüte durch mineralische wie auch organische Düngung zu fördern: physiologisch saure Stickstoff- sowie Phosphatdünger, fest oder flüssig, im Frühling; Mistdungauflage (nicht frisch, sondern stark verrottet) über dem Wurzelbereich im Winter. Besonders empfehlenswerte Sorten mit lila Blüte in der zweiten Mai-Hälfte: *Rhododendron catawbiense* „*Grandiflorum*", *R. catawbiense* „*Boursault*" und „*Roseum Elegans*"; bis Anfang Juni aufblühend: „*Dr. h. c. Dresselhuys*" (dunkelrubinrot), „*Humboldt*" (rosa mit brauner Zeichnung) und „*Lee's Dark Purple*" (dunkelviolett mit gelbgrüner Zeichnung).
2. Kleinbleibende *Rhododendren* (bis 60 cm) mit Wildcharakter sollten nur gedüngt werden, wenn dies unbedingt erforderlich erscheint, und dann auch nur mit gut verrottetem Mistdung, Knochenmehl, Hornspänen oder Weizenkeimlingen, nicht mit chemischen Produkten! Empfehlenswerte Arten bzw. Sorten:

Rhododendron ferrugineum (echte Alpenrose): kalkfeindlich, bis 1 m Wuchshöhe; Blüten tiefrot, Blütezeit Juni bis Juli.

Rhododendron hirsutum (Almrausch): kalkliebend, bis 1 m; rosalila im April.

Rhododendron impeditum „*Moerheimii*": leicht kalktolerant, bis 40 cm; Violettnuancen April–Mai.

Rhododendron minus: kalkfeindlich, bis 1 m; karminrosa Mai–Juni.

Rhododendron repens „*Baden-Baden*": kalkfeindlich, bis 50 cm (bei größerer Breite); scharlachrot April–Mai.

Rhododendron williamsianum: kalktolerant, bis 1 m; rosa April.
3. Großblumige *Azaleen,* z. B.:

Rhododendron mollis (bis 2 m) und Hybriden mit orangegelben bis rotnuancierten Blüten, überwiegend in der zweiten Maihälfte, vor dem Grüntrieb (sommergrün).

Rhododendron-occidentalis-Hybriden (bis 3 m) mit duftender Blüte zwischen Mitte Mai und Anfang Juni, sommergrün.

Rhododendron pontica (bis 4 m) und Hybriden (*Genter*-Hybriden) mit goldgelben, stark duftenden Blüten (mit weit herausragenden Staubgefäßen) zwischen Mitte Mai und Anfang Juni sowie leuchtender Herbstlaubfärbung zwischen Orange und Scharlachrot.

4. *Knaphill-Azaleen:* bis 2 m hohe Hybriden mit Blüten zwischen Mitte Mai und Anfang Juni in strahlendem Weiß, Gelb und Rot, teils in Mischtönen oder gefleckt.
5. *Japanische Azaleen:* Halbimmergrüne Zuchtsorten bis etwa 160 cm Höhe, z. T. sehr flachwachsend: *Rhododendron japonicum "Hatsugiri"* (bis 60 cm) kann mehr als zweimal so breit wie hoch werden. Blüten meist andersfarbig eingetönt oder ornamentiert.

Grundsätzlich empfiehlt es sich, den Boden vor der Einpflanzung von *Rhododendren* gründlich zu wässern, bei jüngeren Pflanzen auch nochmals vor Wintereinbruch. Ihnen insbesondere sollte man auch nicht den bereits angesprochenen Frostschutz vorenthalten, zumal nicht den eigentlich in Wäldern heimischen, großblumigen Arten, die zudem Windschutz verlangen und auch der Wintersonne nicht sehr hold sind. Vor späten Frösten sicher müssen frühblühende Arten sein. Verblühtes grundsätzlich wegschneiden. Im Wurzelbereich nicht hacken oder umgraben!

Zeigerpflanzen

Zwei *Rhododendren*, die unter Naturschutz stehen, sind zuverlässige „Zeigerpflanzen", d. h. ihr Wildwuchs gibt Auskunft über die Bodenbeschaffenheit:

Rhododendron ferrugineum läßt unweigerlich auf sauren Boden schließen. Die Rostrote Alpenrose ist auf dem sauren Urgestein der Zentralalpen heimisch, in den Kalkalpen dagegen nur auf – ebenfalls sauren – Hochmoorböden wildwachsend anzutreffen.

Rhododendron hirsutum dagegen, den Almrausch, dessen Grünteile behaart sind, sucht man in den Zentralalpen vergeblich; seine Heimat sind die Kalkalpen. Dieser Wild-*Rhododendron* kann mithin in bestem Rhododendron-Gartenboden nicht gedeihen; für ihn muß der pH-Wert über 7 liegen.

Rhus
Essigbaum, Sumach

Malerisch breitwachsende Sträucher mit besonders großblättriger (bis 50 cm Länge), im Herbst leuchtend orange bis tiefrot gefärbter Belaubung in ornamental gegliederten Formen, vergleichsweise unscheinbaren gelblich-grünen Blütenrispen und z. T. von August bis Dezember haftenden, filzigen Fruchtkolben in alarmierenden Rottönen. Verbreitete Arten: *Rhus glabra* (bis 3 m) und *Rhus typhina* (bis 5 m); *Rhus cotinus* siehe unter → *Cotinus coggygria* (Perückenstrauch).

Ribes
Johannisbeere, Stachelbeere

Niedrige bis mittelhohe Sträucher, in der Regel wegen ihrer eßbaren Beerenfrüchte (Johannisbeeren, Stachelbeeren) angebaut, aber auch für licht- und bodenanspruchslosen Deck- und Heckenwuchs bestens geeignet. Von besonderem Schmuckwert sind folgende Arten:

Ribes aureum (Goldjohannisbeere): bis 2,50 m Wuchshöhe, mit herbstroter Belaubung, gelben, Nelkenduft verströmenden Blütentrauben (April–Mai) und schwarzen Beerenfrüchten.

Ribes sanguineum „King Edward VII." (Blutjohannisbeere): sehr dichtverzweigt (ausgezeichnet für Sichtschutz) bis 2 m aufwachsender Strauch mit großen Trauben fast schwarzrot-dunkler Blüten während April und Mai.

Näheres zu den Nutzfrüchten im Band *„Pilze, Beeren, Kräuter, Heilpflanzen"* des gleichen Autors!

Richardia

Überkommene und überholte botanische Bezeichnung der Zimmercalla → *Zantedeschia*; vgl. → *Calla palustris*.

Robinia
Robinie, Scheinakazie

Sträucher oder Bäume von lockerem, vielfach attraktiv-bizarrem Wuchs in gut besonnten Lagen; leichte Böden bevorzugt. Besonders empfehlenswert unter den bis 3 m hohen Sträuchern: *Robinia hispida* „Macrophylla" und *R. kelseyi*, beide mit üppigem Blütentraubenbesatz in Rosa-Purpur-Lila-Tönungen während Mai und Juni. Baumwuchs bis 25 m (auch auf extrem trockenen Sand- und Gesteinsschuttböden) und bis 20 cm lange Trauben reinweißer Duftblüten im Juni zeichnen die oft mehrstämmig wachsende Art *Robinia pseudoacacia* (Falsche Akazie) aus. Zahlreiche Sorten im Handel.

Rodgersia
Schaublatt

Offener Sonne abholde, in frischen bis feuchten Humusböden gedeihende Zierstauden bis 1,50 m Höhe, mit großen, ornamental gegliederten Blättern und dekorativen Blütenrispen zwischen Weiß, Gelb und Rosa im Juni und Juli.

Rosa
Rose

Gattung mit einer nicht genau bekannten Zahl von 100–200 Wildstraucharten als Grundlage der erst etwa seit Mitte des 18. Jahrhunderts nach und nach systematisch und erst im 20. Jahrhundert in großem Stil betriebenen Zierrosenzucht, die bis heute bereits über 16 000 Sorten hervorgebracht hat. Für solche Vielfalt kann hier nur eine klassifizierende Übersicht stehen, als Orientierungshilfe für das Studium von Rosen-Katalogen:

Wildrosen

Aus Samen gezogene unveredelte, sehr anpassungs- und widerstandsfähige Wildsträucher von in der Regel bis 3 m Wuchshöhe. Die meisten blühen einfach und nur einmal im Jahr, erfreuen uns aber außerdem mit ihrem Fruchtschmuck (Hagebutten in Orange-, Rot- und Brauntönen) sowie z. T. mit schöner Herbstlaubfärbung. Sie eignen sich vielfach bestens zur Bodenbefestigung, für Heckenwuchs, als Vogelschutzgehölze und sogar zur Bepflanzung von Autobahnmittelstreifen, was ihre Anspruchslosigkeit und Robustheit wohl am ehesten verdeutlicht!

Zu den Wildrosen zählen *Rosa canina* (Hundsrose), *R. nitida* (Glanzrose), *R. rubiginosa* (Weinrose, Schottische Zaunrose), *R. rugosa* (Apfel- oder Kartoffelrose), *R. spinosissima* (Bibernell- oder Dünenrose) und andere mehr.

Zuchtrosen

1. Kletterrosen für Solitärbüsche, niedrige, lockere Hecken und vor allem für blühfreudigen Bewuchs von Zäunen, Laubengittern etc. Kletterhöhen je nach Sorte 2–8 m. Teils duftende, teils geruchlose Blüten.

a) *Einmalblühende Sorten* behalten ihren Flor bis zu vier Wochen.
b) *Öfterblühende Sorten* haben ihre meist kürzere Hauptblüte im Juni/Juli und im Herbst eine nicht mehr ganz so reiche, aber sich bis zum Frosteinbruch stetig erneuernde Nachblüte.

2. *Dauerblühende Strauchrosen* bringen während der gesamten Wachstumsperiode immerfort neue – z. T. mehrfarbige, auch duftende – Blüten hervor. Bei ihnen wie bei den weitaus meisten Rosen ist es gut, Verblühtes vor dem Saft und Kraft beanspruchenden Samenansatz wegzuschneiden.
3. *Park- und Moosrosen* sind in verschiedenen Wuchsformen 1–3 m hoch werdende, z. T. sehr alte Züchtungen mit einfachen oder gefüllten, sehr kleinen, fast kugeligen, bis sehr großen, weitoffenen Blüten, mit oder ohne beachtenswerten Fruchtschmuck (Hagebutten).
4. *Beetrosen* sind zumindest vierfach zu unterteilen:
   a) *Polyantharosen* und -hybriden von niedrigem Wuchs mit vielen in Dolden stehenden, bei den traditionsreichen *Polyantha*-Sorten (seit 1875) kleineren, bei den Hybriden größeren bis großen Blüten. Viele *Polyantha*-Sorten werden heute auch als Topfrosen angeboten.
   b) *Floribundarosen* mit nur noch sehr wenigen in Rispen zusammenstehenden, den hochgezüchteten Edelrosen schon sehr ähnlichen Blüten, z. T. nur noch vom Fachmann eindeutig zu klassifizieren.
   c) *Teehybriden* (Edelrosen) wachsen in einigen Sorten sparrig-buschig, meist jedoch kraftvoll aufrecht und bringen bis 1,60 m hochgestielte, duftende Einzelblüten von Schneeweiß über die herrlichsten Schattierungen und Mischtöne von Gelb und Rot bis zum nur mehr rötlich-bläulich angehauchten Schwarz hervor. Edelrosen werden sehr oft und gerne in einfarbigen oder gemischten Schmuckgruppen oder Schnittbeeten gehegt und gepflegt.
   d) *Miniaturrosen*, botanisch Hybridsorten der *Rosa chinensis var. minima*, wachsen strauchig bis zwergbaumähnlich 15 bis 60 cm hoch. Ihre Blüten sehen vielfach wie maßstabgerecht verkleinerte *Teehybriden* aus und duften auch entsprechend, erscheinen jedoch meist in größerer Zahl, und zwar zwischen März und Oktober; Winterblüte bedarf der Treiberei.

Rosa chinensis var. minima ist bekannter unter dem Handelsnamen *Rosa rouletti*, umgangssprachlich als Monatsrose, Damen- oder Kußröschen. Als enge Verwandte dieser „Urzwergrose" gelten botanisch auch die gleichfalls schon traditionsreichen *Laurenz-* und *Noisette*-Rosen *(Rosa lawrenceana, R. noisettiana)* sowie die aus den Niederlanden stammenden, ungemein blütenreichen „*Kompaktrosen*".

Zwergrosen sind über Sommer nach Osten oder Westen gut angebracht, wo sie viel Luft und Licht, aber eben nicht die pralle Mittagssonne abbekommen; warmes, „weiches" Regenwasser bekommt ihnen sehr viel besser als kaltes, „hartes" Leitungswasser. Günstig sind Übertopf oder Kasten, in welchen sich die Pflanztöpfe der Rosen mit feuchtem Torfmull umgeben und so relativ kühl halten lassen. Im Frühling und Sommer empfiehlt sich zumindest gelegentliches Düngen. Abgeblühtes sollte stets entfernt werden. Es gibt immergrüne und solche Zwergrosen (die meisten), die ihre Blätter im Spätherbst verlieren; beide brauchen dann einen hellen, frostfreien, aber nicht zu warmen (ideal: 5–8 Grad C.) Ruheplatz, an welchem man mit geringerer Bewässerung (möglichst entkalktes Wasser!) nur eben Ballentrockenheit verhindert. Ab Februar sollte man durch Platzwechsel die Temperatur nicht abrupt, sondern über Wochen hin in Stufen auf

Zimmerwärme steigern. In dieser Übergangszeit – jedoch noch unbedingt vor dem neuen Austreiben – wird die Pflanze aufs vitale Holz (freilich nicht mehr als bis zur Hälfte der Ausgangshöhe) zurückgeschnitten und gegebenenfalls umgetopft; der neue Topf darf nicht sehr viel größer sein als der bisherige und soll mit handelsüblicher Einheitserde oder einer Mischung von lehmiger Mistbeeterde mit Sand gefüllt werden. Ab Austriebsbeginn muß auch wieder stärker gegossen werden, wobei entkalktes Wasser die Knospen besser sprießen läßt.

Will man *Rosa polyantha* (oder andere, Freiheit gewohnte Zierbüsche) in einen Topf bannen, so ist Folgendes zu beachten: Der Topf braucht für Rosen mindestens 40 cm Durchmesser, und über sein Bodenloch gehört unbedingt eine den Wasserabzug sicherstellende Tonscherbe. Darüber kommen 10–20 cm hoch an organischen und mineralischen Bestandteilen reiche Misch- bzw. Einheitserde und schließlich, nachdem zu weit ausgreifendes Wurzelwerk beschnitten wurde, Ballen oder Wurzelstock der Pflanzen. Anschließend füllt man den Topf mit Erde auf, die man gut andrückt.

Die Pflanze bleibt nun einige Tage im Halbschatten und wird reichlich gegossen. Sobald sich neuerlich Wachstum bemerkbar macht, stellt man den Topf getrost in die Frühjahrssonne auf Balkon oder Terrasse. – Nach etwa zwei Jahren ersetzt man die Oberflächenerde in einer Dicke von 10–20 cm durch eine neue fruchtbare Schicht. So gehalten, prangen die diversen Sorten der *Rosa polyantha* mit kleinen oder mittleren Blüten ohne Unterbrechung von Juni bis zu den ersten Frösten.

Beginnt ein Topf-Rosenstock zu kränkeln, kann man ihn allemal in den Garten rückverpflanzen. Er muß jedoch, damit er sich erholt, ständig umsorgt werden, denn er ist infolge der ihm zwischenzeitlich zugemuteten künstlichen Lebensumstände zwangsläufig ein geschwächtes Exemplar.

Manche Gartenrosen-Varietät, die heute als Topfpflanze angeboten wird, ist den Anforderungen eines derart eingeengten Daseins ohnedies nur während einer Blütezeit gewachsen. Hiernach sollte man derart quasi „zweckentfremdete" Rosen wieder ins Freiland oder zumindest in freilandähnliche Bedingungen gewährende Balkonkübel oder -kästen aussetzen, um ein neuerliches Blühen nicht im Keime zu ersticken.

Randbemerkung: Keine Rosen haben Dornen! Denn botanisch ist ein Dorn ein umgewandeltes pflanzliches Organ, ein zum Dorn gewordenes Blatt etwa oder eine Wurzel. Stacheln dagegen sind bloße Auswüchse von Oberhaut und Randgewebe mit Schutzfunktion, etwa Finger- und Fußnägeln vergleichbar. Rosen haben Stacheln! Leicht erkennbar daran, daß meist ein kleiner seitlicher Druck genügt, um die vermeintlichen Dornen nicht etwa abzubrechen, sondern abzulösen. Man sollte das freilich nur am unteren Stengel für die Vase bestimmter Schnittrosen tun, um sich beim Wasserwechsel nicht zu stechen. Grundsätzlich ist der Verlust jedes Stachels eine Hautverletzung, deren Ausheilen Kraft kostet.

Rosmarinus officinalis
Rosmarin

Immergrüner Duftstrauch bis maximal 1,20 m Höhe mit weißen bis bläulichen Blütentrauben im Mai–Juni; für sommersonnige Topfkultur auf nach Süden gerichteten Fenster- oder Balkonbrüstungen bestens geeignet. Nie zu feucht, im Winter – an hellem, kühlem, jedoch frostfreiem Ort – fast völlig trocken halten. Im Frühjahr in sandig-humose Erde umtopfen; von etwa Mitte Mai bis Oktober (ausgepflanzt im offenen Boden bis Ende August) im Freien belassen. Schnitt gegen Auswuchern problemlos. *Rosmarinus* braucht im allgemeinen keine Düngung. (Zu Würz- und Heilgebrauch von *Rosmarin* siehe *Norbert Mehler, ,,Pilze, Beeren, Kräuter, Heilpflanzen"* in dieser Buchreihe!)

Sagina subulata
Sternmoos

Rasenbildendes, weißblühendes Ziermoos, immergrün, in der Sorte *Sagina subulata ,,Aurea"* goldgelb. Besonders schön als Unterwuchs für farbintensiv blühende Zwiebelpflanzen auch in Kübeln, Kästen und Pflanzschalen einzusetzen.

Saintpaulia ionantha
Usambaraveilchen

Ganzjährig blühende Zimmerpflanzen, im Handel überwiegend Zuchtsorten der in Ostafrika heimischen, 1890 entdeckten Stammart dieser niedrigwachsenden Blütenstauden. Große dünne oder fleischige Blätter, reiche Blüte in Trugdolden, dicht über der Blattrosette, weiß oder samtblau. Die ursprüngliche Farbe ist (veilchen-)blau; dunkelblaue, rote oder weiße Blüten wurden durch Kreuzung mit der Art Saintpaulia confusa erreicht. Usambaraveilchen brauchen Licht (nicht offene Sonne!), humosen Boden, gleichbleibend etwa 20 Grad Raumwärme und lau temperiertes, ,,enthärtetes" Wasser (nicht auf Blätter und Blüten gießen!). In stets (ohne kalten Zug) wohltemperierter und (dank Luftbefeuchter) nie zu trocken werdender Raumluft halten sich Usambaraveilchen über Jahre.

Salix
Weide

Gattung sehr vielgestaltiger sommergrüner Bäume, Strauch- und Zwerggehölze mit vielfach besonders geschmeidigen, biegsamen Zweigen, meist schmallanzettlicher Belaubung und früher Blüte in Form gedrungen flauschiger oder ährig-wurmförmiger ,,Kätzchen". Die Standortansprüche variieren, der Herkunft entsprechend, zwischen auf Bodenfeuchtigkeit angewiesenen Tiefland- und trockenen Kalkgrund gewohnten Gebirgsweiden. Zu den populärsten Gartengehölzen zählen: *Salix alba tristis* (Trauerweide, bis 20 m hoch), *S. caprea* (Salweide, Strauch bis 8 m Höhe), *S. matsudana ,,Tortuosa"* (Zickzackweide, bis 8 m) mit spiralig gedrehten Zweigen; die fast kugelförmig wachsende *S. purpurea ,,Nana"* (Kugelweide, bis 2 m Höhe und Breite) und *S. simulatrix* (Zwergweide, bis 75 cm). Weiden können sich mit zunehmendem Alter zu bizarren Wahrzeichen eines großzügig angelegten Gartens auswachsen.

Sambucus
Holunder

Höchst anpassungs-, widerstands- und regenerationsfähige sommergrüne Sträucher bis 7 m Höhe mit breit-doldigen oder eiförmigen Ständen vieler kleiner, meist gelblich-weißer Blüten und üppigem, beerenartigem Fruchtschmuck in Rot bis Schwarz. Die bekanntesten sind der kalkliebende *Sambucus nigra* (Schwarzer Holunder; Blüte Juni–Juli) und der kalkfeindliche, gut feuchte, sandig-lehmige Böden bevorzugende *S. racemosa* (Traubenholunder; Blüte April–Mai). Zum Fruchtnutzen des *Sambucus* siehe: *Norbert Mehler, ,,Pilze, Beeren, Kräuter, Heilpflanzen"*.

Sansevieria
Bogenhanf, Schwiegermutterzunge

Tropische Gattung der Agavengewächse mit fleischigen Lanzettblättern und elfenbeinfarbenen Duftblüten in Rispen; als Topfpflanzen beliebter Zimmerschmuck. Die deutschen Namen spielen einerseits – angesichts der Blattform – auf sprichwörtliche „Spitzzüngigkeit" an, andererseits haben Westafrikaner früherer Epochen aus *Sansevieria*-Fasern tatsächlich Bogensehnen gesponnen. Als Topfpflanzen am attraktivsten sind die mannigfaltigen Zuchtformen der überaus duldsamen *Sansevieria trifasciata*. Besonders beliebt ist deren Varietät „Laurentii" mit langen, olivgrundigen, gelblichweiß gestreiften Blättern. Gleichbleibende Zimmerwärme und nährstoffreiche durchlässige, mit Flußsand und sogar Kies vermischte Erde bevorzugt. Vermehrung der *Sansevieria trifasciata* durch Stockteilung, ansonsten durch Blattstecklinge. *Sansevieria* läßt sich auch gut in reiner Hydrokultur halten und braucht ganzjährig Zimmeratmosphäre – und sei diese noch so trocken.

Santolina chamaecyparissus
Heiligenkraut

Ein 40 cm hoher Halbstrauch mit weißlichem, gezähmtem Laub und gelben, endständigen Blütenköpfen. Gut für Rabatten mit leichten Böden, auch in Balkonkästen oder -kübeln.

Saponaria
Seifenkraut

Einjährige oder perennierende Pflanzen, mit Blätterbüscheln und recht dichtbesetzten Blütenständen. Man pflanzt *Saponaria* in Rabatten, Steingärten oder auch für Schnittblumen, sowie in Kästen oder Kübeln auf Balkon, Terrasse, Vorplatz etc. Vermehrung durch Samen oder Stockteilung problemlos.

Sasa
Bambusgras, siehe → *Arundinaria*

Saxifraga
Steinbrech

Formenreiche Gattung immergrüner alpiner Stauden mit fleischigen Blättern und weißen, gelben, rötlichen, auch zweifarbig gepunkteten Einzelblüten oder Blütenrispen an bis 60 cm hohem Schaft.

Für Rabatten- und Kastenbepflanzung gut geeignet sind *Saxifraga caucasica* (Kaukasischer Steinbrech), *S. decipiens* (Rasen-Steinbrech), *S. paniculata* (auch *S. aizoon* genannter Trauben-Steinbrech) und *S. umbrosa* (Schatten-Steinbrech). Dieser liebt Halb- bis Vollschatten auf frischen Böden, bildet Polster aus trichterförmig wachsenden Blattrosetten; Blütenrispen bis 30 cm Höhe. Bis 20 cm hoch werden Moos-Steinbrecharten, die möglichst halbschattigen Standort und frische, sandig-humose Erde begehren. Besonders niedrige (bis 10 cm) und dabei sehr dichte Rosettenkolonien bildender Polster-Steinbrech gedeiht gut in von der Sonne abgewandten Lagen (also wenig aussichtsreich auf Süd-Balkonen), zumal, wenn man sandig-humoser Erde etwas krümeligen Kalkschotter und Ziegelbruch beimengt.

Saxifraga cotyledon, der Fettblatt- oder Rosetten-Steinbrech, erfreut auf gut besonntem Kalkboden und sogar in mageren Gesteinsritzen mit großen, ornamentalen Blattrosetten (nicht selten kalkig überkrustet) sowie, meist während Mai und Juni, mit regelrechten Blütenbüschen, die bis 60 cm Höhe erreichen können. Als Topfpflanzen kultivierte Formen können – viel Licht (aber ohne offenen Sonnenbrand), Luft (ohne Zugwind) und Wärme (während der Vegetationsruhe von Oktober bis Februar nicht unter 8 Grad) vorausgesetzt – bis August blühen. Höhere Raumtemperaturen auch über Winter werden toleriert, wenn die Raumluft, je wärmer, auch desto feuchter ist. Die Topferde braucht natürlich ab März bis zum Abblühen des sukkulent-immergrünen Schmuckstücks stets ausreichend Feuchtigkeit (ohne Wasserstau), danach genügt sparsame Vorsorge gegen Ballentrockenheit – und dies mit ganz normalem Leitungswasser. Steinbrech bricht auch Kalk...

Saxifraga stolonifera (auch *S. sarmentosa* genannt; Judenbart) stellt als Topf- und Ampelpflanze – besonders zauberhaft in Zierformen wie *S. stolonifera* var. *tricolor* – dieselben Kulturansprüche. Hier mischen sich – in Streifen, Flecken oder Punkten – Weiß und Rot ins Blattgrün, und die an langen, oft rotgefärbten Triebenden entstehenden Ausläufer (Jungpflänzchen) bilden einen zusätzlichen Reiz.

Sciadopitys verticillata
Japanische Schirmtanne

Bis 10 m hohe, sehr dekorative Konifere mit schirmartig gespreizt stehenden, bis 12 cm langen, dunkelgrün ledrigen Nadeln. Das absolut frostharte Gehölz mag lockeren, nährstoffreichen Boden, nicht zu kalkhaltig und nicht zu trocken.

Scilla
Blaustern

Zum Teil wildwachsende Zwiebelpflanzen, meistkultiviert die Art *Scilla sibirica* aus Rußland. Sie blüht sehr früh in strahlend himmelblauen Glöckchen; neigt im Freiland zum Verwildern. Besonders hübsch nimmt sich *Scilla* im Halbschatten unter laubreichen Büschen und Bäumen aus, läßt sich aber auch in Kübel- oder Kastenkultur auf Balkonen ziehen.

Scindapsus
Efeutute

Auf den Salomon-Inseln in der Südsee heimische, rankende Blattpflanzen, bisher in ihren als aparten Ampelpflanzen kultivierten Zierformen durch kaum mehr als goldgelbe bzw. silberweiße Zeichnung im ledrigen Blattgrün sowie graduell variierende Kulturansprüche unterschieden:

Scindapsus pictus, die silberweiß gefleckte, erfordert als Warmhauspflanze jahreszeitlich geregelte Wärme und mehr Luftfeuchtigkeit (also eigentlich das tropisch klimatisierte Blumenfenster) als *Scindapsus aureus*, die goldgelb gefleckte, die über Winter zwar nicht unter 12, aber auch über 18 Grad Wärme in trockener Zimmerluft erträgt, wenn man ihr die Erde nur hinreichend feucht hält.

Inzwischen geschah in einem amerikanischen Zuchtbetrieb das kleine Wunder, daß *Scindapsus aureus*, die weniger empfindliche der beiden kultivierten „Efeututen", zum Blühen kam. An den Geschlechtsorganen der Blüten erkannten die Botaniker, daß diese Art – nebst Hybridenzüchtungen – gar nicht der Gattung *Scindapsus* angehört, sondern als *Rhaphidophora aurea* zu bezeichnen ist.

Für den Zimmerpflanzenfreund interessanter als solch blühender Hintersinn ist zweifelsfrei die Tatsache, daß die umbenannte „Efeutute" – im Gegensatz zur nach wie vor *Scindapsus pictus* genannten Bruderpflanze – am malerischen Topf- oder Kastenspalier auf gut humoser Blumenerde noch hübscher gedeiht als in der Ampel. Zur Vermehrung bieten sich reichlich bewurzelte Triebenden sowie an sich stumpfe Luftwurzeln an, die in handelsüblicher Einheitserde leicht „Fuß fassen", wenn man ihnen nur wenigstens 2-3 Blätter von ihrem Stammtrieb beläßt.

Scirpus cernuus
Frauenhaar, Perlgras, Simse

Ein im Handel gelegentlich auch noch als *Isolepis gracilis* angesprochenes Sauergras ostindischer Herkunft, das sich jung als prächtiger grüner „Haarschopf" bis 25 cm Höhe, im Sommer mit zahllosen bräunlich-weißen Blütenköpfchen an den Halmenenden präsentiert, wenn man ihm nur hinreichend (nicht allzu „hartes") Wasser gibt. Besser als jeder Blumentopf (mit Untersetzer als Wasserreservoir!) ist ein Spezialtopf für Hydrokultur. Dasselbe gilt auch für die - gut und gern unter Zimmerbedingungen - älter werdende Simse, deren Haarhalme sich wie ein zentralafrikanischer Häuptlings-Kopfschmuck nach außen und unten über- und niederneigen, so daß sie schließlich gar unter Wurzelniveau blühen kann: eine fabelhafte Ampelpflanze! Viel aus dem Untersatz nachziehbares Wasser ersetzt mangelnde Luftfeuchtigkeit, gute Mistbeeterde vom Gärtner reine - gelegentlich mit Dünger aufzufrischende - Hydrokultur. Offene Sonne und allzu frischer Wind dürfen nicht an das bei aller Robustheit geradezu feinsinnige Gewächs heran. Gelegentliches Übersprühen mit (in diesem Fall möglichst entkalktem und leicht temperiertem) Wasser fördert die Blühwilligkeit auch in trockener Umgebungsluft und verhindert braune Spitzen. In einem Raum mit Luftbefeuchter während der Heizperiode ist *Scirpus cernuus* eine Ganzjahreszierde ohne jegliche Probleme.

Sedum
Fetthenne, Mauerpfeffer, Affenschwanz, Schnapsnase u. a.

Blattformen- und -farbenreiche Dickblattstauden, rasen- oder polsterbildend auch auf extrem magerem und trockenem Terrain, in einigen bis halbmeterhohen Arten auch für Rabattenpflanzungen geeignet. Sommerblüte in satten Farben, z. T. als Schnittblumen gebräuchlich bis begehrt. Für Balkonkübel oder -kasten gut geeignet ist die im Herbst rosarot blühende, dann die Blätter abwerfende, aber das Überwintern im Freien gut überstehende *Sedum sieboldii* (Siebolds Mauerpfeffer). Als Schalen- oder Ampelpflanzen tauglich - über Sommer auch an hellem, warmem, luftigem, aber nicht eben windigem Ort auf dem Balkon zu halten, frostscheu über Winter in mindestens 8-10 Grad Wärme (bis zu wohnlicher Zimmertemperatur) hereinzuholen - sind vor allem *Sedum bellum* (mit cremefarbener Winterblüte), *Sedum morganianum* (Affenschwanz, mit grau-grünlich beblätterten Hängesprossen), *Sedum pachyphyllum* (Schnapsnase, mit entsprechend rotgefärbten Blattnasen) und *Sedum rubrotinctum* (mit rotgoldgelbem Blüten-Blatt-Gepränge). Sie alle verlangen kaum mehr als sandige Erde und leidlich Wurzelfeuchtigkeit; Licht scheint fast Luft zu ersetzen.

Sempervivum
Dachwurz

Extrem bedürfnislose Dickblattstauden (bis 20 cm Höhe) mit grundständigen, besonders im Frühjahr schöngefärbten Blattrosetten und farbenfroher Blüte im Juni und Juli. *Sempervivum* ist hübsch in Sukkulenten-Schalen, noch hübscher aber ohne jede künstlich geschaffene Einfassung, etwa auf einer Mauerbrüstung. Sie kann in jeder Mauerfuge Wurzeln schlagen, zumal in etwas windgeschützter Lage; nur sollte man dann, wenn Regen nicht herankommt, etwas behutsam gießen (normales Leitungswasser genügt), um nicht das bißchen Erdgemisch mit Sand, Kalk- und Tonscherbengebrösel, das *Sempervivum* als Unterlage gern hat, zu rasch auszuwaschen, ehe die Wurzeln selbst verläßlich festhalten, was sie brauchen.

Senecio
Greiskraut, Kreuzkraut, einschließlich *Aschenpflanze (Cineraria)*

Nach neuer botanischer Klassifizierung bildet *Senecio*, zusammen mit den früher eigenständig geführten Gattungen *Cineraria* und *Kleinia*, heute die mehr als 2000 Arten zählende, größte Gattung der Korbblütler. Sie umfaßt Klein-Sukkulenten ebenso wie ein- und mehrjährige Kräuter, Halbsträucher, Sträucher sowie gigantisch hochwachsende afrikanische Schopfbäume. Als Zierpflanzen kultiviert werden neben einigen, vorwiegend alpinen Arten (z. B. *Senecio doronicum* mit besonders großen Blüten, *S. incanus* mit dicht weißbefilzten Blättern) exotische Sukkulenten:

Senecio mikanioides gedeiht gut in Balkonkästen und erhielt seinen deutschen Namen „Sommerefeu" infolge seiner an Efeu (→ *Hedera helix*) erinnernden Blattform. Zum Blühen kommt sie in unseren Breiten kaum.

Senecio haworthii, eine attraktive Topfpflanze, ist ein bizarrer Busch mit sukkulenten Fingersprossen und gleichfalls zylindrisch aufgetriebenen, dazu weißbefilzten Blättern. Er steht gern sehr hell (aber nicht offen sonnig), warm und luftig; beste Überwinterungstemperatur bei 6–10 Grad; im Sommer sparsam, im Winter überhaupt nicht gießen (Wasser muß entkalkt sein!).

Senecio citriformis und *S. herreianus* entwickeln lange, in Schalen flächenbedeckende, aus Ampeln pittoresk niederhängende Sprosse mit zitronenförmig bzw. kugelig aufgetriebenen Blättern, die sich wie Beeren mit feiner Nerv- bzw. Fleckzeichnung in hellerer (durchscheinender) Tönung ausnehmen. Für sie gelten dieselben Kulturbedingungen.

Senecio cineraria, im Mittelmeerraum heimisch, mit hübsch weißfilzigem Blattwerk, ist auch bei uns in klimatisch nicht allzu rauhen Lagen gut als Einfassung, in Blattpflanzen-Rabatten sowie in (Süd-)Balkonkästen und -kübeln zu halten. Ihr Name täuscht, denn sie gehört nicht eigentlich zu den bisher *Cinerarien* genannten „Aschenblumen".

Senecio cruentus ist die Stammart der meist um Ostern aufblühenden *Cineraria*-Hybriden, deren zahlreiche Sorten in der Zusammenschau nicht nur kleinere, mittlere und große, einfache und gefüllte, sondern sogar zu Zungenblüten umgestaltete Röhrenblüten aufzuweisen haben, und dies in einem unvergleichlichen Farbspektrum reiner, nachgerade greller sowie pastellartig gedämpfter Töne. Nicht zuletzt der Blütenreichtum unterscheidet diese *S. cruentus*-Hybriden deutlich von den meisten – nur sehr zögernd, sparsam oder gar nicht blühenden – *Senecio*-Arten. *S. cruentus* braucht – in allen Sorten – gutes Licht ohne Sonnenbrand, recht frische Luft und möglichst Kühle um 8 bis maximal 12 Grad Wärme zur Blütezeit, dazu reichlich lau temperiertes Wasser. Kalk im Wasser kann hier keinen Schaden anrichten, da die Pflanzen nach dem Abblühen ihren Lebenszweck erfüllt haben. Ihre Vermehrung erfordert außer Sachkunde auch sachgerechte Einrichtung – im Gegensatz zu nicht als *Cinerarien* bezeichneten, immergrünen *Senecien*, deren Vermehrung meist problemlos mittels Stecklingen oder durch Samen möglich ist.

Setcreasea purpurea
Rotblatt

Jung schön aufrecht wachsende Topf-, später rundum attraktiv niederhängende Ampelpflanze, deren Reiz sehr viel weniger von den eher unscheinbaren Blütchen als von dem immer stattlichen, purpurviolett prangenden, an den Rändern zart bewimperten Blattwerk ausgeht. Wichtig sind viel Licht (ohne offene Sonne) und Wärme (auch über Winter nicht unter 18, gern aber über 20 Grad) bei stets feucht gehaltenem Ballen. Die Schönheit leidet mit zunehmendem Alter, ist aber durch Stecklinge in warmgehaltener Einheitserde problemlos zu erneuern. Im übrigen läßt sich *Setcreasea purpurea* auch sehr gut in Hydrokultur halten.

Silene
Leimkraut

In Sonne und Halbschatten gedeihende Kleinstauden bis 20 cm Höhe, deren lanzettliche Blätter – besonders reizvoll in Steingärten – feste kreisrunde Polster *(Silene acaulis)* oder eher struppigen Rasen *(S. saxifraga* u. a.) bilden können.

Silene pendula ist einjährig. Im August/September aussäen, im Frühling an Ort und Stelle pflanzen. In Sorten weiße, blaßrosa, purpurlila oder korallenrote Blüten.

Sinarundinaria
Bambus, siehe → *Arundinaria*

Sinningia
Gloxinie

Die landläufig als *Gloxinien* bezeichneten Topfpflanzen mit ihren prächtigen, intensivgefärbten Blütenkronen sind botanisch *Sinningia*-Hybriden, deren in Brasilien heimische Ausgangspflanzen *Sinningia reginae* und *S. speciosa* zunächst fälschlich der lateinamerikanischen Wildpflanzengattung *Gloxinia* zugeordnet wurden. Der in der botanischen Fachsprache korrigierte Irrtum blieb umgangssprachlich erhalten.

Sinningia-Hybriden „stehen auf" einem sehr hellen, jedoch nicht offen sonnigen Standort, frisch aber zugluftsicher, ohne Verrücken oder auch nur Drehen. Lufttrockenheit läßt sich durch Übersprühen mit lau temperiertem (und unbedingt kalkarmem bis kalkfreiem) Wasser ausgleichen. Weiterkultur über die Blütezeit hinaus gelingt am ehesten in reiner Hydrokultur; aber so prächtig wie die „Verkaufsblüte" der *Gloxinien* gelingt kaum je eine Zweitblüte.

Skimmia

Immergrüne, buschig wachsende Sträucher (bis 1 m) mit lorbeerähnlicher Belaubung, weißen Duftblütenrispen von Mai bis Juni und rotem Beerenfruchtschmuck ab Oktober, z. T. bis ins Frühjahr haftend. Da *Skimmien* nicht selten „zweihäusig" sind, empfiehlt sich gegebenenfalls das Zusammenpflanzen männlicher und weiblicher Exemplare in einem Balkonkübel o. ä., um die Befruchtung sicherzustellen. Halbschattiger, windgeschützter Standort in frischem, eher saurem Lehmboden bevorzugt. Als weihnachtlicher Fruchtschmuck gedeihen *Skimmia-japonica*-Hybriden vorübergehend auch gut in der Zimmeratmosphäre, sind aber vor allem ein zauberhafter Balkonschmuck an nicht allzu frostexponierten Stellen. In hellen, kühlen (aber frostfreien) Fluren oder Treppenhäusern kann *Skimmia* sich – in Zuchtformen – zum Prachtstück mausern. Im Freien winters mit Reisig abdecken.

Solanum capsicastrum
Korallenbäumchen, Korallenkirsche

Baumähnlich verzweigter Topf-Halbstrauch bis 50 cm Höhe. Zartbehaarte Zweige mit unterschiedlicher Belaubung; weiße Sommerblütentrauben; Miniatur-Orangen ähnliche Zierfrüchte (nur eine je Blütentraube). *Solanum* bevorzugt mit Lehm vermengte Mistbeeterde, während der Wachstumszeit gut feucht. Über Sommer sonnig-luftig ins Freie stellen; Überwintern hell und nicht zu warm (etwa 8-10 Grad Celsius). Umpflanzen im Frühjahr; Wurzelballen kleinhalten. Über Sommer können „Korallenbäumchen" gut im Freien, auch auf Balkon oder Terrasse stehen, wenn sie nur vor dem ersten Frost hereingeholt werden. Fällt das Laub ab, hindert dies nicht den nächsten Frühjahrs-Austrieb ab März, nach gründlichem Rückschnitt. Über Sommer ist reichliches Düngen sehr willkommen.

Soldanella alpina
Alpensoldanelle, Alpenglöckchen

Perennierende Wildpflanze des Hochgebirges, mit Glanzblatt-Rosetten und blau-violetten, am Saum ausgefransten Blütenglöckchen. Die extrem niedrige Staude (8 cm) fühlt sich in feuchtem Boden wohl und blüht gleich nach der Schneeschmelze, auch auf dem Balkon.

Solidago
Goldrute

Sonnenlichthungrige Beet- und Schnittblumenstauden mit Garten-Hybriden bis 80 cm Höhe. Reiche Rispenblüte in Gelbtönen je nach Art und Sorte zwischen Juli und Oktober. Ursprünglich in Nordamerika beheimatet; früher sehr begehrt als Wundheilmittel.

Sorbaria aitchisonii
Ebereschenspiere

Bis 3 m hoher, sehr anpassungs- und widerstandsfähiger Baum von buschig-strauchigem Wuchs mit einjährigem, großblättrigem Fiederlaub, hellgrün an roten Stielen, und bis 25 cm langen weißen Blütenrispen im Hochsommer.

Sorbus
Eberesche, Mehlbeere, Vogelbeerbaum

Sträucher und Bäume mit meist gefiedertem Sommerlaub, reichbesetzten Doldentrauben weißer Blüten und üppigem Fruchtschmuck in Weiß, Gelb, Rot, Braun und Mischtönen. Sie lieben markig-nährstoffreiche Böden in sonnigen oder halbschattigen Lagen.
Sorbus aria „Magnifica" (Mehlbeere): bis 12 m hochwachsender Baum mit ungeteilten, oben dunkelgrünen, an der Unterseite weißen Blättern, die sich im Herbst gelb färben; Fruchtschmuck glänzend orangerot während September und Oktober.
Sorbus aucuparia (Vogelbeere): bis 15 m hoher, oft mehrstämmiger Baum mit ausgeweiteter Krone; besonders robust; große Fiederblätter, korallenroter Fruchtschmuck von August bis Oktober.
Sorbus vilmorinii: bis 6 m hoher Baum mit elegant überhängenden, olivfarbenen Zweigen; Fiederblätter einseitig hellbehaart, im Herbst über Gelb in tiefes Rot übergehend; pastellrosa Fruchtschmuck im August und September.

Sparmannia africana
Zimmerlinde

Immergrüne Topf- oder Kübelpflanze von baumartigem Wuchs mit großblättrigem, lind-

Oben links: Rebutia marsoneria (Zwergkugelkaktus); übrige Abbildungen: Rosa (Rose), oben rechts eine Edelrose, unten links: Strandrose, unten rechts: Omei-Rose.

*Linke Seite: Queen Elisabeth floribunda, eine
Kreuzung aus Polyantha- und Edelrosen; sie treibt
ganze Büsche von Blüten an jeder Einzelpflanze.
Die Floribundarosen gehören außer den
Teehybriden zu den edelsten Rosen überhaupt.
Rechte Seite: oben links: Salix babylonica
(Trauerweide), oben rechts: Senecio-Cruentus
(Aschenpflanze);
Mitte links: Salphiglossis (Trompetenzunge),
unten links: Skimmia japonica,
unten rechts: Sempervivum (Dachwurz).*

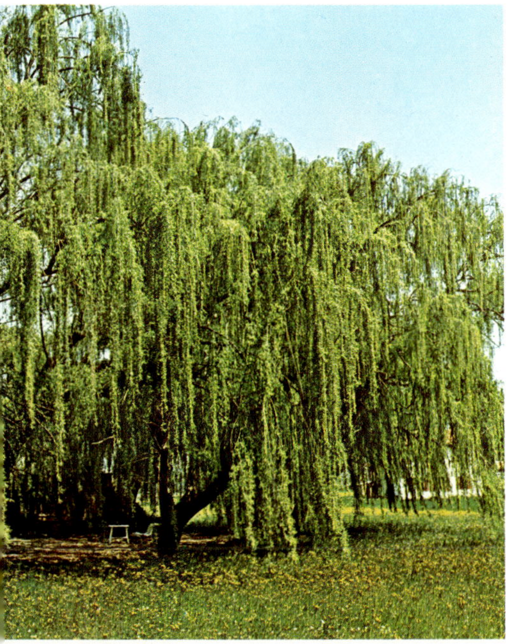
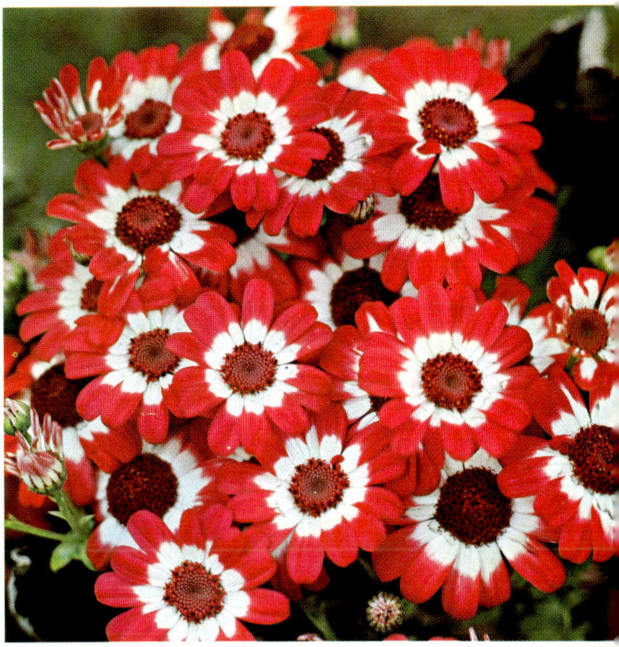
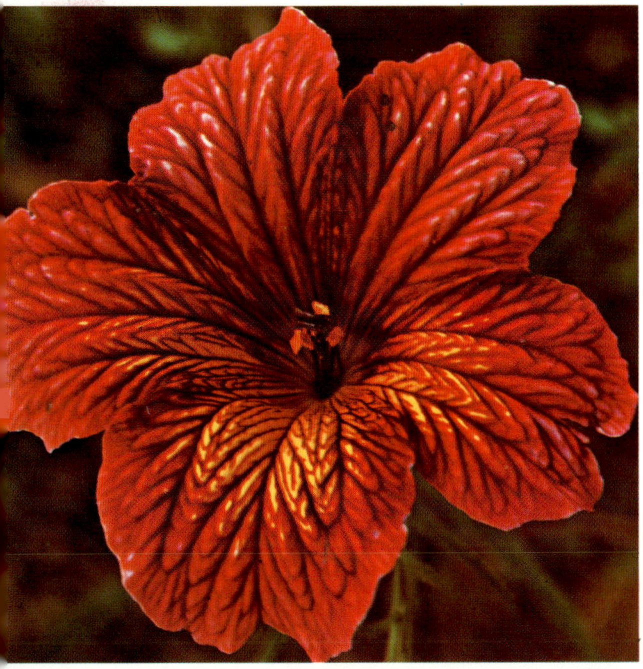
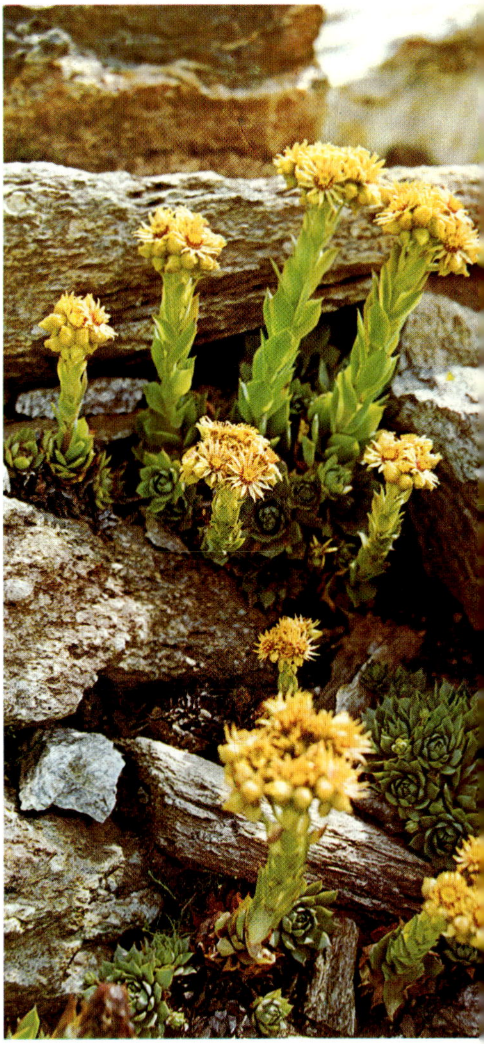
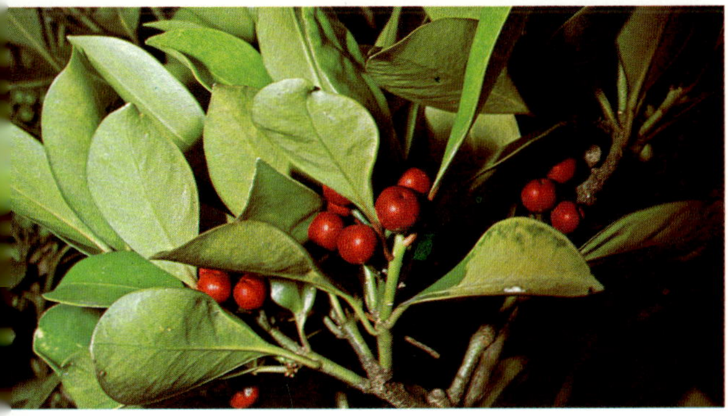

*Oben links: Sobralia (Orchideenart), oben rechts:
Saxifraga paniculata (Steinbrech);
unten links: Stephanotis floribunda (Kranzspiere),
unten rechts: Syringa vulgaris (Edel-Flieder).*

Streptocarpus-Hybride (Drehfrucht);
Streptocarpus-Hybriden sind reine
Zimmerpflanzen mit an bis zu 25 cm hohen Stielen
sitzenden Trichterblüten, die großblütigen
Orchideen nicht unähnlich sind.

Linke Seite: oben links: Tagetes (Studentenblume),
oben rechts: Tropaeolum (Kapuzinerkresse);
unten links: Tigridia pavonia (Tigerblume),
unten rechts: Thunbergia alata (Schwarze Susanne).
Rechte Seite: oben links: Tradescantia virginiana
(Ampelkraut), oben rechts: Verbena rigida
(Eisenkraut);
Mitte links: Viburnum lantana (Schneeballstrauch),
Mitte rechts: Vinca minor (Immergrün);
unten links: Viola tricolor (Stiefmütterchen),
unten rechts: Vriesa splendens (Flammendes Schwert).

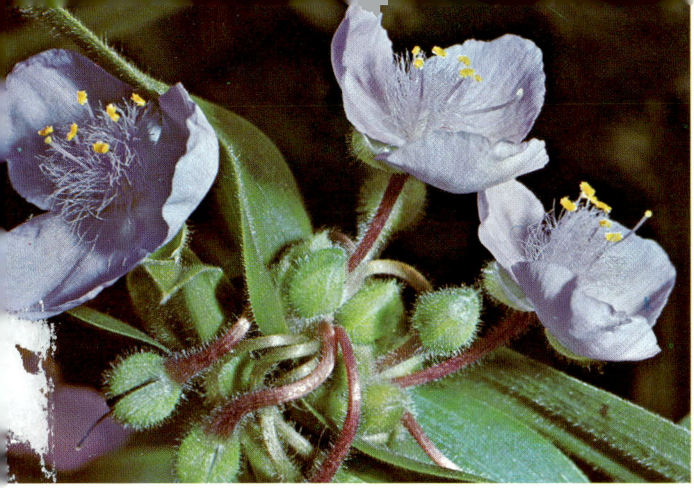
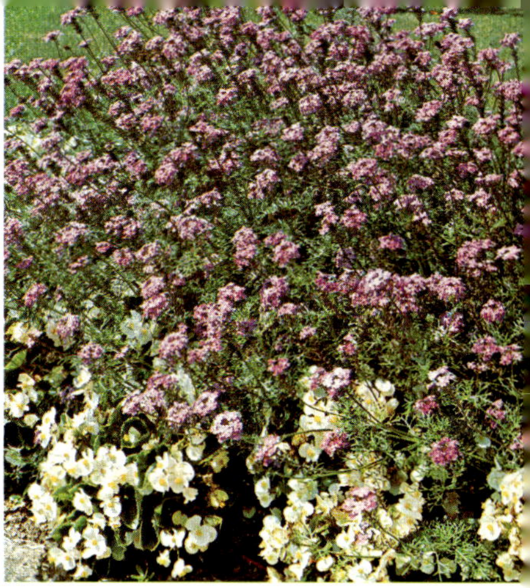
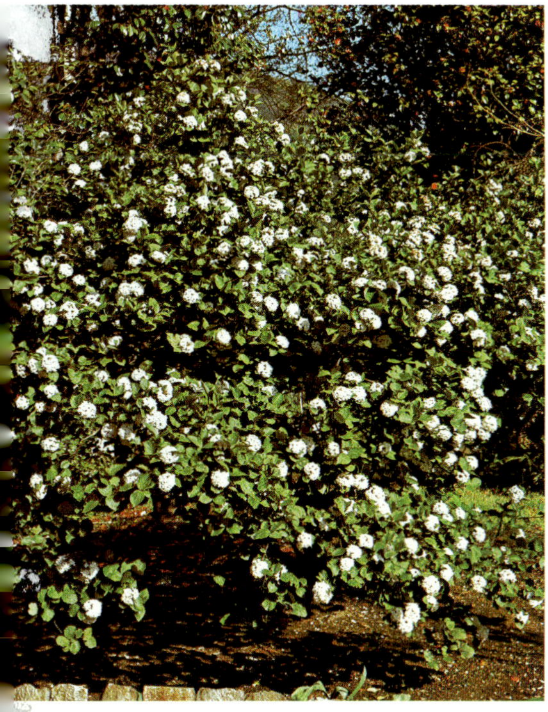
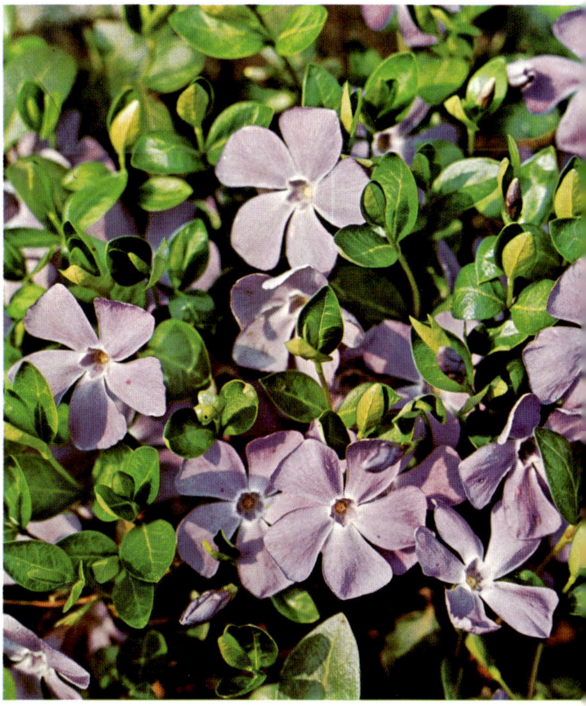
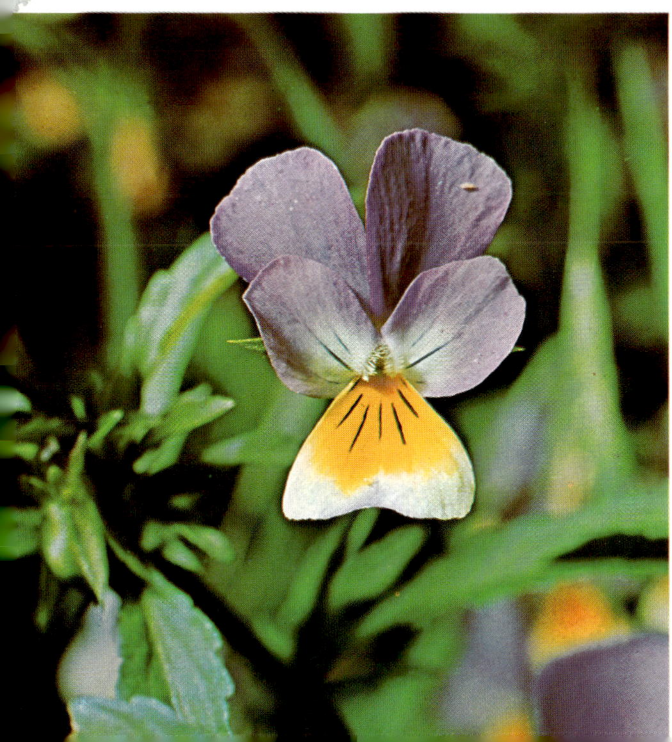
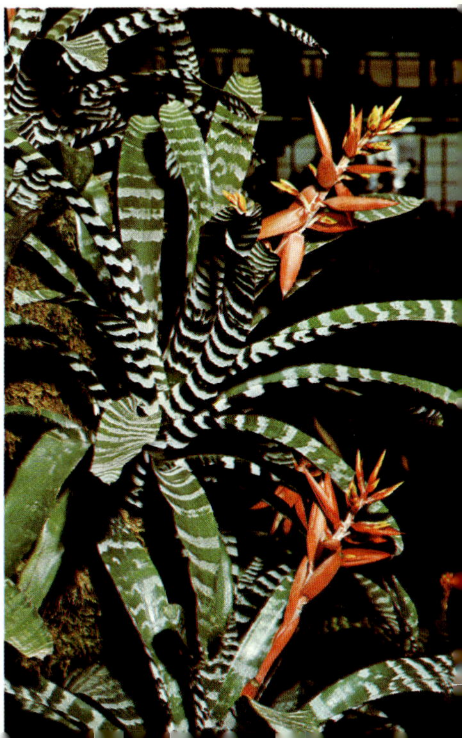

Oben: Wisteria sinensis (Blauregen); unten links: Wisteria floribunda (Wisterie), eine beliebte Kletterpflanze für Gitter und Mauerwerk. In der Blütezeit April–Juni hat sie üppige niederhängende Duftblütentrauben. Unten rechts: Zinnia (Zinnie).

grünem Samtlaub und weiß- bis gelbbraunen Blüten in Trugdolden von Januar bis März oder Juni bis August. *Sparmannia* lieben Licht (jedoch nicht pralle Mittagssonne), Luft (aber keine Zugluft) und Wasser (ohne stauende Nässe) in nährstoffreicher, torfiger oder sandig-humoser Erde. Im Sommer gut – windgeschützt – im Freien, im Winter hell bei 8–10 Grad in Balkonzimmern o. dgl. zu halten. Rückschnitt – auch für Stecklinge (Außenblätter am Zweig kappen!) – bis August. Kalk in Boden und Wasser kritisch.

Spathiphyllum
Einblatt

Sehr dankbare, immergrüne Aronstabgewächse, benannt nach dem einzelnen, spitzeiförmigen Scheidenblatt, das wie ein Reflexschirm hinter jedem der – vor allem bei der Art *Spathiphyllum floribundum* sehr zahlreichen – Sommerblütenkölbchen erscheint. Einblattpflanzen halten sich sehr gut ganzjährig an halbschattigem Platz unter Zimmerbedingungen. Auch sehr trockene Luft kann ihnen nichts anhaben, wenn man nur die knospenden und soeben aufblühenden Pflanzen an sehr warmen Tagen mit etwas temperiertem (in diesem Fall auch möglichst entkalktem) Wasser übersprüht. Über Sommer den Ballen gleichmäßig feucht, aber nicht allzu naß halten, nur sparsam düngen; über Winter eher weniger Wasser geben, ohne freilich den Ballen austrocknen zu lassen; Mindesttemperatur 16 Grad, es dürfen aber auch getrost 20 Grad und noch etwas mehr sein. Die krautigen Blätter bilden einen frischgrünen, munteren Busch; die eigenartigen Blüten eignen sich sehr gut auch als Schnittblumen für Gestecke in der Art der in Japan kultivierten und auch bei uns zunehmend beliebten Ikebana-Blumenkunst.

Spiraea
Spierstrauch

Zwischen 40 cm und 4 m hohe sommergrüne Sträucher mit meist sehr reichem Frühlings- oder Sommerblütenflor. Sonniger Stand ist nicht erforderlich, mehrt jedoch die Blütenfülle. Besonders attraktive Arten:
Spiraea arguta (Schneespiere): bis 2 m hoch, weiße Blüten in Doldentrauben etwa Ende April bis Ende Mai; heckenschnitttolerant.
Spiraea thunbergii: bis 1,50 m, weiße Doldenblüten Ende April bis Mai, gelbes Herbstlaub; sehr dürretolerant, jedoch dankbar für leicht geschützten Standort.
Spiraea vanhouttei (Prachtspiere): bis 4 m, weiße Blütendolden zweigbedeckend; sehr anspruchsloses Zier- und Heckengehölz.

Stachys
Ziest

Sehr verschiedenartige Blütenstauden bis 40 cm Höhe, für sonnige und halbschattige Lagen; kalkliebend:
Stachys grandiflora mit ovalen, behaarten Blättern und rot-violetten Blüten in Quirlen während Juli und August macht sich besonders hübsch in Steingärten und ist auch für Balkonkästen oder -kübel gut geeignet.
Stachys lanata mit ausgezackten, silbrigweißfilzigen Blättern in 30 cm hohen Büscheln sowie Purpurblütentrauben im Juni und Juli; flächig auswuchernd auch auf sehr trockenen, mageren Böden.

Stephanandra incisa
Kranzspiere

Bis 2 m hoher Strauch mit lebhaft gebogenen Zweigen, gelappten, auch in der braunroten

Herbstfärbung noch langhaftenden Blättern und immenser Blütenfülle (grünlichweiße Rispen) im Juni und Juli.

Streptocarpus
Drehfrucht

An Zierhybriden mittlerweile reiche Gattung der Gesneriengewächse aus dem südlichen Afrika, ausgezeichnet vor allem durch die reiche Farbpalette ihrer z. T. mehrfarbig gezeichneten Trichterblüten, die großblumigen Orchideen nicht unähnlich sind. Die jeweils zu mehreren an bis 25 cm hohen Stielen sitzenden (bei manchen neueren Zuchtformen fast ganzjährig durchhaltenden) Blüten und die niedrig über den Topfrand überhängende Rosette krautig-runzeliger und gerippter Blattzungen geben der Pflanzengestalt insgesamt viel Ähnlichkeit mit „*Gloxinien*" (→ *Sinningia*). *Streptocarpus*-Hybriden sind reine Zimmerpflanzen mit ganzjährigem Anspruch auf mindestens 18 Grad Wärme an hellem, jedoch nicht offen sonnigem Standort; Erde und Wasser müssen kalkfrei sein, das Wasser auch gut temperiert; Lufttrockenheit wird über Winter toleriert, sofern es sich um einen Winterblüher handelt.

Symphoricarpos
Schneebeere, Korallenbeere

Sommergrüne, sehr anpassungs- und widerstandsfähige Sträucher mit recht unscheinbarer Blüte, jedoch üppigem, bis in den Winter haftendem Fruchtschmuck in Form weißer, roter oder blauschwarzer Beeren. Der Saft der bei Kindern sehr beliebten weißen „Knallbeeren" (Früchte des *Symphoricarpos racemosus*) kann Hautreizungen hervorrufen.

Symphoricarpos chenaultii „*Hancock*" ist ein sehr robuster Bodendecker bis etwa 80 cm Höhe mit niederliegenden, luftwurzeltreibenden Zweigen; rote Beeren.

Symphoricarpos orbiculatus, bis 3 m hochwachsend, hat ebenfalls roten, langhaftenden Beerenschmuck und rotes Herbstlaub.

Syngonium
Purpurtute

Enge Verwandte der „Efeutute" *Scindapsus*, mit zwei Besonderheiten: Purpurtuten (so genannt nach dem purpurroten Schlund ihrer Aronstabblüten) wechseln mit fortschreitendem Alter fortwährend ihre Blattgestalt, und sie führen Milchsaft in den grünen Pflanzenteilen. Vor allem *Syngonium vellozianum* (auch *S. auritum* genannt) und *S.-wendlandii*-Hybriden mit z. T. weißgefleckten Blättern eignen sich sehr gut als kriechende (aus den Sproßknoten wurzeltreibende) Bodendecker im Blumenfenster, als attraktive Ampelpflanzen oder rankende Topfspaliergewächse; sie gedeihen bestens auch in Hydrokultur sowie auf Epiphytengrund (Moos, Kork, Orchideenstämme). Im allgemeinen entwickeln sie keine höheren Hege- und Pflegeansprüche als → *Philodendron*.

Syringa
Flieder

Beliebte sommergrüne Ziersträucher oder kleine Bäume von größerer Vielfalt, als gemeinhin angenommen wird. Zahlreiche Züchtungen seit der zweiten Hälfte des 19. Jahrhunderts haben die naturgegebene Palette beträchtlich erweitert. Übersicht nach Blütezeiten:

Syringa-praecox-Sorten entfalten ihre Rispen hell-pastellgetönter einfacher Blüten bereits Ende April; mit allenfalls geringem zeitlichen Vorsprung vor *Syringa chinensis*. Der Chinesische Fliederstrauch kann bis zu 5 m Höhe und Breite erreichen; große Duftblütenfülle.

Syringa vulgaris (Edelflieder), mit im Mai und Juni früher- oder späterblühenden Sorten, braucht Sonne oder Halbschatten und bevorzugt kalkhaltigen, nahrhaft-humosen Boden. Besonders empfehlenswert unter den ausnahmslos duftend blühenden Sorten: *,,Andenken an Ludwig Späth"* (bis 30 cm lange Rispen, großblütig, purpur-violett), *,,Katharine Havemeyer"* (gefüllt, kobaltlila-purpur-rosa), *,,Mme. Lemoine"* (gefüllt, schneeweiß), *,,Mrs. Edward Harding"* (gefüllt, purpur) u. a.

Syringa-villosa-Sorten mit weniger aufdringlich duftenden – und nicht schnittauglichen – Blüten im Juni bevorzugen feuchten und etwas sauren Boden. Zur gleichen Gruppe zählt der bis 4 m hochwachsende *Syringa reflexa* (Bogenflieder) mit ringsum überhängenden Zweigen und handlangen Hängerispen weißgefleckter dunkelrosa Blüten.

Tagetes
Studentenblume, Samtblume

Einjährige Beet- und Kastenblumen bis etwa 75 cm Höhe, mit Fiederlaub und feingekrausten, stark riechenden Blütenköpfen bis 10 cm Durchmesser, einzeln oder in Doldentrauben, von Juli bis zu den ersten Herbstfrösten. Mischfarben zwischen Gelb, Rot und samtigem Kaffeebraun. *Tagetes* brauchen nahrhaft-humose Gartenerde; regelmäßig gießen, alle 2-3 Wochen düngen. Aussaat in Freiland-Rabatten oder -Kasten bzw. -Kübeln ab Mitte Mai, Setzlinge mit 20 cm allseitigem Abstand pflanzen.

Taxus baccata
Gemeine Eibe, Säulentaxus, Tafeleibe u. a.

Flach, fast scheibenförmig, kugelig-buschig, unregelmäßig zerzaust, breitpyramidal oder säulenförmig wachsende Sträucher und Bäume bis 20 m Höhe mit immergrüner Benadelung. Eiben lieben im allgemeinen nahrhaft-frische, kalkhaltige Böden, gehören zu den schattenverträglichsten und frostsichersten Koniferen und ertragen schadlos jeden Schnitt. Bemerkenswert sind der schlank bis 5 m hochwachsende *Taxus baccata ,,Fastigiata"* (Irischer Säulentaxus) und der sich bei nur 50-70 cm Höhe bis 3 m ausbreitende *T. baccata ,,Repandens"* (Tafeleibe).

Tetrastigma voinierianum
Kastanienwein, Tonkingwein

Fernöstliche Liane, immergrün (mit an der Unterseite rostrotbraun befilzten, bis über handgroßen Blättern), an kräftigen Kübel- oder Wandspalieren, schön auch an Wendeltreppen mit Außengestänge wie zu Riesenwuchs mutierte Zwergreben emporrankend. *Tetrastigma* braucht viel Stamm-Platz (über Winter nicht verrücken!), recht hell, aber nicht offen sonnig, auch in der kalten Jahreszeit nicht unter 12 Grad Wärme abkühlend, aber auch nicht sonderlich über 20 Grad ansteigend. Die nahrhaft-humose Einheitserde darf getrost mit etwas Kalk angereichert werden; nur allzu ,,hartes" Wasser ist auf die Dauer unbekömmlich. Nährstoffmangel läßt die Blätter gilben.

Thuja
Lebensbaum

Vor allem für Einzel-, Gruppen- und dichte Heckenpflanzung gleichermaßen geeignete, meist schlank-pyramidal wachsende Bäume bis 20 m Höhe, aber auch in Zwergformen für Steingärten und Kübelbepflanzung auf Balkon, Terrasse oder Dachgarten taugliche Arten und Abarten. Ihnen allen gemeinsam sind immergrüne, flach-schuppenförmige Benadelung sowie eiförmige Zapfen. *Thuja* ist sehr hart im Hinnehmen von Kälte, nicht aber von Wurzeltrockenheit.

Thunbergia alata
Schwarze bzw. Schwarzäugige Susanne

Einjährige Balkonpflanze aus der Familie der Akanthusgewächse mit hochrankendem oder von Ampeltöpfen niederhängendem, pfeilförmigem Grün und – in wirklich sommerlichen Sommern – etwa von Mitte Juni bis Mitte September aufgehenden Röhrenblüten, die sich wie leuchtend gelb-rotgoldene, vierblättrige Kleeblätter mit seidig-schwarzer, an die Iris eines Auges erinnernder Mitte ausnehmen. Es gibt mittlerweile auch Zuchtformen mit weißen, reingelben oder mehr rötlichen Blütenblättern und tiefbraunem bis schwarzrotem Schlund. Ein Überwintern – in recht nahrhaftem, leicht kalkhaltigem Boden an hellem Standort bei nicht weniger als 8 bis nicht viel über 12 Grad Wärme – kann aus dem (Ende Februar/Anfang März deutlich, aber nicht radikal zurückzuschneidenden) Einjahresgewächs eine sehr früh im Frühling wieder die Blütenaugen öffnende „Susanne" machen.

Thymus
Thymian

Populäre Gewürzpflanze mit aromatisch duftenden Blättchen, in sonniger Lage auch karge Böden mit dichtblühendem Rasen zwischen 5 und 15 cm Höhe überziehend, in Einzelpolstern nach Blütezeiten komponierbar: *Thymus hirsutus* (rosafarben, Mai–Juni) – *Th. pseudolanuginosus* (rosa, Juni–Juli) – *Th. rotundifolius* „Purpurteppich" (weinrot, Juli–August) – *Th. serpyllum* in Sorten (weiß, rosa oder rot, Juli–September). Ein ungewöhnlicher, sehr wohl reizvoller und – in der Küche zweckdienlich genutzt – sogar schmackhafter Vorfenster- oder Balkonkastenschmuck ohne besonderes Pflegebedürfnis, vom allfälligen Gießen einmal abgesehen. (Näheres siehe auch: *Norbert Mehler, „Pilze, Beeren, Kräuter, Heilpflanzen"* in dieser Buchreihe!)

Tigridia pavonia
Tigerblume

Mexikanische Zwiebelstaude mit schwertförmigen Blättern und bis zu viermaliger Ausbildung je eines dreigezackten Blütensterns (bis 15 cm Durchmesser) mit markanter Narbensäule je Sommer. Die Eintagsblüten – in reinen, leuchtenden Farben, getigert oder spiralig gemustert – öffnen sich nacheinander auch noch an Schnittstengeln in der Vase. – *Tigridia*-Zwiebeln im Frühling zu mehreren in 10 cm Pflanzweite an sonnige Stellen – auch in Kasten oder Kübel – setzen. Im Herbst das Grün kappen, die Zwiebeln frostfrei überwintern. Hydrokultur in Balkonzimmern o. ä. ist unüblich, aber möglich.

Tilia tomentosa
Silberlinde

Vorwiegend auf dem Balkan beheimatete, jedoch anpassungs- und widerstandsfähigste Art der allgemein hinsichtlich Standort und Klima recht heiklen Gattung sommergrüner Laubgehölze. Die Silberlinde treibt ihre tief und sehr breit angesetzte, rundkegelförmige Krone auch in sehr trockenen Lagen auf 20–30 m Höhe. Ihre oben dunkelgrünen, an der Unterseite weißbehaarten Blattherzen färben sich im Herbst goldgelb. Grünlichweiße Blüte in Trugdolden in der zweiten Julihälfte.

Tradescantia
Ampelkraut, Wasserranke

Ausdauernde, meist kriechende bzw. niederliegende Kräuter aus dem tropischen Südamerika. Als ausgesprochen pflegeleichte Topf- oder Ampelpflanzen mit ebenso reichem wie reizvollem Blattschmuck besonders beliebt: die rauh behaarte *Tradescantia blossfeldiana* (Blattfärbung an der Oberseite grün-braun, an der Unterseite rot), die bis 40 cm hochwachsende *T. crassula* (glanzgrün, mit großen weißen Blüten), die ebenfalls weißblütige *T. fluminensis* (Blätter blaugrün-lila), die sukkulente *T. navicularis* (Blätter lila-violett) sowie Zuchtformen mit meist weiß, gelb oder blaßrot gestreiften Blättern. Die Wasserranken gedeihen gut in reiner Hydrokultur und brauchen auch in (nahrhafter, kalkfreier) Topferde ganzjährig viel Feuchtigkeit. Will man die Stammpflanze(n) über Jahre hin und dabei recht prächtig erhalten, muß man mit entkalktem Wasser gießen; bei alljährlicher Erneuerung durch Stecklinge darf es auch Leitungswasser sein, sofern man stets auch die durch dieses alkalischgewordene Erde erneuert. Jungpflanzen brauchen mehr Licht als ältere, hellgestreifte Blattsorten mehr als einfarbig dunkle. Im allgemeinen genügt ein schattiger Platz im Zimmer bei normaler Zimmertemperatur. Schäden treten auf bei weniger als 12 Grad Wärme, offener Sonneneinstrahlung und Zugluft. – Eng verwandt und sehr ähnlich ist → *Zebrina pendula;* winterharte *Tradescantia*-Arten werden als „Dreimasterblumen" gehandelt.

Trollius
Trollblume

Auf frischen bis feuchten, auch moorigen Böden in Sonne und Halbschatten bis meterhohe Stauden von buschigem Wuchs. In mehrwöchigen Blütezeiten zwischen Mai und Juli mit kugeligen Blüten in Weiß-, Gelb- und Orangetönen übersät, bei den meisten Sorten auch für Schnittblumen geeignet.

Tropaeolum
Kapuzinerkresse

Einjahresblumen oder Stauden ohne besondere Pflegeansprüche, als Balkon- und Terrassenschmuck beliebt. Rankende Triebe; runde grüne, braune oder rötliche Blätter; reiche Blüte in Gelb- oder Orangetönen. Die hochkletternde Art *Tropaeolum peregrinum* kann Mauern und Gitterwerk bewachsen.

Tsuga canadensis
Hemlockstanne

Bis 20 m hohe, breitkronige Konifere von pittoresk zerzaustem Wuchs, mit feiner Benadelung und kleinen Zapfen. Liebt Feuchtigkeit in windgeschützten, leicht schattigen Lagen.

Tulipa
Tulpe

Gattung der Liliengewächse mit über 100 Wildarten in Europa, Asien und Nordafrika sowie etwa 8000 Zuchtsorten, deren Zahl beständig weiter zunimmt. Gartentulpen gab es zumindest schon vor tausend Jahren in den Hofgärten des Orients. Um die Mitte des 16. Jahrhunderts kamen die ersten Zuchtzwiebeln nach Mitteleuropa, wo die Farbenpracht der großen Blütenbecher oder weitoffenen Glockenblüten die Welt des Adels faszinierte. Eine wahre Tulpomanie brach aus; emsige Züchter schufen binnen weniger Jahrzehnte bereits über 100 verschiedene Sorten. Vor allem bei Haarlem in den Niederlanden entstanden die ersten horizontweiten Tulpenfelder, die bis heute Inbegriff des überwältigenden Frühlingszaubers aus der Zwiebel sind. Ein Zauber, den durch Treiberei von präparierten Zwiebeln mittlerweile jedermann daheim in die kältesten Winterwochen vorverlegen kann.

Echte eigentliche „Zimmertulpen" gibt es nicht. Vielmehr kann man alle als Zimmerschmuck gekauften Arten und Sorten später ins Freiland oder in Balkonkästen und -kübel umsiedeln, wenn man sie sachgemäß behandelt. Dazu sollte man zunächst wissen, daß die Tulpentreiberei in der Totale ungleich schwieriger und aufwendiger ist (z. B. als scheinbar eine „Zimmerdisziplin" kaum ohne ein Stückchen Freiland auskommt) als etwa die Hyazinthentreiberei. Am wenigsten Arbeit und am meisten Freude hat man damit, wenn man bereits auf 10-15 cm Sproßhöhe vorgetriebene Tulpen im Pflanzgefäß beim Gärtner kauft, ihnen einen taghellen (Fenster-)Platz bei mindestens 18 bis über 20 Grad Raumwärme einräumt, für Wasser nach Vorschrift sorgt und sich an der raschen Entfaltung des grünen und nach 4-5 Wochen prächtig blühenden Wunders ergötzt. Welke Blüten vor der Samenbildung kappen, die Pflanzen im übrigen bis zum Eintritt der Vegetationsruhe (sichtbares Einziehen d. h. Austrocknen der Blätter) noch etwas feuchthalten. Dann stellt man sie - wenn es zum Aussetzen der Zwiebeln im Freien noch zu früh, d. h. zu kalt ist - kühl und getrost auch dunkel, aber frostfrei, gegebenenfalls mit einer leichten Sanddecke geschützt.

Dieselben Tulpenzwiebeln ein zweites Mal zur Zimmerblüte zu treiben, hat wenig Aussicht auf Erfolg. Auf Balkon, Terrasse oder im Garten jedoch kann man noch jahrelang Freude an denselben Pflanzen haben. So ist es gegebenenfalls sinnvoll, schon die „Zimmertulpen" nach dem Erscheinungsbild auszuwählen, das man später im Garten oder „auf dem Kasten" haben möchte.

Tulpen haben einen in der Regel ja nach Sorte 10-40 cm hochragenden Stengel mit linealisch-riemenförmigen oder breitlanzettlichen, meist glattgesäumten Blättern, selten mit (z. B. bei *Tulipa greigii*) gewelltem Rand. Die Blüten stehen meist einzeln, selten (z. B. bei *Tulipa biflora*) zu mehreren aufrecht, bei manchen Sorten auch nickend. Es gibt einfache und gefüllte Formen ein- und mehrfarbig, mit verschiedenfarbigen Blütenblattseiten, einfach oder üppig gefleckt, geflammt, in allen Spektralfarben in unzähligen Nuancen und Mischtönen zuzüglich Weiß und Schwarz.

Es gibt verschiedene Möglichkeiten, die Vielzahl von Arten und Sorten systematisch zu gliedern. Am zweckmäßigsten erscheint hier die Ordnung der Gruppen in der Reihenfolge des Aufblühens (Hauptspanne von März bis Mai):

1. *Tulipa kaufmanniana* in Sorten
2. *Tulipa fosteriana* in Sorten
3. *Tulipa greigii* (mit braungestreiftem Blatt) in Sorten
4. *Darwin*-Hybrid-Tulpen
5. Einfachblühende frühe Tulpen
6. Gefülltblühende frühe Tulpen
7. *Mendel*-Tulpen
8. *Triumph*-Tulpen
9. Lilienblütige Tulpen
10. Einfachblühende späte Tulpen
11. Gefülltblühende späte Tulpen
12. Papagei-Tulpen
13. Mehrblütige Tulpen
14. Diverse Wildarten

Tulpen gedeihen am besten in sandigem Lehmboden und mit Gewißheit nicht in saurem Moorboden. Im allgemeinen ist ihnen jeder nicht zu feuchte Gartenboden recht; er darf nur nicht frischgedüngt sein; Knochenmehl allerdings ist sehr willkommen. Einpflanzen der Zwiebeln von Zimmerblühern im Frühling, ansonsten ab September, möglichst nicht erst im November, in etwa 15 cm allseitigem Abstand. Die Pflanztiefe variiert nach Art und Sorte; das geringste Risiko geht man, wo man nichts Genaueres weiß, bei etwa 15 cm Tiefe ein.

Wichtig: über Sommer nicht gießen! Der Sommer ist die Ruhezeit der Tulpen, die in trockenen Böden mit gutem Wasserabzug mehrere Jahre verbleiben können, da sie keine Kälte scheuen. Gilbende Blätter im Frühsommer zeigen jedoch unbekömmliche Nässe an. Man nimmt die Zwiebeln dann heraus, lagert sie lufttrocken im Schatten, um sie im Frühherbst erneut auszupflanzen – und zwar möglichst in Neuland, das in diesem Jahr noch keine Tulpen trug, bzw. in mit frischer Erde ausgestattete Kästen oder Kübel.

Ulex
Stechginster, Gaspeldorn, Heckensame

Bis 2 hohe Sträucher mit stark dornbewehrten Zweigen, die sich von April bis Juni mit goldgelben Blüten bedecken. Der in Heidelandschaften wildwachsende *Ulex europaeus* eignet sich gut auch zur Einzel- oder Heckenpflanzung und schmückt sich nach der Blüte mit vielen dunklen Fruchtschoten. Er verkümmert in kalkhaltigen Böden.

Ulmus
Ulme, Rüster

Raschwüchsig bis 30 m Höhe erreichende, in Wuchs- und Laubform variantenreiche, sommergrüne Bäume für frische tiefgründige, durchaus auch recht magere Böden. Spärlicher Blütenreiz, meist vor dem Blattaustrieb; Rundflügelfrüchte. Am weitesten verbreitet: *Ulmus carpinifolia* (Feldulme) mit tiefrissiger Borke und *U. glabra* (Bergulme) mit über viele Jahre glatter Rinde. Es gibt besonders schmucke Hybriden mit bronzefarbenem Laub an hängenden Zweigen.

Vallota speciosa
Klein-Amaryllis, „Minimaryllis"

Enge Verwandte der herkömmlich als *Amaryllis* bezeichneten Ritterstern-Gattung → *Hippeastrum* mit annähernd gleichen Kulturbedingungen. *Vallota speciosa* prangt jedoch ganzjährig mit ihrem höchst attraktiven Fächer bis zu 40 cm langer Blätter und braucht daher jahreszeitlich ungebrochene Hege und Pflege. Die bescheidenen deutschen Benennungen verdankt die aus dem allersüdlichsten Südafrika stammende Pflanze, die botanisch als Gattung firmiert, ihrer auf nur etwa 30 cm hohem, strammen Schaft erscheinenden, aus maximal etwa 10 scharlach- bis glutroten Blüten gebildeten Sommerdolde. Flache Schalen sind ideale Pflanzgefäße für *Vallota;* die reichlich gebildeten Ablegerzwiebeln brauchen jedoch 3–4 Jahre bis zur ersten Blüte.

Verbascum
Königskerze

Im Mittelmeerraum wildwachsende, bei uns meist als Zweijahrespflanzen kultivierte Stauden mit dekorativen Rosettenständen großer, samtschimmernd behaarter Blätter und sehr schönen Blütenrispen von Juni bis August. *Verbascum* mag Sonne und sandige Erde, in der die Königskerze 2 m Höhe erreichen kann. Gängige Arten: *Verbascum bombyciferum* und *V. olympicum*, beide mit (orange-)gelben Blüten. Vermehrung durch Stockteilung im Februar/März oder durch Wurzelstecklinge.

Verbena
Eisenkraut

Perennierende, ein- oder auch zweijährige Pflanzen für Rabatten, Einfassung, Balkonkästen oder Freilandkübel. Gezahnte Blätter gegen- oder quirlständig; Duftblüten mit röhrenförmigem Kelch in endständigen, kugeligen Dolden und leuchtenden Farben; extrem lange Blütezeit von Mai bis Oktober. Nahrhaft-humose Erde und sonniger Stand erforderlich; Wasserbedarf ohne Besonderheiten.

Veronica
Ehrenpreis

Überwiegend in strahlendem Blau blühende Stauden für eher frische Böden in sonnigen bis halbschattigen Lagen; sehr vielgestaltig:
Veronica prostrata mag für die nur 10 cm hoch werdenden, von April bis Mai oder Mai bis Juni blühenden Bodenbedecker stehen.
Veronica gentianoides, V. incana, V. longifolia ,,Blaubündel" und andere halbhohe Formen (bis 80 cm) blühen von Mai bis August.
Veronica virginica in Sorten liefert bei Wuchshöhen bis 1,80 m Schnittblumen von Juli bis September.
Die für Kasten- und Kübelbepflanzung bestgeeignete ,,Strauchveronika" wurde nach neuerer botanischer Klassifizierung als eigenständige Gattung → *Hebe* ausgegliedert.

Viburnum
Schneeballstrauch

In der Art *Viburnum lantana* (Wolliger Schneeball) bis 5 m Höhe erreichende, sehr vielgestaltige, teils sommer-, teils immergrüne Sträucher mit überwiegend weißen, mehr oder weniger duftenden Blüten in Schirm- oder Kugeldolden, üppigem Beerenfruchtschmuck zwischen Rot und Schwarz sowie bei laubabwerfenden Formen z. T. sehr hübscher Herbstfärbung. Die Ansprüche an Standort und Boden sind extrem unterschiedlich. So gedeiht beispielsweise *Viburnum lantana* bestens auf trockenem und kalkhaltigem Boden, während *Viburnum opulus* Feuchtigkeit und Säure braucht. Deshalb beim Kauf auf Kulturanweisung achten! Allgemein läßt sich nur sagen, daß die sommergrünen Arten bedeutend schattenverträglicher sind als die immergrünen.

Vinca minor
Immergrün

Immergrüner Halbstrauch mit glänzenddunkelgrünem Dauerlaub und hell-himmelblauen, radförmigen Blüten bis 5 cm Durchmesser von Mai bis September. Vollschattenverträglicher, kriechender Bodendecker bis 15 cm Höhe, auch unter Balkon-Bedingungen problemlos zu halten.

Viola
Veilchen, Stiefmütterchen

Populäre einjährige Blumen und Topfstauden bis etwa 20 cm Höhe mit fünfzähligen Blüten, meist intensiv mehrfarbig in schöner Zeichnung und von charakteristischer Form. Kulturbedingungen recht unterschiedlich (beim Kauf von Pflanzen oder Samen auf entsprechende Angaben achten). Im wesentlichen sind zu unterscheiden:
Viola odorata (Märzveilchen) in Sorten: Duftblüte von März bis April; halb- bis vollschattig, z. T. Zweitblüte im September.

Viola papilionacea „Immaculata" (Pfingstveilchen): Blätter nierenförmig, Blüten reinweiß von Mai bis Juni; ausläuferbildende Sonderform.

Viola tricolor (Gemeines Stiefmütterchen): Blüte in allen Farben zwischen März und Juni.

Viola wittrockiana (Garten-Stiefmütterchen), großblütige und farbenprächtige Hybriden eurasischer Abstammung.

Vriesea
Flammendes Schwert u. a.

Edle Vertreter der *Bromeliazeen* (→ *Bromelia*), bekannt vor allem durch die auf mehr oder minder hohem Schaft prangende, recht langlebige, flachgedrückt erscheinende Blütenähre einiger Arten und Hybridzüchtungen. (Langlebig sind die intensiv gefärbten Hochblätter, welche die sehr kurzlebigen, vergleichsweise unscheinbaren Blütchen überragend.) Weniger bekannt ist, daß diese leuchtend rot-gelbe Pracht – die z. B. einer Hybride von *Vriesea spendens* den deutschen Sortennamen „Flammendes Schwert" eintrug – sich frühestens nach 3–4 Jahren (bei *Vriesea imperiali* erst nach etwa 20 Jahren) einstellt, dann jedoch zugleich die letzte Lebensphase der jeweiligen Pflanze anzeigt (wie etwa bei *Agaven*). Die Blüte krönt und beschließt zugleich das Dasein der *Vriesea*, die freilich ohnedies – d. h. vor Aufkeimen des Blütenschaftes – über Jahre eine sehr reizvolle Blatt-*Bromelie* sein kann. Beim Einkauf gilt es allerdings, folgende Grundsätze zu beachten:

a) Arten mit dünnen, weich biegsamen, einfarbigen oder mehrtönig gemusterten Blättern stellen Tropenfenster-Ansprüche (nie unter 18 Grad Wärme bei hoher Luftfeuchtigkeit).

b) Arten mit hartfaserigen, in der Regel dunkler grau- oder braungrün getönten, ungefleckten Blättern sind robuster (ertragen vor allem auch trockenere Zimmerluft, reichliches Übersprühen mit enthartetem Wasser vorausgesetzt).

c) Spezialzüchtungen (Hybriden) beider Kategorien kommen durchschnittlichen Zimmerbedingungen z. T. noch mehr entgegen.

Man sollte also nicht unbedacht die leuchtendste Blüte im Vorübergehen kaufen, sondern *Vrieseen* mit Vorbedacht im Fachgeschäft auswählen, nach Maßgabe der spezifischen Kulturbedingungen: derer, die man selbst zu bieten vermag und jener auf welche die Einzelpflanze angewiesen ist. Allen *Vrieseen* gemeinsam ist die Verletzlichkeit durch offene Sonneneinstrahlung (also Schatten erforderlich) sowie durch Kalk („enthärtetes" und außerdem stets lau temperiertes Wasser erforderlich). Aber auch der zur Verfügung stehende Platz spielt eine Rolle, denn die zauberhafte *Vriesea psittacina* z. B. erreicht nur 20–30 cm Rosetten-Durchmesser; bei *V. gigantea* (früher *V. tesselata* genannt) werden die Blätter über 50, bei *V. hieroglyphica* gut 80 cm lang, was entsprechenden Rundum-Freiraum erfordert.

Waldsteinia

Auch in vollschattigen Lagen auf normaler Gartenerde oder Humusboden laubreiche Flachpolster zwischen 10 cm *(Waldsteinia ternata,* immergrün) und 20 cm Höhe *(W. geoides)* bildende Stauden. Während April und Mai mit gelben Blüten besetzt, eignet sich *Waldsteinia* gut als attraktiver Raumfüller zwischen höherwüchsigen, zu anderen Zeiten blühenden Freiland- oder Kübelpflanzen.

Weigelia

Sommergrüne Sträucher bis 3 m Höhe, für fruchtbare Böden in sonnigen bis halbschattigen Lagen, aber auch andernorts gut anpassungsfähig. Reiche Blüte in leuchtenden Rottönen oder Weiß ab Ende Mai *(Weigelia-praecox*-Hybriden) bis in den Sommer und bei einigen Sorten nochmals im Herbst. Besonders bemerkenswert sind die Sorten „Eva Rathke" (spät einsetzende, aber bis Herbst während Blüte in Karminrot; nährstoffreiche saure Böden bevorzugt) sowie „Styriaca" (sehr früh sehr reichblühend in nachdunkelndem Karminrosa).

Wisteria
Wisterie, Blauregen, „Glyzine"

An Gitter- und Mauerwerk bis 10 m hochrankende, sommergrüne Kletterpflanze mit üppig kaskadenartig niederhängenden, bis 60 cm langen Duftblütentrauben in Weiß und rotblauen Mischtönen. Geschickt (in Kübel oder Kasten) gepflanzt, kann *Wisteria* auch Lauben-, Terrassen-, oder Balkonspaliere prächtig umranken. Blütezeiten April bis Mai *(Wisteria sinensis)* bzw. Mai–Juni *(W. floribunda „Macrobotrys")*. Wisterien bevorzugen frischen, eher feucht-humosen Boden in geschützt-sonnigen Lagen bzw. Standplätzen. Die gelegentlich gebrauchte Handelsbezeichnung „Glycine" (= Sojabohne) ist eindeutig falsch.

Yucca
Palmlilie

Die mexikanische Charakterstaude entfaltet auch bei uns ihre exotische Pracht, unter zwei Voraussetzungen:
1. Vollsonniger Stand (im Freiland oder Kübel) mit leicht kalkhaltiger, sandig-humoser Erde begehren die beiden winterharten, stammlosen Arten: Aus einer dichten Rosette bis 60 cm langer, schwertförmiger Blätter erhebt sich – erstmals wenige Jahre nach dem Einpflanzen, dann regelmäßig – von August bis September ein üppiger Rispenstand weißer Blütenglocken bis 1,5 *(Yucca filamentosa)* oder 2 Meter Höhe *(Yucca glauca)*. Von der ersten Blüte an vermehren sich die grundständigen Blattrosetten, aus welchen Blütenschäfte wachsen. Die winterharte *Yucca* ist dankbar für eine Langzeit-Volldüngung im Frühjahr.
2. Sehr hellen (möglichst sonnigen) und warmen Standort im Freien (gern auf Süd-Balkonen oder -Terrassen) begehren während der warmen Jahreszeit auch die bei uns nicht winterharten Arten *Yucca aloifolia* (mit buntblättrigen Varietäten „tricolor" und „quadricolor") sowie *Yucca gloriosa*, die ihre Blütenrispen im Juli bis zu 2 Meter Höhe aufschäftet. Diese, einen attraktiven Stamm bildenden Arten (mit Sorten) freilich müssen über Winter an hellem, nicht unter 5 und möglichst nicht über 8 Grad warmem Ort trockengestellt werden.

Vom Ansehen her ein schließlich fast mannshohes Mittelding von Kaktus und Palme, das der hochschießenden Blüten garnicht bedarf, um einen stattlichen Schmuckkübel zu rechtfertigen.

Zantedeschia aethiopica
Zimmercalla, Richardia

Keine bloße Zimmerform der echten → *Calla palustris* ist diese sehr reizvolle Topfpflanze bis 80 cm Höhe mit dekorativem, langgestieltem Blattwerk und gelbem Blütenkolben in tütenförmig darumgeschlagenem, weißem oder auch gelbem Hochblatt zwischen Januar und Juni. In dieser Zeit sind ihr stehende Nässe und wöchentliche Düngung bei etwa 15 Grad Raumtemperatur angenehm; über Sommer kann sie auch im Freien stehen. Umpflanzen im Juli/August in lehmig-humose Erde. Ende

Juni bis Ende Juli nicht, danach langsam zunehmend gießen; hell stellen, bei nicht weniger als 10 Grad Wärme.

Die Rhizome der niedrigeren Art *Zantedeschia albo-maculata* mit gefleckten Blättern können im Freiland gepflanzt werden und überstehen unter einer nicht zu dünnen Laubdecke schadlos den Winter.

Zebrina pendula
Zebra-Ampelpflanze

In sandig-humoser Erde an einem hellen Platz – über Sommer auch im Freien sonnig bis halbschattig – gut gedeihende Blattpflanze, vorzüglich für Ampeln (eng verwandt mit → *Tradescantia*).

Sie blüht rot, ihr Hauptschmuck jedoch sind die an rötlichen, grüngefleckten Stengeln sitzenden, spitzovalen Blätter mit roter Unter- und grüngrundiger Oberseite, diese mit zwei silbrigweißen Längsstreifen gezeichnet. Während der Wachstumsperiode mit „enthärtetem" Wasser regelmäßig gießen, des öfteren absprühen; Raumtemperatur im Winter nicht unter 15 Grad Wärme. Vermehrung ganzjährig durch etwa 10 cm lange Bruchtriebe.

Zinnia

Einjährige, 40 cm (*Zinnia angustifolia*) bis meterhohe (*Z. elegans*) Pflanzen mit langen Lanzettblättern und einfachen oder gefüllten Blüten, je nach Sorte, in warmen Farbtönen. Sät man *Zinnien* zu Ende des Frühlings aus und verpflanzt sie nach 2-5 Wochen, blühen sie den ganzen Sommer über. Sie brauchen Sonne und gut feuchte Haltung, auch in Balkonkästen oder -kübeln.

Zygocactus
Weihnachtskaktus

Formenreiche Gattung staudiger oder strauchiger Kakteen mit fettblattähnlichen Gliedern, an deren Seiten und Enden nur teilweise stachelborstige Kurztriebe (*Areolen*) erscheinen. Große Trichterblüten mit geknickter Kronröhre und herausragenden Staubgefäßen. Am weitesten verbreitet ist die von Dezember bis Februar weiß oder leuchtendrot blühende Art *Zygocactus truncatus*, auch *Epiphyllum truncatum* genannt. Sie braucht sehr lockere, kalkfreie sandig-humose Erde, von April bis September viel – möglichst enthärtetes – Wasser und mehrmalige Volldüngung, Raumwärme zwischen 15 und 20 Grad. In trockener Zimmerluft des öfteren mit lau temperiertem Wasser fein von unten (nicht auf Blüten und Knospen!) ansprühen. *Zygokakteen* sind Kurztagspflanzen und müssen nach 8 bis längstens 10 Stunden Tageslicht verdunkelt werden. Leichtes Gliederschrumpfen als vorübergehende Folge des Umpflanzens nach der Blüte (sparsam gießen!) ist normal. Der Weihnachtskaktus braucht einen festen Platz, an dem er nicht einmal gedreht werden soll, da den fleischigen Gliedern die Fähigkeit, sich nach der Sonne auszurichten, fehlt. Vermehrung einfach durch Stecklinge (Endglieder).

Register

Das Verzeichnis der wissenschaftlichen (lateinischen, botanischen)
Bezeichnungen verweist in der Regel auf den Anfang des
jeweiligen Artikels bzw. Unterabschnitts im alphabetischen
Hauptteil sowie auf die Bilderläuterungen; ebenso das
anschließende Verzeichnis der deutschen Namen. Durch Fettdruck
hervorgehobene Zahlen geben die Seiten an, auf denen die
betreffende Pflanze abgebildet ist.

Verzeichnis der wissenschaftlichen Bezeichnungen

Abies nordmanniana 111
Abutilon 111
Acacia 111
Acalypha hispida 112
Acanthus longifolius **100**, 112
Acer 85, 112
Acer griseum 112
Acer negundo 112
Acer palmatum 112
Acer pensylvanicum 112
Acer platanoides **73**, 113
Acer pseudoplatanus **73**, 113
Acer rubrum 113
Achillea 82, 86, 113
Achimenes 113
Aconitum napellus 114
Actinidia 114
Adiantum cuneatum 88, 114
Aechmea fasciata 114
Aeonium 114
Aesculus hippocastanum **73**, 115
Agapanthus orientalis 73, **74**, 115
Agapanthus umbellatus 115
Agave 73, **74**, 115
Ageratum houstonianum 71, 116
Ajuga pyramidalis 116
Akebia quinata 73, **7**, 116
Albizzia lophantha 116
Allium 116
Aloë 73, **75**, 116
Alstroemeria 117
Althaea 81, 117
Alyssum procumbens 82, 86, 117
Alyssum saxatile 82, 86, 117
Amaranthus caudatus 61, **76**, 77, 117
Amaryllis 117
Amelanchier canadensis 85, 118
Ammophila arenaria 118
Ampelopsis 118
Ananas comosus 118
Anchusa 118
Androsace 86, 118
Anemone **77**, 82, 86, 119
Anemone nemorosa 119
Anomatheca cruenta 119
Anthemis 119
Anthericum liliago 119
Anthurium **77**, 120
Antirrhinum majus 71, **76**, 77, 120
Aphelandra **77**, 120
Aquilegia 82, 121
Arabis alpina 121
Aralia elata 85, 121
Araucaria excelsa 121
Arctotis 121
Aristolochia durior 121
Armeria 86, 122
Arnica montana 122
Arum **78**, 79, 122

Aruncus sylvester 122
Arundinaria 122
Arundo donax 88, 122
Asarum europaeum 123
Asclepias tuberosa 123
Asparagus **77**, 123
Asperula 123
Asphodelus albus 123
Aspidistra elatior **78**, 79, 123
Asplenium 124
Aster **79**, 82, 124
Astilbe 82, 124
Astrantia maxima 125
Aubrietia deltoidea 82, 86, 125
Aucuba japonica 125
Avena sempervirens 88, 125
Azalea 85, 211

Bambusa 122
Begonia 61, 71, **80**, 81, 125
Bellis perennis **79**, 81, 126
Berberis 84, 85, 126
Bergenia 126
Betula 85, 127
Billbergia nutans 127
Bougainvillea **97**, 127
Bromelia 127
Browallia speciosa 72, 128
Brunnera macrophylla 128
Bryophyllum 128
Buddleia 84, 85, 128
Buxus sempervirens 128

Caladium **97**, 128
Calathea 129
Calceolaria 61, 81, **98**, 129
Calendula 71, 129
Calla palustris 87, 129
Callicarpa bodinieri giraldii 85, 129
Callistephus chinensis 72, 124, 130
Calluna vulgaris 85, 130
Caltha palustris 130
Calycanthus floridus 84, 130
Camellia japonica 130
Campanula 81, 82, 86, 130
Campsis radicans 131
Canna indica **97**, 131
Capsicum annuum 131
Caraguata 131, 170
Carpinus betulus 131
Caryopteris clandonensis 85, 131
Castanea sativa 132
Catalpa bignonioides 132
Cattleya 98, **99**, 132
Cedrus 98, **99**, 132
Celosia cristata 132
Centaurea 72, 132
Cerastium tomentosum 133
Cercidiphyllum japonicum 133

Cercis siliquastrum 84, 133
Cereus 133
Ceropegia woodii 133
Chaenomeles 84, 85, 133
Chamaecyparis 98, **99**, 134
Chamaedorea 134
Chamaerops humilis 134
Chimonanthus praecox 84, 134
Chionanthus virginicus 84, 134
Chionodoxa luciliae 134
Chlorophytum 135
Chrysanthemum 71, **79**, 82, **102**, **103**, 135
Cimicifuga 135
Cineraria 72, 136
Cissus 136
Citrus 136
Clematis 100, **101**, 136
Cleome spinosa **98**, 100, **101**, 145
Clivia miniata 145
Cocos wedelliana 145
Codiaeum variegatum 102, **103**, 145
Colchicum autumnale 145
Coleus 145
Columnea 102, **103**, 146
Convallaria majalis 146
Convolvulus 61, 81, 146
Coreopsis grandiflora 146
Cornus 84, 85, 100, **101**, **102**, 146
Cortaderia selloana 88, 102, **103**, 147
Corylopsis 84, 85, 147
Corylus avellana 84, 85, 147
Cosmos 72, 102, **103**, 147
Cotinus coggygria 148
Cotoneaster 85, 148
Cotyledon undulata 149
Crambe cordifolia 149
Crataegus 84, 85, 149
Crocosmia masonorum 149
Crocus 149
Cyclame 149
Cymbidium 150
Cyperus alternifolius 150
Cytisus 84, 85, 151

Dahlia variabilis 151
Daphne mezereum 84, 85, 151
Davidia involucrata 152
Decaisnea 152
Delphinium 71, 82, 152
Desmodium penduliflorum 183
Deutzia 84, 85, 152
Dianthus 71, 81, 86, 103, **104**, 152
Dicentra spectabilis 153
Dictamnus albus 103, **104**, 153
Dieffenbachia **137**, 153
Digitalis purpurea 81, 103, 104, 153
Dizygotheca elegantissima 153
Doronicum caucasicum 82, 154

244

Dracaena **138,** 154

Echinocactus 138, **139,** 154
Echinopsis 154
Eleagnus angustifolia 154
Epiphyllum 138, **139,** 154
Eranthis hyemalis 155
Erica 84, 85, 155
Erigeron 82, 86, 155
Erinus alpinus 155
Eryngium 155
Erythrina christa-galli **141,** 156
Eschscholtzia california 71, 138, **139,** 156
Euonymus 85, 156
Euphorbia 138, **139, 140,** 156
Exochorda racemosa 84, 157

Fagus sylvaltica 157
Fatshedera lizeî 158
Fatsia japonica 158
Festuca 158
Ficus 158
Forsythia intermedia 84, 85, **142,** 159
Fothergilla 84, 159
Fraxinus 159
Freesia 159
Fritillaria imperialis 159
Fritillaria meleagris **142,** 159
Fuchsia **142,** 160

Gaillardia 71, 82, 160
Galanthus 160
Galtonica candicans 160
Gardenia 160
Gasteria 160
Gaultheria procumbens 85, 169
Genista 85, **142, 143,** 169
Gentiana 86, 169
Geranium 86, **142,** 169
Gerbera jamesonii 169
Geum 86, 169
Gingko biloba 170
Gladiolus 142, **143,** 170
Gloxinia 170, 223
Godetia grandiflora 142, **143,** 170
Gunnera chilensis 170
Guzmania 170
Gymnocalycium **144,** 171
Gynerium argentum 147, 171
Gypsophila 82, 86, 171

Haemanthus 172
Hamamelis 84, 85, 172
Haworthia 172
Hebe 172
Hedera helix 85, **161,** 173
Helenium 82, 173
Helianthemum 82, 86, 173
Helianthus 72, **162,** 163, 173
Helichrysum 72, **162,** 163, 173
Heliopsis 82, 174
Heliotropium arborescens 174
Helleborus **162,** 163, 174
Helxine soleirolii 174
Hemerocallis **162,** 163, 174
Hepatica 174
Heracleum 174
Hesperis matronalis 175
Heuchera 82, 175
Hibiscus 72, 84, 85, **162, 163,** 175
Hippeastrum 175
Hortensia 176
Hosta **162,** 163, 176
Howeia 176
Hoya 176
Hyacinthus orientalis **163,** 177
Hydrangea 84, 85, **163,** 177
Hypericum 84, 85, 86, **163,** 178

Iberis 71, 82, 86, **165,** 178
Ilex 85, 178
Impatiens 61, 71, 72, **164,** 165, 178
Incarvillea 179
Ipomoea purpurea 81, **165,** 79
Iris 82, 86, 87, 179
Isolepsis gracilis 180
Ixora coccinea 180

Jasminum 84, 180
Juglans regia 180
Juniperus 181

Kalanchoë **165,** 181
Kalmia latifolia 182
Kerria japonica 84, 85, 182
Kniphofia **164,** 165, 182
Kolkwitzia amabilis 84, 85, 182

Laburnum 85, **166,** 167, 182
Lantana camara **165,** 182
Lapeyronsia 119, 183
Larix decidua **167,** 183
Lathyros odoratus 81, 183
Lavandula angustifolia 85, 183
Lespedeza thunbergii 85, 183
Leucojum vernum **166,** 167, 184
Liatris spicata 184
Ligustrum 85, 184
Lilium **167,** 184
Linum 86, **166,** 167, 185
Liquidambar styraciflua 85, 185
Liriodendron tulipifera **167,** 185
Lobivia 185
Lonicera 85, 185
Lunaria annua 81, **168,** 169, 186
Lupinus 82, 186
Lychnis chalcedonica 186

Macleaya cordata 186
Magnolia 84, 85, **168,** 169, 186
Mahonia aquifolium 85, 187
Malus 84, 85, 187
Mammillaria 187, **202,** 203
Maranta 187, 200, **201**
Marsilea quadrifolia 188
Meconopsis 188, **203**
Mentha 188
Microcoëlum weddelianum 188
Monstera 189, **202,** 203
Myosotis 81, 189
Myrtus communis 190

Narcissus 190, **202,** 203
Neoregelia 191
Nepeta 191
Nephrolepsis 191
Nerium oleander 191, **203**
Nidularium 191, **203**
Nothofagus antarctica 85, 192

Oenothera 81, 86, 192, **203**
Oleander 191
Opuntia 192
Ornithogalum umbellatum 193
Osmanthus heterophyllus 193
Oxalis deppëi 86, 193

Pachysandra terminalis 85, 194
Paeonia 82, 194
Papaver 81, **204,** 205
Paphiopedilum callosum 194, **205**
Paphiopedilum insigne 194, **204,** 205
Parrotia persica 195
Parthenocissus quinquefolia 195, **204,** 205
Parthenocissus tricuspidata 118
Passiflora 195, **204,** 205
Pavonia multiflora 195
Pelargonium 61, 195, **204,** 205

Peperomia 196, **206**
Perovskia abrotanoides 196
Petunia 61, 71, 196, 206, **207**
Philadelphus 84, 85, 197
Philodendron 197
Phlox 72, 82, 86, 197, **206**
Phoenix 197
Phyllocactus 154
Phyllostachys 122
Picea 198
Pieris japonica 85, 198
Pilea 198, 206, **207**
Pinus 199
Platanus acerifolia 199
Platycodon grandiflorum 86, 199
Poinsettia pulcherrima 157
Polemonium foliosissimum 199
Polygonum 72, 86, 199
Populus 200
Potentilla 84, 85, 86, 200
Primula 82, 86, 200, **206**
Prunus 84, 85, 86, **206,** 209
Pseudotsuga menziesii caesia 209
Pteris 210
Pulsatilla vulgaris 210
Pyracantha 86, 210
Pyrethrum 210
Pyrus salicifolia 210

Quercus 211

Ranunculus 86, 211
Rebutia 211, **225**
Rhaphidophara aurea 220
Rhapsis 211
Rhododendron 86, **208,** 209, 211
Rhus 86, 214
Rhus cotinus 148
Ribes 86, 214
Ricardia 215
Robinia 85, 215
Rodgersia 215
Rosa 84, 215, **225, 226**
Rosmarinus officinalis 217

Sagina subulata 218
Saintpaulia ionantha 218
Salix 86, 218, 226, **227**
Salphiglossis **226, 227**
Sambucus 219
Sansevieria 219
Santolina chamaecyparissus 219
Saponaria 86, 219
Sasa 122
Saxifraga 86, 219, 228
Sciadopitys verticillata 220
Scilla 220
Scindapsus 220
Scirpus cernuus 221
Sedum 86, 221
Sempervivum 86, 221, 226, **227**
Senecio 222, 226, **227**
Setcreasea purpurea 223
Silene 86, 223
Sinarundinaria 122
Sinningia 223
Skimmia 223, 226, **227**
Sobralia **228**
Solanum capsicastrum 224
Soldanella alpina 224
Solidago 224
Sorbaria aitchisonii 224
Sorbus 224
Sparmannia africana 224
Spathiphyllum 233
Spiraea 84, 233
Stachys 233
Stephanandra incisa **228,** 233
Stephanotis floribunda **228**
Streptocarpus **229,** 234

245

Symphoricarpos 86, 234
Syngonium 234
Syringa 84, 86, **228**, 234

Tagetes 82, **23**, 235
Taxus baccata 235
Tetrastigma voinierianum 235
Thuja 235
Thunbergia alata 61, 81, **230**, 236
Thymus 86, 236
Tigridia pavonia **230**, 236
Tilia tormentosa 236
Tradescantia 230, **231**, 237

Tropaeolum 72, 81, **230**, 237
Tsuga canadensis 237
Tulipa 237

Ulex 239
Ulmus 239

Vallota speciosa 239
Verbascum 239
Verbena 72, 230, **231**, 240
Veronica 86, 240
Viburnum 84, 85, 86, 230, **231**, 240
Vinca minor 230, **231**, 240

Viola 81, 230, **231**, 240
Vrisea 230, **231**, 241

Waldsteinia 241
Weigelia 84, 86, 241
Wisteria **232**, 242

Yucca 242

Zantedeschia aethiopica 242
Zebrina pendula 243
Zinnia 72, **232**, 243
Zygocactus 243

Verzeichnis der deutschen Namen

Agave 73, **74**, 115
Ahorn **73**, 112
Akebie 73, **75**, 116
Akelei 121
Alpenglöckchen 224
Alpenrose **208**, 209, 212
Alpenveilchen 149
Aluminiumblume 198, 206, **207**
Amaryllis 117, 239
Ampelkraut 230, **231**, 237
Anemone **77**, 119
Aralie 121, 153, 58
Aronstab **78**, 79, 122
Aschenpflanze 222, 226, **227**
Aster **79**, 124, 135
Atlasblume 142, **143**, 170
Azalee **208**, 209, 212

Bärenklau **100**, 112
Balsamine 178
Bambus 122
Begonie **80**, 81, 125
Birke 127
Blauregen **232**, 242
Bromelie 127
Brennende Liebe 186
Buntwurz **97**, 128

Cattleya 98, **99**, 132
Christrose **162**, 163, 174
Christusdorn 156
Clivie 145

Dachwurz 221, 226, **227**
Dahlie 151
Doldenrebe 118
Douglasfichte 209
Drachenlilie **138**, 154
Drehfrucht **229**, 234
Drillingsblume **97**, 127

Eberesche 224
Ebereschenspiere 224
Edeldistel 155
Efeu **161**, 173
Eibisch 117
Eiche 211
Eisenholzbaum 195
Eisenhut 114
Eisenkraut 230, **231**, 240
Elefantenohr 172
Enzian 169
Erdbeerkaktus **144**, 171
Esche 159
Espe 200
Essigbaum 214

Fackellilie **164**, 165, 182
Fetthenne 221
Fichte 198
Fiederberberitze 187
Fingerhut 103, **104**, 153

Flamingoblume **77**, 120
Flammenblume 197, **206**
Flammendes Kätchen **165**, 181
Flammendes Schwert 230, **231**, 241
Flieder **228**, 234
Fleißiges Lieschen 61, 178
Flockenblume 132
Föhre 199
Forsythie **142**, 159
Frauenschuh 194, **205**
Freesie 159
Fuchsie **142**, 160
Fuchsschwanz **76**, 77, 117
Funkie **162**, 163, 176

Gänseblümchen **79**, 126
Gardenie 160
Geranie (Pelargonie) 61, 195, **204**, 205
Geranie (Geranium) **142**, 169
Gerbera 169
Gingkobaum 170
Ginster (Genista) 142, **143**, 169
Ginster (Cytisus) 151
Gladiole 142, **143**, 170
Glanzkölbchen **77**, 120
Gloxinie 179, 223
Godetie 142, **143**, 170
Goldmohn 138, **139**, 156
Goldregen **166**, 167, 182
Goldrute 224

Hainbuche 131
Hartheu 178
Hartriegel 146
Haselstrauch 147
Herzlilie **162**, 163, 176
Hortensie **163**, 177
Hyazinthe **163**, 177

Igelkaktus 154, 211
Immergrün 230, **231**, 240
Immortelle 173
Indisches Blumenohr **97**, 131
Inka-Lilie 117
Iris 179
Ixore 180

Jasmin 180
Jasmin, Falscher 197
Jasmin-Rose 160
Jelängerjelieber 185
Johanniskraut **163**, 178
Judasbaum 133
Judasblattbaum 133
Judas-Silberling **168**, 169, 186
Jungfernrebe 195, **204**, 205

Kaiserkrone 159
Kamelie 130
Kanonierblume 198, 206, **207**
Kapuzinerkresse **230**, 237
Kiefer 199

Kirsche, Zier- **206**, 209
Kokardenblume 160
Kornelkirsche 146
Kosmee 147
Kranzspiere **228**, 233
Krokus 149
Kugeldistel 154
Kugelkaktus 138, **139**, 154

Lärche **167**, 183
Latsche 199
Lavendel 183
Lavendelheide 198
Lebensbaum (Scheinzypresse) 134
Lebensbaum (Thuja) 235
Leberblümchen 174
Leimkraut 223
Lein **166**, 167, 185
Lichtnelke 186
Liguster 184
Lilie, Echte **167**, 184
Löwenmaul **76**, 77, 120
Lorbeerrose (Berglorbeer) 182
Lorbeerrose (Chinarose) 130
Lorbeerrose (Oleander) 191, **203**
Lupine 186

Märzbecher **166**, 167, 184
Magnolie 168, **169**, 186
Maiglöckchen 146
Mandel, Zier- 209
Margerite **102**, 135
Mehlbeere 224
Mimose 111
Mohn 194, **204**, 205

Nachtkerze 192, **203**
Nachtviole 175
Narzisse 190, **203**, 204
Nelke 103, **104**, 152
Nelkenwurz 169
Nestrosette 191, **203**

Ochsenzunge 118
Oleander 191, **203**
Osterglocke 190

Paeonie, Strauch- 194
Palme, Kentia- 176
Pampasgras 102, **103**, 147
Pantoffelblume **98**, 129
Passionsblume 195, **204**, 205
Pelargonie 195, **204**, 205
Pfaffenhütchen 156
Pfeifenstrauch 197
Pfeifenwinde 121
Pfeilwurz 187, 200, **201**
Pfeffergesicht 196, **206**
Pfingstrose 194
Philodendron 197
Philodendron, Zimmer- 189, **202**, 203
Porzellanblume 176

Prachtmontbretie 149
Prachtspiere 124
Primel 200, **206**
Prunkspiere 157
Purpurglöckchen 175
Purpurkissen 125
Purpurtute 234
Purpurwinde **165**, 179

Quitte, Zier- 133

Ranunkel 211
Ranunkelstrauch 182
Ringelblume 129
Rittersporn 152
Ritterstern 175
Robinie 215
Rose 215, **225, 226**
Roseneibisch **162**, 163, 175
Rosenlorbeer 191, **203**
Rotblatt 223
Rotdorn 149
Rotschopf **144**, 171
Rührmichnichtan **164**, 165, 178
Rüster 239

Säulenkaktus 133
Säulentaxus 235
Schachbrettblume **142**, 159
Scheinmohn 188, **203**
Scheinzypresse 98, **99**, 134
Schiefblatt **80**, 81, 125
Schiefteller 113
Schleierkraut 171
Schleifenblume **165**, 178
Schmuckkörbchen 102, **103**, 147
Schmucklilie, Afrikanische 73, **74**, 115
Schnapsnase 221
Schneeballstrauch 230, **231**, 240
Schneebeere 234
Schneeflockenstrauch 134
Schneeglöckchen 160

Schneekissen 178
Schneestolz 134
Schuppenfarn 191
Schusterpalme **78**, 79, 123
Schwarze Susanne 61, **230**, 236
Schwertlilie 179
Schwiegermutterzunge 219
Silberkerze 135
Soldanelle, Alpen- 224
Sommerflieder 128
Sommerhyazinthe 160
Sonnenauge 174
Sonnenblume, Stauden- **162**, 163, 173
Sonnenbraut 173
Sonnenröschen 173
Spargel, Zier- **77**, 123
Spinnenpflanze, Dornige **98**, 145
Spitzahorn **73**, 113
Stachelbeere 214
Stachelbeerkaktus 171
Stechginster 239
Stechpalme 178
Steinbrech 219, **228**
Steinkraut 117
Sterndolde 125
Sternmoos 218
Sternschild 123
Stiefmütterchen 230, **231**, 240
Stockmalve 117
Strohblume **162**, 163, 173
Studentenblume **230**, 235

Taglilie **162**, 163, 174
Tanne, Zimmer- 121
Tigerblume **230**, 236
Tränendes Herz 153
Trichterblume 196, 206, **207**
Trichterwinde 179
Trompetenbaum 132
Trompetenblume 131
Tulpe 237
Tulpenbaum **167**, 185

Ulme 239
Usambaraveilchen 218

Vanilleblume 174
Veilchen 240
Vergißmeinnicht 189
Vogelbeerbaum 224

Wachsblume 176
Waldmeister 123
Waldrebe 100, **101**, 136
Walnußbaum 180
Wandelröschen **165**, 182
Wanzenkraut 135
Warzenkaktus 187, **202**, 203
Wasserstrauch **163**, 177
Weide 218, 226, **227**
Weigelie 241
Weihnachtskaktus (Epiphyllum) 138, **139**, 154
Weihnachtskaktus (Zygocactus) 243
Weihnachtsstern 138, **139**, 156
Wein, Wilder 195, **204**, 205
Weißdorn 149
Winde 61, 146
Wisterie **232**, 242
Wunderstrauch 102, **103**, 145

Zeder 98, **99**, 132
Zierpfeffer 131
Ziest 233
Zimmerahorn 111
Zimmercalla 242
Zimmerhafer 127
Zimmerlinde 224
Zimmerrebe 136
Zinnie **232**, 243
Zwergmispel 148
Zwergpalme 134
Zwergpfeffer 196
Zwergkugelkaktus 211, **225**
Zypergras 150

Bildnachweis

Burda, Siegfried J. Gragnato, Heinrich Heine, Historia-Photo, Ambro Lacus, Fritz Prenzel, Fritz Schwäble, V-Dia-Verlag

Die barocke Gartenanlage der Villa des Kardinals Alessandro Albani (1692–1779) in Rom, dargestellt in einem Kupferstich des 18. Jahrhunderts

Der »Fürstliche Lustgarten in Braunschweig« (Stich des 18. Jahrhunderts)